AF551325

SPIDER-MAN

DIE RACHE DER SINISTER SIX

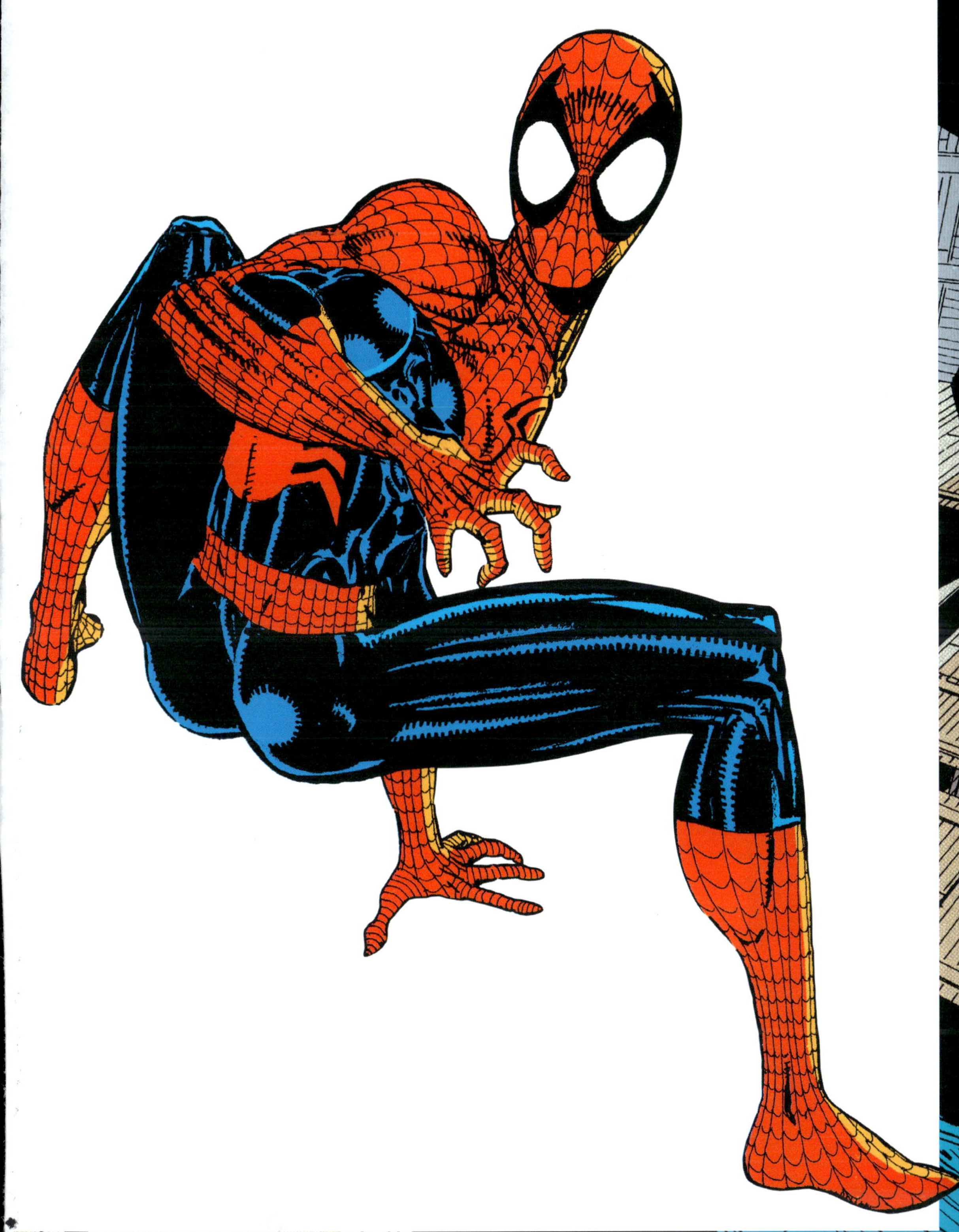

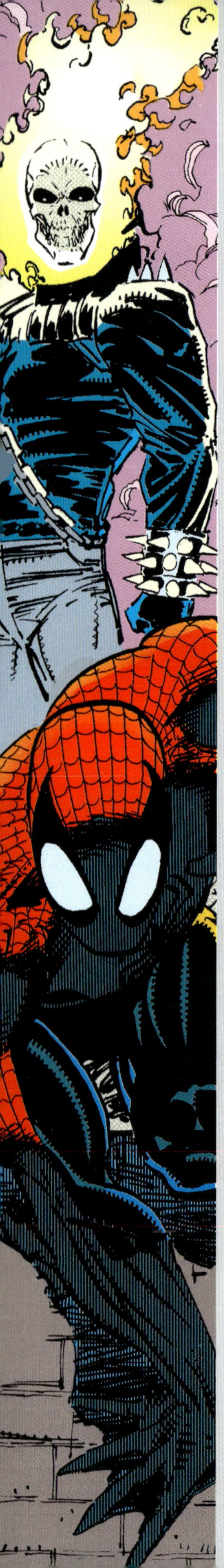

INHALT

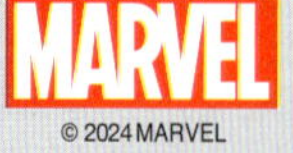
MARVEL

MIX
Paper | Supporting responsible forestry
FSC
www.fsc.org
FSC® C115044

SPIDER-MAN
DIE RACHE DER SINISTER SIX

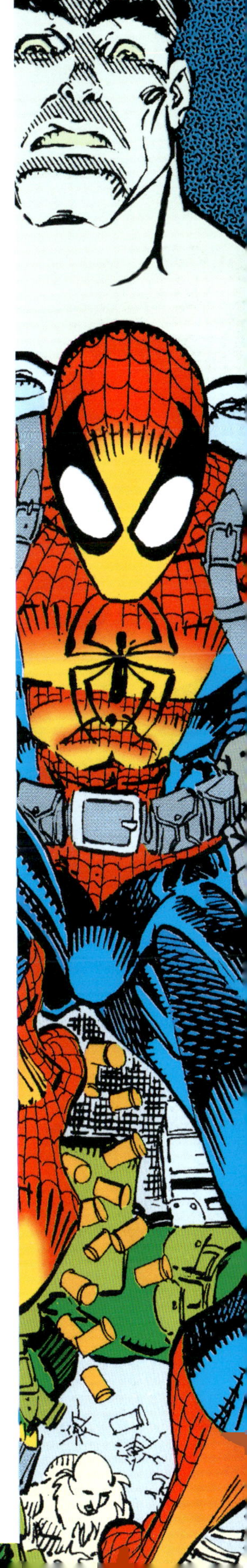

ERIK LARSEN
STORY, ZEICHNUNGEN & TUSCHE

JOE ROSAS (21)
GREGORY WRIGHT
(15, 18-20, 22-23)
FARBEN

ASTARTE DESIGN
LETTERING

DANNY FINGEROTH
REDAKTION USA

MICHAEL STRITTMATTER
ÜBERSETZUNG

C. B. CEBULSKI
CHEFREDAKTEUR USA

MARVEL MUST-HAVE: SPIDER-MAN – DIE RACHE DER SINISTER SIX erscheint bei **PANINI COMICS**, Schloßstraße 76, D-70176 Stuttgart. Druck: Lito Terrazzi S.r.l. – Prato. Pressevertrieb: Stella Distribution GmbH, D-22297 Hamburg. Direkt-Abos auf **www.paninicomics.de.** Geschäftsführer **Hermann Paul**, Publishing Director Europe **Marco M. Lupoi**, Finanzen/Logistik **Felix Bauer**, Marketing Director **Holger Wiest**, Marketing **Fabio Cunetto**, Vertrieb **Alexander Bubenheimer**, PR/Presse **Steffen Volkmer**, Publishing Manager **Lisa Pancaldi**, Redaktion **Christian Endres**, **Harald Gantzberg**, **Matthias Korn**, **Anja Seiffert**, **Nicola Soressi**, **Kristina Starschinski**, **Daniela Uhlmann**, Übersetzung **Bernd Kronsbein**, **Michael Strittmatter**, Proofreading **Genoveva Fincias Alonso**, Lettering **Astarte Design**, grafische Gestaltung **Marco Paroli** (coordinator), **Cinzia Morando**, **Barbara Sarti**, Art Director **Alessandro Gucciardo**, Redaktion Panini Comics **Annalisa Califano**, **Beatrice Doti**, Prepress **Cristina Bedini**, **Daniela Guidetti**, **Andrea Lusoli**, Repro/Packager **Alessandro Nalli** (coordinator), **Anna Boselli**, **Mario Da Rin Zanco**, **Valentina Esposito**, **Luca Ficarelli**, **Linda Leporati**. Deutsche Edition bei Panini Verlags-GmbH unter Lizenz von Marvel Characters B.V. Cover von **Erik Larsen**, *Spider-Man* (1990) 22.

Bibliografische Information der Deutschen Nationalbibliothek
Die Deutsche Nationalbibliothek verzeichnet diese Publikation in der Deutschen Nationalbibliografie; detaillierte bibliografische Daten sind im Internet über dnb.d-nb.de abrufbar.

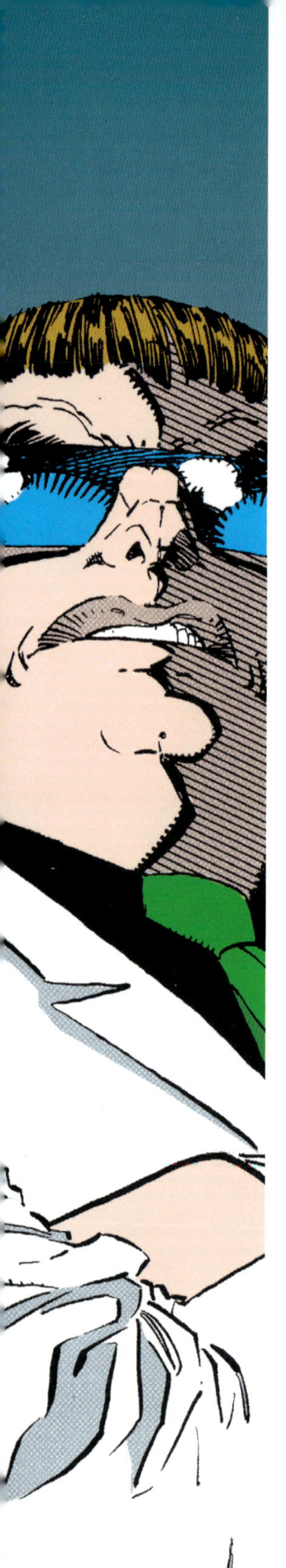

IM NETZ DER NEUNZIGER

Die 1990er des amerikanischen Superhelden-Comics waren eine besondere Zeit. Viele Dinge befanden sich formal im Umbruch, viele künstlerische und kommerzielle Regeln wurden gebrochen. Inhaltlich herrschten ganz klar Antihelden, Mutanten, Cyborgs und Außerirdische, und zeichnerisch konnte es gar nicht düster, grimmig, actiongeladen und over-the-top genug sein. Bei Marvel befeuerten Zeichner der nächsten Generation wie **Jim Lee**, **Todd McFarlane**, **Marc Silvestri**, **Rob Liefeld** oder **Erik Larsen** Ende der 1980er, Anfang der 1990er eine regelrechte Revolution des grafischen Erzählens. Diese Künstler wurden als Top-Stars wahrgenommen, sie strahlten so hell wie die Heldenikonen, deren Abenteuer sie zeichnerisch zum Leben erweckten. In diesem Band unserer Reihe *Marvel Must-Have* präsentieren wir eine Storyline, die exemplarisch für die 1990er – für diese Epoche des Wandels und des Wahnsinns – steht.

1990 hatte das Haus der Ideen die adjektivlose *Spider-Man*-Serie eigens für Todd McFarlane gestartet, der sich als Zeichner *und* Autor austoben durfte, was es bei Marvel bis zum heutigen Tag eher selten gibt. Nach gut einem Jahr war absehbar, dass McFarlane den Titel verlassen würde. Sein Nachfolger wurde, zumindest für ein paar US-Hefte und eine größere Storyline, Erik Larsen. Der hatte 1987 bei *Amazing Spider-Man* 287 sein **Spidey**-Debüt gegeben, allerdings „nur" als Aushilfszeichner. Ende 1989 sollte er jedoch der neue Stammzeichner des Netzschwinger-Traditionstitels werden – er übernahm bereits damals von Zeichner McFarlane, dieser Rhythmuswechsel hatte sich also schon bewährt.

Bei *ASM* arbeitete Larsen damals ebenfalls mit Autor **David Michelinie** zusammen. Nicht zuletzt inszenierten die zwei ein paar legendäre **Venom**-Storys und die Geschichte über die Rückkehr der **Sinistren Sechs**. 1964 hatten **Stan Lee** und **Steve Ditko** in *Amazing Spider-Man Annual* 1 mehrere von Spideys größten Feinden aus seinen Anfangstagen als Team zusammengebracht. Larsen und Michelinie präsentierten nun Jahrzehnte später ihr Comeback in leicht veränderter Zusammensetzung. Während Larsen also schon länger Michelinies *Amazing Spider-Man* zeichnete, realisierte er in *Spider-Man* nach McFarlane alleine als Autor und Zeichner die Storyline über die postwendende Rache der zurückgekehrten Sechs (die mit **Kraven** 1987 ein Gründungsmitglied verloren hatten, 1990 den von einem Dämon besessenen **Hobgoblin** als seinen Ersatz aufnahmen und sich beim Comeback zudem mit **Sandman** überwarfen).

Natürlich war das damals, abgesehen von den ganzen erzählerischen, inhaltlichen und zeichnerischen Umwälzungen und Neuerungen, sowieso eine spannende Phase in den Spidey-Comics. **Peter** hatte 1987 im *Amazing Spider-Man Annual* 21 von **Jim Shooter**, David Michelinie und **Paul Ryan** seine **Mary Jane** geheiratet. Die Ehe der beiden sollte später, genauer gesagt zum Jahreswechsel 2007/2008, durch einen Pakt mit dem dämonischen **Mephisto** aus der Marvel-Geschichtsschreibung gelöscht werden. Aber das ist eine andere Story. Jetzt lehnt ihr euch am besten zurück und genießt diesen Band voller Neunziger-Jahre-Marvel-Action von Erik Larsen!

Christian Endres

DER MUTANTENFAKTOR!

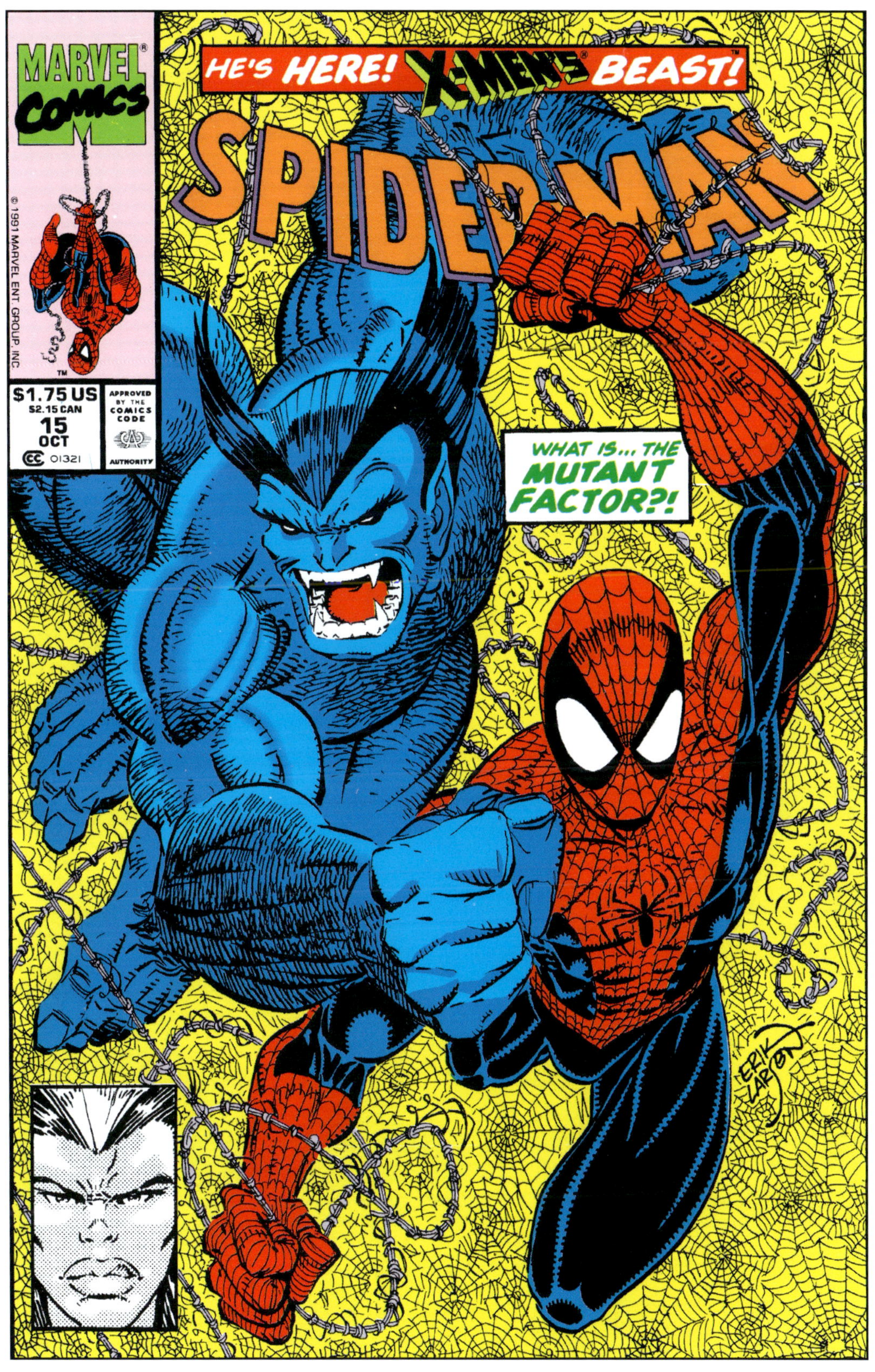

Spider-Man (1990) 15
Cover von **ERIK LARSEN**

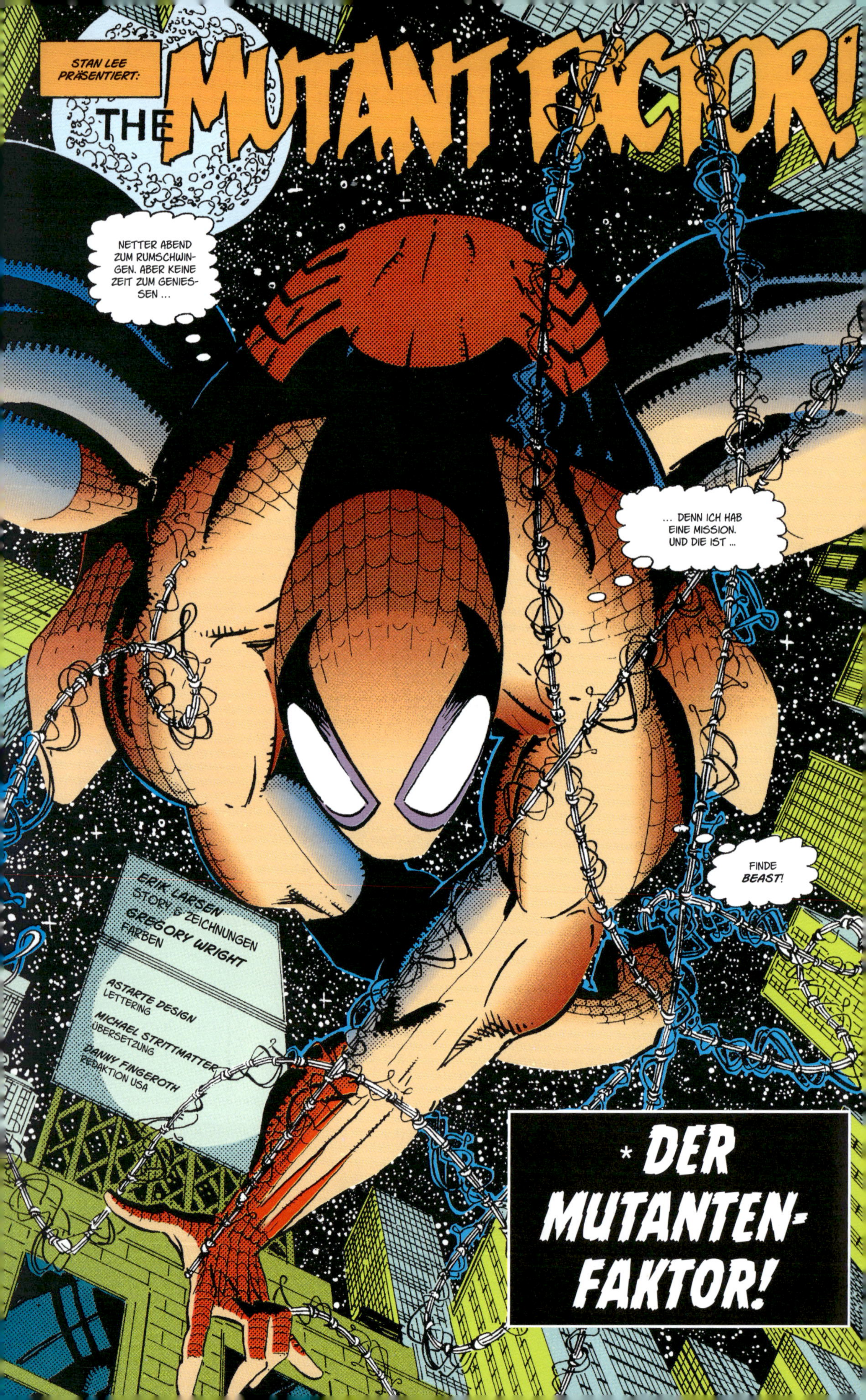
STAN LEE PRÄSENTIERT:
THE MUTANT FACTOR!
NETTER ABEND ZUM RUMSCHWINGEN. ABER KEINE ZEIT ZUM GENIESSEN ...
... DENN ICH HAB EINE MISSION. UND DIE IST ...
FINDE BEAST!
ERIK LARSEN STORY & ZEICHNUNGEN
GREGORY WRIGHT FARBEN
ASTARTE DESIGN LETTERING
MICHAEL STRITTMATTER ÜBERSETZUNG
DANNY FINGEROTH REDAKTION USA
* DER MUTANTEN-FAKTOR!

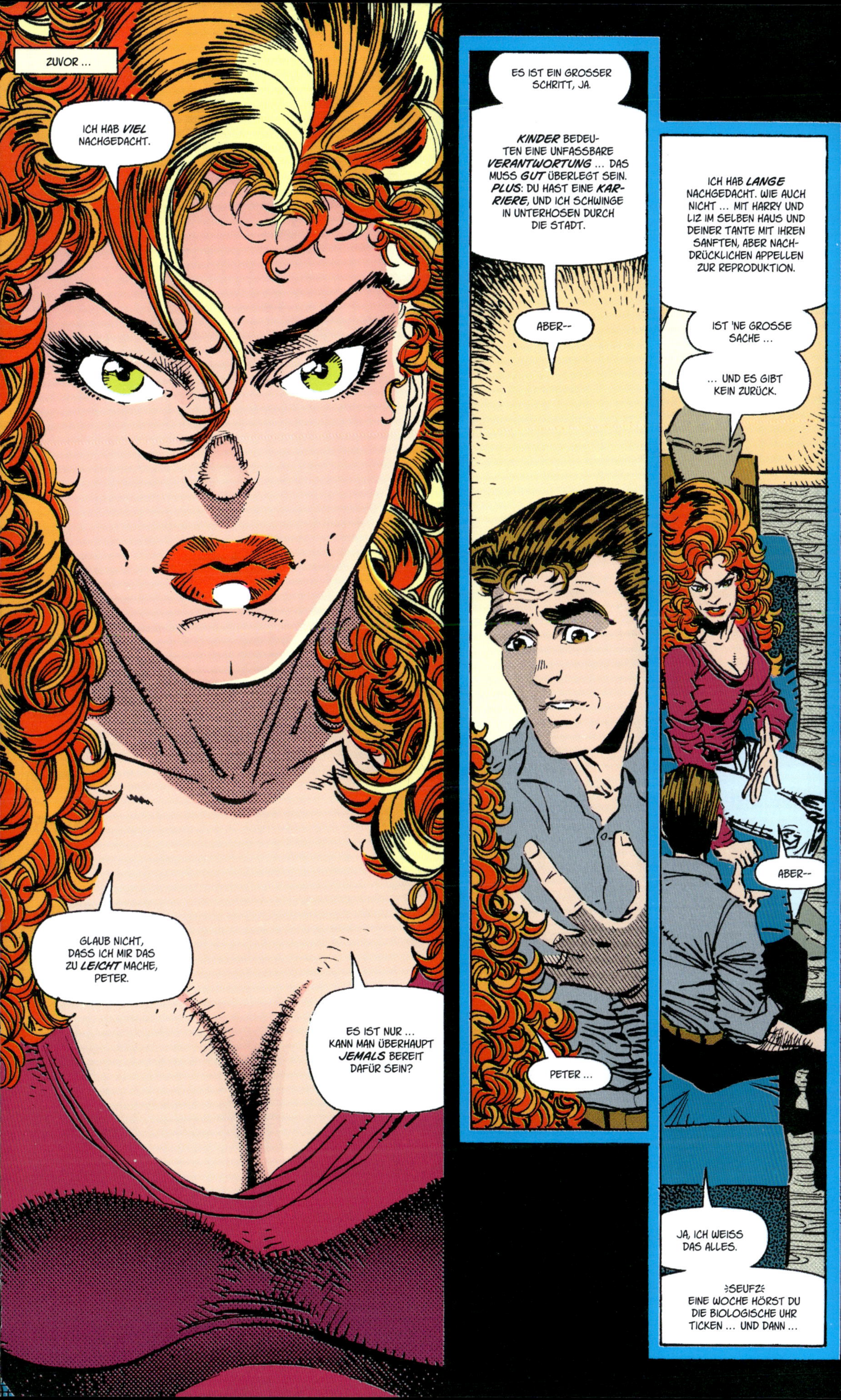

ZUVOR ...

ICH HAB *VIEL* NACHGEDACHT.

GLAUB NICHT, DASS ICH MIR DAS ZU *LEICHT* MACHE, PETER.

ES IST NUR ... KANN MAN ÜBERHAUPT *JEMALS* BEREIT DAFÜR SEIN?

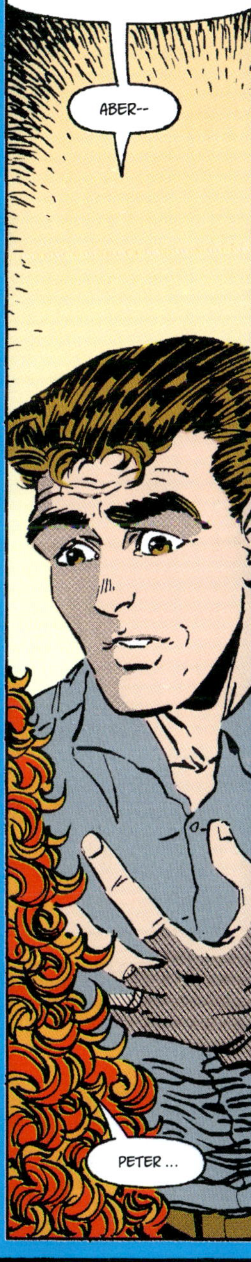

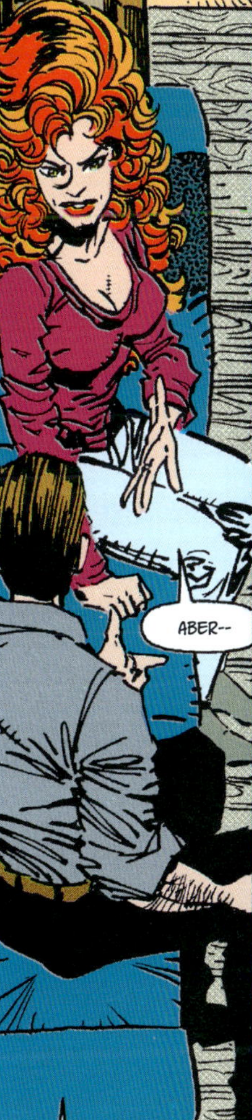

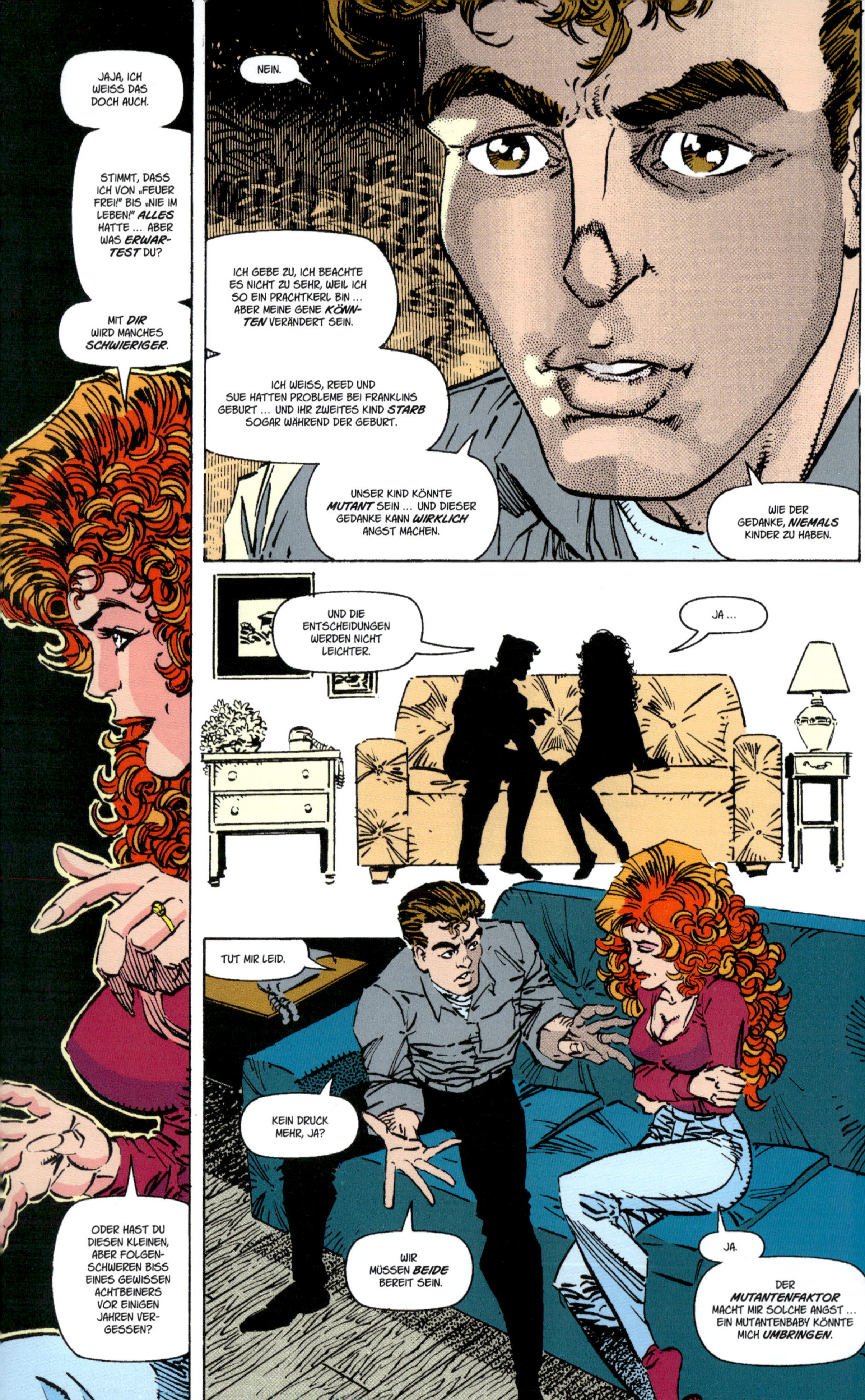
JAJA, ICH WEISS DAS DOCH AUCH.
STIMMT, DASS ICH VON „FEUER FREI!" BIS „NIE IM LEBEN!" ALLES HATTE ... ABER WAS ERWARTEST DU?
MIT DIR WIRD MANCHES SCHWIERIGER.
NEIN.
ICH GEBE ZU, ICH BEACHTE ES NICHT ZU SEHR, WEIL ICH SO EIN PRACHTKERL BIN ... ABER MEINE GENE KÖNNTEN VERÄNDERT SEIN.
ICH WEISS, REED UND SUE HATTEN PROBLEME BEI FRANKLINS GEBURT ... UND IHR ZWEITES KIND STARB SOGAR WÄHREND DER GEBURT.
UNSER KIND KÖNNTE MUTANT SEIN ... UND DIESER GEDANKE KANN WIRKLICH ANGST MACHEN.
WIE DER GEDANKE, NIEMALS KINDER ZU HABEN.
ODER HAST DU DIESEN KLEINEN, ABER FOLGENSCHWEREN BISS EINES GEWISSEN ACHTBEINERS VOR EINIGEN JAHREN VERGESSEN?
UND DIE ENTSCHEIDUNGEN WERDEN NICHT LEICHTER.
JA ...
TUT MIR LEID.
KEIN DRUCK MEHR, JA?
WIR MÜSSEN BEIDE BEREIT SEIN.
JA.
DER MUTANTENFAKTOR MACHT MIR SOLCHE ANGST ... EIN MUTANTENBABY KÖNNTE MICH UMBRINGEN.

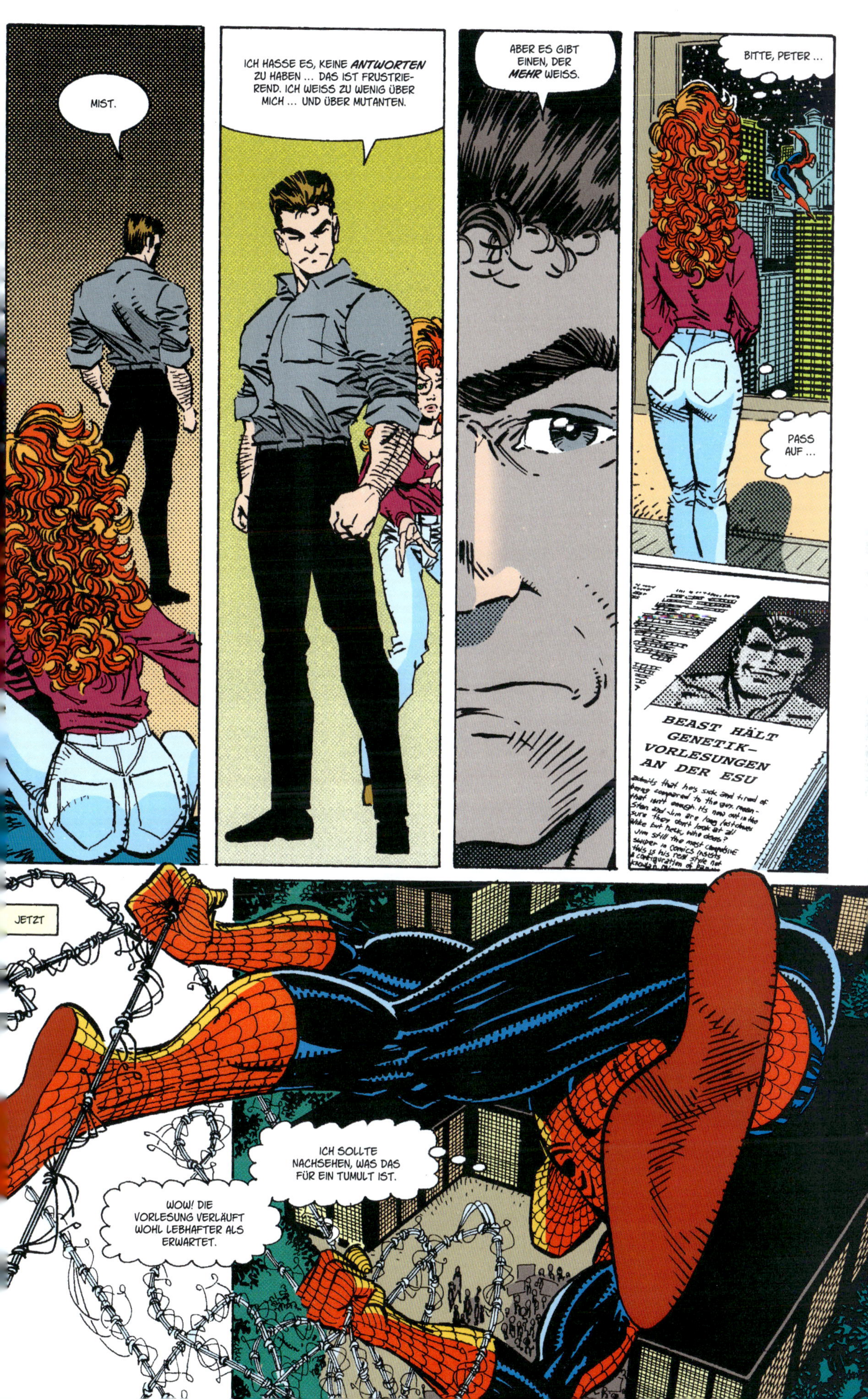
MIST.
ICH HASSE ES, KEINE *ANTWORTEN* ZU HABEN ... DAS IST FRUSTRIEREND. ICH WEISS ZU WENIG ÜBER MICH ... UND ÜBER MUTANTEN.
ABER ES GIBT EINEN, DER *MEHR* WEISS.
BITTE, PETER ...
PASS AUF ...
BEAST HÄLT GENETIK-VORLESUNGEN AN DER ESU
JETZT
WOW! DIE VORLESUNG VERLÄUFT WOHL LEBHAFTER ALS ERWARTET.
ICH SOLLTE NACHSEHEN, WAS DAS FÜR EIN TUMULT IST.

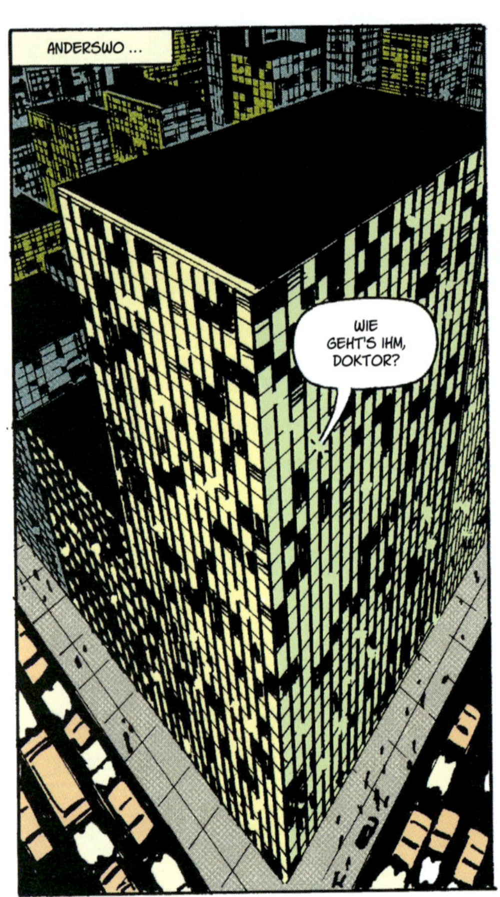
ANDERSWO ...
WIE GEHT'S IHM, DOKTOR?

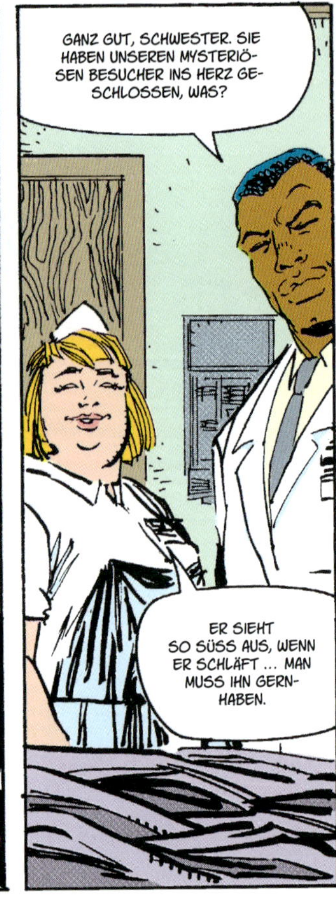
GANZ GUT, SCHWESTER. SIE HABEN UNSEREN MYSTERIÖSEN BESUCHER INS HERZ GESCHLOSSEN, WAS?
ER SIEHT SO SÜSS AUS, WENN ER SCHLÄFT ... MAN MUSS IHN GERNHABEN.

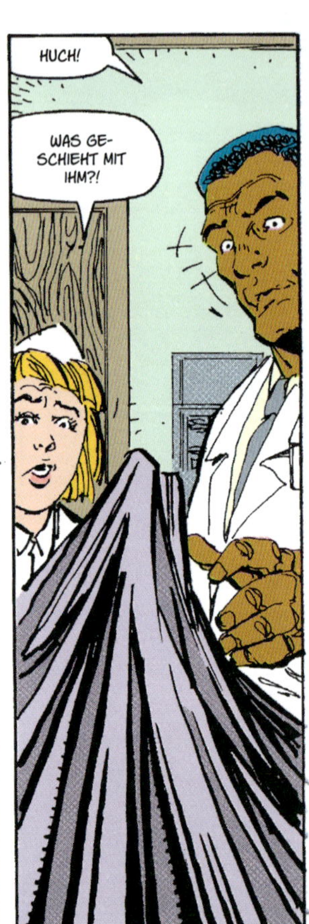
HUCH!
WAS GESCHIEHT MIT IHM?!

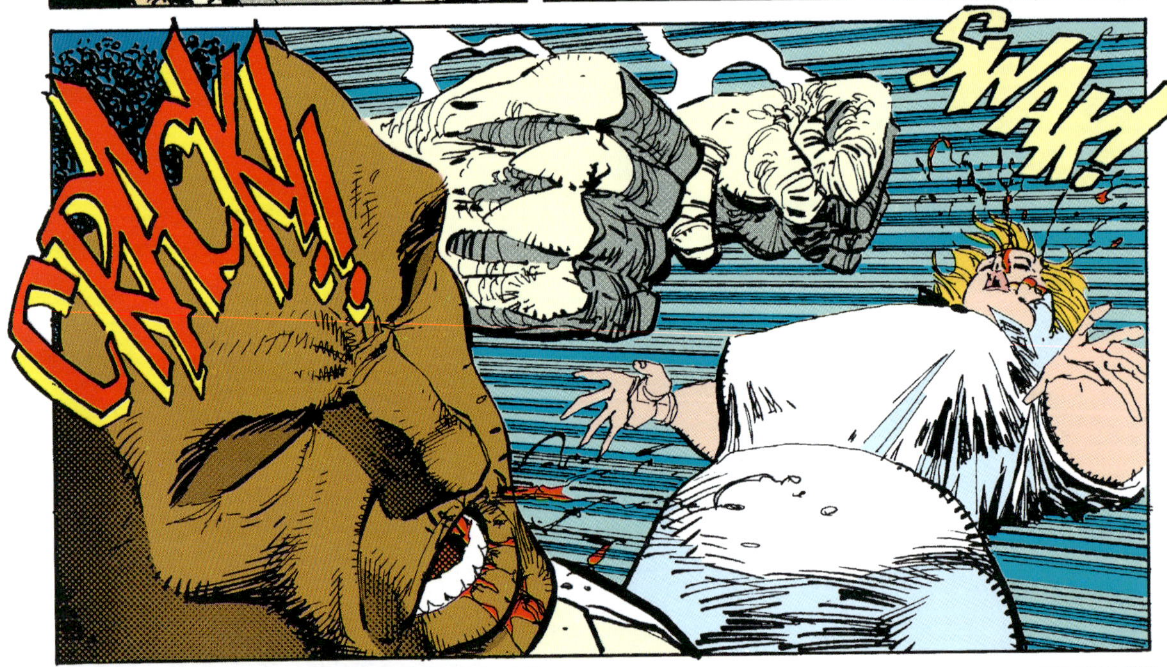
CRACK!!
SWAK!

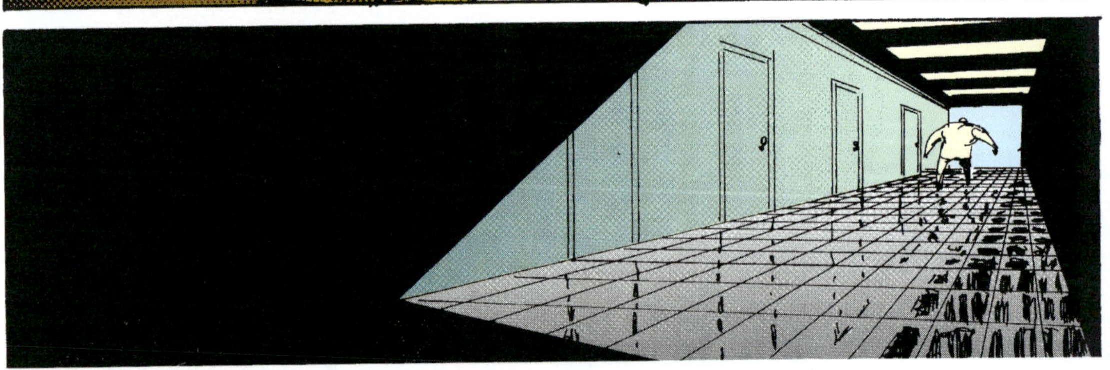

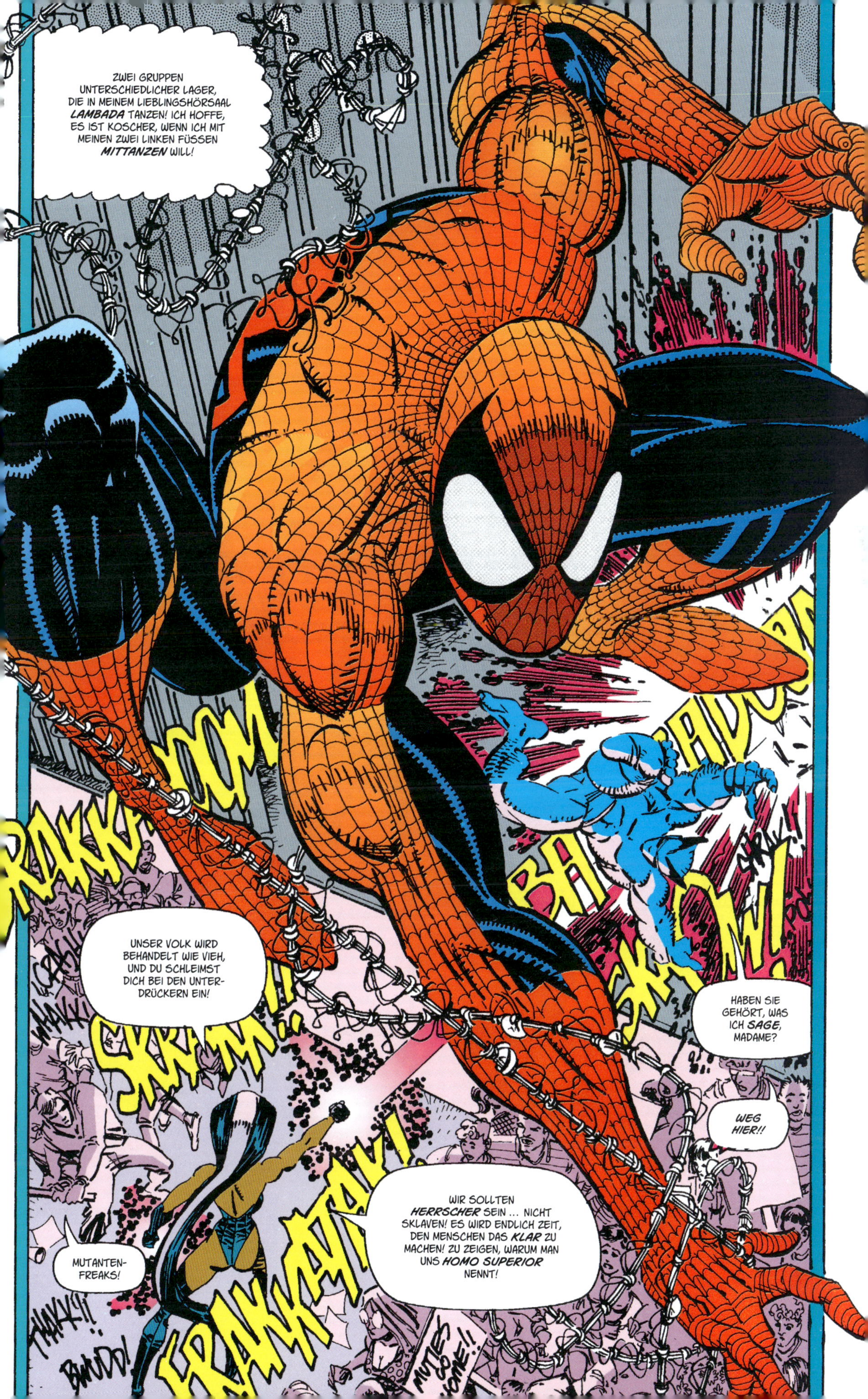
ZWEI GRUPPEN UNTERSCHIEDLICHER LAGER, DIE IN MEINEM LIEBLINGSHÖRSAAL LAMBADA TANZEN! ICH HOFFE, ES IST KOSCHER, WENN ICH MIT MEINEN ZWEI LINKEN FÜSSEN MITTANZEN WILL!
KRAKKADOOM
BADOOM
UNSER VOLK WIRD BEHANDELT WIE VIEH, UND DU SCHLEIMST DICH BEI DEN UNTERDRÜCKERN EIN!
SKRAM!!
SKRAW!
HABEN SIE GEHÖRT, WAS ICH SAGE, MADAME?
WEG HIER!!
WIR SOLLTEN HERRSCHER SEIN … NICHT SKLAVEN! ES WIRD ENDLICH ZEIT, DEN MENSCHEN DAS KLAR ZU MACHEN! ZU ZEIGEN, WARUM MAN UNS HOMO SUPERIOR NENNT!
MUTANTEN-FREAKS!
FRAKKATAK!
WHAK!!
MUTIES GO HOME!!

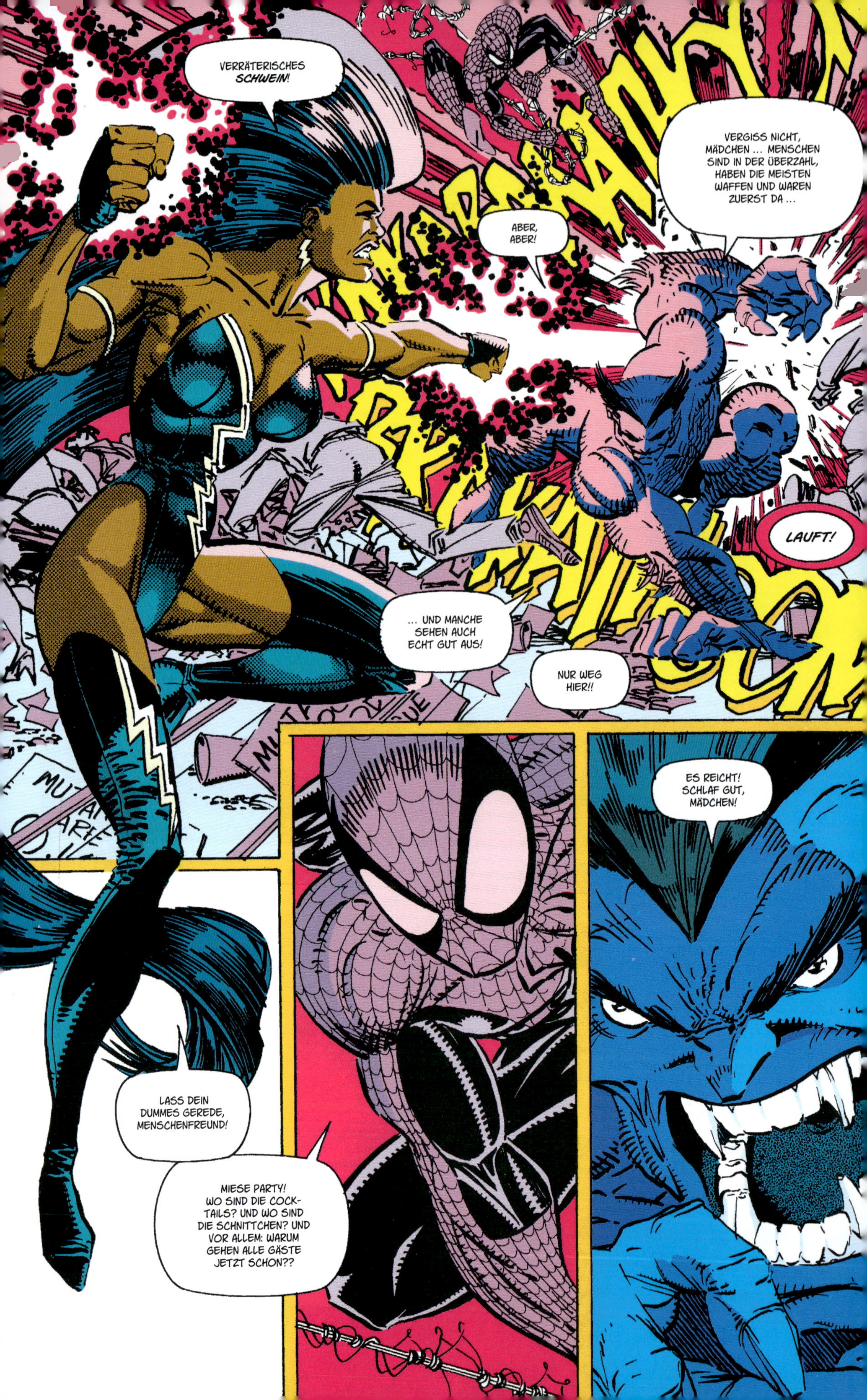
VERRÄTERISCHES SCHWEIN!
ABER, ABER!
VERGISS NICHT, MÄDCHEN ... MENSCHEN SIND IN DER ÜBERZAHL, HABEN DIE MEISTEN WAFFEN UND WAREN ZUERST DA ...
LAUFT!
... UND MANCHE SEHEN AUCH ECHT GUT AUS!
NUR WEG HIER!!
ES REICHT! SCHLAF GUT, MÄDCHEN!
LASS DEIN DUMMES GEREDE, MENSCHENFREUND!
MIESE PARTY! WO SIND DIE COCKTAILS? UND WO SIND DIE SCHNITTCHEN? UND VOR ALLEM: WARUM GEHEN ALLE GÄSTE JETZT SCHON??

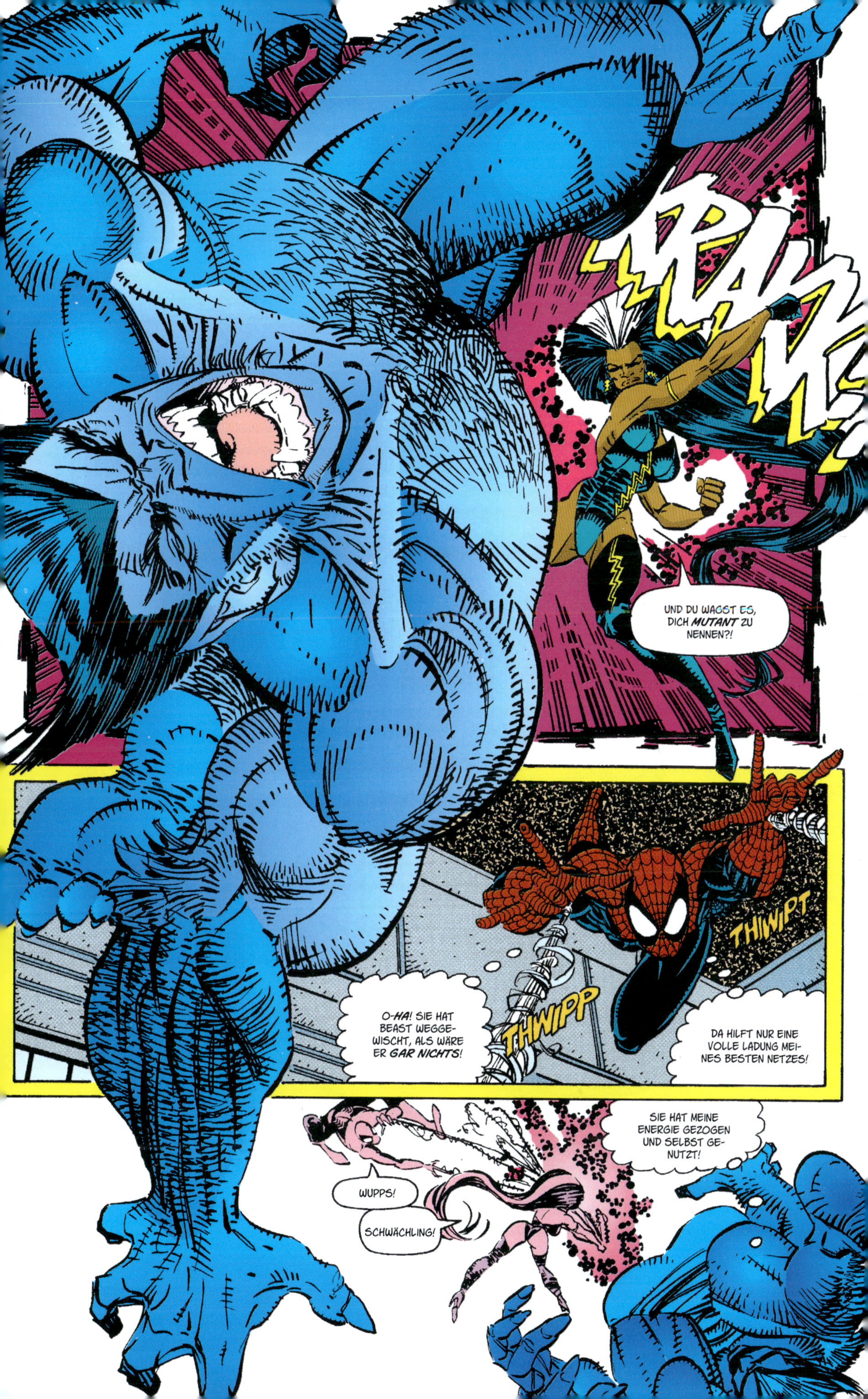

UND DU WAGST ES, DICH *MUTANT* ZU NENNEN?!
O-*HA*! SIE HAT BEAST WEGGEWISCHT, ALS WÄRE ER *GAR NICHTS*!
THWIPP
THWIPT
DA HILFT NUR EINE VOLLE LADUNG MEINES BESTEN NETZES!
SIE HAT MEINE ENERGIE GEZOGEN UND SELBST GENUTZT!
WUPPS!
SCHWÄCHLING!

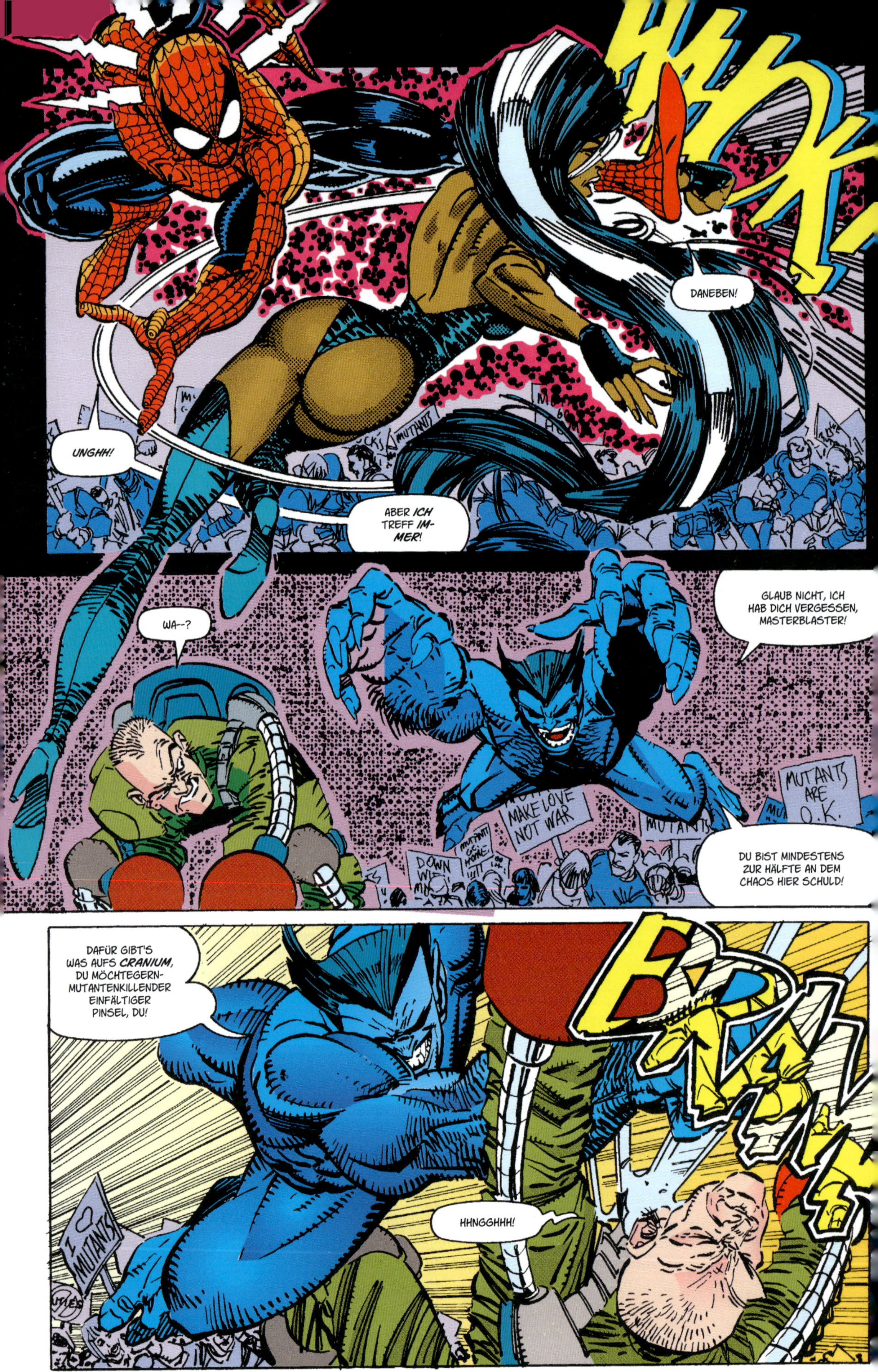

DANEBEN!
UNGHH!
ABER *ICH* TREFF *IMMER*!
WA--?
GLAUB NICHT, ICH HAB DICH VERGESSEN, MASTERBLASTER!
MAKE LOVE NOT WAR
MUTANTS ARE O.K.
DU BIST MINDESTENS ZUR HÄLFTE AN DEM CHAOS HIER SCHULD!
DAFÜR GIBT'S WAS AUFS *CRANIUM*, DU MÖCHTEGERN-MUTANTENKILLENDER EINFÄLTIGER PINSEL, DU!
HHNGGHHH!

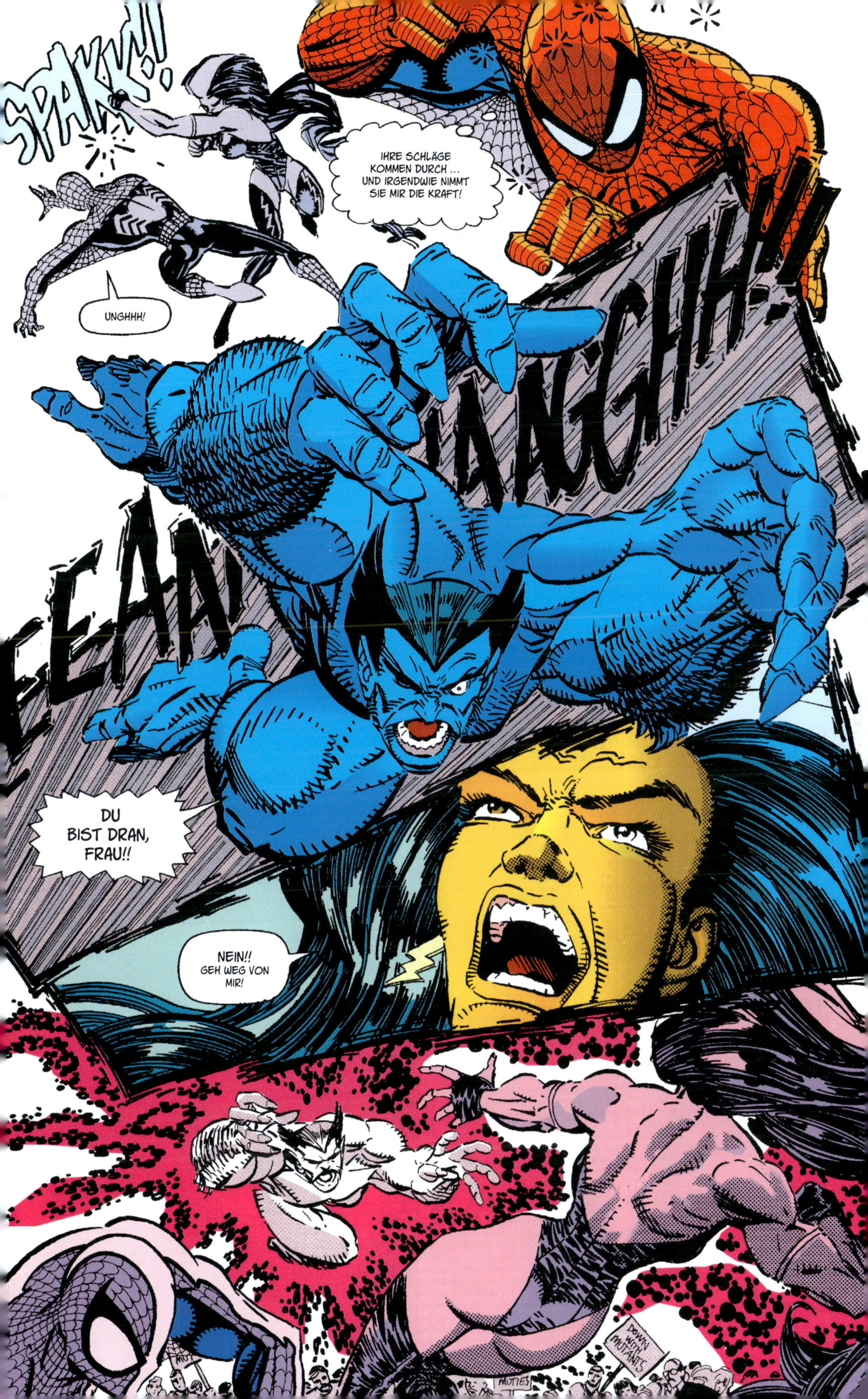
SPAKK!!
IHRE SCHLÄGE KOMMEN DURCH ... UND IRGENDWIE NIMMT SIE MIR DIE KRAFT!
UNGHHH!
DU BIST DRAN, FRAU!!
NEIN!! GEH WEG VON MIR!
DOWN WITH MUTANTS
MUTIES

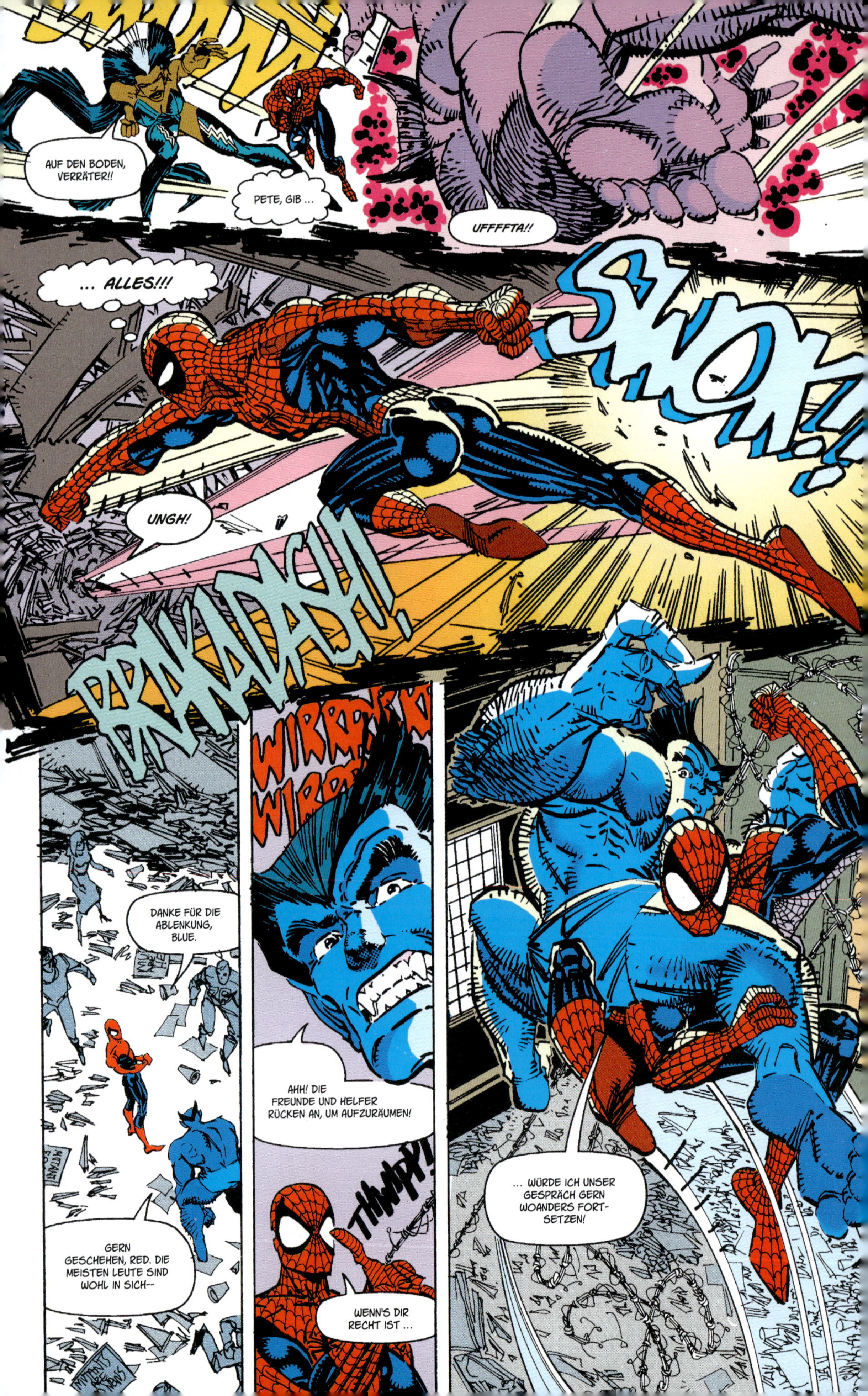
AUF DEN BODEN, VERRÄTER!!
PETE, GIB ...
UFFFFTA!!
... ALLES!!!
SMOK!!!
UNGH!
BRKADASH!!
WIRRR
DANKE FÜR DIE ABLENKUNG, BLUE.
GERN GESCHEHEN, RED. DIE MEISTEN LEUTE SIND WOHL IN SICH--
AHH! DIE FREUNDE UND HELFER RÜCKEN AN, UM AUFZURÄUMEN!
THWIPP!
WENN'S DIR RECHT IST ...
... WÜRDE ICH UNSER GESPRÄCH GERN WOANDERS FORTSETZEN!

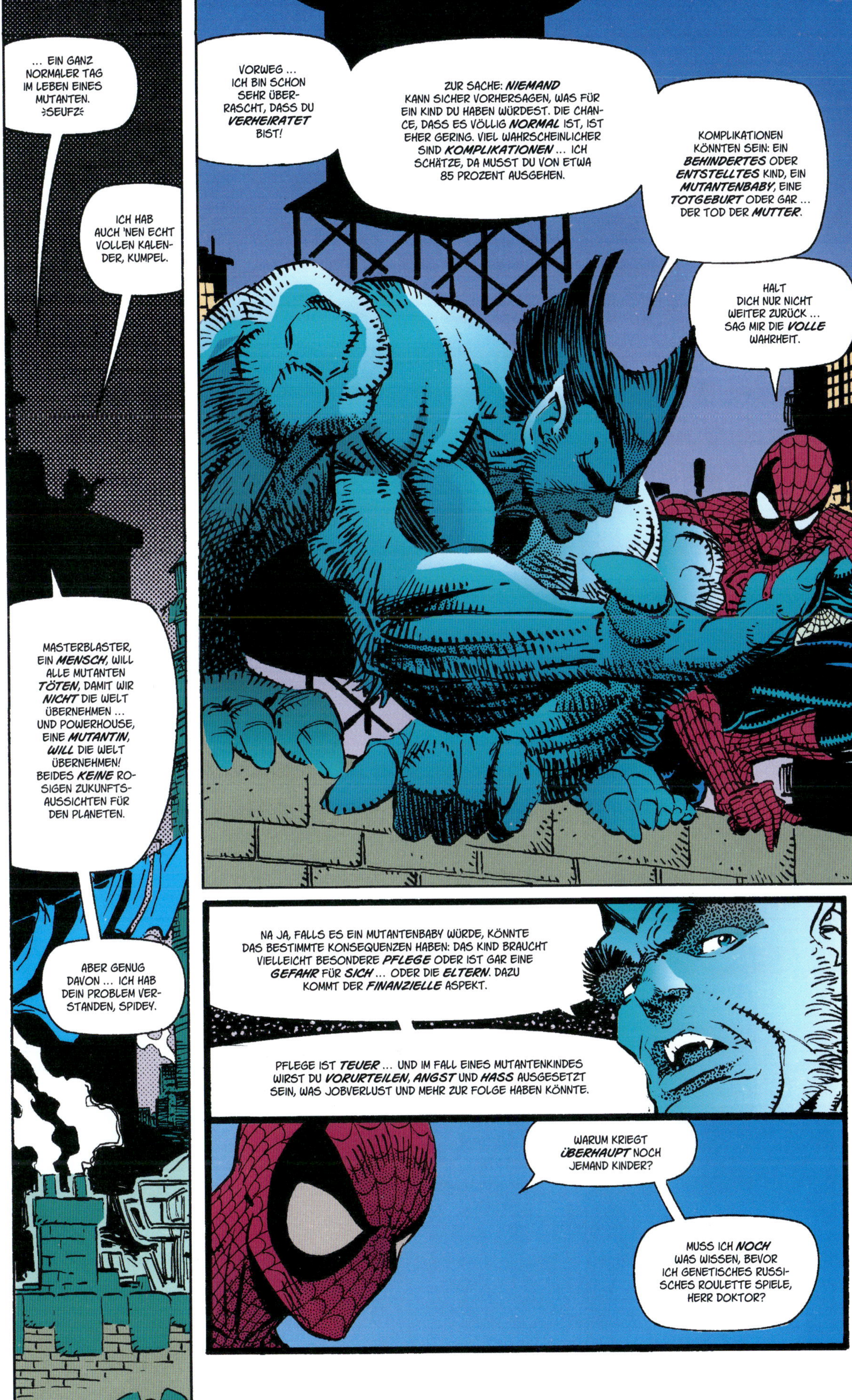
... EIN GANZ NORMALER TAG IM LEBEN EINES MUTANTEN. *SEUFZ*
ICH HAB AUCH 'NEN ECHT VOLLEN KALENDER, KUMPEL.
VORWEG ... ICH BIN SCHON SEHR ÜBERRASCHT, DASS DU VERHEIRATET BIST!
ZUR SACHE: NIEMAND KANN SICHER VORHERSAGEN, WAS FÜR EIN KIND DU HABEN WÜRDEST. DIE CHANCE, DASS ES VÖLLIG NORMAL IST, IST EHER GERING. VIEL WAHRSCHEINLICHER SIND KOMPLIKATIONEN ... ICH SCHÄTZE, DA MUSST DU VON ETWA 85 PROZENT AUSGEHEN.
KOMPLIKATIONEN KÖNNTEN SEIN: EIN BEHINDERTES ODER ENTSTELLTES KIND, EIN MUTANTENBABY, EINE TOTGEBURT ODER GAR ... DER TOD DER MUTTER.
HALT DICH NUR NICHT WEITER ZURÜCK ... SAG MIR DIE VOLLE WAHRHEIT.
MASTERBLASTER, EIN MENSCH, WILL ALLE MUTANTEN TÖTEN, DAMIT WIR NICHT DIE WELT ÜBERNEHMEN ... UND POWERHOUSE, EINE MUTANTIN, WILL DIE WELT ÜBERNEHMEN! BEIDES KEINE ROSIGEN ZUKUNFTSAUSSICHTEN FÜR DEN PLANETEN.
ABER GENUG DAVON ... ICH HAB DEIN PROBLEM VERSTANDEN, SPIDEY.
NA JA, FALLS ES EIN MUTANTENBABY WÜRDE, KÖNNTE DAS BESTIMMTE KONSEQUENZEN HABEN: DAS KIND BRAUCHT VIELLEICHT BESONDERE PFLEGE ODER IST GAR EINE GEFAHR FÜR SICH ... ODER DIE ELTERN. DAZU KOMMT DER FINANZIELLE ASPEKT.
PFLEGE IST TEUER ... UND IM FALL EINES MUTANTENKINDES WIRST DU VORURTEILEN, ANGST UND HASS AUSGESETZT SEIN, WAS JOBVERLUST UND MEHR ZUR FOLGE HABEN KÖNNTE.
WARUM KRIEGT ÜBERHAUPT NOCH JEMAND KINDER?
MUSS ICH NOCH WAS WISSEN, BEVOR ICH GENETISCHES RUSSISCHES ROULETTE SPIELE, HERR DOKTOR?

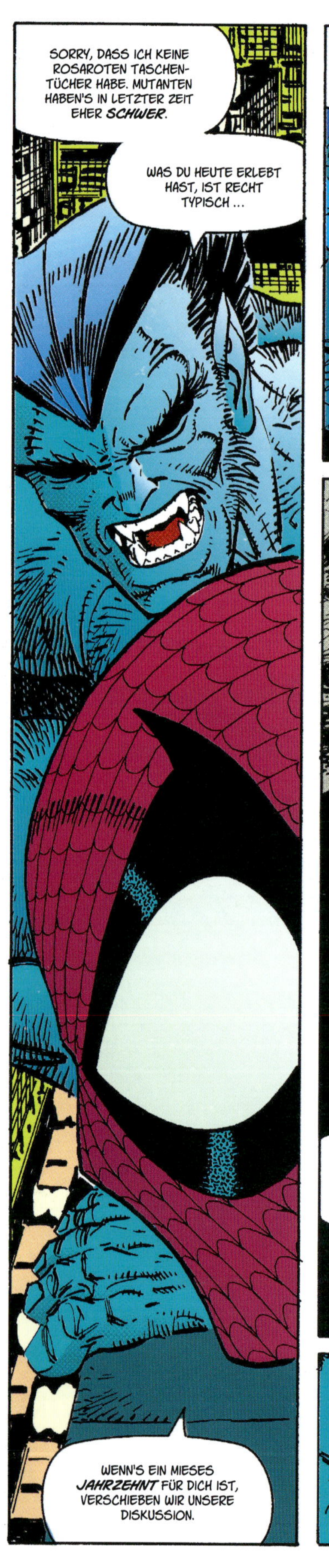
SORRY, DASS ICH KEINE ROSAROTEN TASCHEN-TÜCHER HABE. MUTANTEN HABEN'S IN LETZTER ZEIT EHER SCHWER.
WAS DU HEUTE ERLEBT HAST, IST RECHT TYPISCH ...

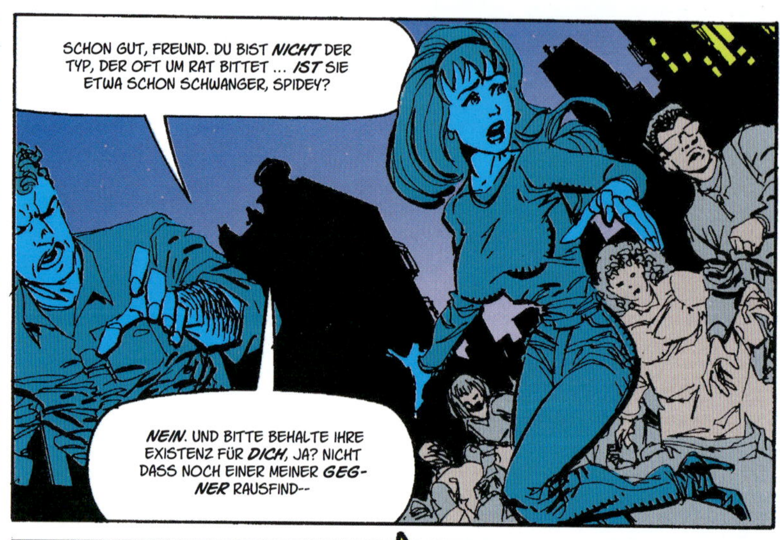
SCHON GUT, FREUND. DU BIST NICHT DER TYP, DER OFT UM RAT BITTET ... IST SIE ETWA SCHON SCHWANGER, SPIDEY?
NEIN. UND BITTE BEHALTE IHRE EXISTENZ FÜR DICH, JA? NICHT DASS NOCH EINER MEINER GEG-NER RAUSFIND--

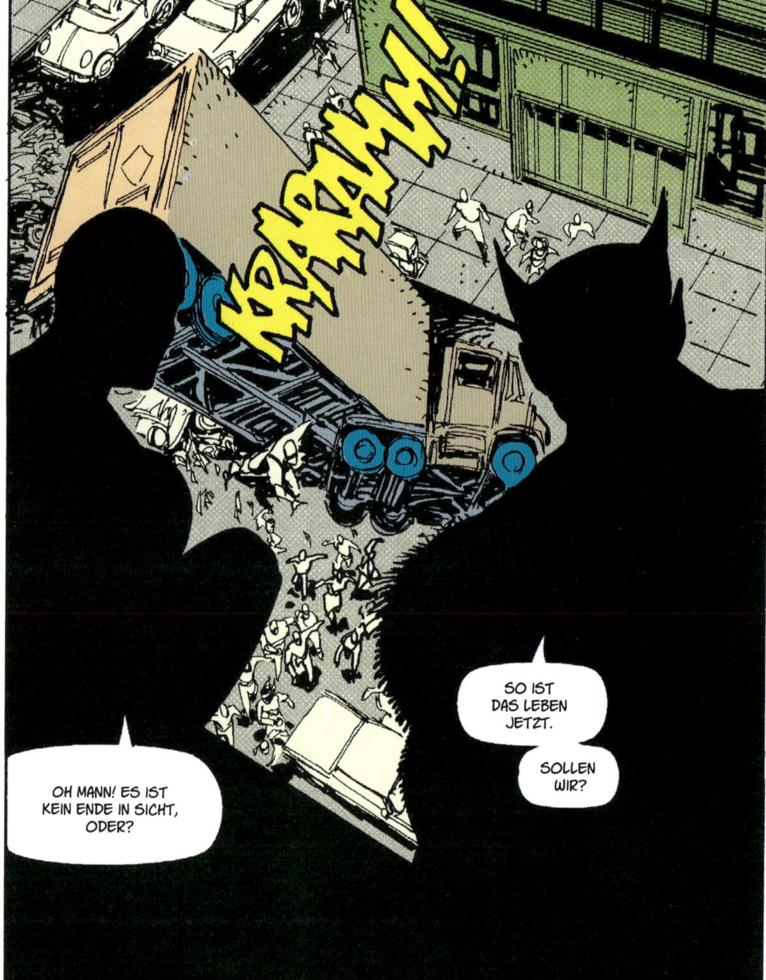
KRRRAMM!
SO IST DAS LEBEN JETZT.
SOLLEN WIR?
OH MANN! ES IST KEIN ENDE IN SICHT, ODER?

WENN'S EIN MIESES JAHRZEHNT FÜR DICH IST, VERSCHIEBEN WIR UNSERE DISKUSSION.

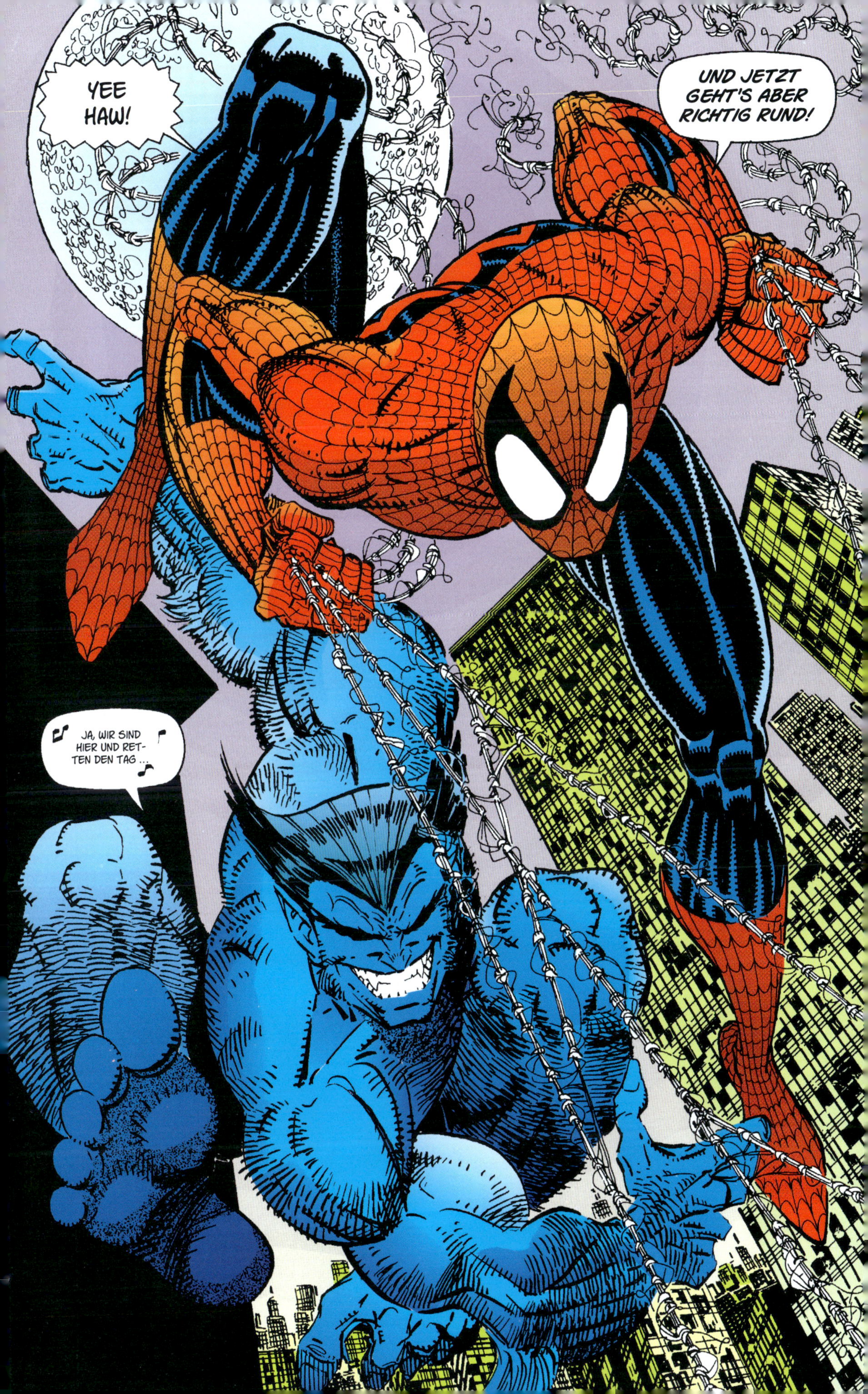
YEE HAW!
UND JETZT GEHT'S ABER RICHTIG RUND!
JA, WIR SIND HIER UND RETTEN DEN TAG ...

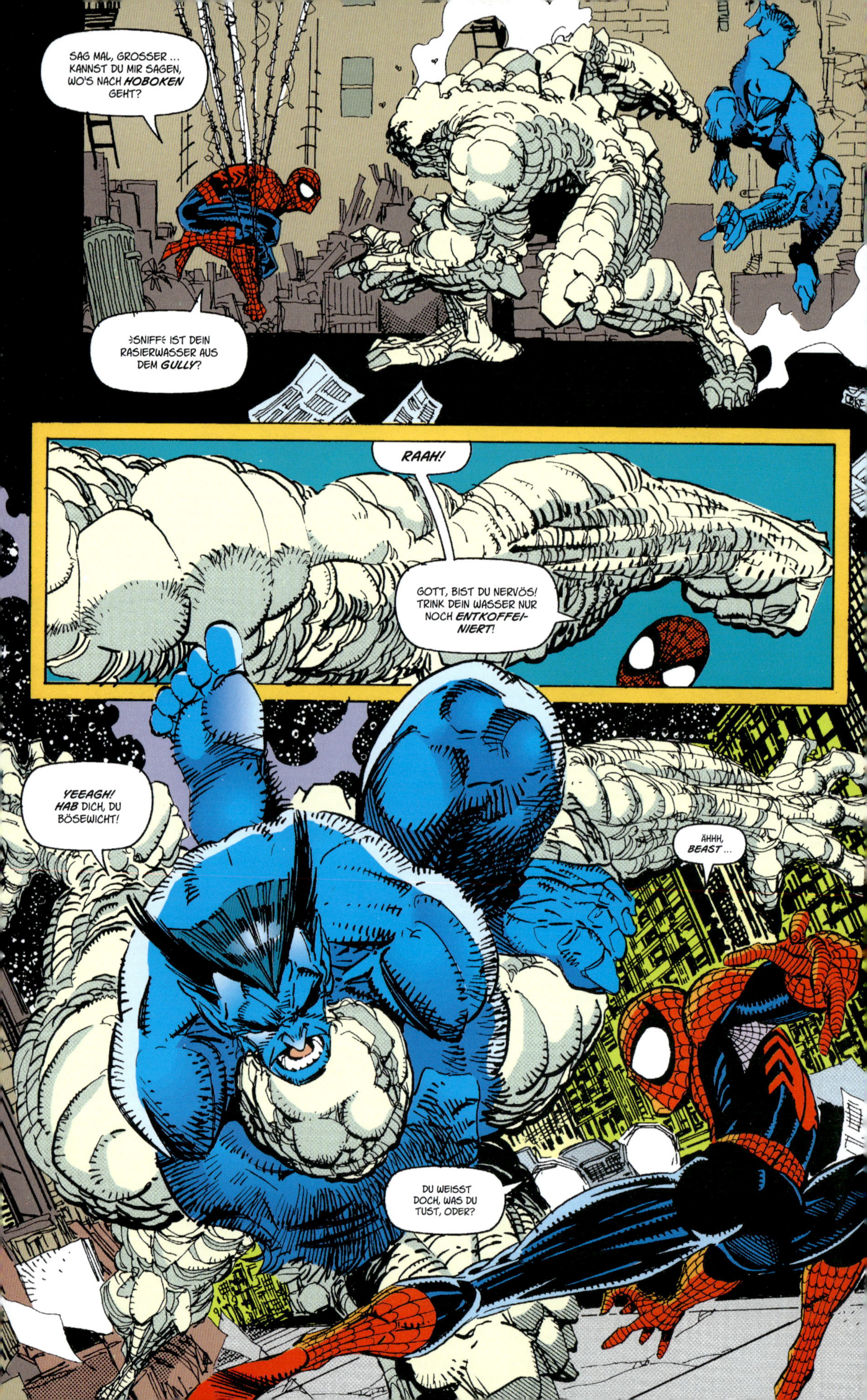
SAG MAL, GROSSER ... KANNST DU MIR SAGEN, WO'S NACH HOBOKEN GEHT?
⋧SNIFF⋦ IST DEIN RASIERWASSER AUS DEM GULLY?
RAAH!
GOTT, BIST DU NERVÖS! TRINK DEIN WASSER NUR NOCH ENTKOFFEI-NIERT!
YEEAGH! HAB DICH, DU BÖSEWICHT!
ÄHHH, BEAST ...
DU WEISST DOCH, WAS DU TUST, ODER?

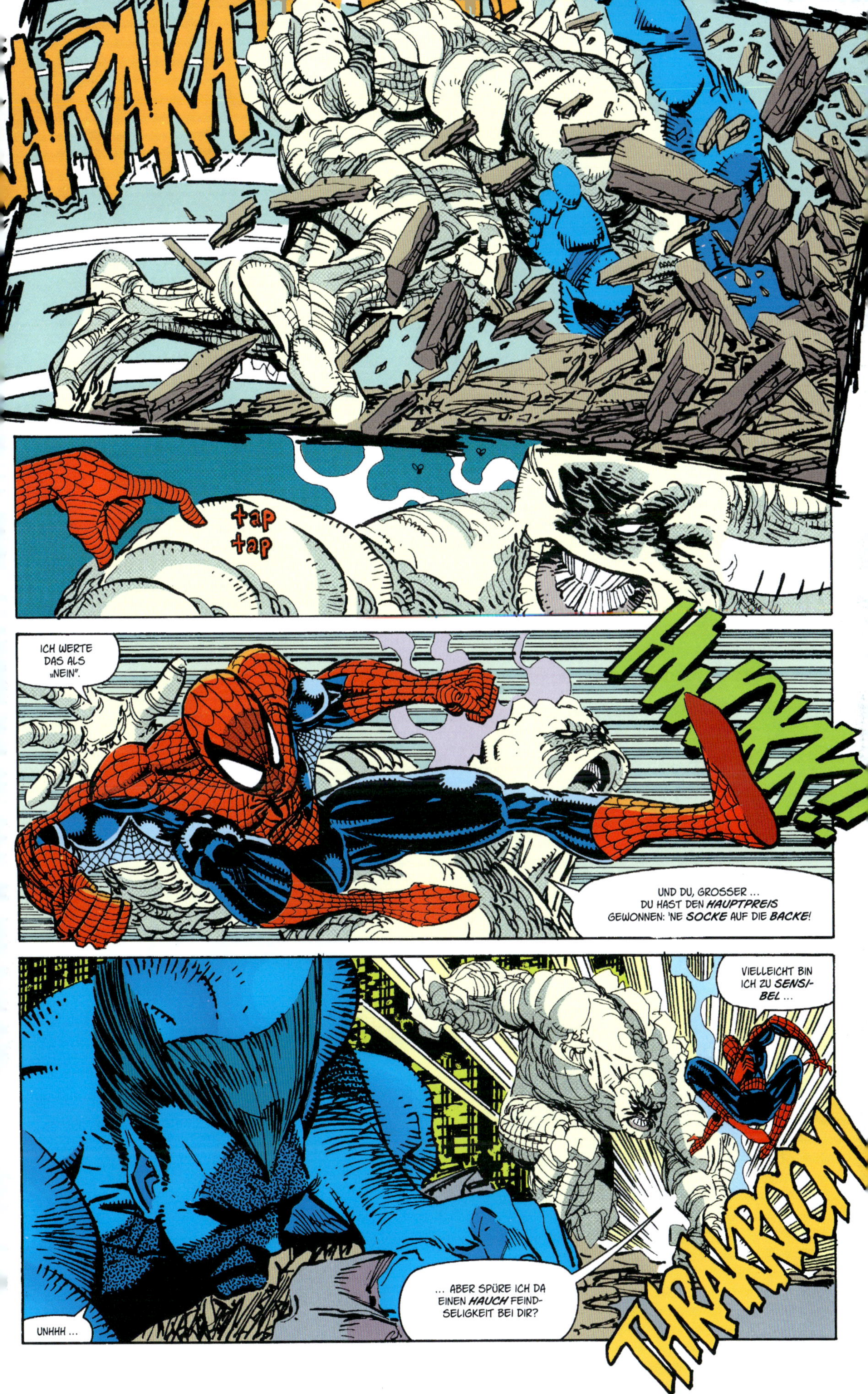

ARAKA!
tap
tap
ICH WERTE DAS ALS „NEIN".
HUNK!!
UND DU, GROSSER … DU HAST DEN *HAUPTPREIS* GEWONNEN: 'NE *SOCKE* AUF DIE *BACKE*!
VIELLEICHT BIN ICH ZU *SENSIBEL* …
THRAKROOM!
… ABER SPÜRE ICH DA EINEN *HAUCH* FEINDSELIGKEIT BEI DIR?
UNHHH …

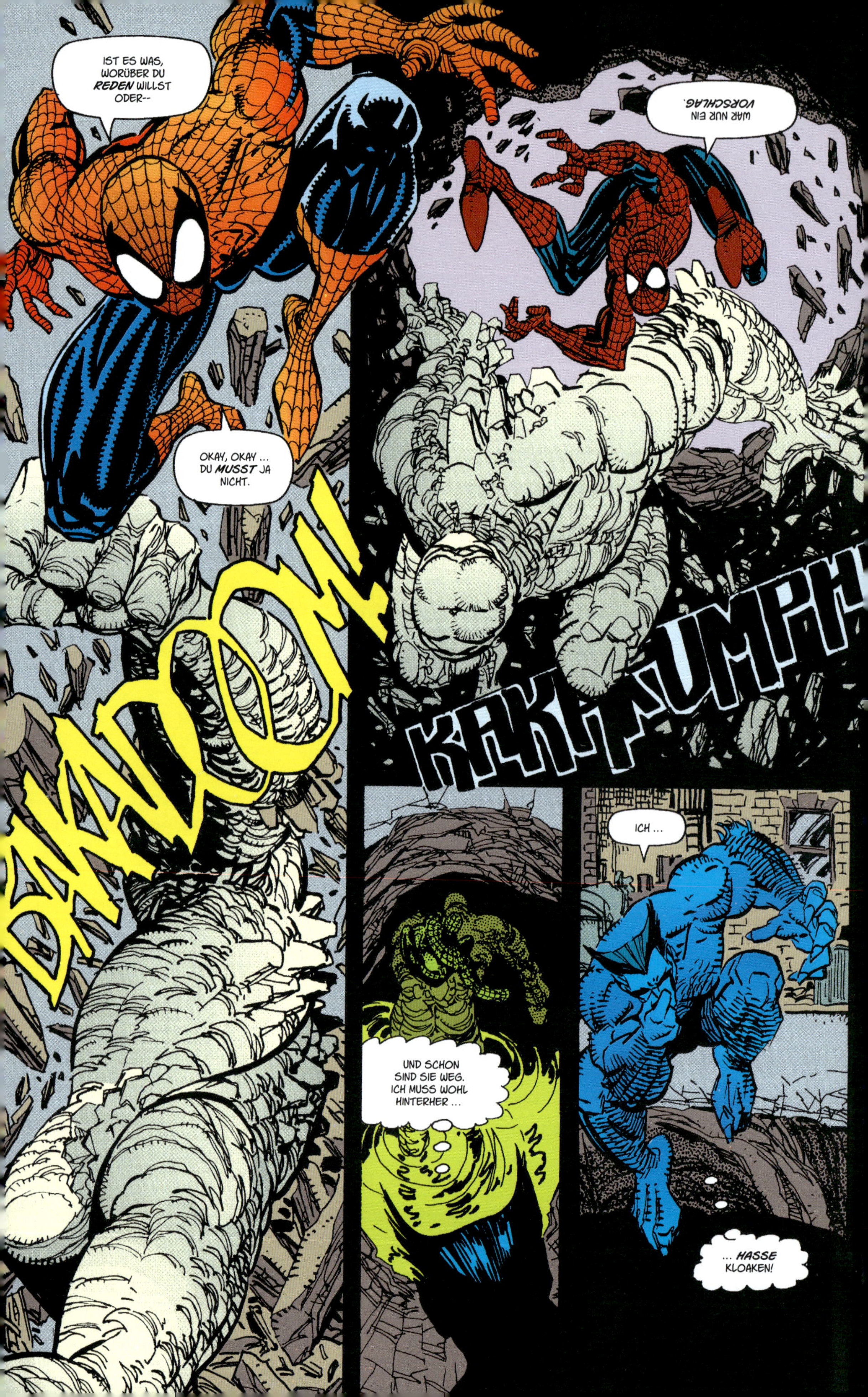

IST ES WAS, WORÜBER DU **REDEN** WILLST ODER--
WAR NUR EIN **VORSCHLAG.**
OKAY, OKAY ... DU **MUSST** JA NICHT.
ICH ...
UND SCHON SIND SIE WEG. ICH MUSS WOHL HINTERHER ...
... **HASSE** KLOAKEN!

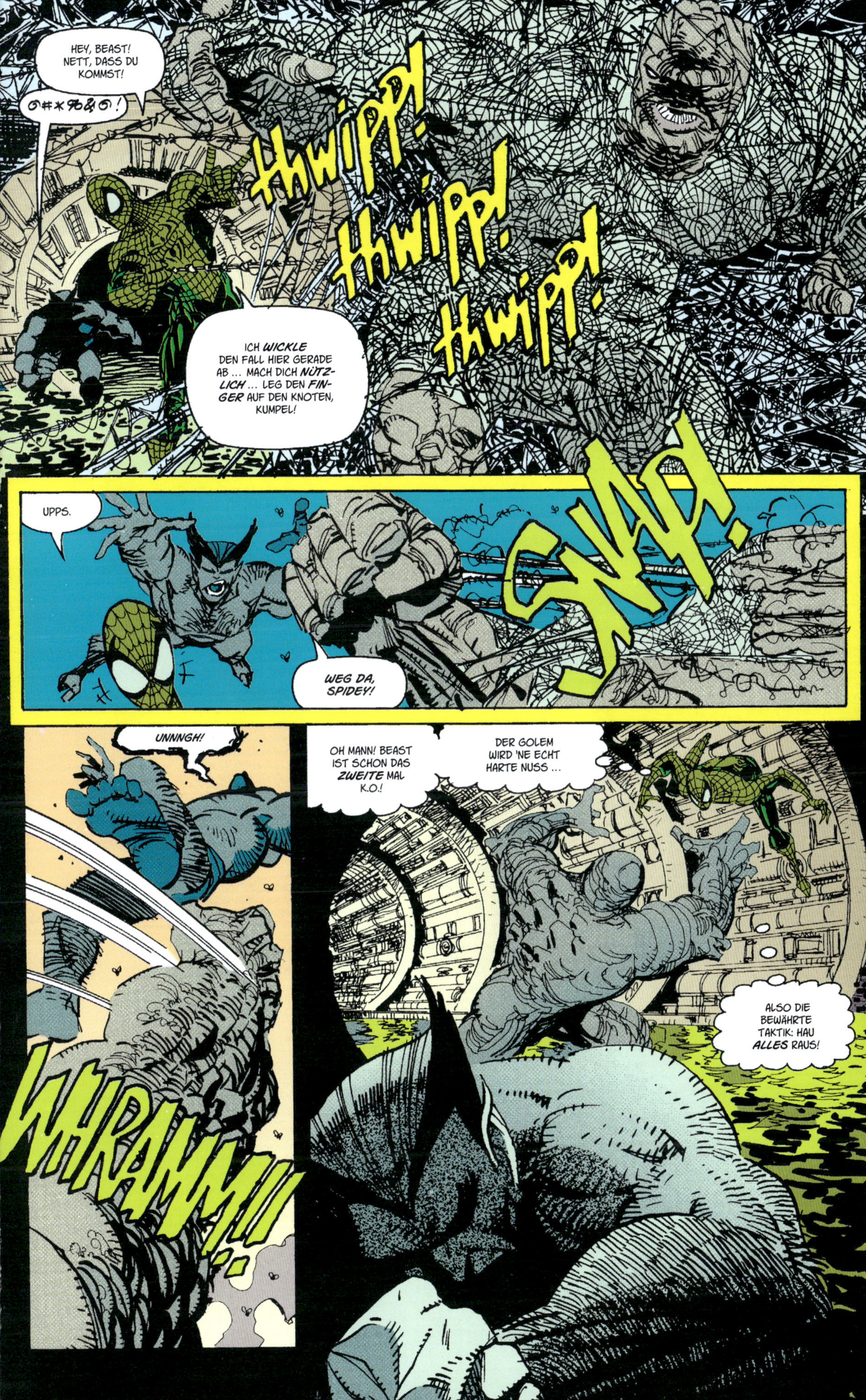
HEY, BEAST! NETT, DASS DU KOMMST!
ⓞ#*%&ⓞ!
THWIPP! THWIPP! THWIPP!
ICH WICKLE DEN FALL HIER GERADE AB ... MACH DICH NÜTZLICH ... LEG DEN FINGER AUF DEN KNOTEN, KUMPEL!
UPPS.
SNAP!
WEG DA, SPIDEY!
UNNNGH!
WHRAMM!!
OH MANN! BEAST IST SCHON DAS ZWEITE MAL K.O.!
DER GOLEM WIRD 'NE ECHT HARTE NUSS ...
ALSO DIE BEWÄHRTE TAKTIK: HAU ALLES RAUS!

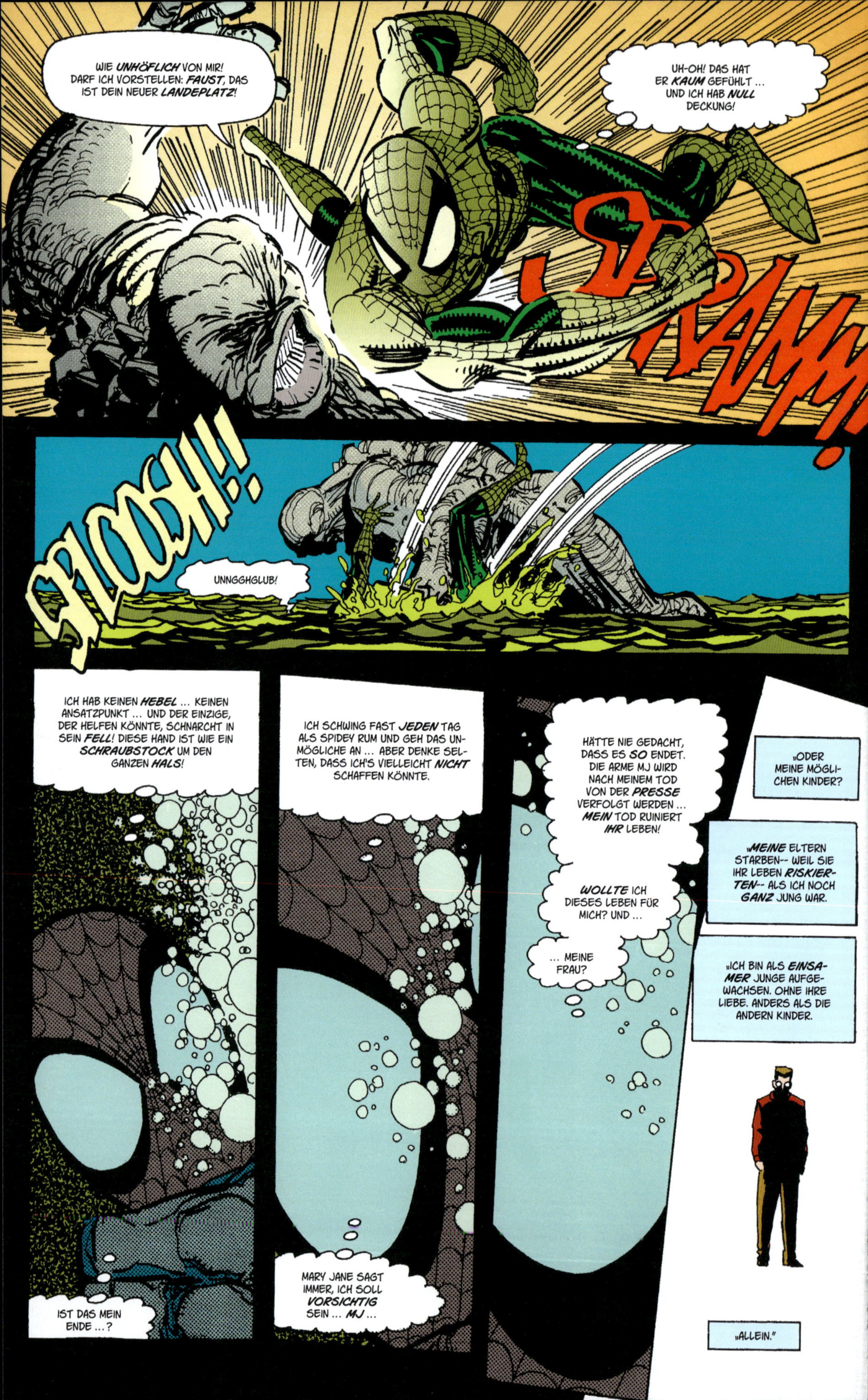
WIE UNHÖFLICH VON MIR! DARF ICH VORSTELLEN: FAUST, DAS IST DEIN NEUER LANDEPLATZ!
UH-OH! DAS HAT ER KAUM GEFÜHLT … UND ICH HAB NULL DECKUNG!
SPRAMM!
SPLOOSH!!
UNNGGHGLUB!
ICH HAB KEINEN HEBEL … KEINEN ANSATZPUNKT … UND DER EINZIGE, DER HELFEN KÖNNTE, SCHNARCHT IN SEIN FELL! DIESE HAND IST WIE EIN SCHRAUBSTOCK UM DEN GANZEN HALS!
IST DAS MEIN ENDE …?
ICH SCHWING FAST JEDEN TAG ALS SPIDEY RUM UND GEH DAS UNMÖGLICHE AN … ABER DENKE SELTEN, DASS ICH'S VIELLEICHT NICHT SCHAFFEN KÖNNTE.
MARY JANE SAGT IMMER, ICH SOLL VORSICHTIG SEIN … MJ …
HÄTTE NIE GEDACHT, DASS ES SO ENDET. DIE ARME MJ WIRD NACH MEINEM TOD VON DER PRESSE VERFOLGT WERDEN … MEIN TOD RUINIERT IHR LEBEN!
WOLLTE ICH DIESES LEBEN FÜR MICH? UND …
… MEINE FRAU?
»ODER MEINE MÖGLICHEN KINDER?
»MEINE ELTERN STARBEN-- WEIL SIE IHR LEBEN RISKIERTEN-- ALS ICH NOCH GANZ JUNG WAR.
»ICH BIN ALS EINSAMER JUNGE AUFGEWACHSEN. OHNE IHRE LIEBE. ANDERS ALS DIE ANDERN KINDER.
»ALLEIN.«

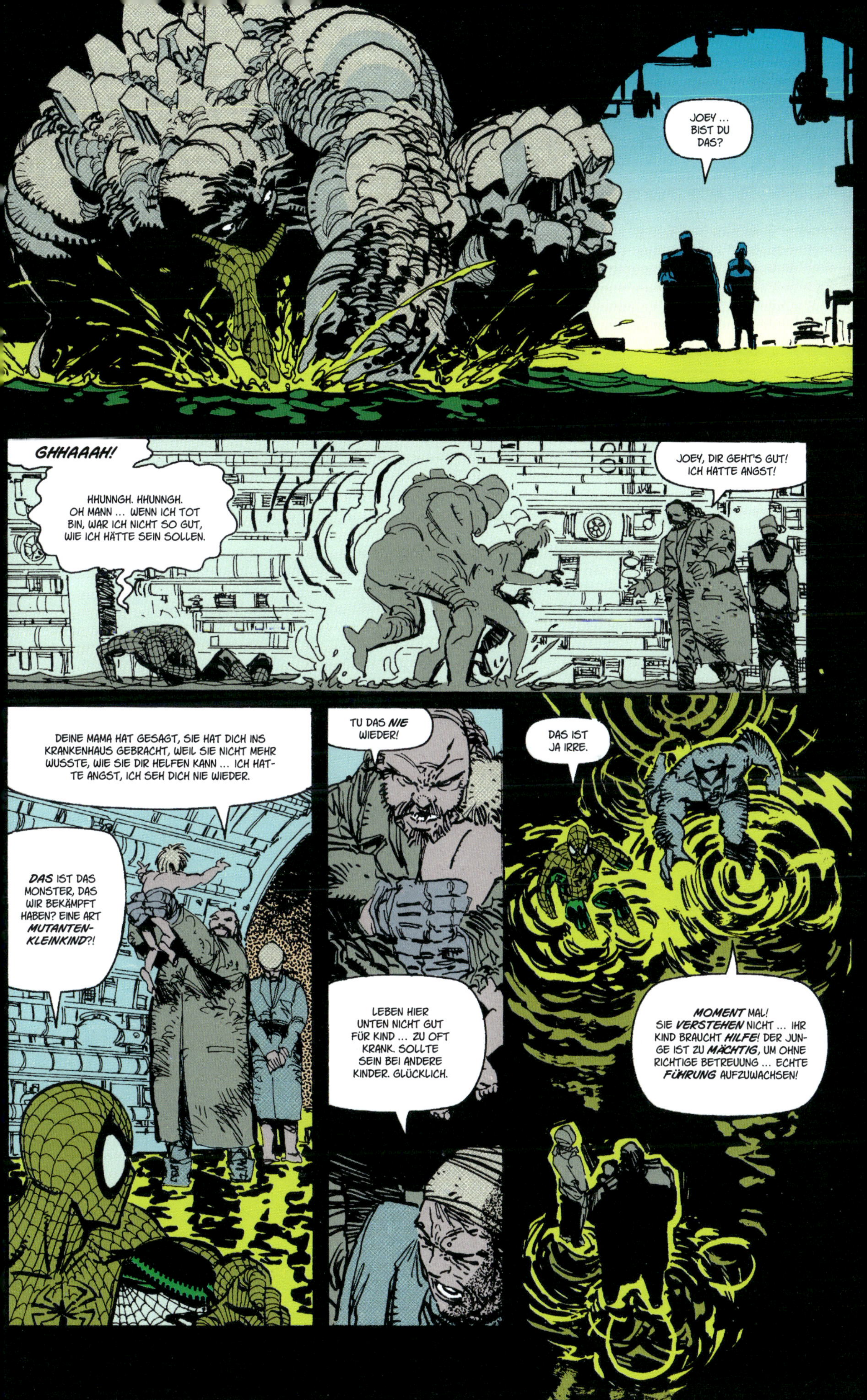
JOEY ... BIST DU DAS?
GHHAAAH!
HHUNNGH. HHUNNGH. OH MANN ... WENN ICH TOT BIN, WAR ICH NICHT SO GUT, WIE ICH HÄTTE SEIN SOLLEN.
JOEY, DIR GEHT'S GUT! ICH HATTE ANGST!
DEINE MAMA HAT GESAGT, SIE HAT DICH INS KRANKENHAUS GEBRACHT, WEIL SIE NICHT MEHR WUSSTE, WIE SIE DIR HELFEN KANN ... ICH HATTE ANGST, ICH SEH DICH NIE WIEDER.
DAS IST DAS MONSTER, DAS WIR BEKÄMPFT HABEN? EINE ART MUTANTEN-KLEINKIND?!
TU DAS NIE WIEDER!
LEBEN HIER UNTEN NICHT GUT FÜR KIND ... ZU OFT KRANK. SOLLTE SEIN BEI ANDERE KINDER. GLÜCKLICH.
DAS IST JA IRRE.
MOMENT MAL! SIE VERSTEHEN NICHT ... IHR KIND BRAUCHT HILFE! DER JUNGE IST ZU MÄCHTIG, UM OHNE RICHTIGE BETREUUNG ... ECHTE FÜHRUNG AUFZUWACHSEN!

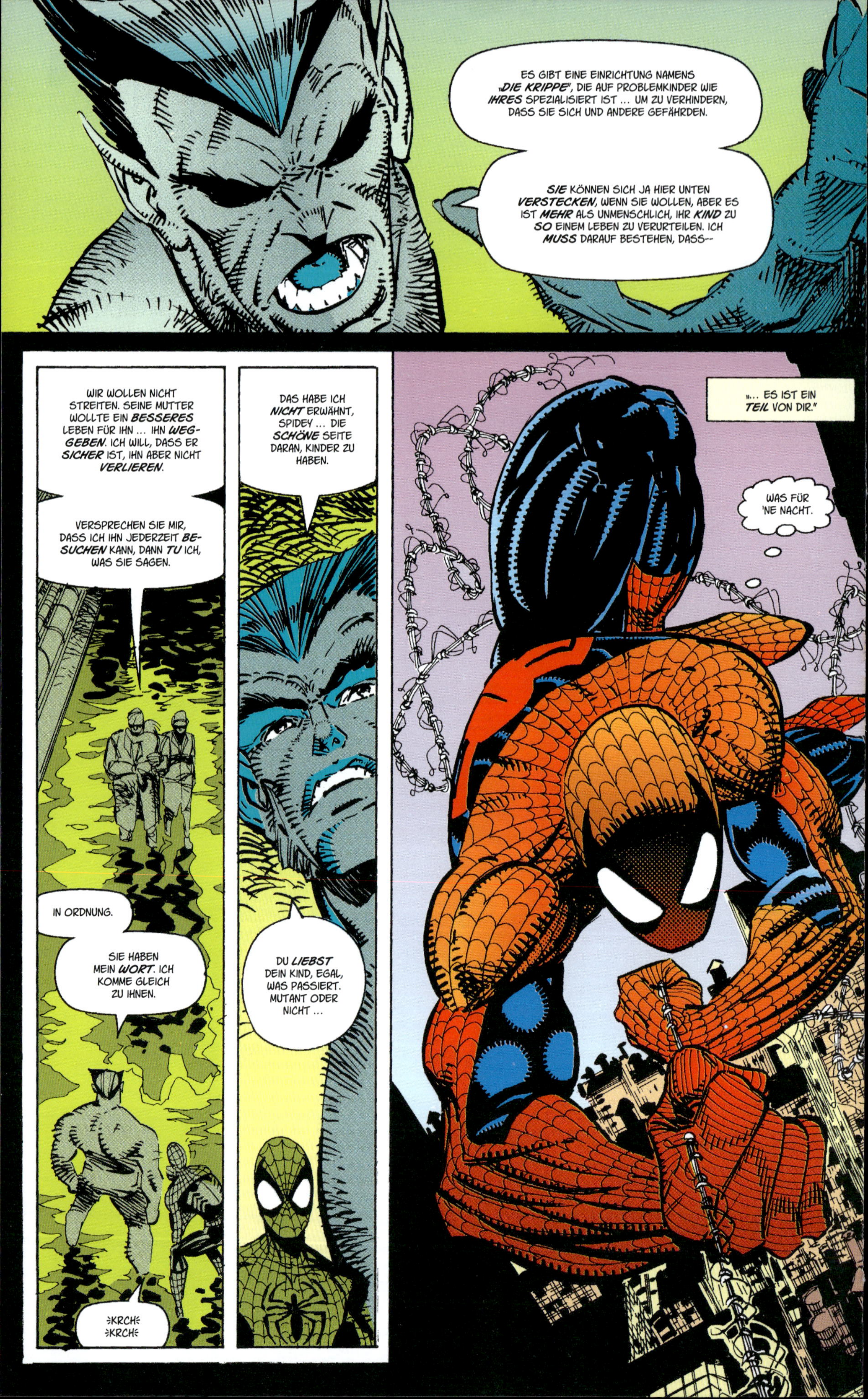

ES GIBT EINE EINRICHTUNG NAMENS „DIE KRIPPE", DIE AUF PROBLEMKINDER WIE IHRES SPEZIALISIERT IST ... UM ZU VERHINDERN, DASS SIE SICH UND ANDERE GEFÄHRDEN.

SIE KÖNNEN SICH JA HIER UNTEN VERSTECKEN, WENN SIE WOLLEN, ABER ES IST MEHR ALS UNMENSCHLICH, IHR KIND ZU SO EINEM LEBEN ZU VERURTEILEN. ICH MUSS DARAUF BESTEHEN, DASS--

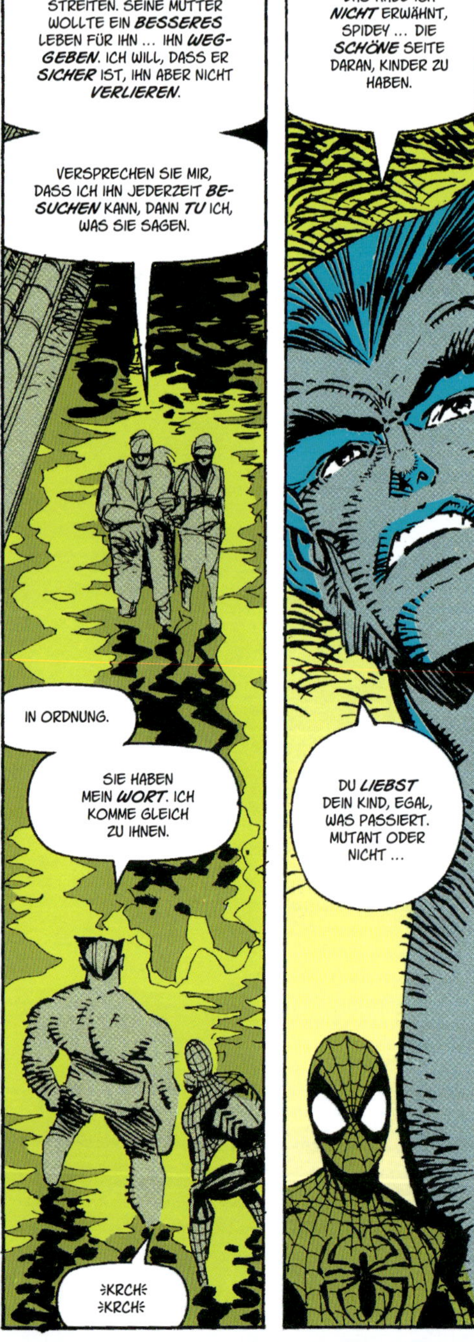

„... ES IST EIN TEIL VON DIR."

WAS FÜR 'NE NACHT.

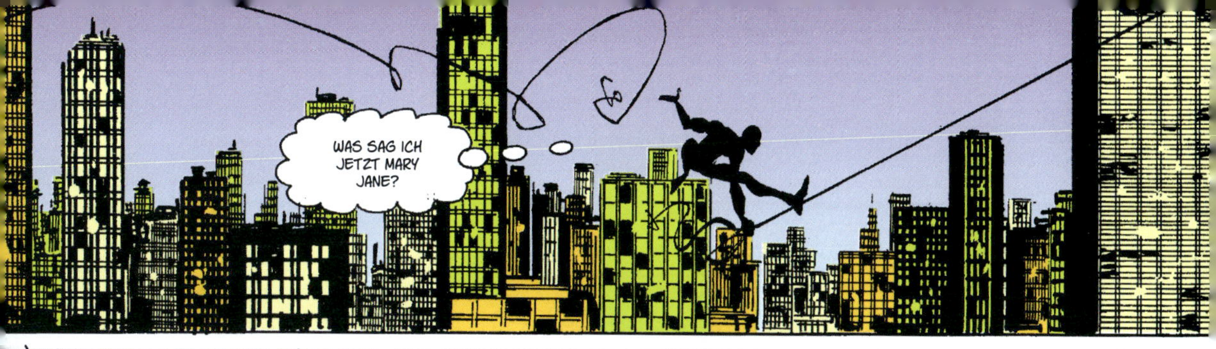

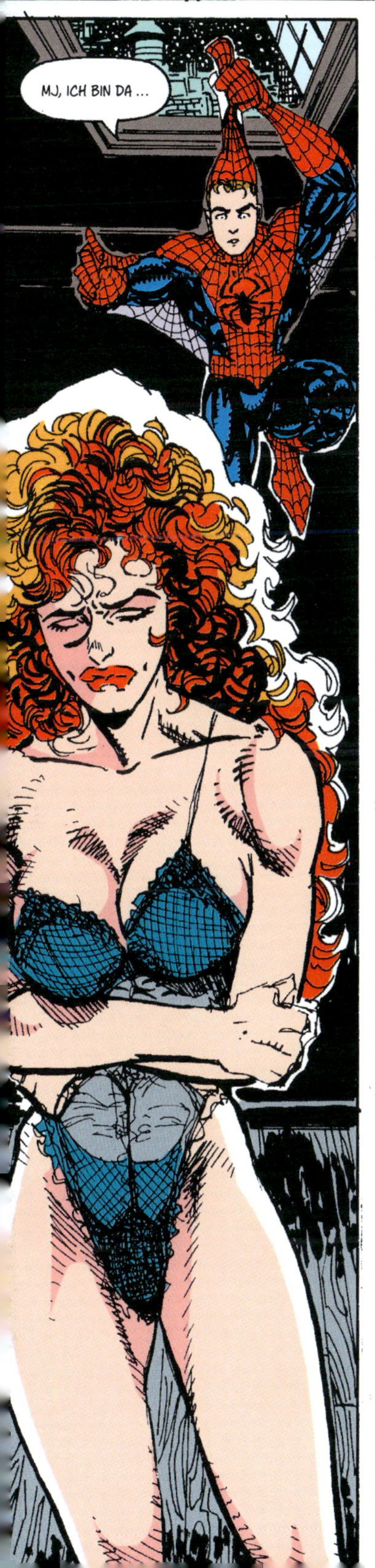

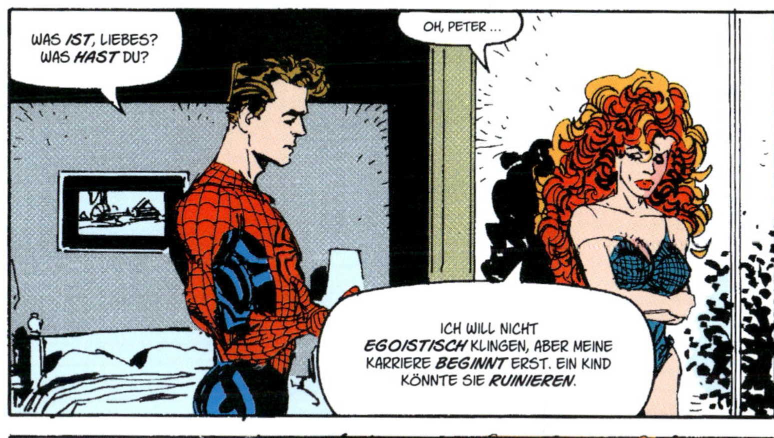

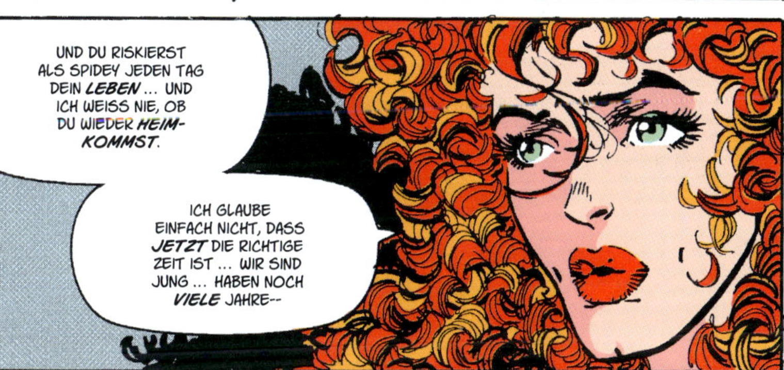

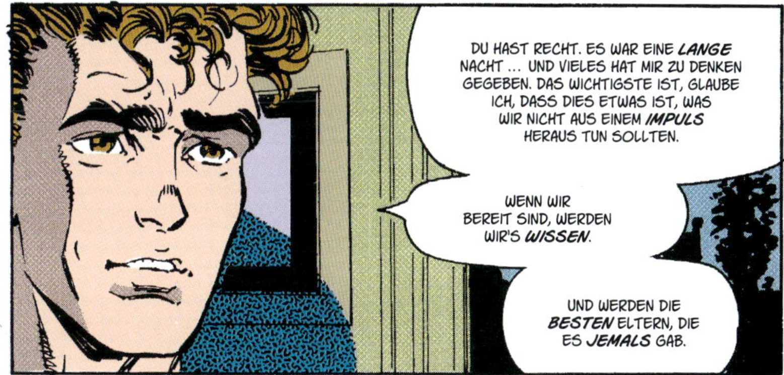

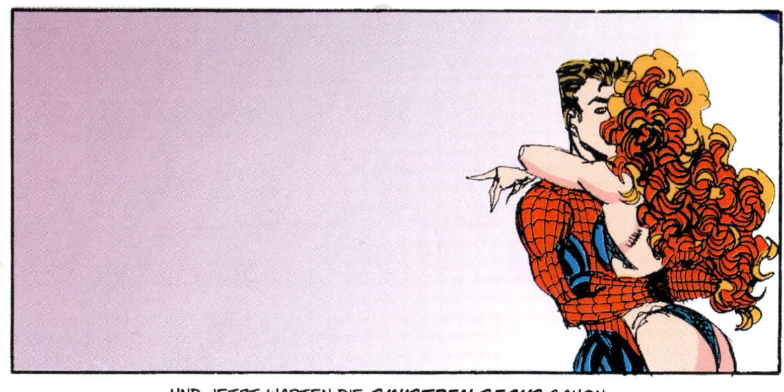

UND JETZT WARTEN DIE *SINISTREN SECHS* SCHON ...
ALSO WORAUF WARTET *IHR* NOCH?

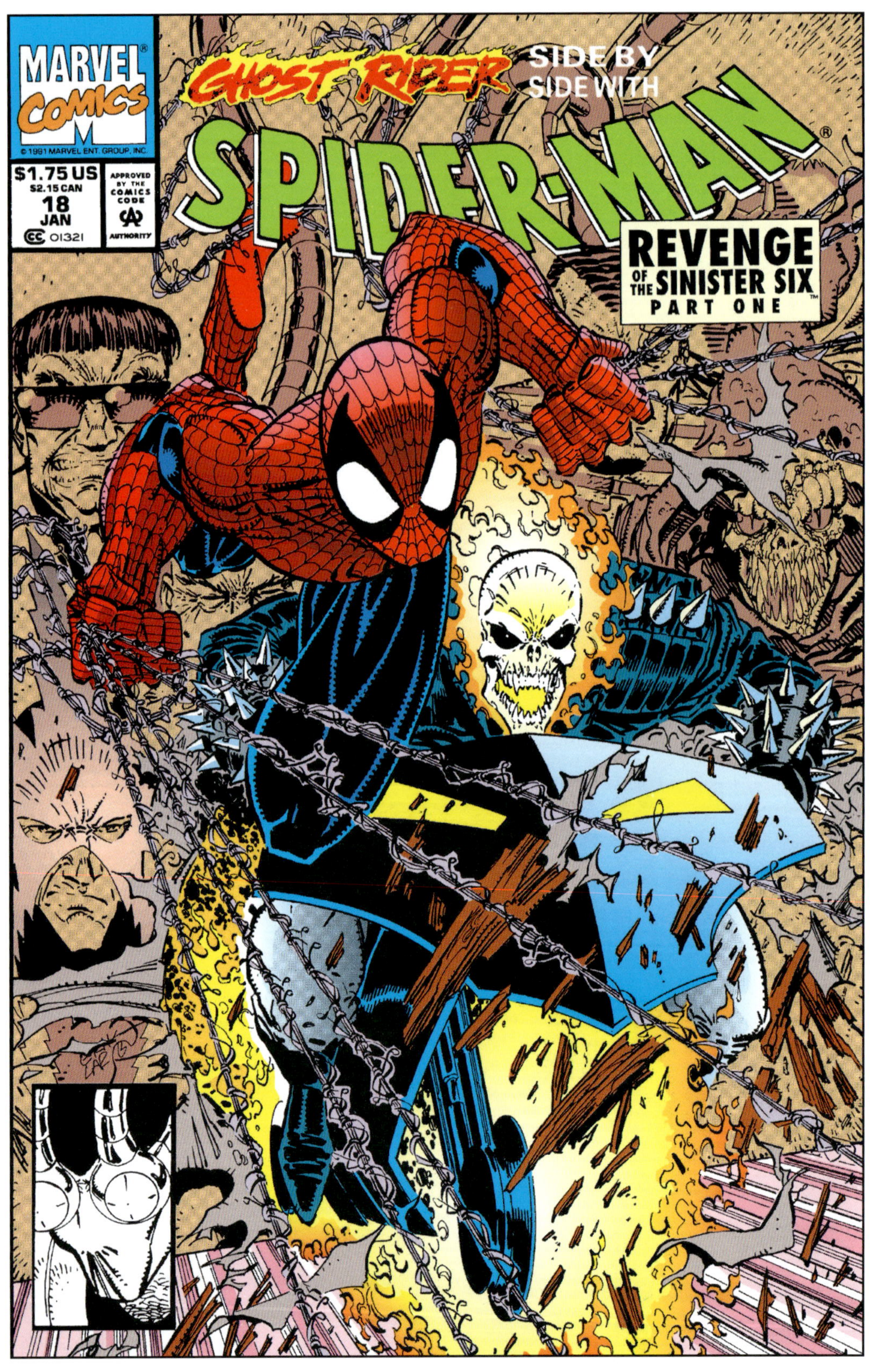

Spider-Man (1990) 18
Cover von **ERIK LARSEN**

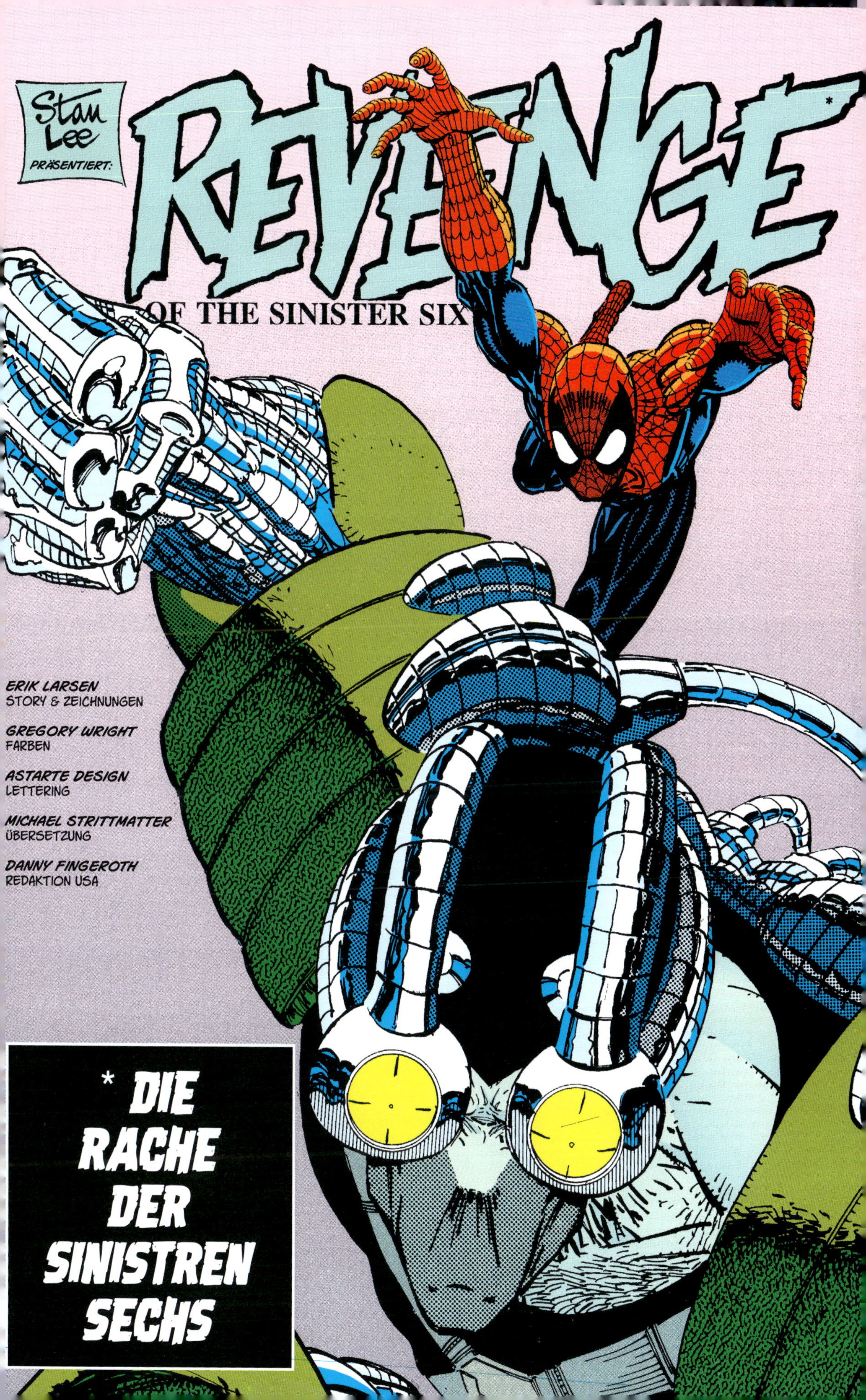
Stan Lee
PRÄSENTIERT:
REVENGE*
OF THE SINISTER SIX
ERIK LARSEN
STORY & ZEICHNUNGEN
GREGORY WRIGHT
FARBEN
ASTARTE DESIGN
LETTERING
MICHAEL STRITTMATTER
ÜBERSETZUNG
DANNY FINGEROTH
REDAKTION USA
* DIE RACHE DER SINISTREN SECHS

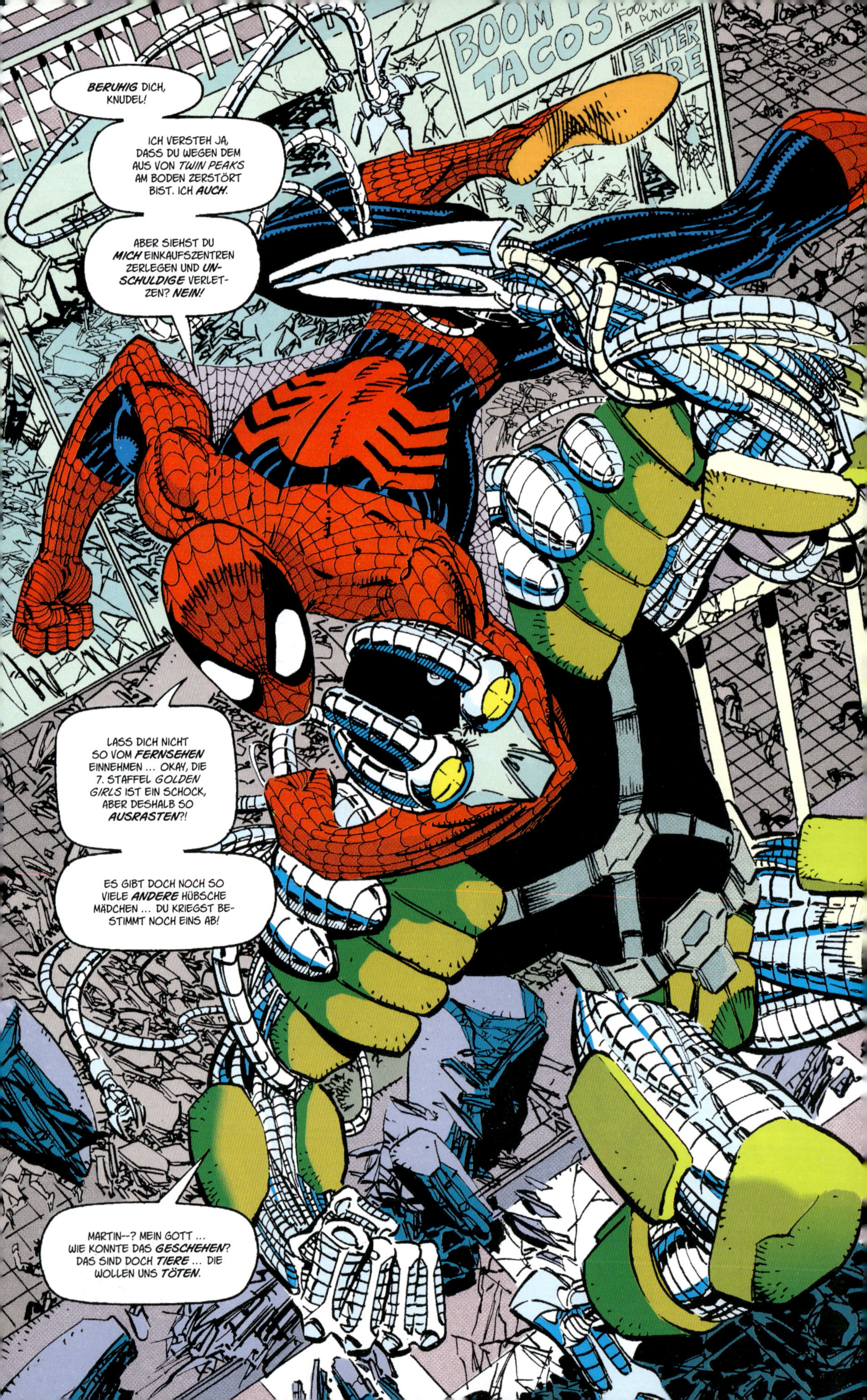
BOOM TACOS
FOOD A PUNCH
ENTER HERE
BERUHIG DICH, KNUDEL!
ICH VERSTEH JA, DASS DU WEGEN DEM AUS VON TWIN PEAKS AM BODEN ZERSTÖRT BIST. ICH AUCH.
ABER SIEHST DU MICH EINKAUFSZENTREN ZERLEGEN UND UNSCHULDIGE VERLETZEN? NEIN!
LASS DICH NICHT SO VOM FERNSEHEN EINNEHMEN ... OKAY, DIE 7. STAFFEL GOLDEN GIRLS IST EIN SCHOCK, ABER DESHALB SO AUSRASTEN?!
ES GIBT DOCH NOCH SO VIELE ANDERE HÜBSCHE MÄDCHEN ... DU KRIEGST BESTIMMT NOCH EINS AB!
MARTIN--? MEIN GOTT ... WIE KONNTE DAS GESCHEHEN? DAS SIND DOCH TIERE ... DIE WOLLEN UNS TÖTEN.

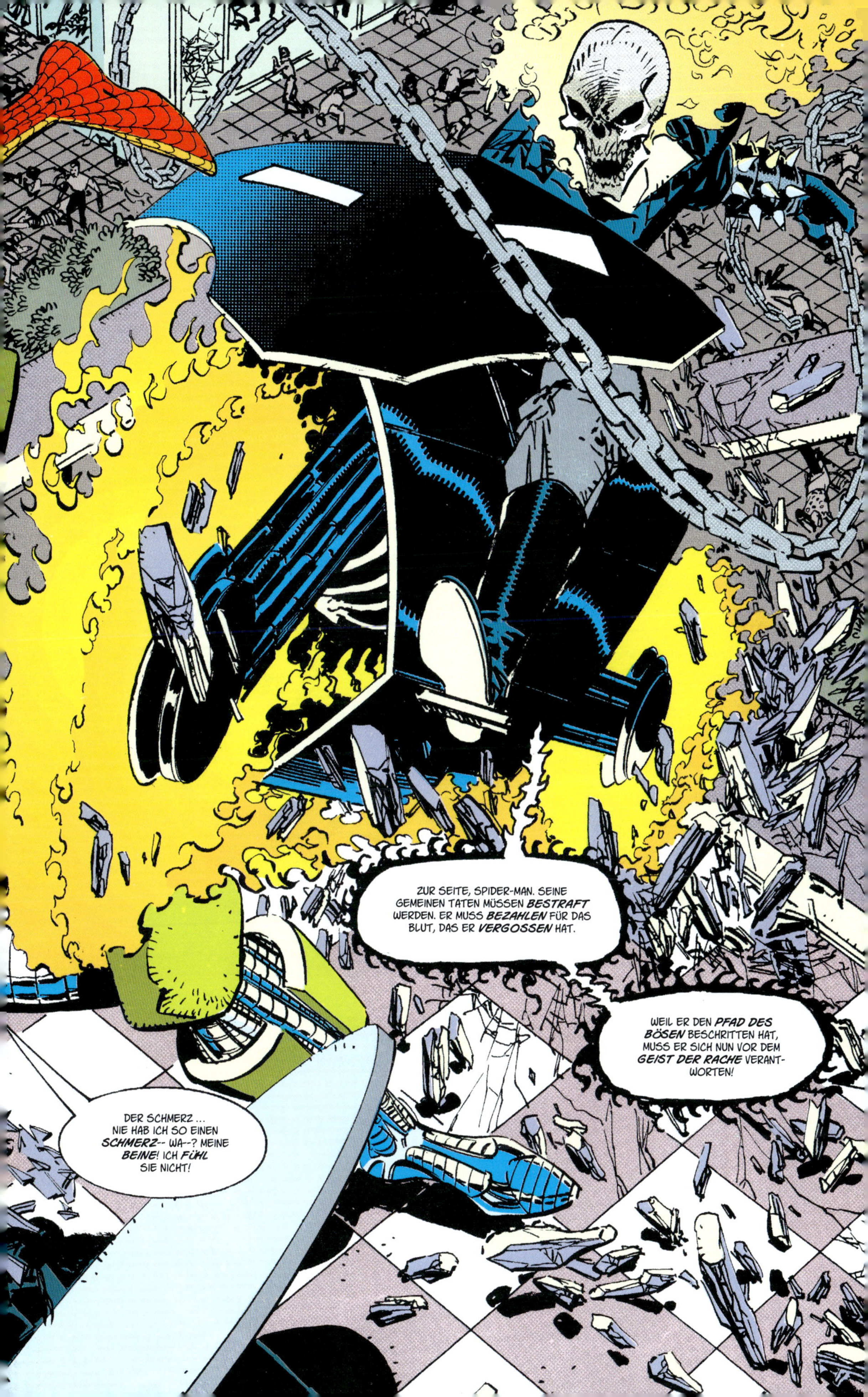
ZUR SEITE, SPIDER-MAN. SEINE GEMEINEN TATEN MÜSSEN BESTRAFT WERDEN. ER MUSS BEZAHLEN FÜR DAS BLUT, DAS ER VERGOSSEN HAT.
WEIL ER DEN PFAD DES BÖSEN BESCHRITTEN HAT, MUSS ER SICH NUN VOR DEM GEIST DER RACHE VERANT-WORTEN!
DER SCHMERZ ... NIE HAB ICH SO EINEN SCHMERZ-- WA--? MEINE BEINE! ICH FÜHL SIE NICHT!

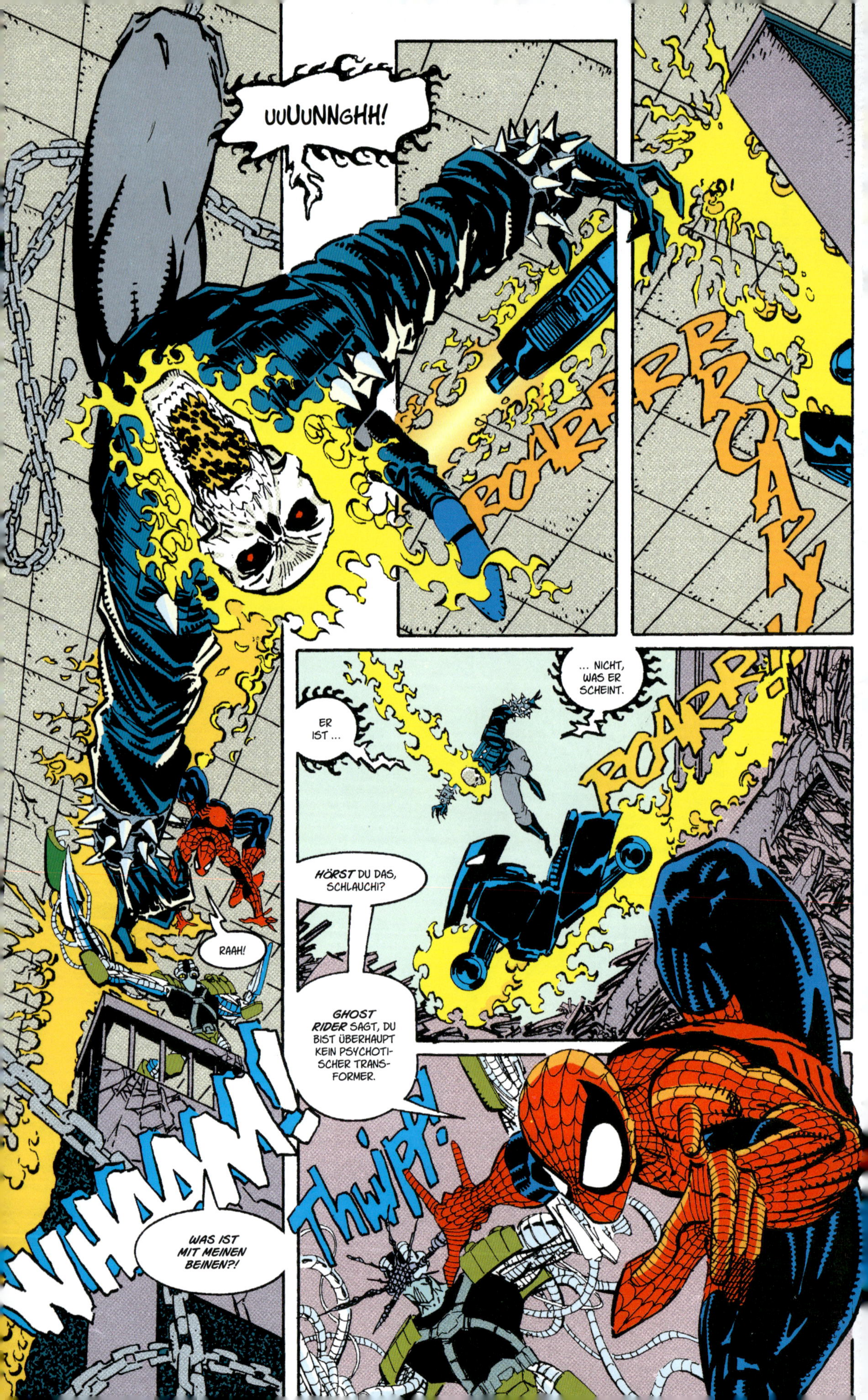
UUUUNNGHH!
ROARRRRROARK!
RAAH!
WHADAM!
WAS IST MIT MEINEN BEINEN?!
ER IST ...
... NICHT, WAS ER SCHEINT.
ROARR!
HÖRST DU DAS, SCHLAUCHI?
GHOST RIDER SAGT, DU BIST ÜBERHAUPT KEIN PSYCHOTISCHER TRANSFORMER.
THWIPP!

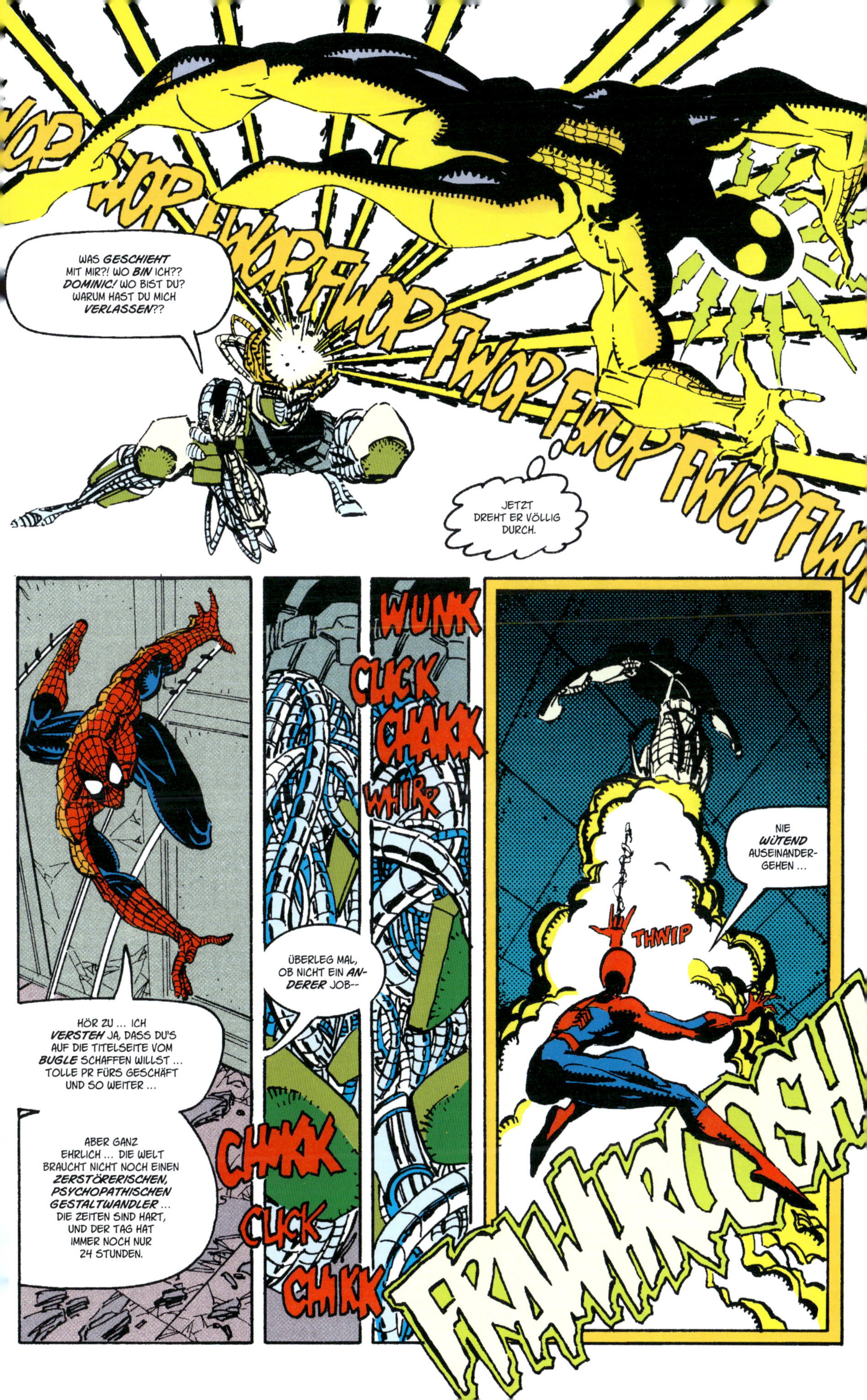
FWOP FWOP FWOP FWOP FWOP FWOP FWOP FWOP FWOP
WAS GESCHIEHT MIT MIR?! WO BIN ICH?? DOMINIC! WO BIST DU? WARUM HAST DU MICH VERLASSEN??
JETZT DREHT ER VÖLLIG DURCH.
WUNK
CLICK
CHAKK
WHIRR
HÖR ZU … ICH VERSTEH JA, DASS DU'S AUF DIE TITELSEITE VOM BUGLE SCHAFFEN WILLST … TOLLE PR FÜRS GESCHÄFT UND SO WEITER …
ABER GANZ EHRLICH … DIE WELT BRAUCHT NICHT NOCH EINEN ZERSTÖRERISCHEN, PSYCHOPATHISCHEN GESTALTWANDLER … DIE ZEITEN SIND HART, UND DER TAG HAT IMMER NOCH NUR 24 STUNDEN.
ÜBERLEG MAL, OB NICHT EIN ANDERER JOB--
CHAKK
CLICK
CHIKK
NIE WÜTEND AUSEINANDER-GEHEN …
THWIP
FRAWHROOSH

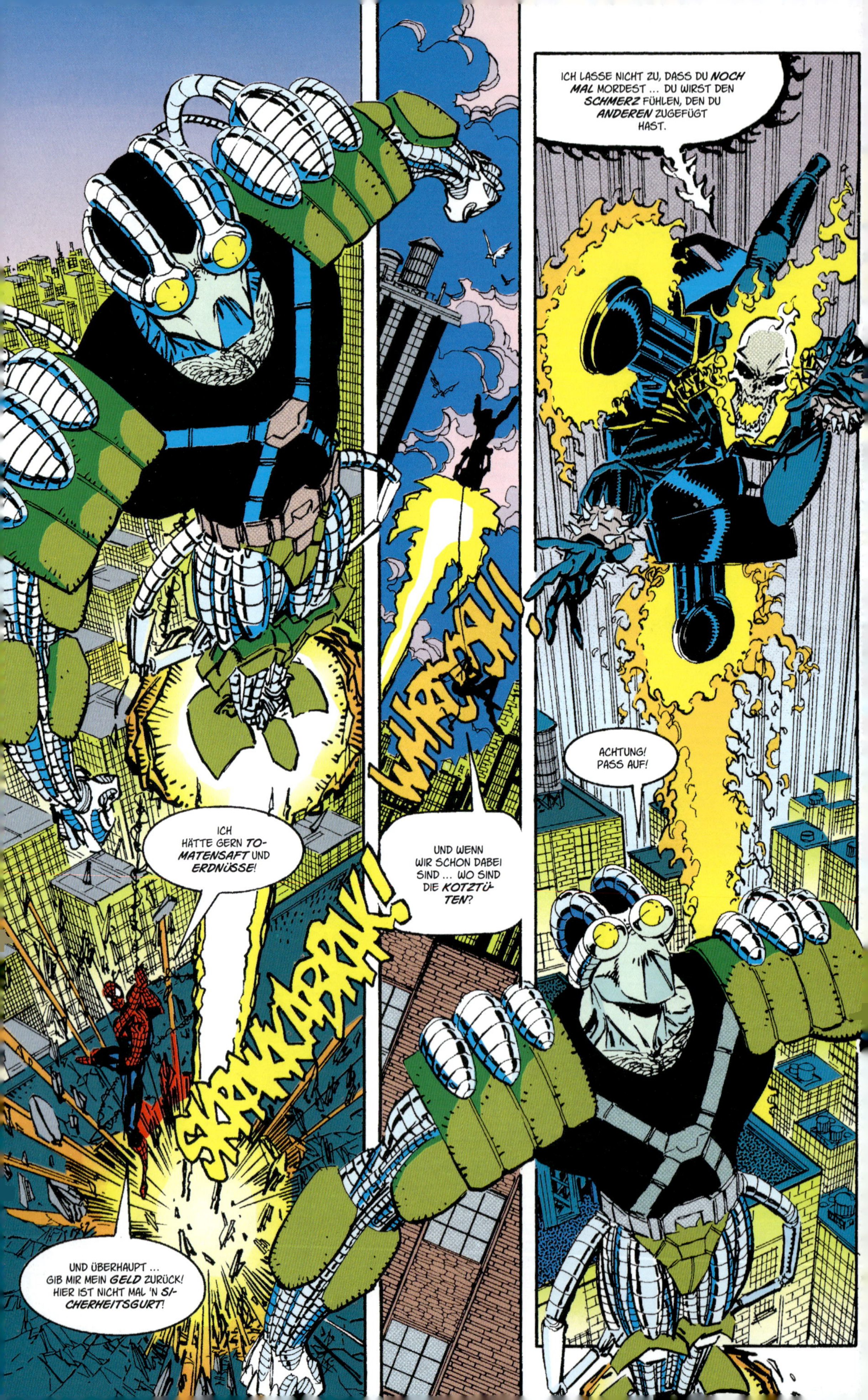
ICH HÄTTE GERN *TOMATENSAFT* UND *ERDNÜSSE*!
UND ÜBERHAUPT ... GIB MIR MEIN *GELD* ZURÜCK! HIER IST NICHT MAL 'N *SICHERHEITSGURT*!
UND WENN WIR SCHON DABEI SIND ... WO SIND DIE *KOTZTÜTEN*?
ICH LASSE NICHT ZU, DASS DU *NOCH MAL* MORDEST ... DU WIRST DEN *SCHMERZ* FÜHLEN, DEN DU *ANDEREN* ZUGEFÜGT HAST.
ACHTUNG! PASS AUF!

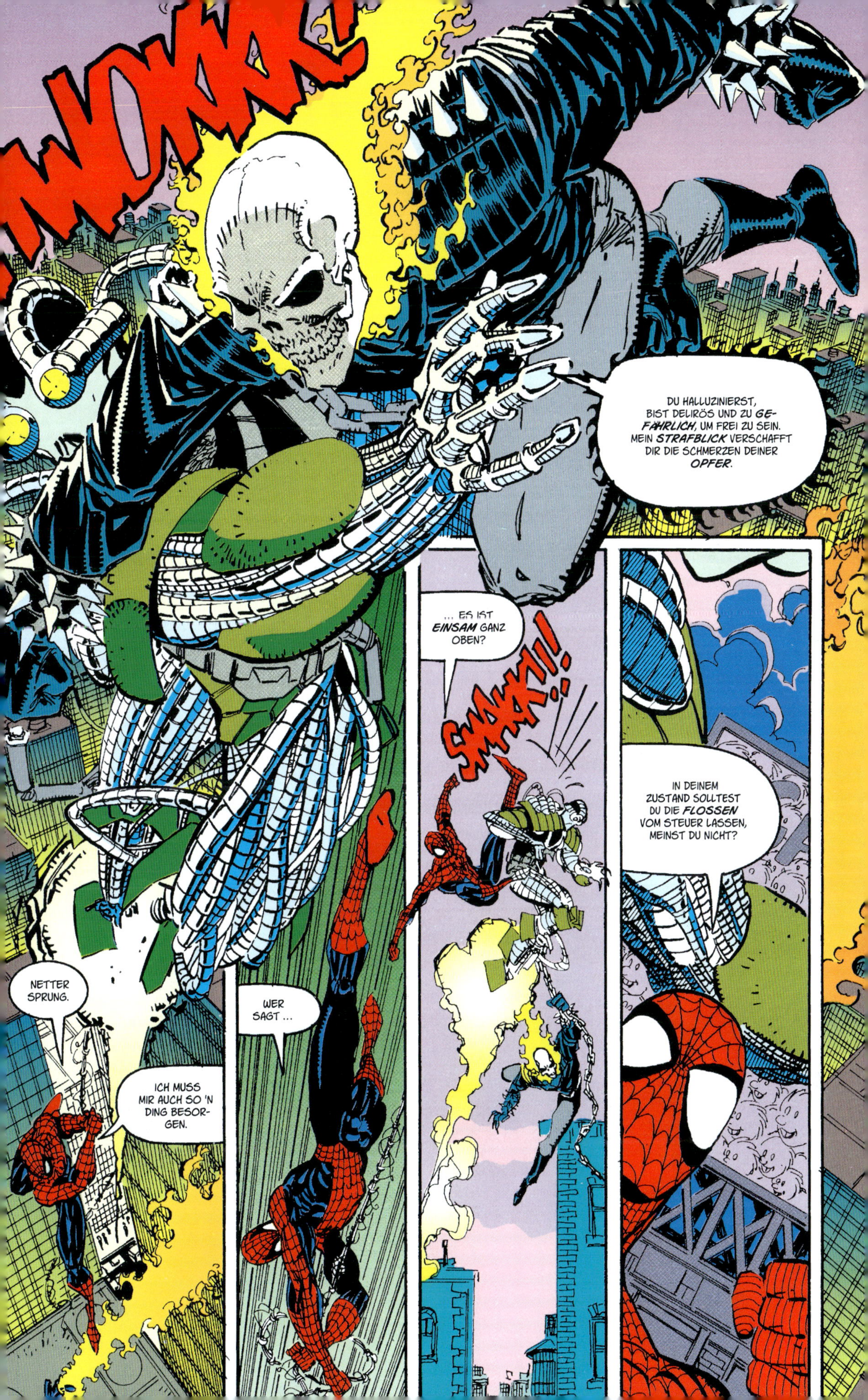
WOKKK!
DU HALLUZINIERST, BIST DELIRÖS UND ZU GEFÄHRLICH, UM FREI ZU SEIN. MEIN STRAFBLICK VERSCHAFFT DIR DIE SCHMERZEN DEINER OPFER.
NETTER SPRUNG.
ICH MUSS MIR AUCH SO 'N DING BESORGEN.
WER SAGT ...
... ES IST EINSAM GANZ OBEN?
SWAKK!!!
IN DEINEM ZUSTAND SOLLTEST DU DIE FLOSSEN VOM STEUER LASSEN, MEINST DU NICHT?

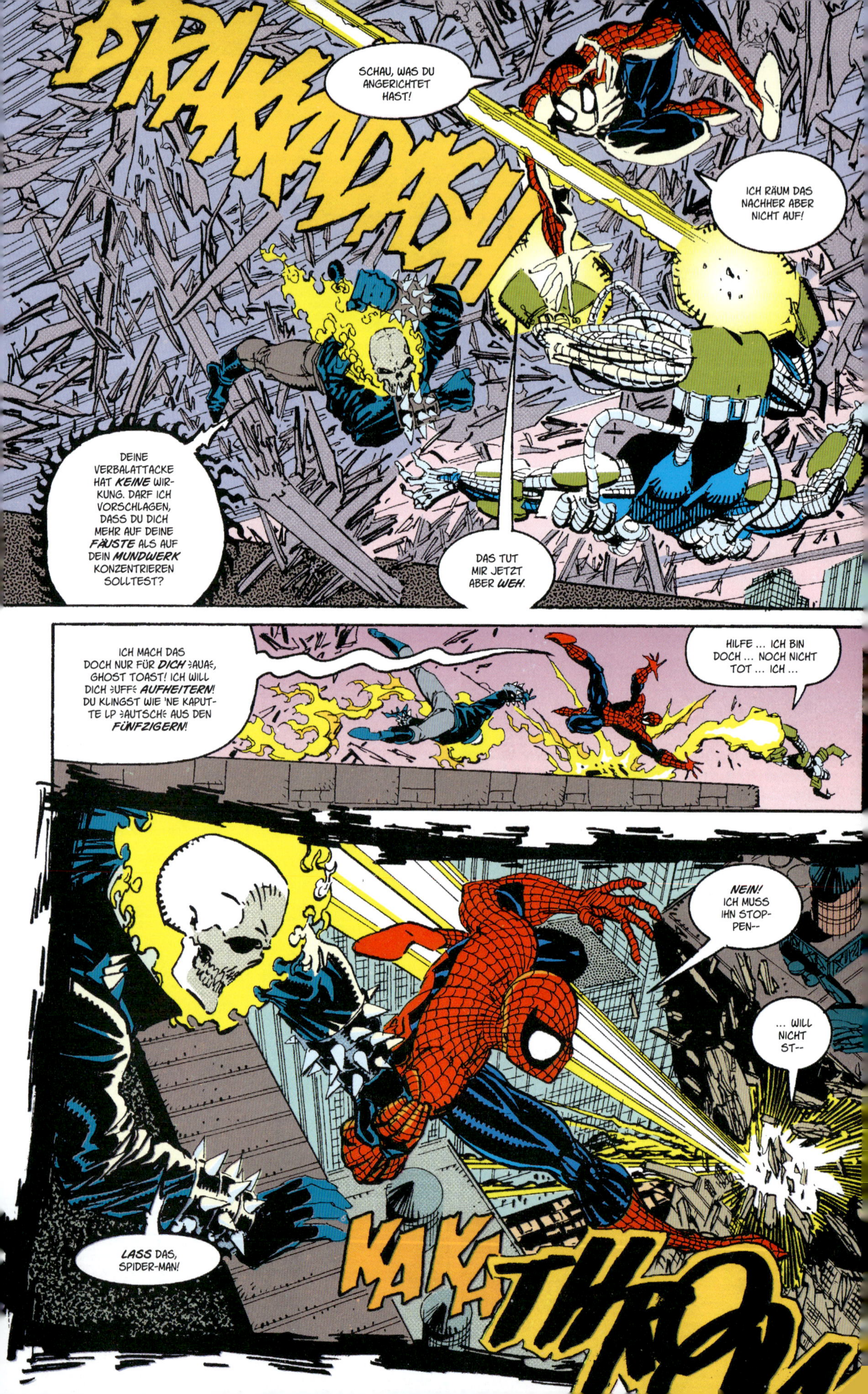

SCHAU, WAS DU ANGERICHTET HAST!
ICH RÄUM DAS NACHHER ABER NICHT AUF!
DEINE VERBALATTACKE HAT *KEINE* WIRKUNG. DARF ICH VORSCHLAGEN, DASS DU DICH MEHR AUF DEINE *FÄUSTE* ALS AUF DEIN *MUNDWERK* KONZENTRIEREN SOLLTEST?
DAS TUT MIR JETZT ABER *WEH*.
ICH MACH DAS DOCH NUR FÜR *DICH* ›AUA‹, GHOST TOAST! ICH WILL DICH ›UFF‹ *AUFHEITERN*! DU KLINGST WIE 'NE KAPUTTE LP ›AUTSCH‹ AUS DEN *FÜNFZIGERN*!
HILFE … ICH BIN DOCH … NOCH NICHT TOT … ICH …
NEIN! ICH MUSS IHN STOPPEN--
… WILL NICHT ST--
LASS DAS, SPIDER-MAN!
KA KA

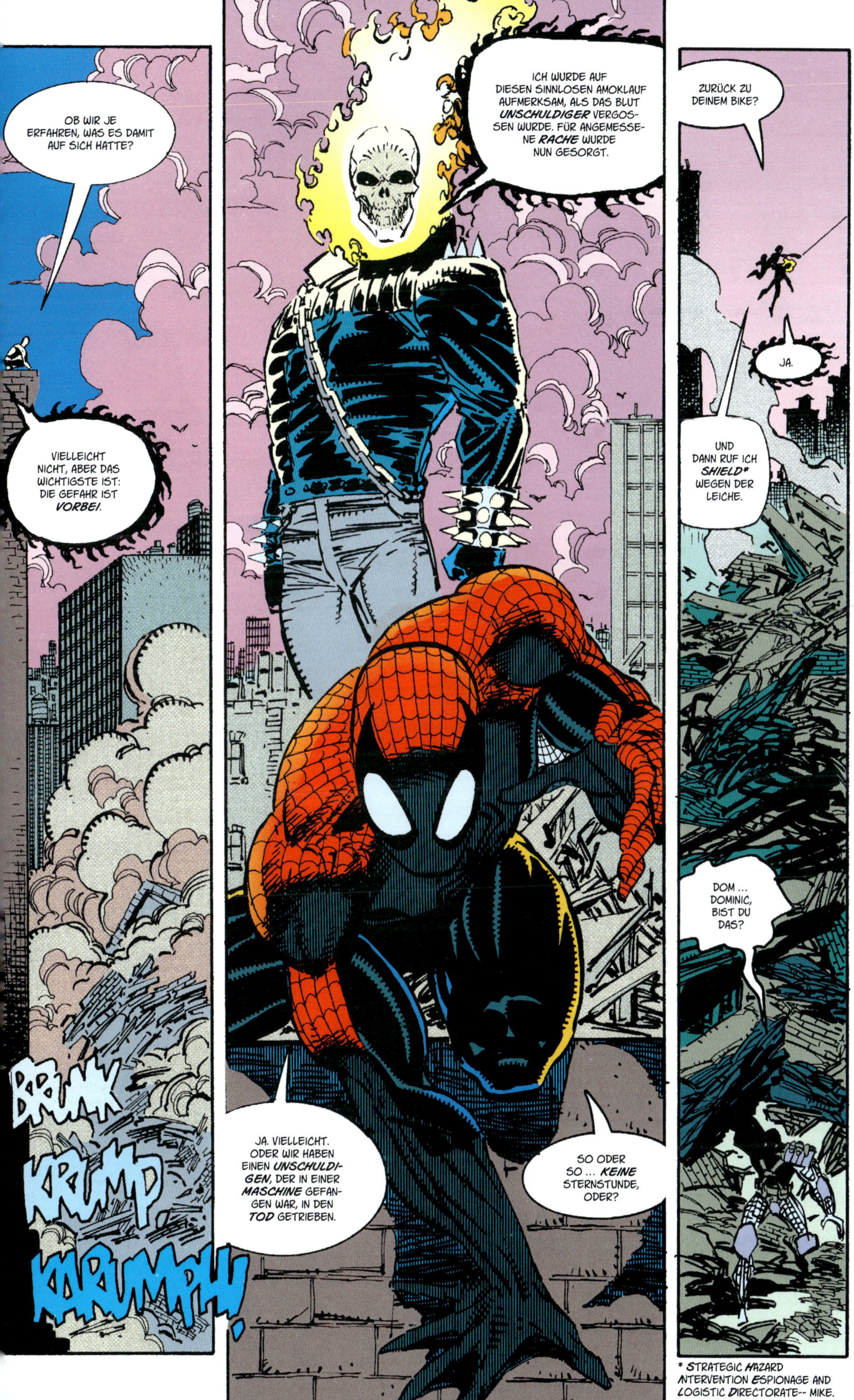
OB WIR JE ERFAHREN, WAS ES DAMIT AUF SICH HATTE?
VIELLEICHT NICHT, ABER DAS WICHTIGSTE IST: DIE GEFAHR IST VORBEI.
BRUNK
KRUMP
KARUMPH!
ICH WURDE AUF DIESEN SINNLOSEN AMOKLAUF AUFMERKSAM, ALS DAS BLUT UNSCHULDIGER VERGOSSEN WURDE. FÜR ANGEMESSENE RACHE WURDE NUN GESORGT.
JA. VIELLEICHT. ODER WIR HABEN EINEN UNSCHULDIGEN, DER IN EINER MASCHINE GEFANGEN WAR, IN DEN TOD GETRIEBEN.
SO ODER SO ... KEINE STERNSTUNDE, ODER?
ZURÜCK ZU DEINEM BIKE?
JA.
UND DANN RUF ICH SHIELD* WEGEN DER LEICHE.
DOM ... DOMINIC, BIST DU DAS?
* STRATEGIC HAZARD INTERVENTION ESPIONAGE AND LOGISTIC DIRECTORATE-- MIKE.

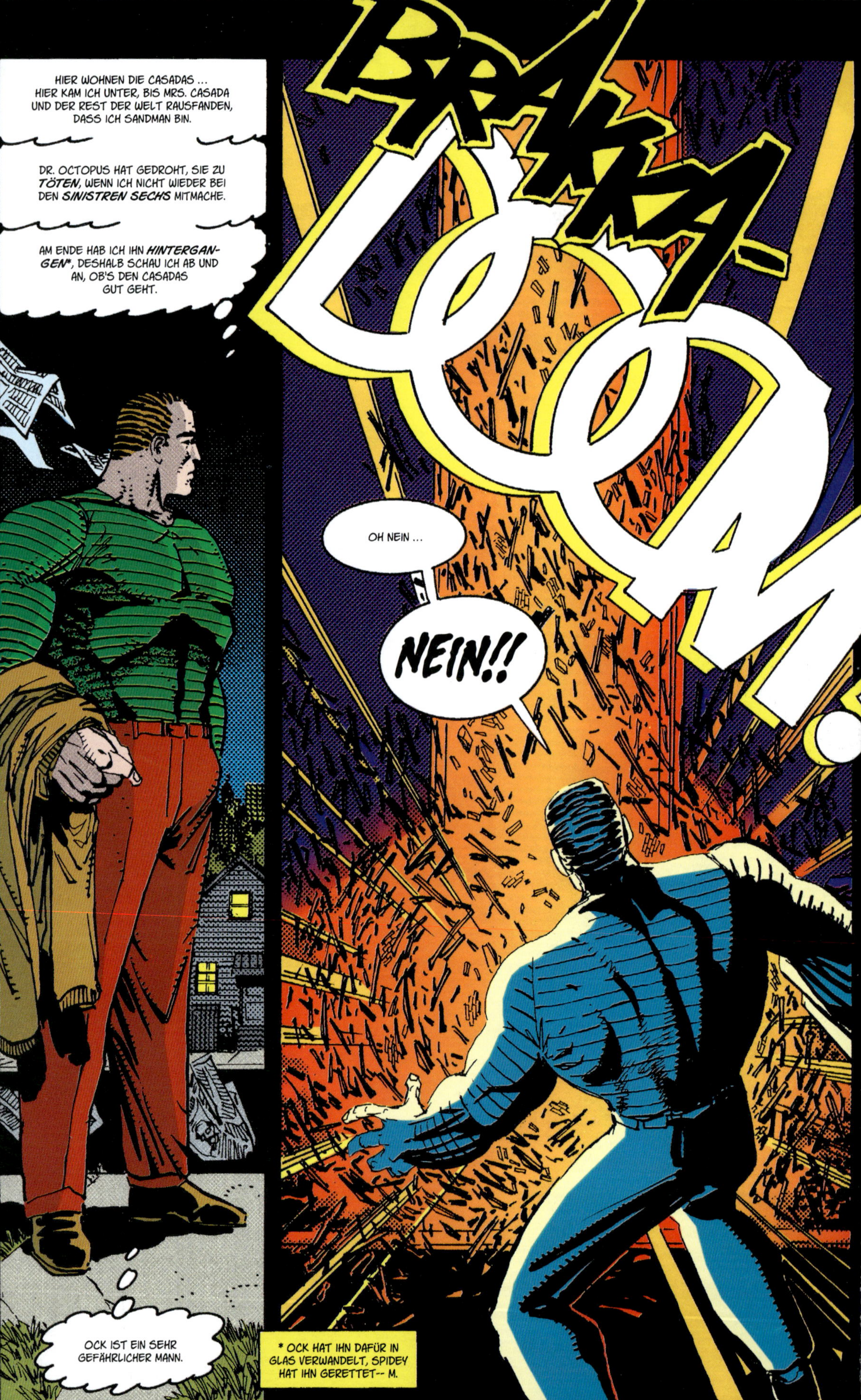
HIER WOHNEN DIE CASADAS ... HIER KAM ICH UNTER, BIS MRS. CASADA UND DER REST DER WELT RAUSFANDEN, DASS ICH SANDMAN BIN.
DR. OCTOPUS HAT GEDROHT, SIE ZU *TÖTEN*, WENN ICH NICHT WIEDER BEI DEN *SINISTREN SECHS* MITMACHE.
AM ENDE HAB ICH IHN *HINTERGANGEN**, DESHALB SCHAU ICH AB UND AN, OB'S DEN CASADAS GUT GEHT.
OCK IST EIN SEHR GEFÄHRLICHER MANN.
BRAKA-LOOOM..!
OH NEIN ...
NEIN!!
* OCK HAT IHN DAFÜR IN GLAS VERWANDELT, SPIDEY HAT IHN GERETTET-- M.

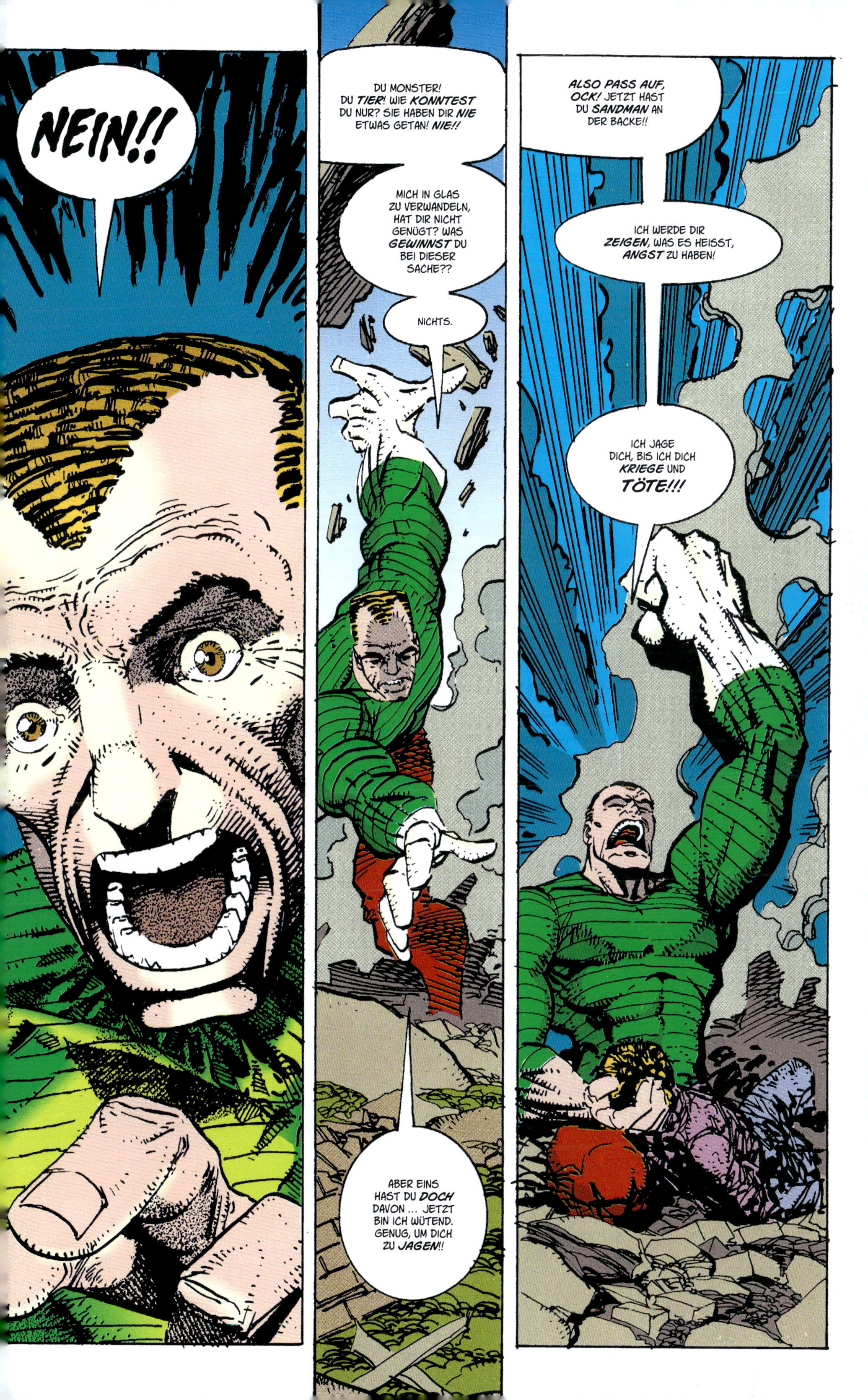

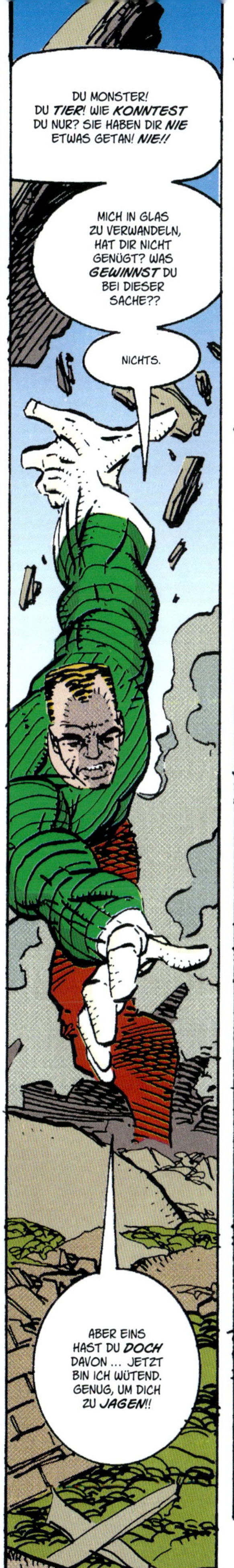
NEIN!!
DU MONSTER! DU TIER! WIE KONNTEST DU NUR? SIE HABEN DIR NIE ETWAS GETAN! NIE!!
MICH IN GLAS ZU VERWANDELN, HAT DIR NICHT GENÜGT? WAS GEWINNST DU BEI DIESER SACHE??
NICHTS.
ABER EINS HAST DU DOCH DAVON ... JETZT BIN ICH WÜTEND. GENUG, UM DICH ZU JAGEN!!
ALSO PASS AUF, OCK! JETZT HAST DU SANDMAN AN DER BACKE!!
ICH WERDE DIR ZEIGEN, WAS ES HEISST, ANGST ZU HABEN!
ICH JAGE DICH, BIS ICH DICH KRIEGE UND TÖTE!!!

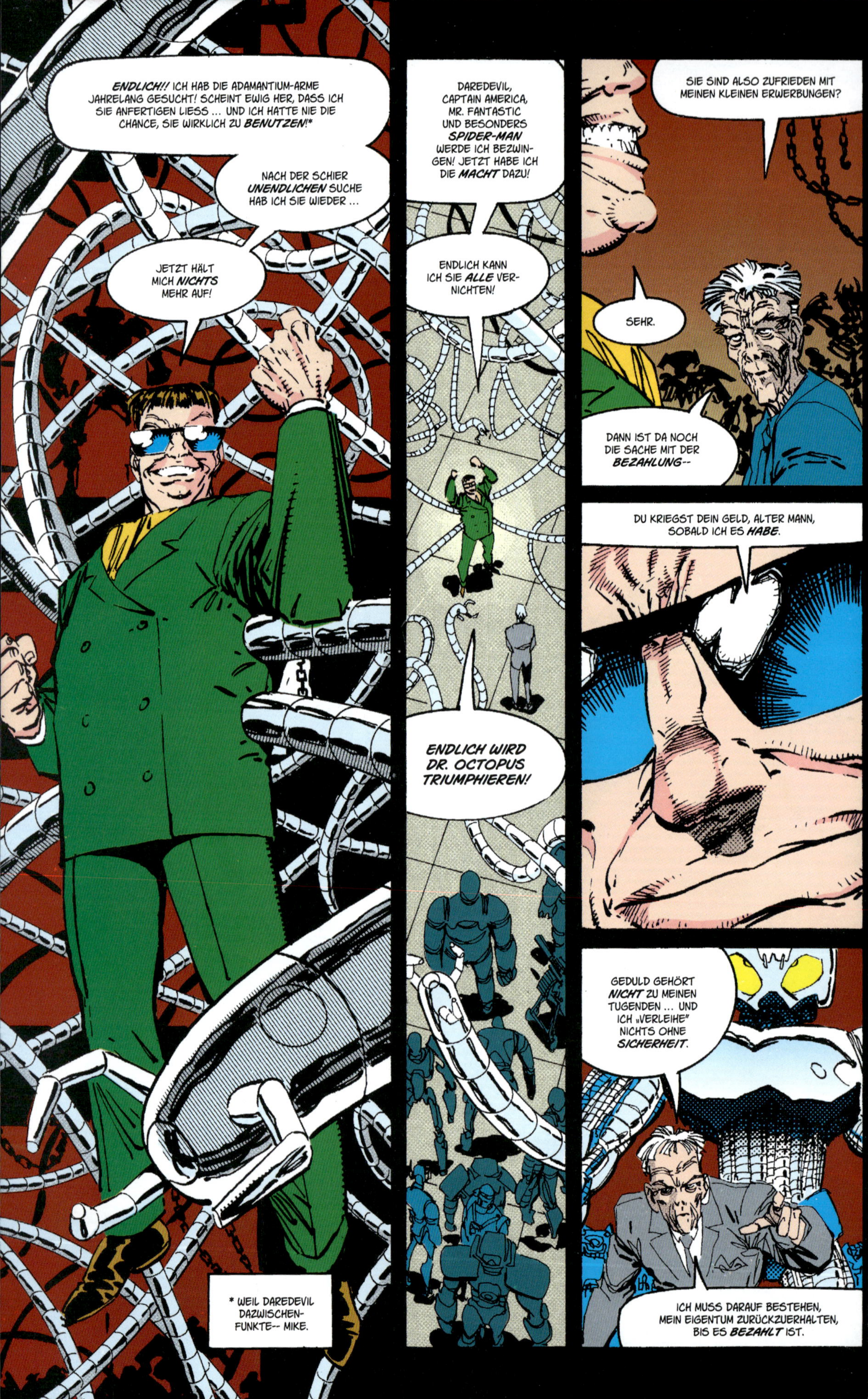
ENDLICH!! ICH HAB DIE ADAMANTIUM-ARME JAHRELANG GESUCHT! SCHEINT EWIG HER, DASS ICH SIE ANFERTIGEN LIESS ... UND ICH HATTE NIE DIE CHANCE, SIE WIRKLICH ZU BENUTZEN!*
NACH DER SCHIER UNENDLICHEN SUCHE HAB ICH SIE WIEDER ...
JETZT HÄLT MICH NICHTS MEHR AUF!
* WEIL DAREDEVIL DAZWISCHEN-FUNKTE-- MIKE.
DAREDEVIL, CAPTAIN AMERICA, MR. FANTASTIC UND BESONDERS SPIDER-MAN WERDE ICH BEZWIN-GEN! JETZT HABE ICH DIE MACHT DAZU!
ENDLICH KANN ICH SIE ALLE VER-NICHTEN!
ENDLICH WIRD DR. OCTOPUS TRIUMPHIEREN!
SIE SIND ALSO ZUFRIEDEN MIT MEINEN KLEINEN ERWERBUNGEN?
SEHR.
DANN IST DA NOCH DIE SACHE MIT DER BEZAHLUNG--
DU KRIEGST DEIN GELD, ALTER MANN, SOBALD ICH ES HABE.
GEDULD GEHÖRT NICHT ZU MEINEN TUGENDEN ... UND ICH „VERLEIHE" NICHTS OHNE SICHERHEIT.
ICH MUSS DARAUF BESTEHEN, MEIN EIGENTUM ZURÜCKZUERHALTEN, BIS ES BEZAHLT IST.

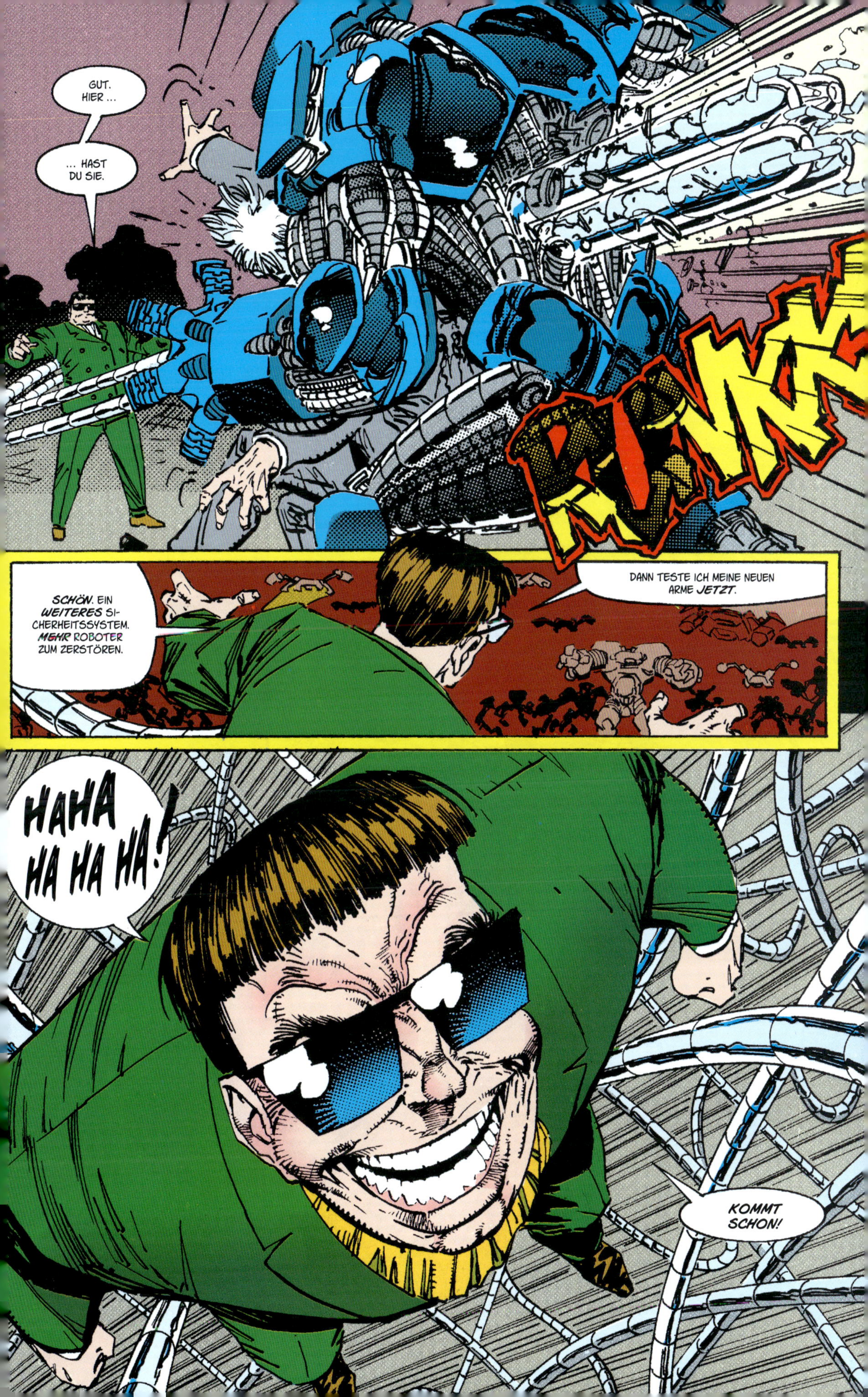
GUT. HIER ...
... HAST DU SIE.
SCHÖN. EIN WEITERES SICHERHEITSSYSTEM. MEHR ROBOTER ZUM ZERSTÖREN.
DANN TESTE ICH MEINE NEUEN ARME JETZT.
HAHA HA HA HA!
KOMMT SCHON!

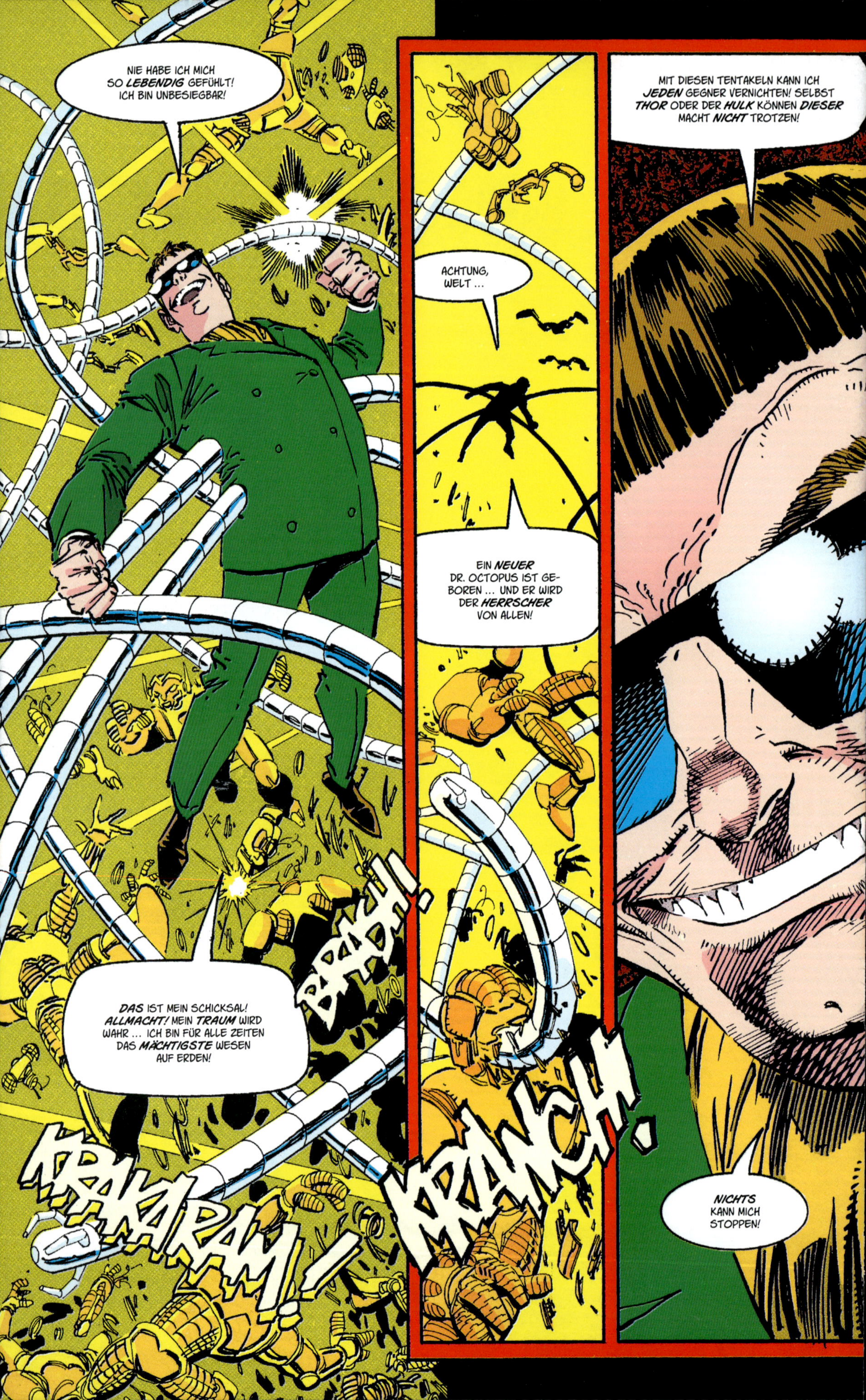
NIE HABE ICH MICH SO LEBENDIG GEFÜHLT! ICH BIN UNBESIEGBAR!
DAS IST MEIN SCHICKSAL! ALLMACHT! MEIN TRAUM WIRD WAHR … ICH BIN FÜR ALLE ZEITEN DAS MÄCHTIGSTE WESEN AUF ERDEN!
BRASH!
KRAKARAM!
ACHTUNG, WELT …
EIN NEUER DR. OCTOPUS IST GEBOREN … UND ER WIRD DER HERRSCHER VON ALLEN!
KRANCH!
MIT DIESEN TENTAKELN KANN ICH JEDEN GEGNER VERNICHTEN! SELBST THOR ODER DER HULK KÖNNEN DIESER MACHT NICHT TROTZEN!
NICHTS KANN MICH STOPPEN!

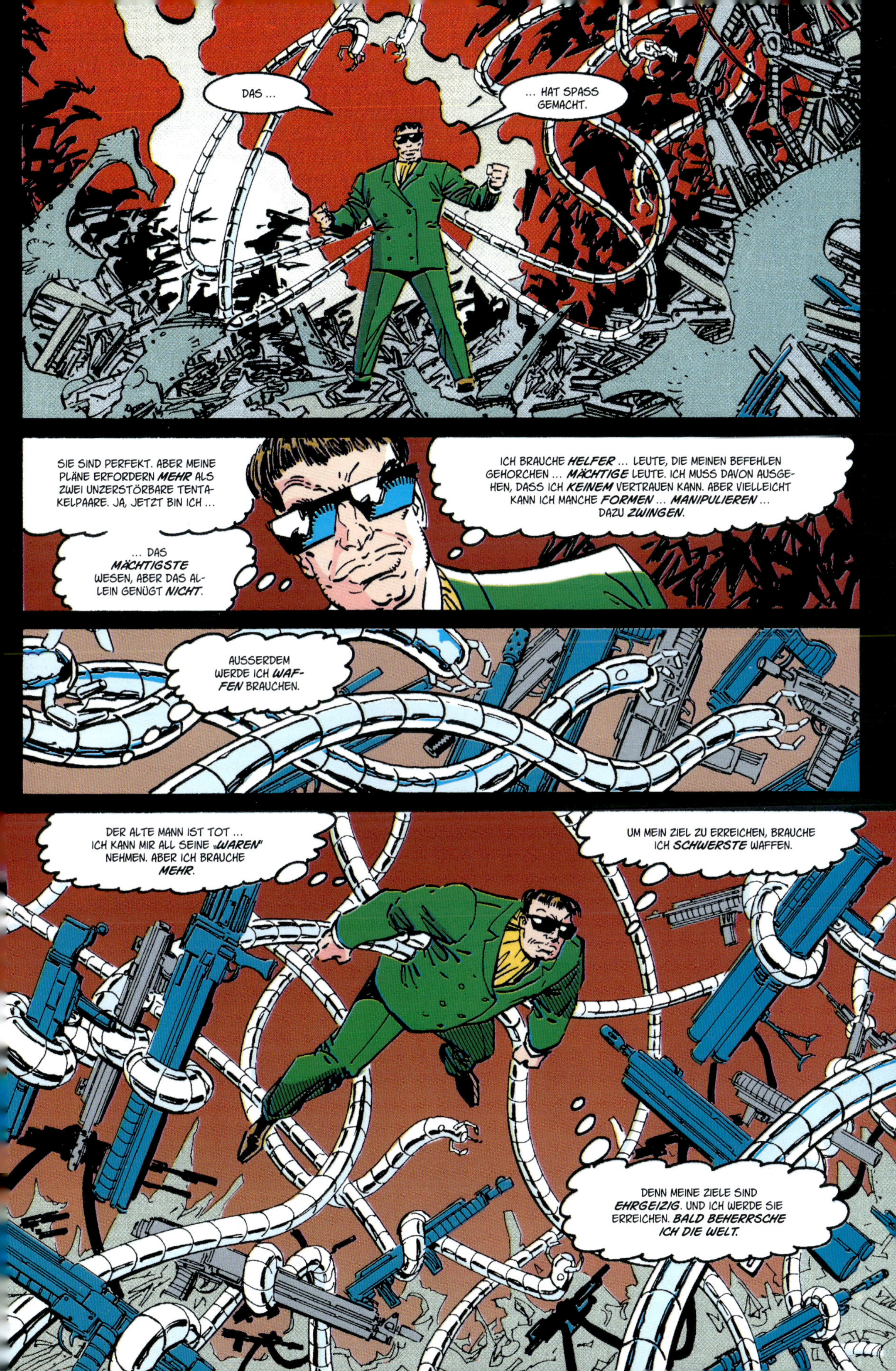
DAS ...
... HAT SPASS GEMACHT.
SIE SIND PERFEKT. ABER MEINE PLÄNE ERFORDERN MEHR ALS ZWEI UNZERSTÖRBARE TENTAKELPAARE. JA, JETZT BIN ICH ...
... DAS MÄCHTIGSTE WESEN, ABER DAS ALLEIN GENÜGT NICHT.
ICH BRAUCHE HELFER ... LEUTE, DIE MEINEN BEFEHLEN GEHORCHEN ... MÄCHTIGE LEUTE. ICH MUSS DAVON AUSGEHEN, DASS ICH KEINEM VERTRAUEN KANN. ABER VIELLEICHT KANN ICH MANCHE FORMEN ... MANIPULIEREN ... DAZU ZWINGEN.
AUSSERDEM WERDE ICH WAFFEN BRAUCHEN.
DER ALTE MANN IST TOT ... ICH KANN MIR ALL SEINE „WAREN" NEHMEN. ABER ICH BRAUCHE MEHR.
UM MEIN ZIEL ZU ERREICHEN, BRAUCHE ICH SCHWERSTE WAFFEN.
DENN MEINE ZIELE SIND EHRGEIZIG. UND ICH WERDE SIE ERREICHEN. BALD BEHERRSCHE ICH DIE WELT.

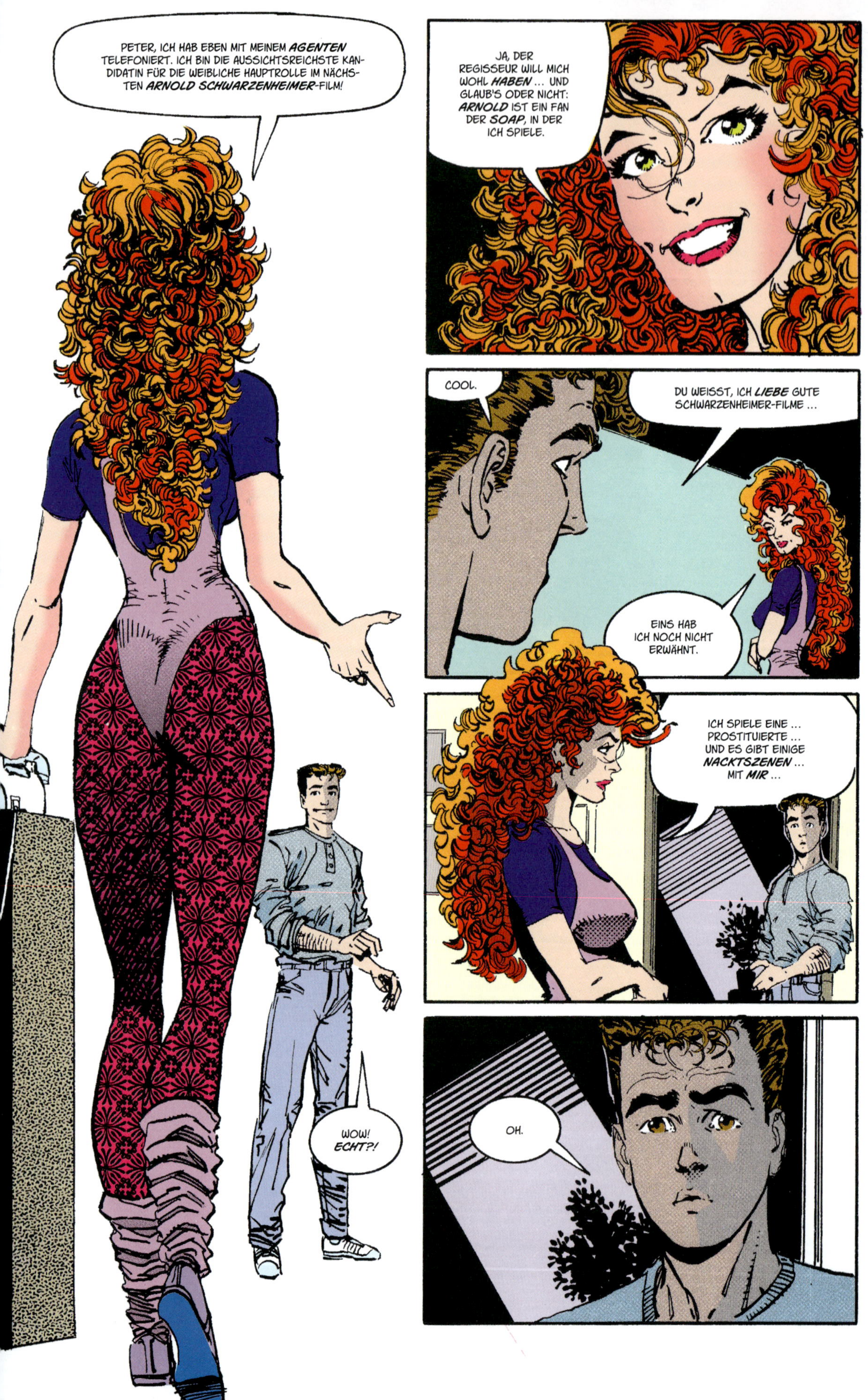
PETER, ICH HAB EBEN MIT MEINEM AGENTEN TELEFONIERT. ICH BIN DIE AUSSICHTSREICHSTE KANDIDATIN FÜR DIE WEIBLICHE HAUPTROLLE IM NÄCHSTEN ARNOLD SCHWARZENHEIMER-FILM!
WOW! ECHT?!
JA, DER REGISSEUR WILL MICH WOHL HABEN … UND GLAUB'S ODER NICHT: ARNOLD IST EIN FAN DER SOAP, IN DER ICH SPIELE.
COOL.
DU WEISST, ICH LIEBE GUTE SCHWARZENHEIMER-FILME …
EINS HAB ICH NOCH NICHT ERWÄHNT.
ICH SPIELE EINE … PROSTITUIERTE … UND ES GIBT EINIGE NACKTSZENEN … MIT MIR …
OH.

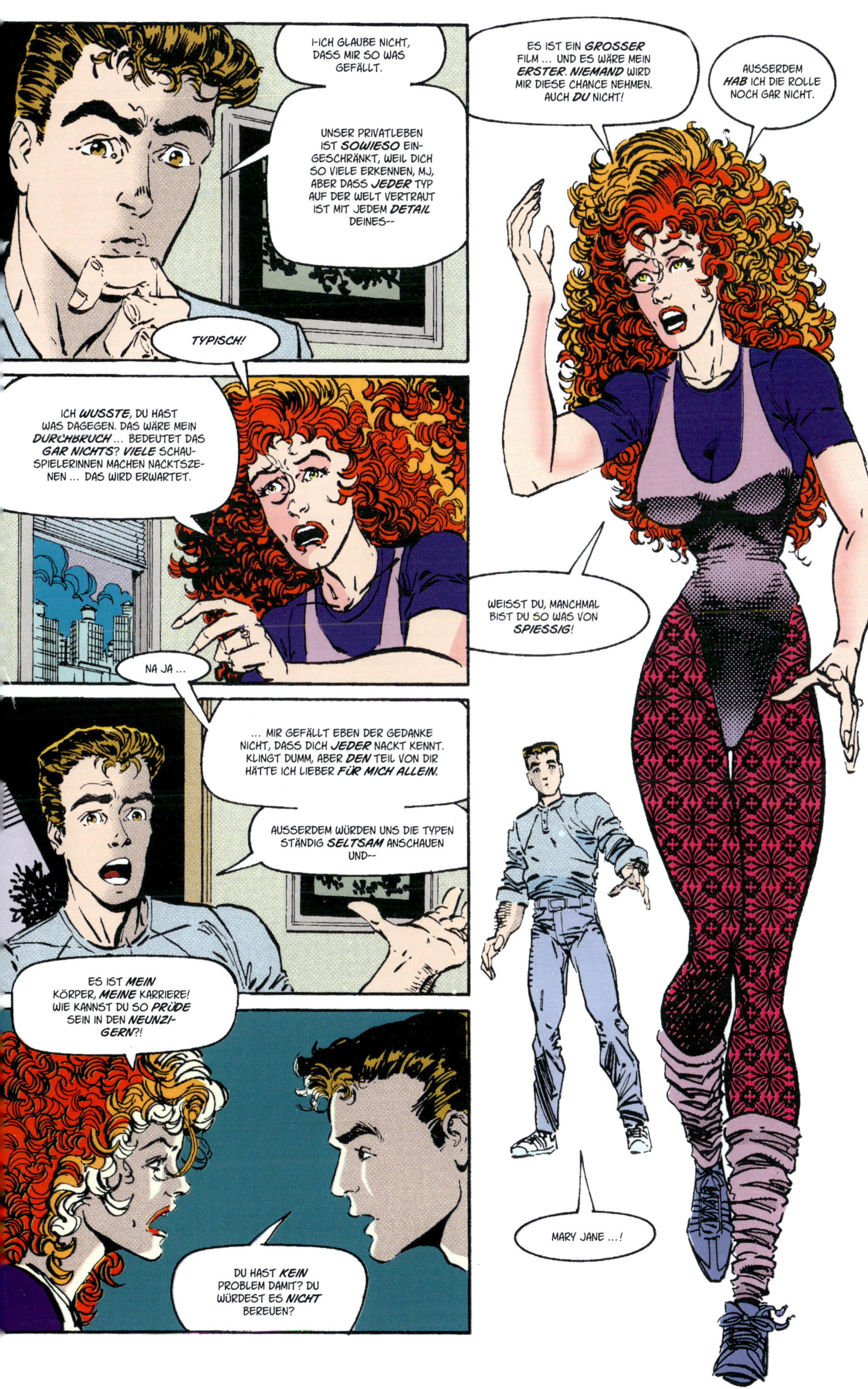

I-ICH GLAUBE NICHT, DASS MIR SO WAS GEFÄLLT.
UNSER PRIVATLEBEN IST SOWIESO EIN-GESCHRÄNKT, WEIL DICH SO VIELE ERKENNEN, MJ, ABER DASS JEDER TYP AUF DER WELT VERTRAUT IST MIT JEDEM DETAIL DEINES--
TYPISCH!
ICH WUSSTE, DU HAST WAS DAGEGEN. DAS WÄRE MEIN DURCHBRUCH ... BEDEUTET DAS GAR NICHTS? VIELE SCHAU-SPIELERINNEN MACHEN NACKTSZE-NEN ... DAS WIRD ERWARTET.
NA JA ...
... MIR GEFÄLLT EBEN DER GEDANKE NICHT, DASS DICH JEDER NACKT KENNT. KLINGT DUMM, ABER DEN TEIL VON DIR HÄTTE ICH LIEBER FÜR MICH ALLEIN.
AUSSERDEM WÜRDEN UNS DIE TYPEN STÄNDIG SELTSAM ANSCHAUEN UND--
ES IST MEIN KÖRPER, MEINE KARRIERE! WIE KANNST DU SO PRÜDE SEIN IN DEN NEUNZI-GERN?!
DU HAST KEIN PROBLEM DAMIT? DU WÜRDEST ES NICHT BEREUEN?
ES IST EIN GROSSER FILM ... UND ES WÄRE MEIN ERSTER. NIEMAND WIRD MIR DIESE CHANCE NEHMEN. AUCH DU NICHT!
AUSSERDEM HAB ICH DIE ROLLE NOCH GAR NICHT.
WEISST DU, MANCHMAL BIST DU SO WAS VON SPIESSIG!
MARY JANE ...!

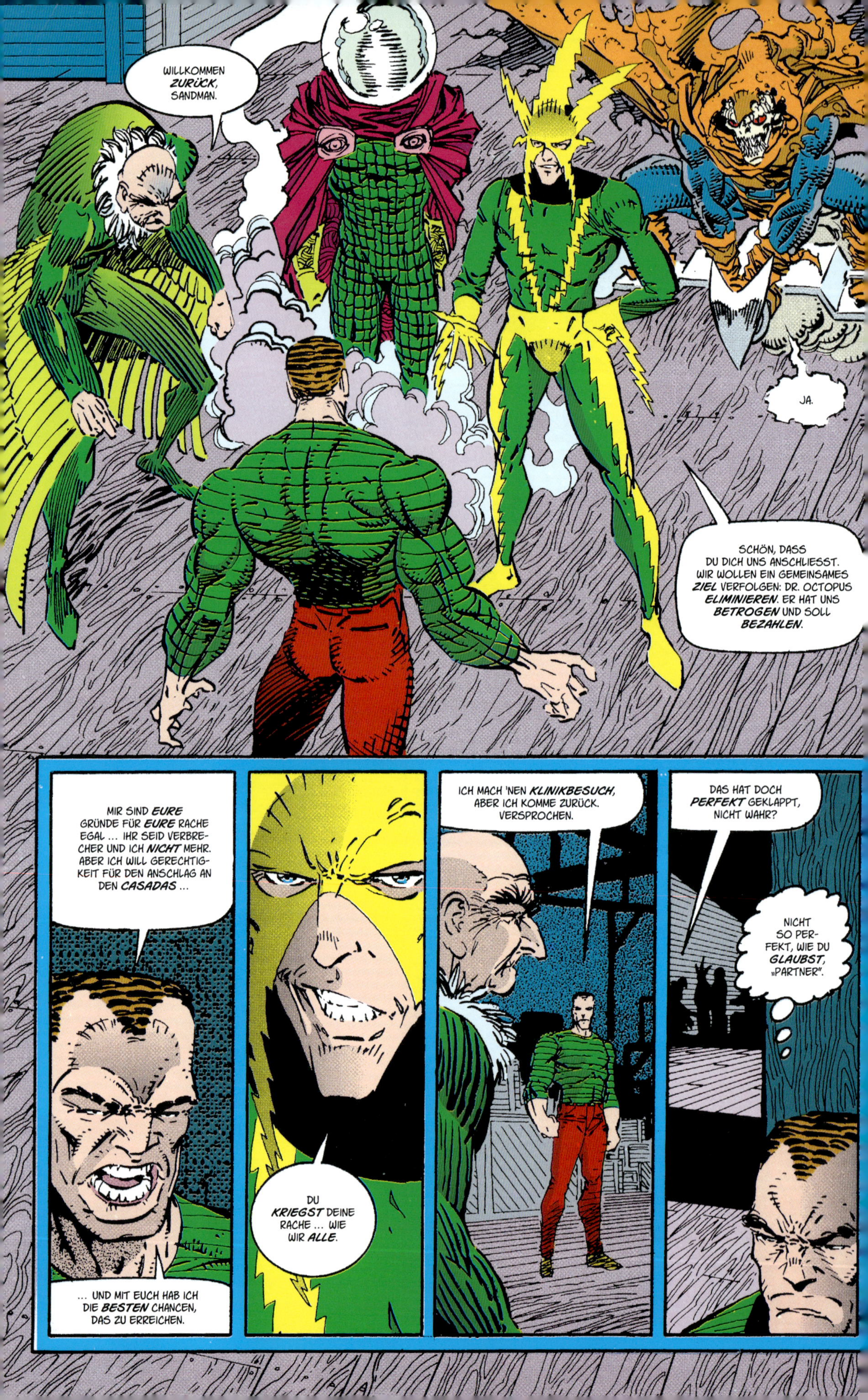

WILLKOMMEN *ZURÜCK*, SANDMAN.
JA.
SCHÖN, DASS DU DICH UNS ANSCHLIESST. WIR WOLLEN EIN GEMEINSAMES *ZIEL* VERFOLGEN: DR. OCTOPUS *ELIMINIEREN*. ER HAT UNS *BETROGEN* UND SOLL *BEZAHLEN*.

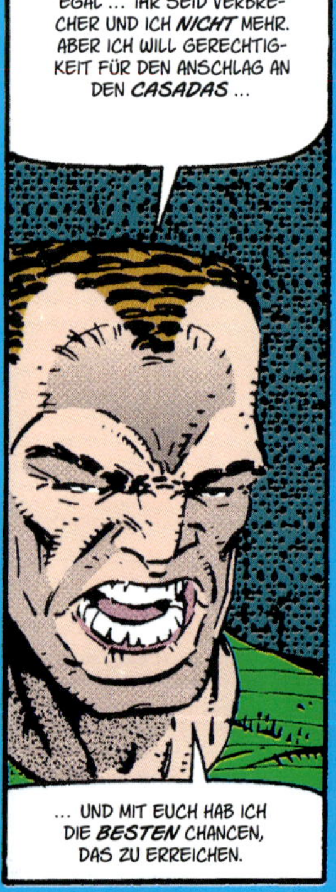
MIR SIND *EURE* GRÜNDE FÜR *EURE* RACHE EGAL ... IHR SEID VERBRECHER UND ICH *NICHT* MEHR. ABER ICH WILL GERECHTIGKEIT FÜR DEN ANSCHLAG AN DEN *CASADAS* ...
... UND MIT EUCH HAB ICH DIE *BESTEN* CHANCEN, DAS ZU ERREICHEN.

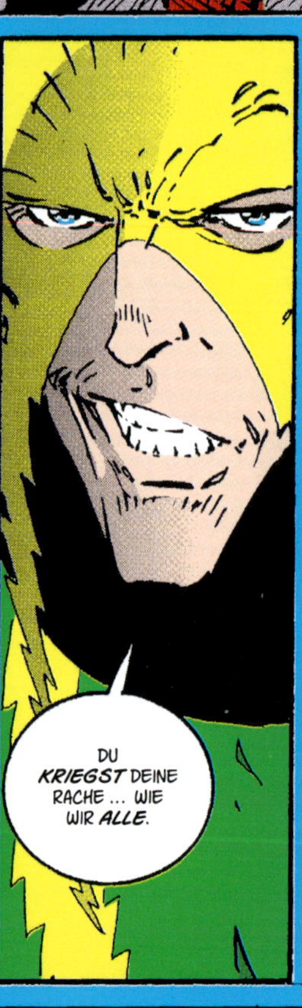
DU *KRIEGST* DEINE RACHE ... WIE WIR *ALLE*.

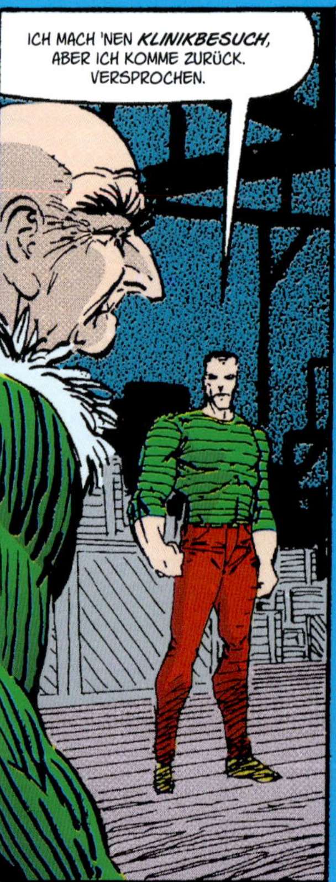
ICH MACH 'NEN *KLINIKBESUCH*, ABER ICH KOMME ZURÜCK. VERSPROCHEN.

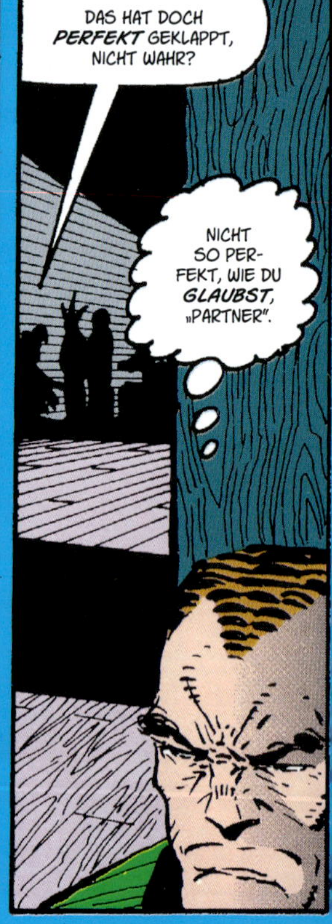
DAS HAT DOCH *PERFEKT* GEKLAPPT, NICHT WAHR?
NICHT SO PERFEKT, WIE DU *GLAUBST*, „PARTNER".

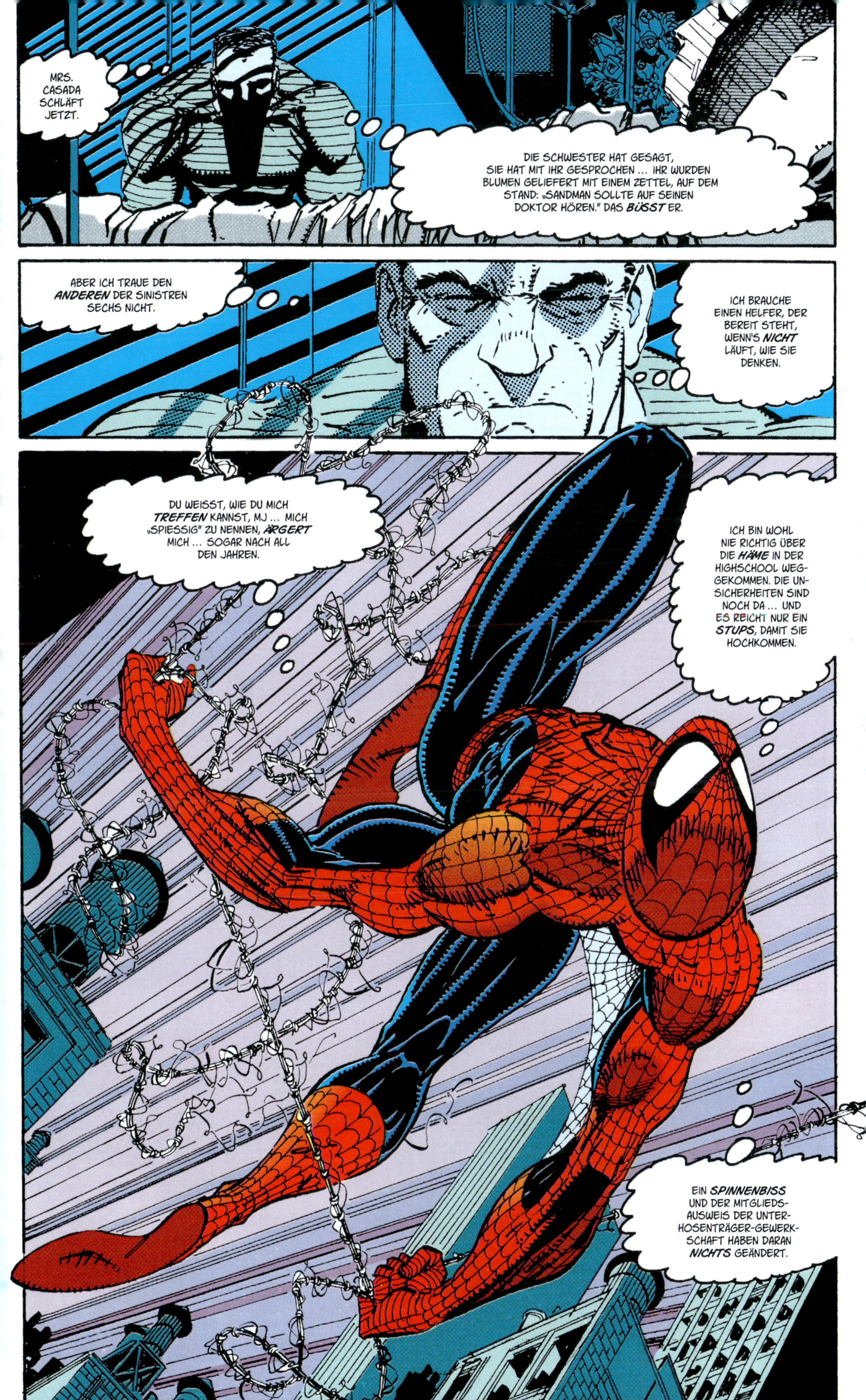
MRS. CASADA SCHLÄFT JETZT.
DIE SCHWESTER HAT GESAGT, SIE HAT MIT IHR GESPROCHEN … IHR WURDEN BLUMEN GELIEFERT MIT EINEM ZETTEL, AUF DEM STAND: „SANDMAN SOLLTE AUF SEINEN DOKTOR HÖREN." DAS *BÜSST* ER.
ABER ICH TRAUE DEN *ANDEREN* DER SINISTREN SECHS NICHT.
ICH BRAUCHE EINEN HELFER, DER BEREIT STEHT, WENN'S *NICHT* LÄUFT, WIE SIE DENKEN.
DU WEISST, WIE DU MICH *TREFFEN* KANNST, MJ … MICH „SPIESSIG" ZU NENNEN, *ÄRGERT* MICH … SOGAR NACH ALL DEN JAHREN.
ICH BIN WOHL NIE RICHTIG ÜBER DIE *HÄME* IN DER HIGHSCHOOL WEG-GEKOMMEN. DIE UN-SICHERHEITEN SIND NOCH DA … UND ES REICHT NUR EIN *STUPS*, DAMIT SIE HOCHKOMMEN.
EIN *SPINNENBISS* UND DER MITGLIEDS-AUSWEIS DER UNTER-HOSENTRÄGER-GEWERK-SCHAFT HABEN DARAN *NICHTS* GEÄNDERT.

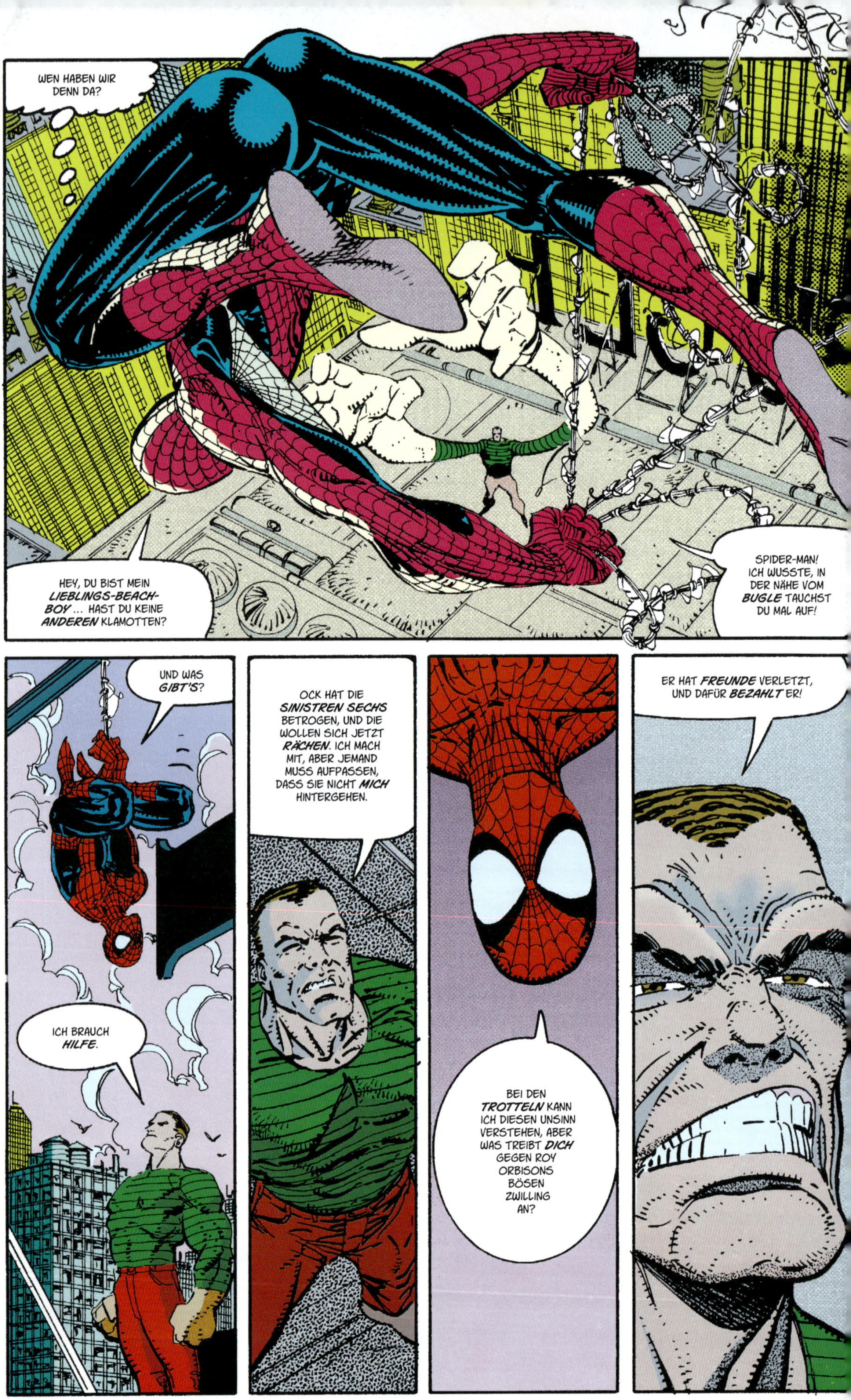

WEN HABEN WIR DENN DA?
HEY, DU BIST MEIN LIEBLINGS-BEACH-BOY … HAST DU KEINE ANDEREN KLAMOTTEN?
SPIDER-MAN! ICH WUSSTE, IN DER NÄHE VOM BUGLE TAUCHST DU MAL AUF!

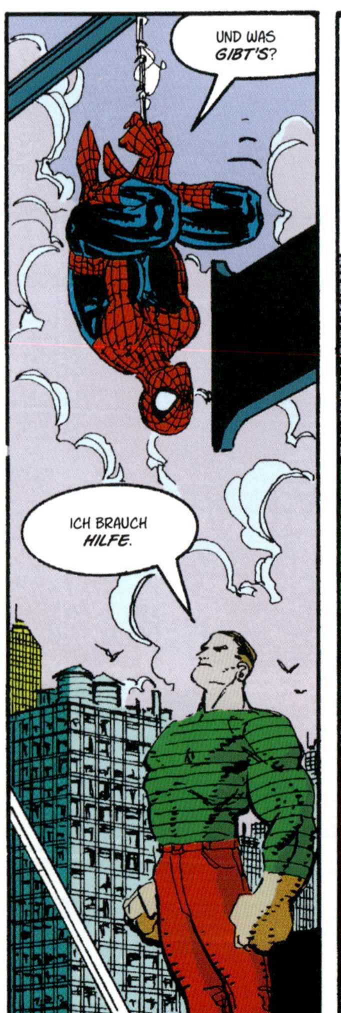
UND WAS GIBT'S?
ICH BRAUCH HILFE.

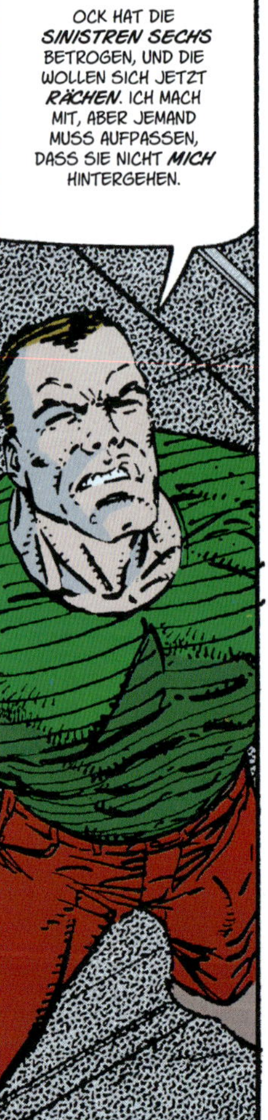
OCK HAT DIE SINISTREN SECHS BETROGEN, UND DIE WOLLEN SICH JETZT RÄCHEN. ICH MACH MIT, ABER JEMAND MUSS AUFPASSEN, DASS SIE NICHT MICH HINTERGEHEN.

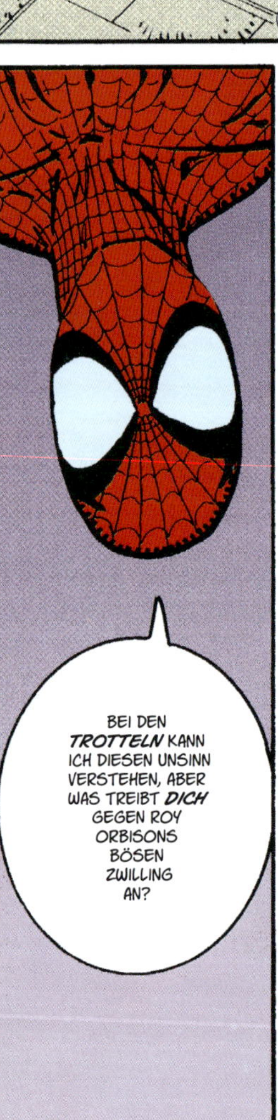
BEI DEN TROTTELN KANN ICH DIESEN UNSINN VERSTEHEN, ABER WAS TREIBT DICH GEGEN ROY ORBISONS BÖSEN ZWILLING AN?

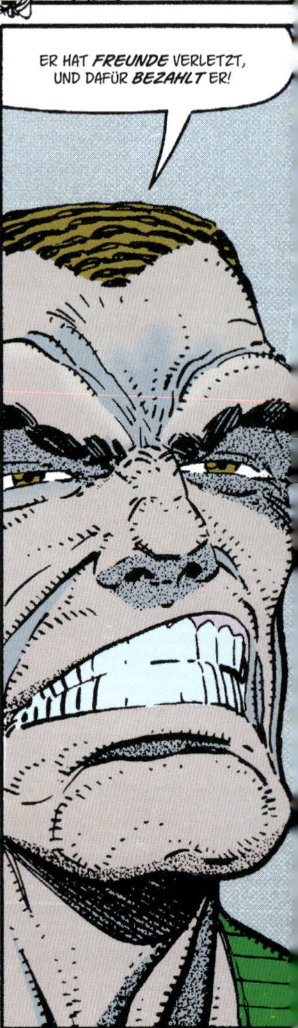
ER HAT FREUNDE VERLETZT, UND DAFÜR BEZAHLT ER!

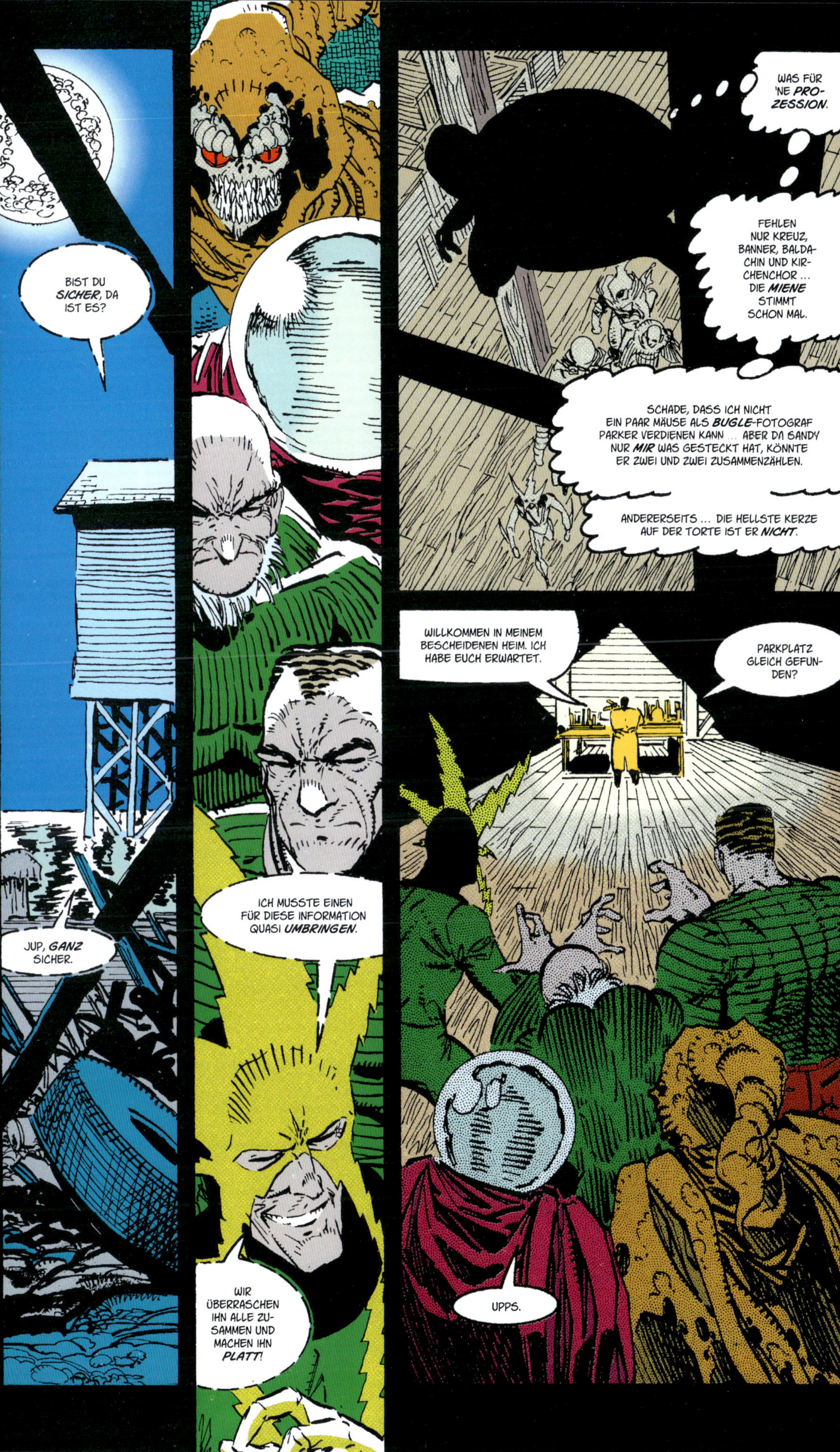
BIST DU SICHER, DA IST ES?
JUP, GANZ SICHER.
ICH MUSSTE EINEN FÜR DIESE INFORMATION QUASI UMBRINGEN.
WIR ÜBERRASCHEN IHN ALLE ZUSAMMEN UND MACHEN IHN PLATT!
WAS FÜR 'NE PROZESSION.
FEHLEN NUR KREUZ, BANNER, BALDACHIN UND KIRCHENCHOR ... DIE MIENE STIMMT SCHON MAL.
SCHADE, DASS ICH NICHT EIN PAAR MÄUSE ALS BUGLE-FOTOGRAF PARKER VERDIENEN KANN ... ABER DA SANDY NUR MIR WAS GESTECKT HAT, KÖNNTE ER ZWEI UND ZWEI ZUSAMMENZÄHLEN.
ANDERERSEITS ... DIE HELLSTE KERZE AUF DER TORTE IST ER NICHT.
WILLKOMMEN IN MEINEM BESCHEIDENEN HEIM. ICH HABE EUCH ERWARTET.
PARKPLATZ GLEICH GEFUNDEN?
UPPS.

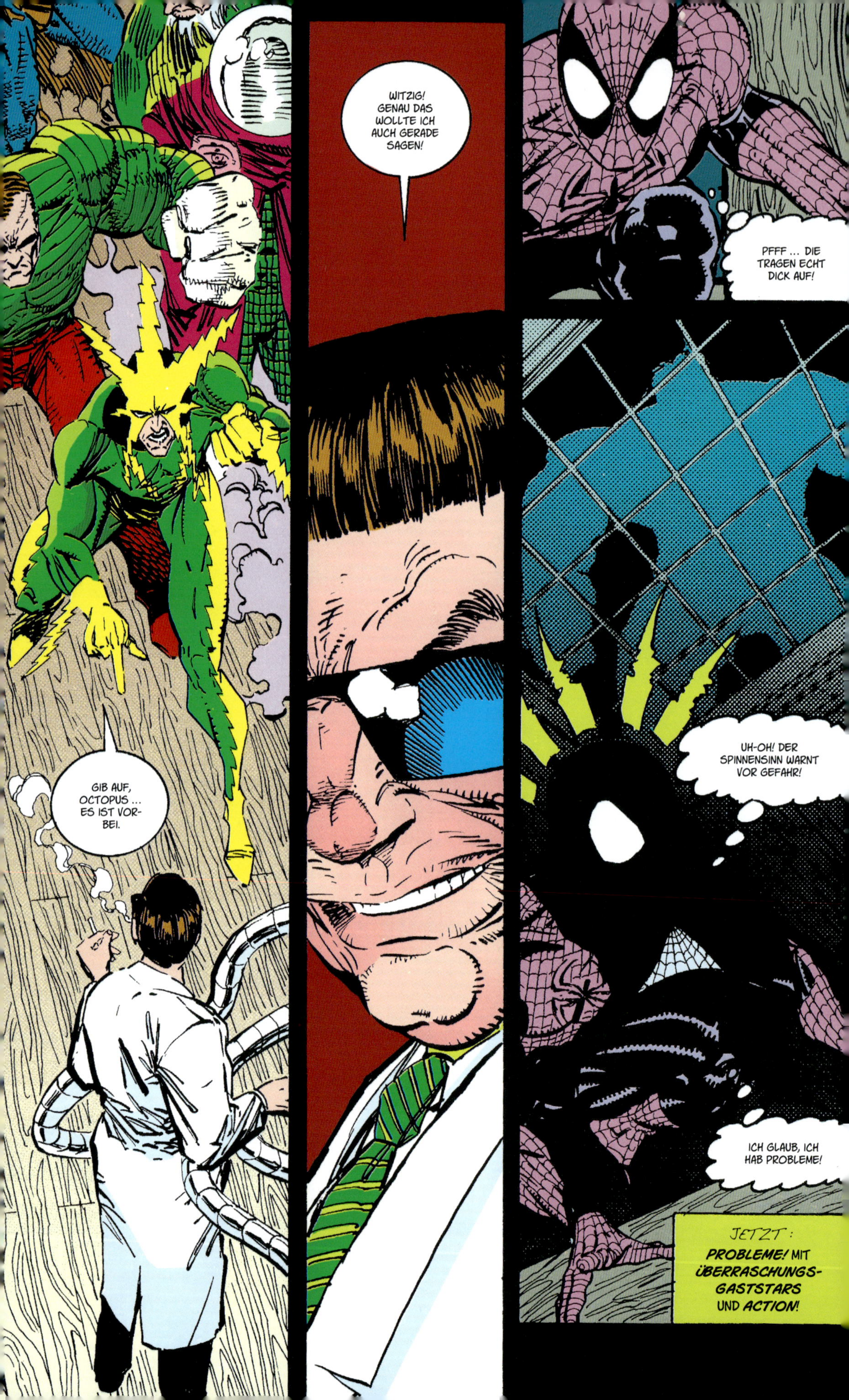
GIB AUF, OCTOPUS ... ES IST VORBEI.
WITZIG! GENAU DAS WOLLTE ICH AUCH GERADE SAGEN!
PFFF ... DIE TRAGEN ECHT DICK AUF!
UH-OH! DER SPINNENSINN WARNT VOR GEFAHR!
ICH GLAUB, ICH HAB PROBLEME!
JETZT:
PROBLEME! MIT ÜBERRASCHUNGS-GASTSTARS UND ACTION!

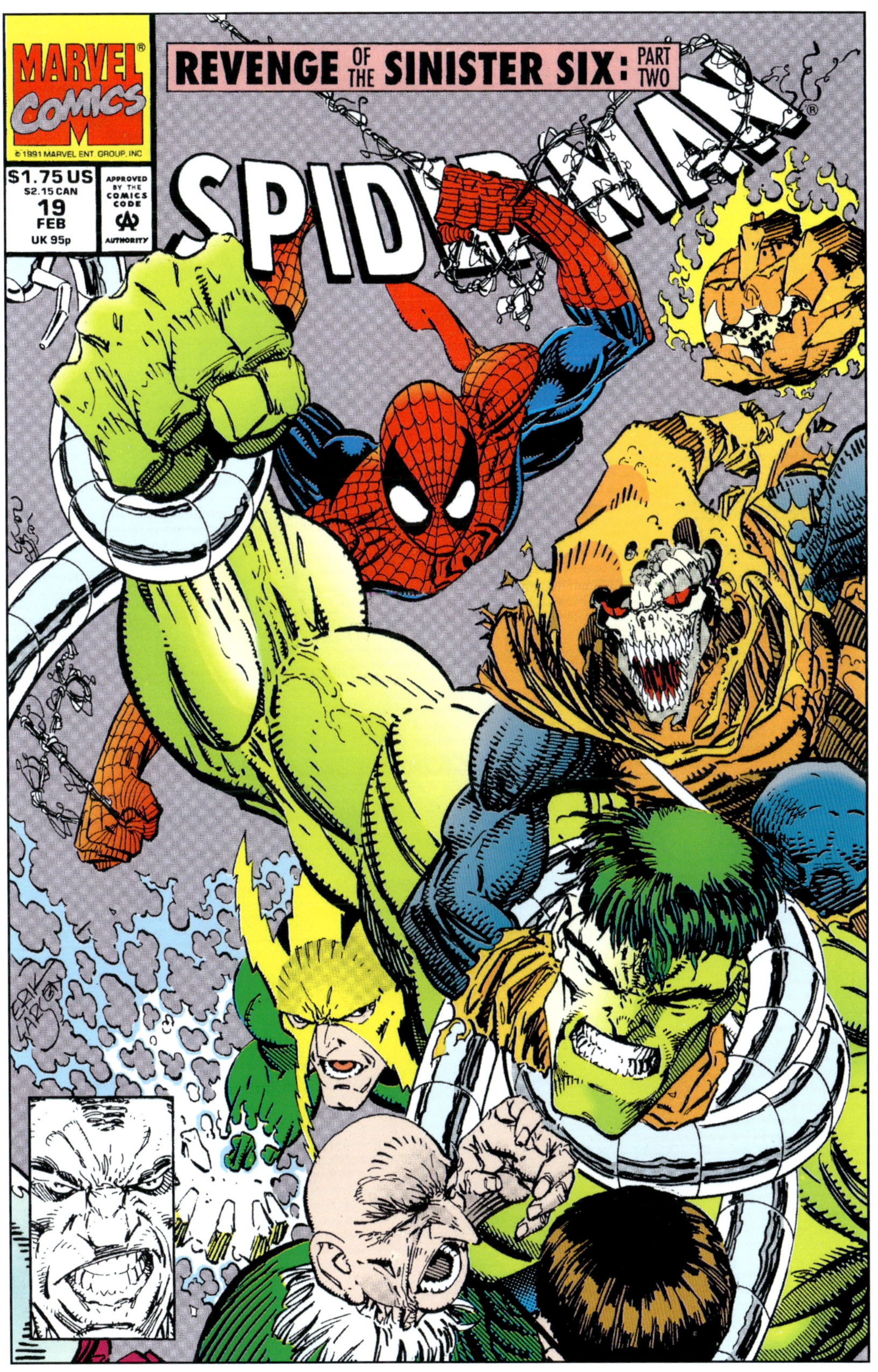

Spider-Man (1990) 19
Cover von **ERIK LARSEN**

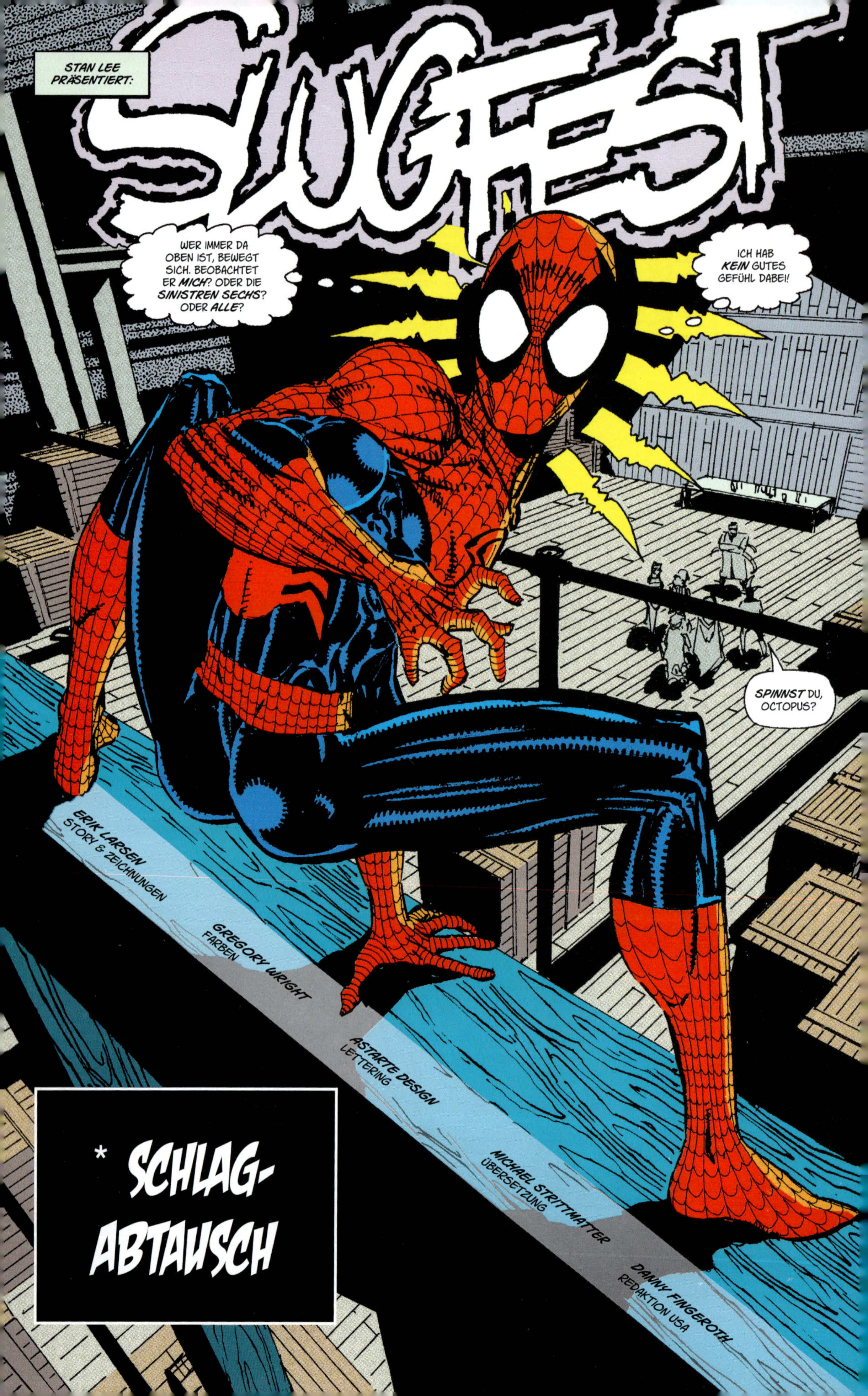
STAN LEE PRÄSENTIERT:
SLUGFEST
WER IMMER DA OBEN IST, BEWEGT SICH. BEOBACHTET ER MICH? ODER DIE SINISTREN SECHS? ODER ALLE?
ICH HAB KEIN GUTES GEFÜHL DABEI!
SPINNST DU, OCTOPUS?
ERIK LARSEN STORY & ZEICHNUNGEN
GREGORY WRIGHT FARBEN
ASTARTE DESIGN LETTERING
MICHAEL STRITTMATTER ÜBERSETZUNG
DANNY FINGEROTH REDAKTION USA
* SCHLAG-ABTAUSCH

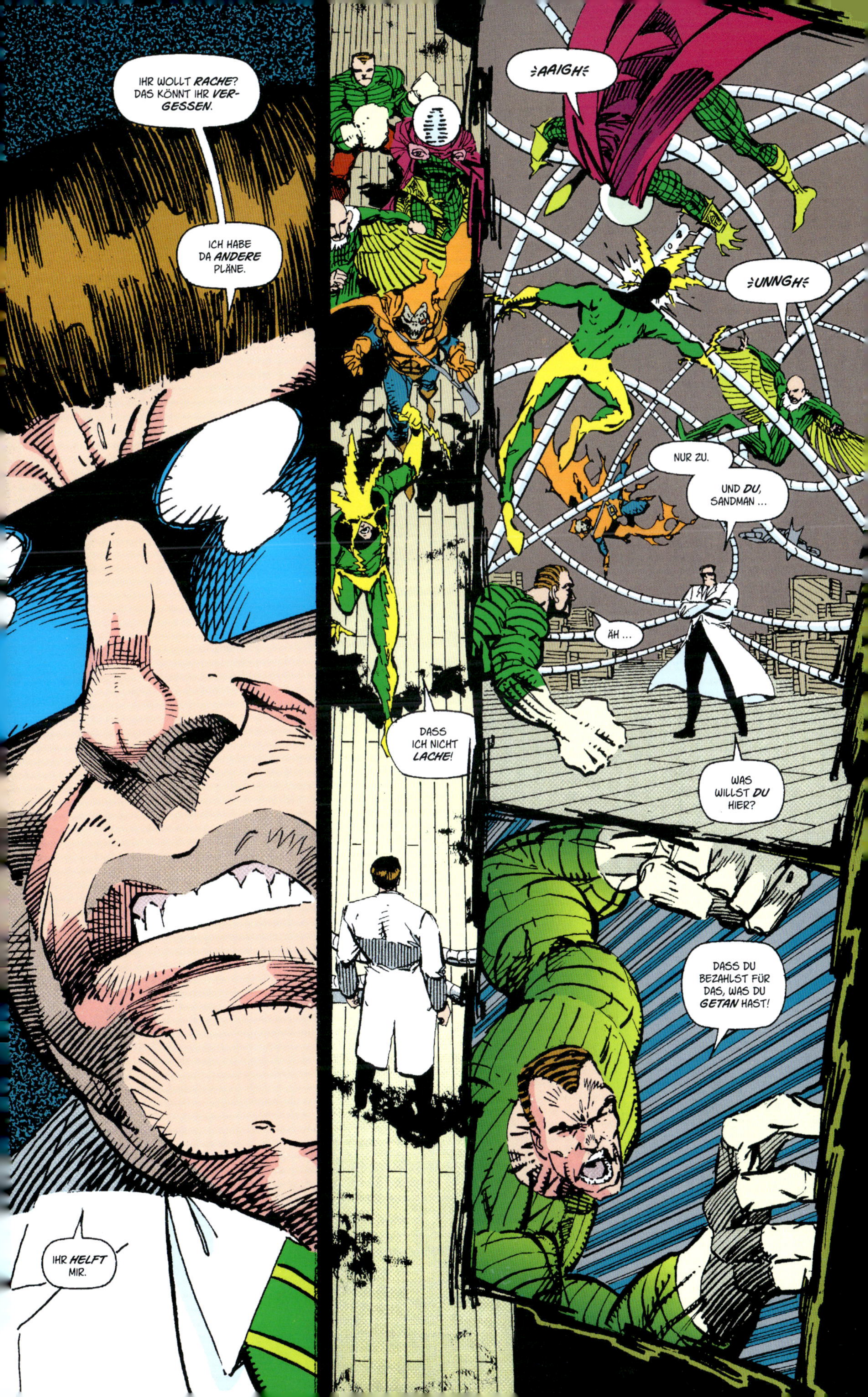
IHR WOLLT RACHE? DAS KÖNNT IHR VERGESSEN.
ICH HABE DA ANDERE PLÄNE.
IHR HELFT MIR.
DASS ICH NICHT LACHE!
AAIGH
UNNGH
NUR ZU.
UND DU, SANDMAN ...
ÄH ...
WAS WILLST DU HIER?
DASS DU BEZAHLST FÜR DAS, WAS DU GETAN HAST!

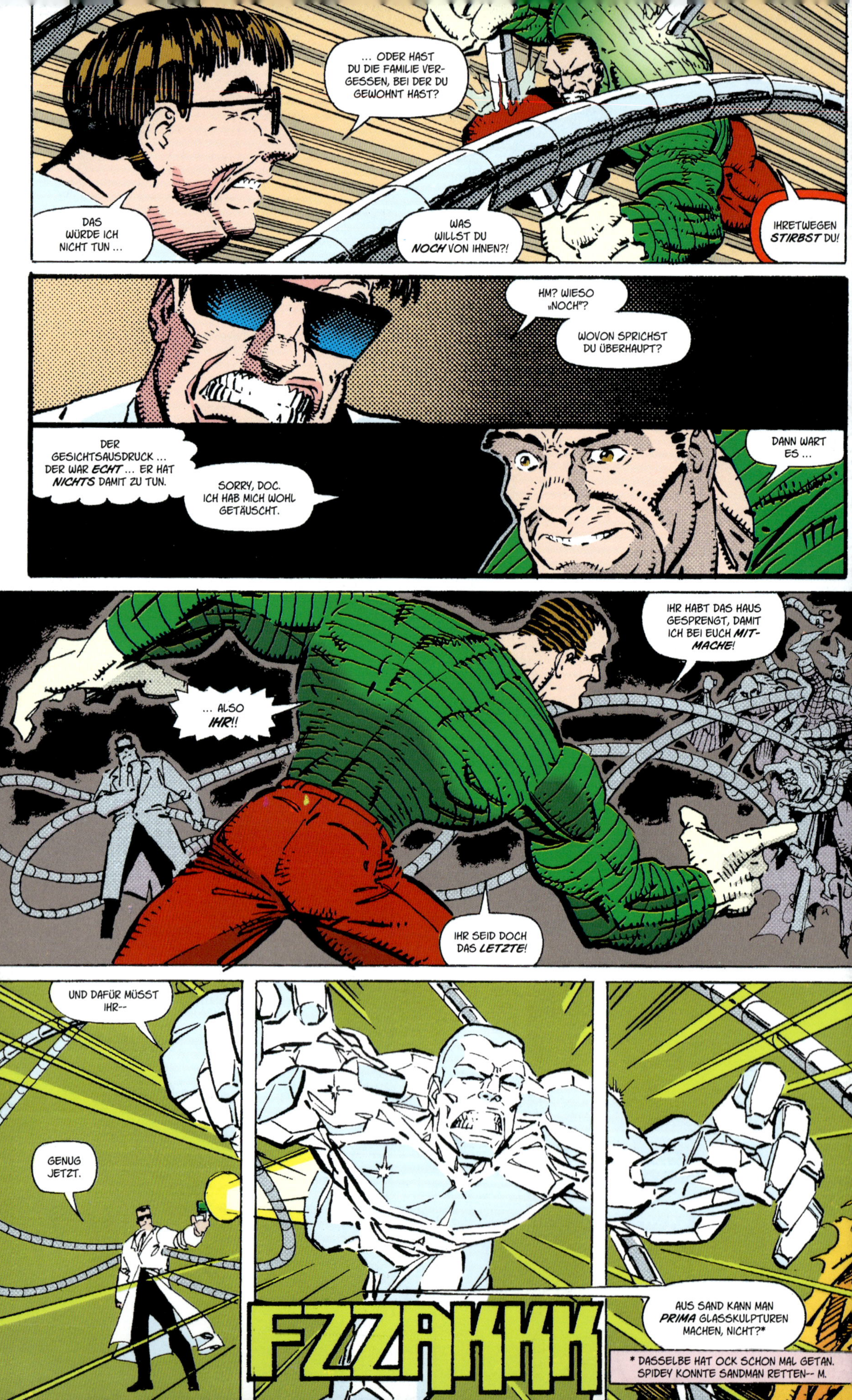
DAS WÜRDE ICH NICHT TUN …
… ODER HAST DU DIE FAMILIE VERGESSEN, BEI DER DU GEWOHNT HAST?
WAS WILLST DU *NOCH* VON IHNEN?!
IHRETWEGEN *STIRBST* DU!
HM? WIESO „NOCH"?
WOVON SPRICHST DU ÜBERHAUPT?
DER GESICHTSAUSDRUCK … DER WAR *ECHT* … ER HAT *NICHTS* DAMIT ZU TUN.
SORRY, DOC. ICH HAB MICH WOHL GETÄUSCHT.
DANN WART ES …
… ALSO *IHR*!!
IHR HABT DAS HAUS GESPRENGT, DAMIT ICH BEI EUCH *MITMACHE*!
IHR SEID DOCH DAS *LETZTE*!
UND DAFÜR MÜSST IHR--
GENUG JETZT.
FZZAKKK
AUS SAND KANN MAN *PRIMA* GLASSKULPTUREN MACHEN, NICHT?*
* DASSELBE HAT OCK SCHON MAL GETAN. SPIDEY KONNTE SANDMAN RETTEN-- M.

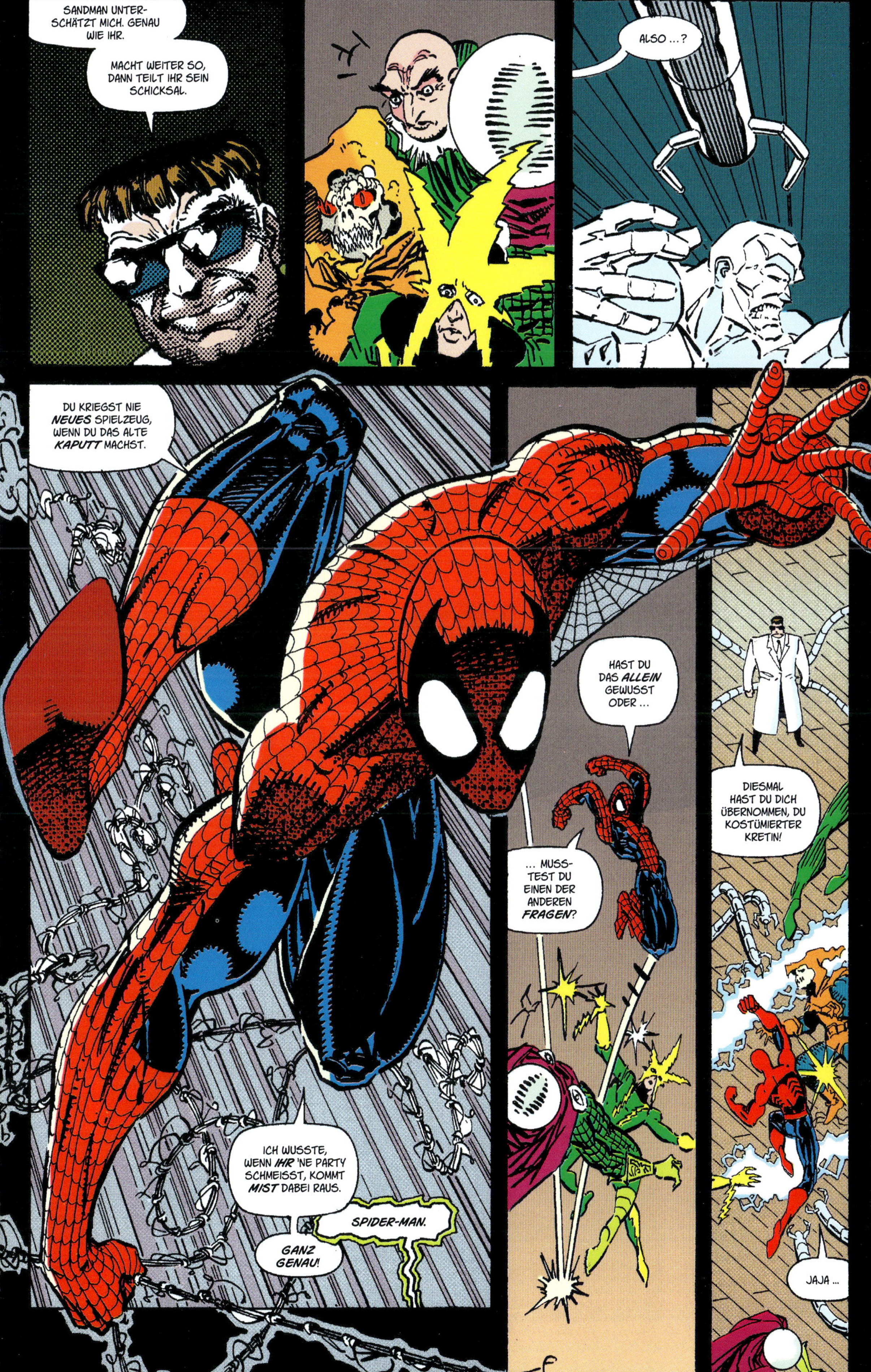
SANDMAN UNTERSCHÄTZT MICH. GENAU WIE IHR.
MACHT WEITER SO, DANN TEILT IHR SEIN SCHICKSAL.
ALSO ...?
DU KRIEGST NIE NEUES SPIELZEUG, WENN DU DAS ALTE KAPUTT MACHST.
HAST DU DAS ALLEIN GEWUSST ODER ...
... MUSSTEST DU EINEN DER ANDEREN FRAGEN?
DIESMAL HAST DU DICH ÜBERNOMMEN, DU KOSTÜMIERTER KRETIN!
ICH WUSSTE, WENN IHR 'NE PARTY SCHMEISST, KOMMT MIST DABEI RAUS.
SPIDER-MAN.
GANZ GENAU!
JAJA ...

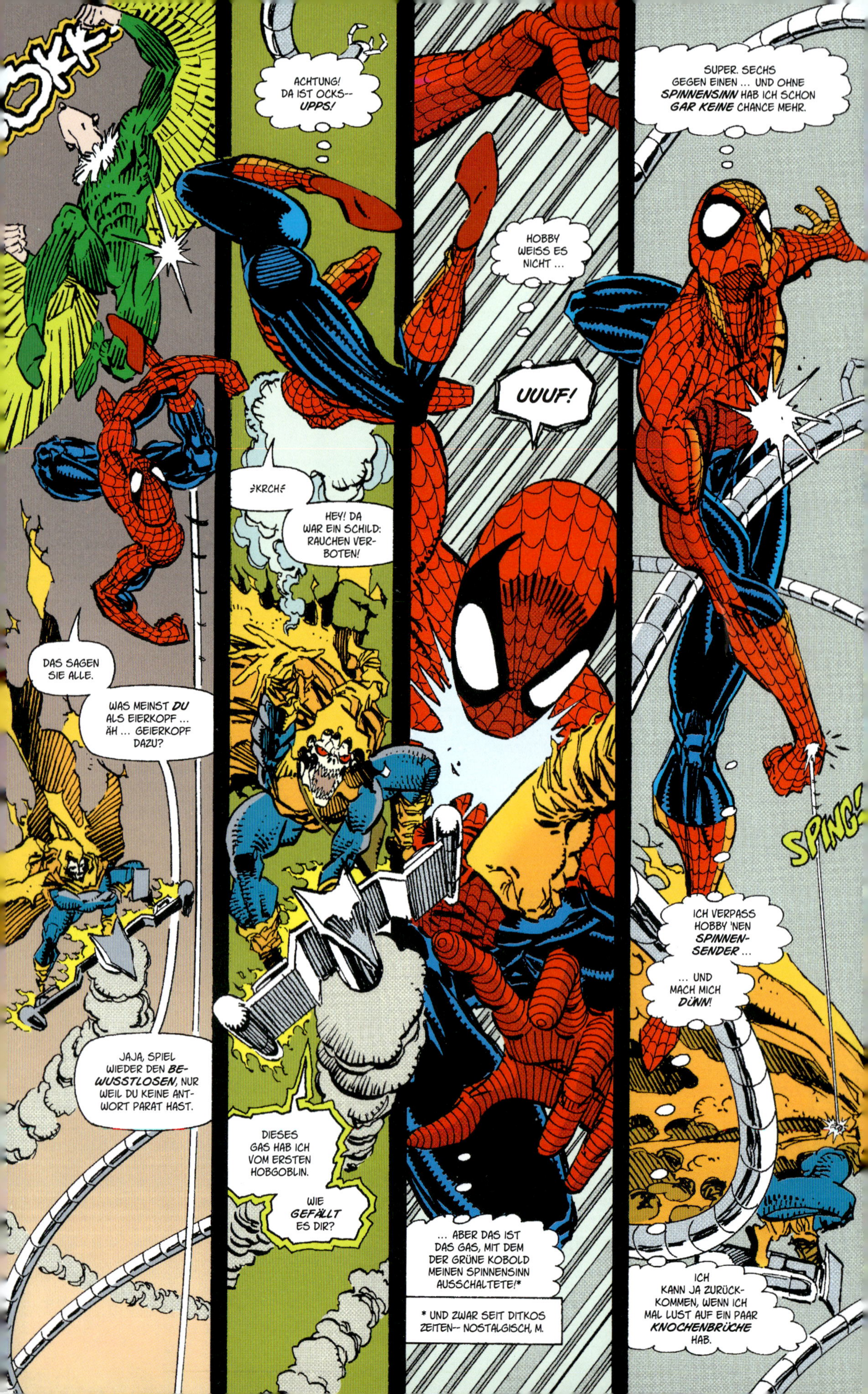
OKK
ACHTUNG! DA IST OCKS-- UPPS!
HOBBY WEISS ES NICHT …
SUPER. SECHS GEGEN EINEN … UND OHNE SPINNENSINN HAB ICH SCHON GAR KEINE CHANCE MEHR.
KRCH
HEY! DA WAR EIN SCHILD: RAUCHEN VERBOTEN!
UUUF!
DAS SAGEN SIE ALLE.
WAS MEINST DU ALS EIERKOPF … ÄH … GEIERKOPF DAZU?
SPING!
ICH VERPASS HOBBY 'NEN SPINNENSENDER …
… UND MACH MICH DÜNN!
JAJA, SPIEL WIEDER DEN BEWUSSTLOSEN, NUR WEIL DU KEINE ANTWORT PARAT HAST.
DIESES GAS HAB ICH VOM ERSTEN HOBGOBLIN.
WIE GEFÄLLT ES DIR?
… ABER DAS IST DAS GAS, MIT DEM DER GRÜNE KOBOLD MEINEN SPINNENSINN AUSSCHALTETE!*
* UND ZWAR SEIT DITKOS ZEITEN-- NOSTALGISCH, M.
ICH KANN JA ZURÜCKKOMMEN, WENN ICH MAL LUST AUF EIN PAAR KNOCHENBRÜCHE HAB.

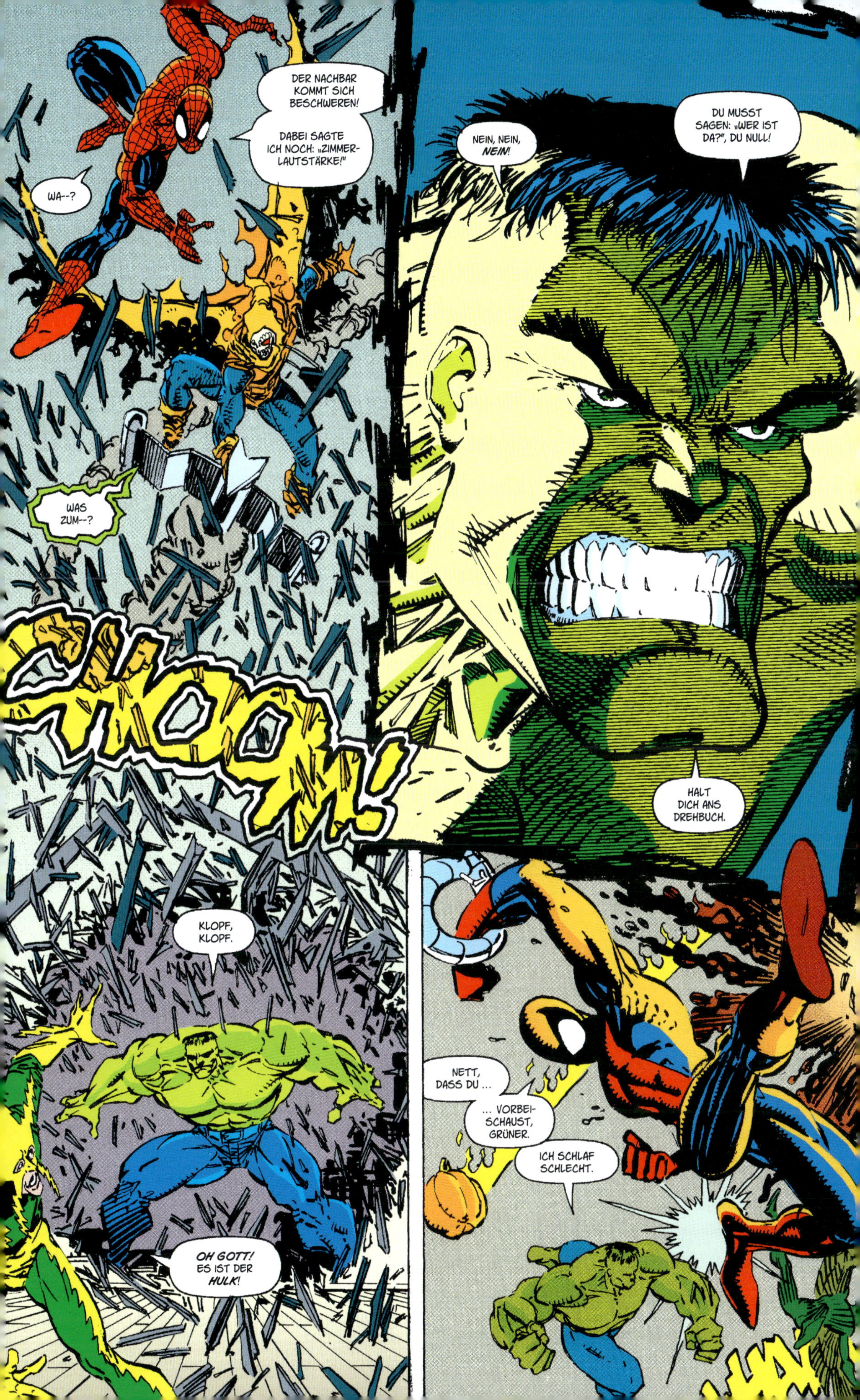
DER NACHBAR KOMMT SICH BESCHWEREN!
DABEI SAGTE ICH NOCH: „ZIMMER-LAUTSTÄRKE!"
WA--?
WAS ZUM--?
SHOOOM!
KLOPF, KLOPF.
OH GOTT! ES IST DER HULK!
NEIN, NEIN, NEIN!
DU MUSST SAGEN: „WER IST DA?", DU NULL!
HALT DICH ANS DREHBUCH.
NETT, DASS DU ...
... VORBEI-SCHAUST, GRÜNER.
ICH SCHLAF SCHLECHT.

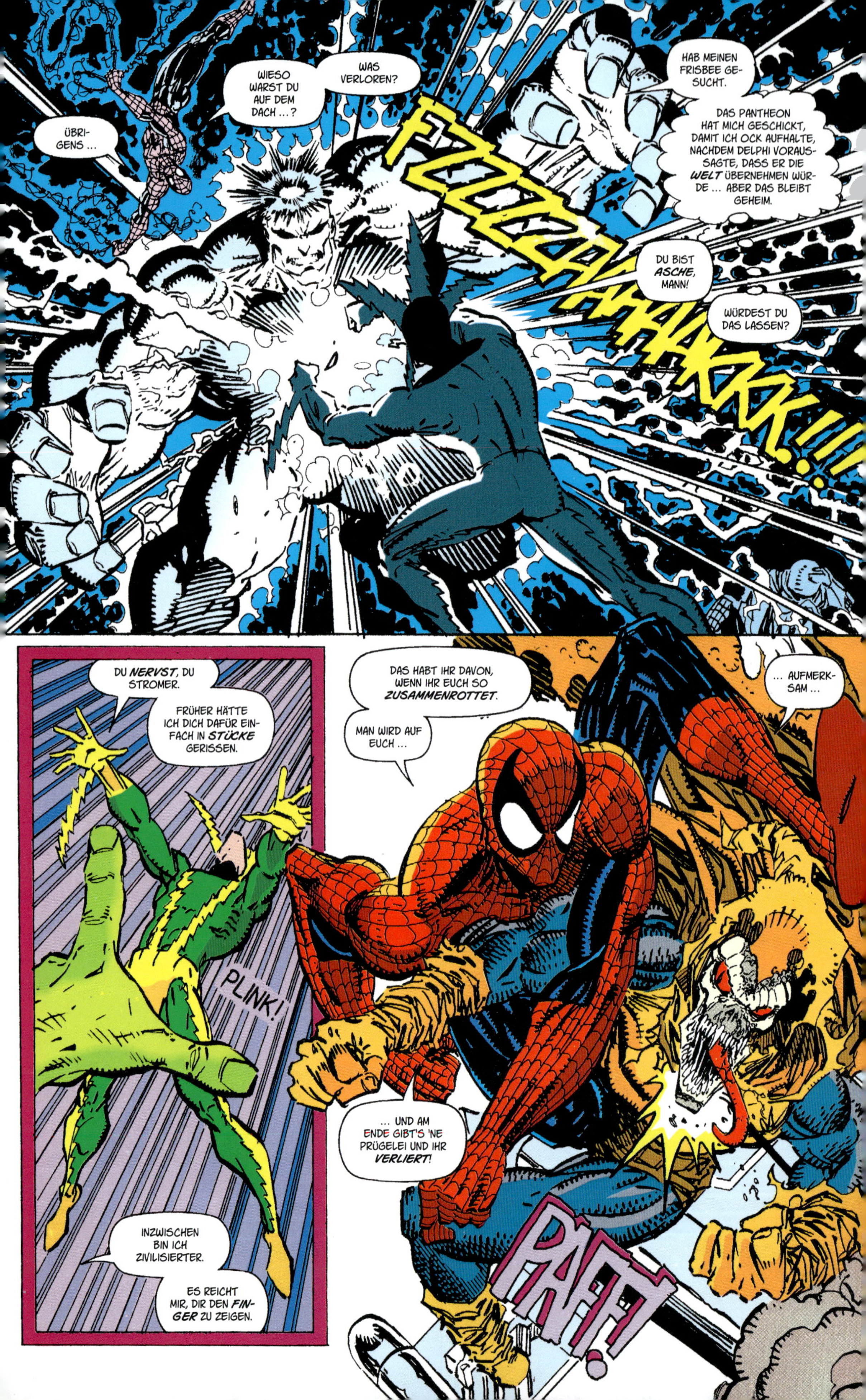
ÜBRI-
GENS …
WIESO
WARST DU
AUF DEM
DACH …?
WAS
VERLOREN?
HAB MEINEN
FRISBEE GE-
SUCHT.
DAS PANTHEON
HAT MICH GESCHICKT,
DAMIT ICH OCK AUFHALTE,
NACHDEM DELPHI VORAUS-
SAGTE, DASS ER DIE
WELT ÜBERNEHMEN WÜR-
DE … ABER DAS BLEIBT
GEHEIM.
FZZZZAAAAKKK!!!!
DU BIST
ASCHE,
MANN!
WÜRDEST DU
DAS LASSEN?
DU NERVST, DU
STROMER.
FRÜHER HÄTTE
ICH DICH DAFÜR EIN-
FACH IN STÜCKE
GERISSEN.
PLINK!
INZWISCHEN
BIN ICH
ZIVILISIERTER.
ES REICHT
MIR, DIR DEN FIN-
GER ZU ZEIGEN.
DAS HABT IHR DAVON,
WENN IHR EUCH SO
ZUSAMMENROTTET.
MAN WIRD AUF
EUCH …
… AUFMERK-
SAM …
… UND AM
ENDE GIBT'S 'NE
PRÜGELEI UND IHR
VERLIERT!
PAFF!

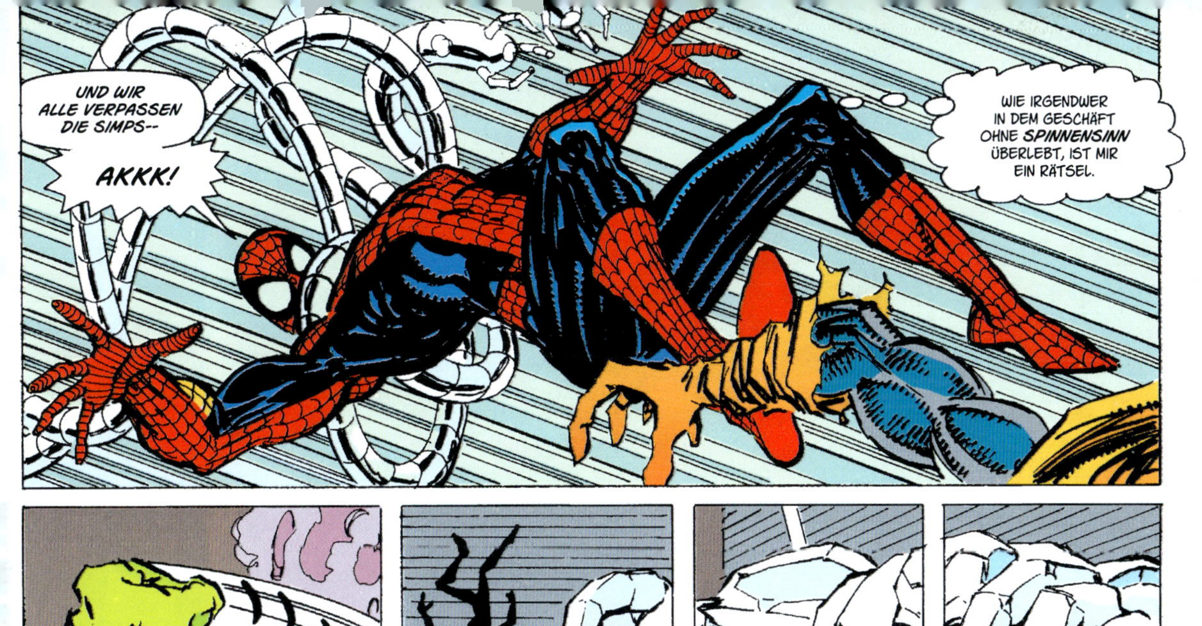

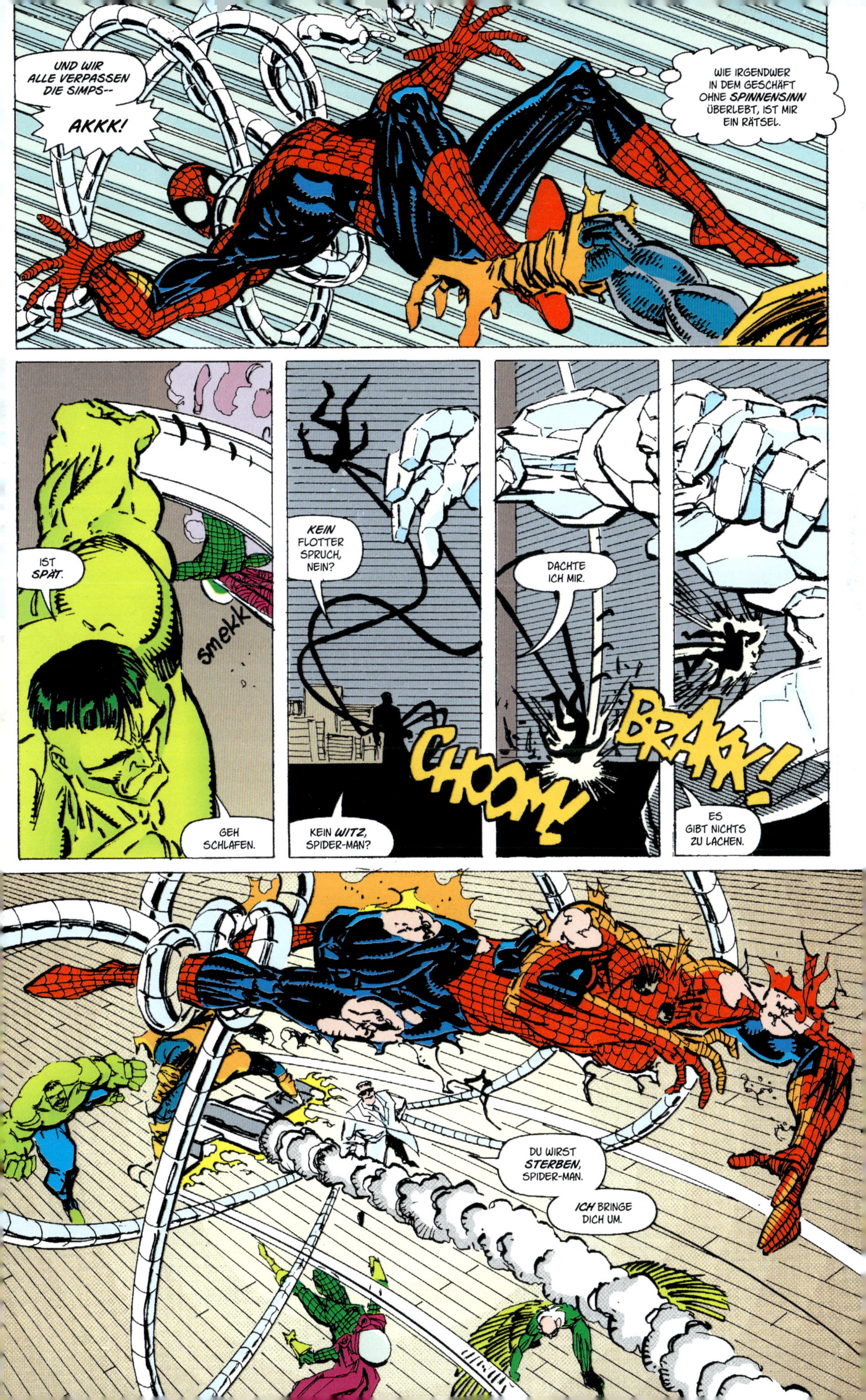

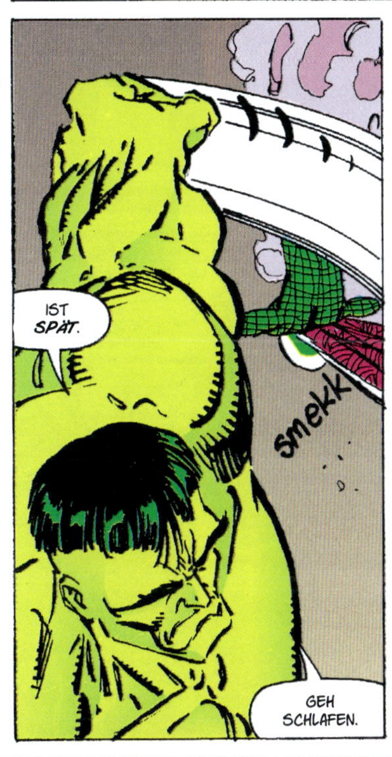

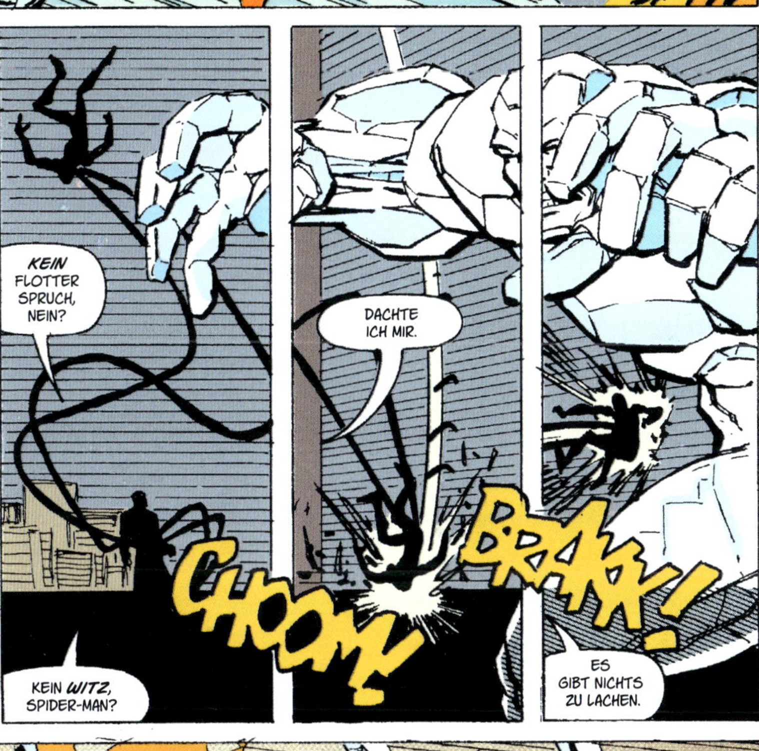

DU WIRST *STERBEN*, SPIDER-MAN.

ICH BRINGE DICH UM.

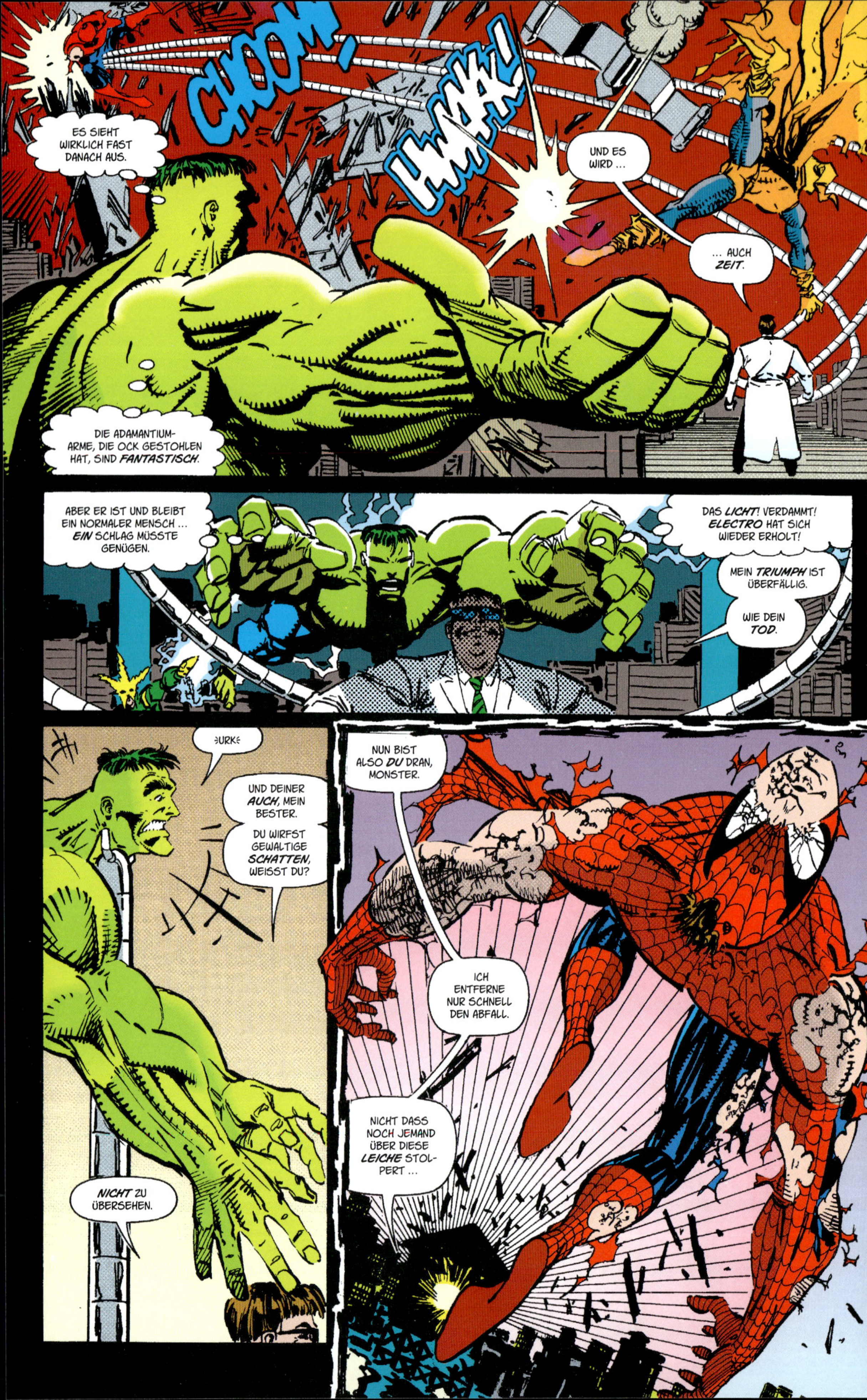
CHOOM!
HWAK!
ES SIEHT WIRKLICH FAST DANACH AUS.
UND ES WIRD …
… AUCH ZEIT.
DIE ADAMANTIUM-ARME, DIE OCK GESTOHLEN HAT, SIND FANTASTISCH.
ABER ER IST UND BLEIBT EIN NORMALER MENSCH … EIN SCHLAG MÜSSTE GENÜGEN.
DAS LICHT! VERDAMMT! ELECTRO HAT SICH WIEDER ERHOLT!
MEIN TRIUMPH IST ÜBERFÄLLIG.
WIE DEIN TOD.
GURK!
UND DEINER AUCH, MEIN BESTER.
DU WIRFST GEWALTIGE SCHATTEN, WEISST DU?
NICHT ZU ÜBERSEHEN.
NUN BIST ALSO DU DRAN, MONSTER.
ICH ENTFERNE NUR SCHNELL DEN ABFALL.
NICHT DASS NOCH JEMAND ÜBER DIESE LEICHE STOLPERT …

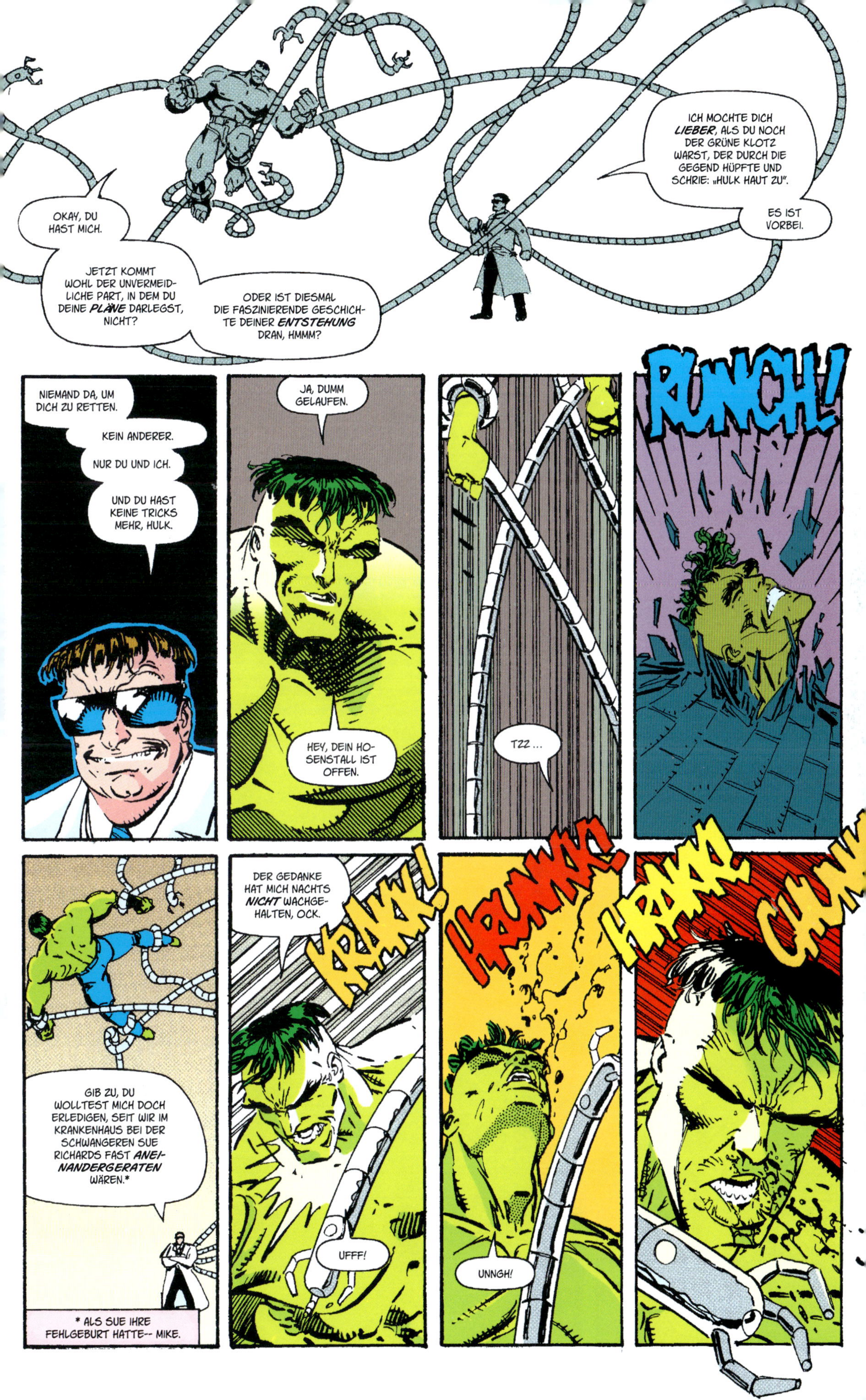
OKAY, DU HAST MICH.
JETZT KOMMT WOHL DER UNVERMEID-LICHE PART, IN DEM DU DEINE *PLÄNE* DARLEGST, NICHT?
ODER IST DIESMAL DIE FASZINIERENDE GESCHICH-TE DEINER *ENTSTEHUNG* DRAN, HMMM?
ICH MOCHTE DICH *LIEBER*, ALS DU NOCH DER GRÜNE KLOTZ WARST, DER DURCH DIE GEGEND HÜPFTE UND SCHRIE: „HULK HAUT ZU".
ES IST VORBEI.
NIEMAND DA, UM DICH ZU RETTEN.
KEIN ANDERER.
NUR DU UND ICH.
UND DU HAST KEINE TRICKS MEHR, HULK.
JA, DUMM GELAUFEN.
HEY, DEIN HO-SENSTALL IST OFFEN.
TZZ ...
RUNCH!
GIB ZU, DU WOLLTEST MICH DOCH ERLEDIGEN, SEIT WIR IM KRANKENHAUS BEI DER SCHWANGEREN SUE RICHARDS FAST *ANEI-NANDERGERATEN* WÄREN.*
* ALS SUE IHRE FEHLGEBURT HATTE-- MIKE.
DER GEDANKE HAT MICH NACHTS *NICHT* WACHGE-HALTEN, OCK.
KRAKK!
UFFF!
KRUNNK!
UNNGH!
KRAKK!

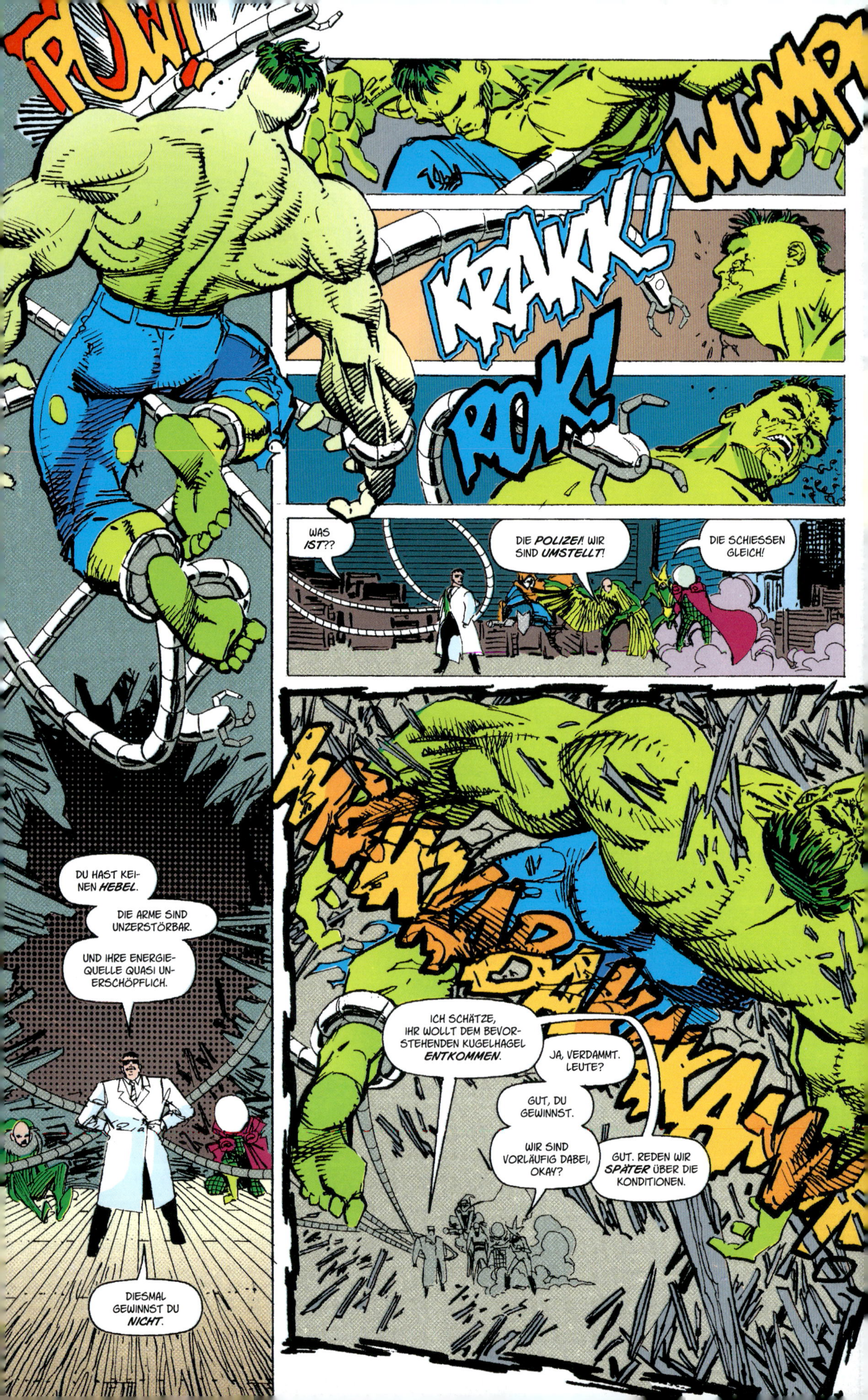
POW!
WUMP
KRAKK!
ROK!
WAS IST??
DIE POLIZEI! WIR SIND UMSTELLT!
DIE SCHIESSEN GLEICH!
DU HAST KEINEN HEBEL.
DIE ARME SIND UNZERSTÖRBAR.
UND IHRE ENERGIEQUELLE QUASI UNERSCHÖPFLICH.
DIESMAL GEWINNST DU NICHT.
ICH SCHÄTZE, IHR WOLLT DEM BEVORSTEHENDEN KUGELHAGEL ENTKOMMEN.
JA, VERDAMMT. LEUTE?
GUT, DU GEWINNST.
WIR SIND VORLÄUFIG DABEI, OKAY?
GUT. REDEN WIR SPÄTER ÜBER DIE KONDITIONEN.

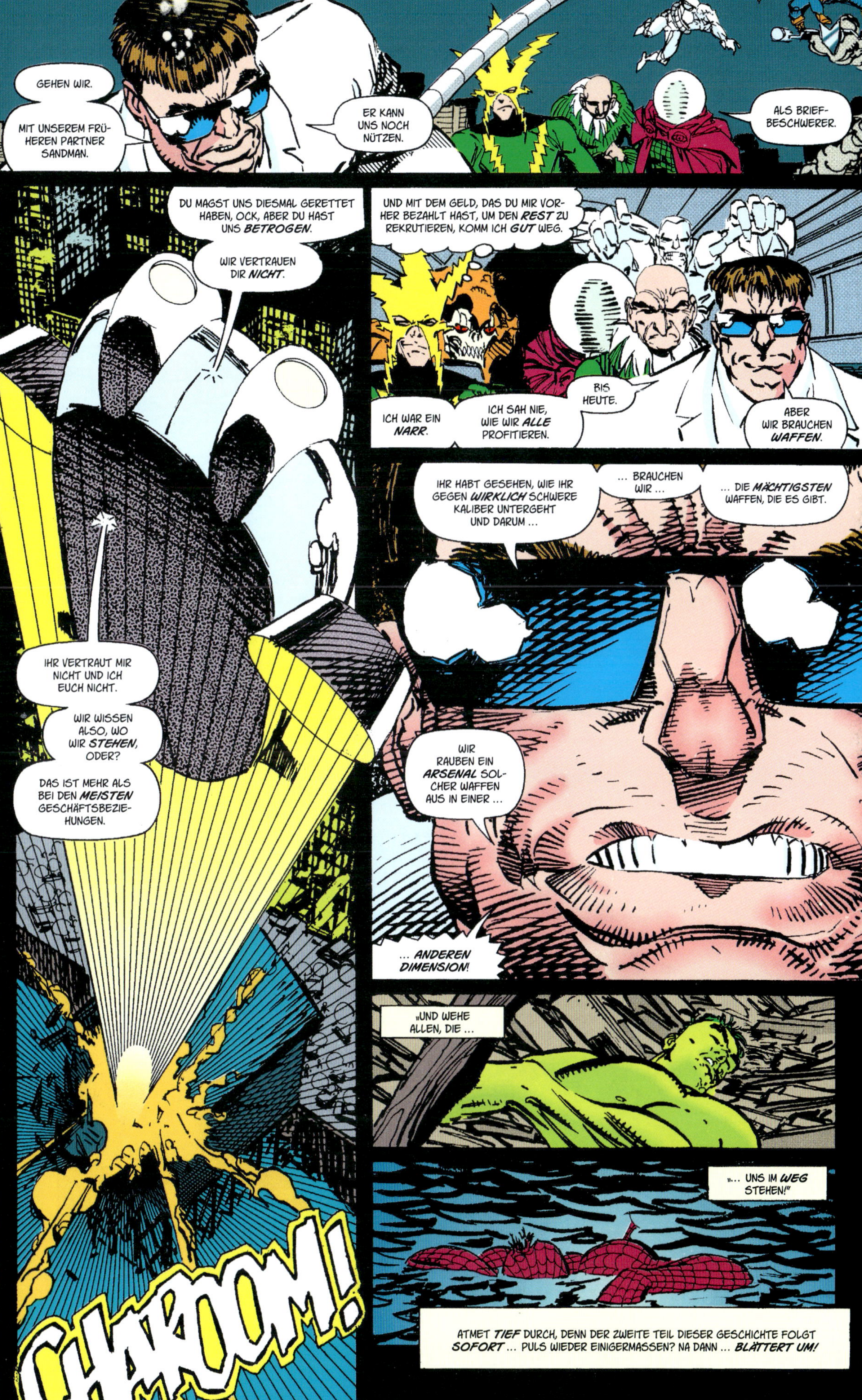
GEHEN WIR.
MIT UNSEREM FRÜHEREN PARTNER SANDMAN.
ER KANN UNS NOCH NÜTZEN.
ALS BRIEFBESCHWERER.
DU MAGST UNS DIESMAL GERETTET HABEN, OCK, ABER DU HAST UNS BETROGEN.
WIR VERTRAUEN DIR NICHT.
IHR VERTRAUT MIR NICHT UND ICH EUCH NICHT.
WIR WISSEN ALSO, WO WIR STEHEN, ODER?
DAS IST MEHR ALS BEI DEN MEISTEN GESCHÄFTSBEZIEHUNGEN.
CHABOOM!
UND MIT DEM GELD, DAS DU MIR VORHER BEZAHLT HAST, UM DEN REST ZU REKRUTIEREN, KOMM ICH GUT WEG.
ICH WAR EIN NARR.
ICH SAH NIE, WIE WIR ALLE PROFITIEREN.
BIS HEUTE.
ABER WIR BRAUCHEN WAFFEN.
IHR HABT GESEHEN, WIE IHR GEGEN WIRKLICH SCHWERE KALIBER UNTERGEHT UND DARUM …
… BRAUCHEN WIR …
… DIE MÄCHTIGSTEN WAFFEN, DIE ES GIBT.
WIR RAUBEN EIN ARSENAL SOLCHER WAFFEN AUS IN EINER …
… ANDEREN DIMENSION!
„UND WEHE ALLEN, DIE …
„… UNS IM WEG STEHEN!“
ATMET TIEF DURCH, DENN DER ZWEITE TEIL DIESER GESCHICHTE FOLGT SOFORT … PULS WIEDER EINIGERMASSEN? NA DANN … BLÄTTERT UM!

SHOWDOWN

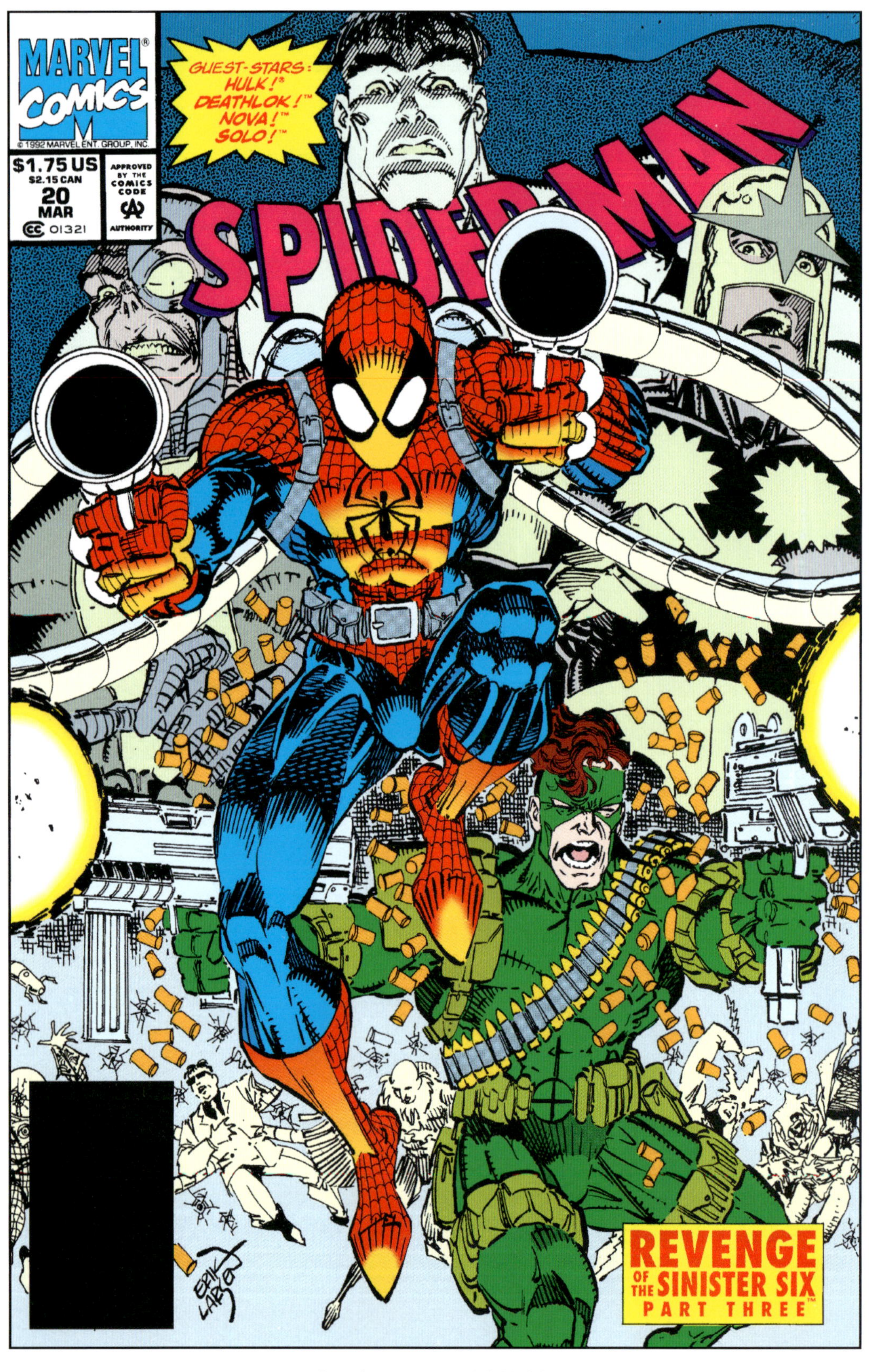

Spider-Man (1990) 20
Cover von **ERIK LARSEN**

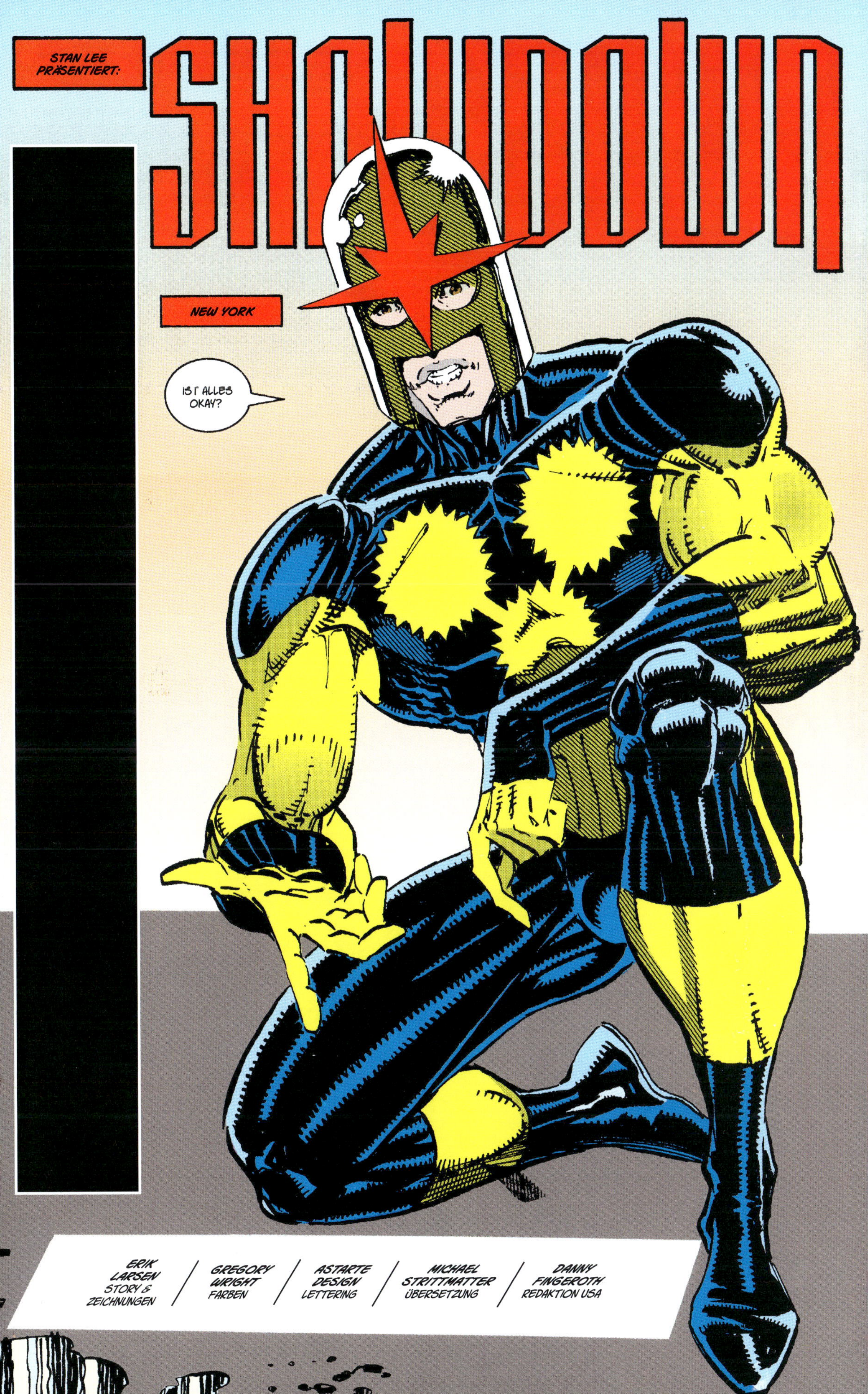
STAN LEE PRÄSENTIERT:
SHOWDOWN
NEW YORK
IST ALLES OKAY?
ERIK LARSEN STORY & ZEICHNUNGEN
GREGORY WRIGHT FARBEN
ASTARTE DESIGN LETTERING
MICHAEL STRITTMATTER ÜBERSETZUNG
DANNY FINGEROTH REDAKTION USA

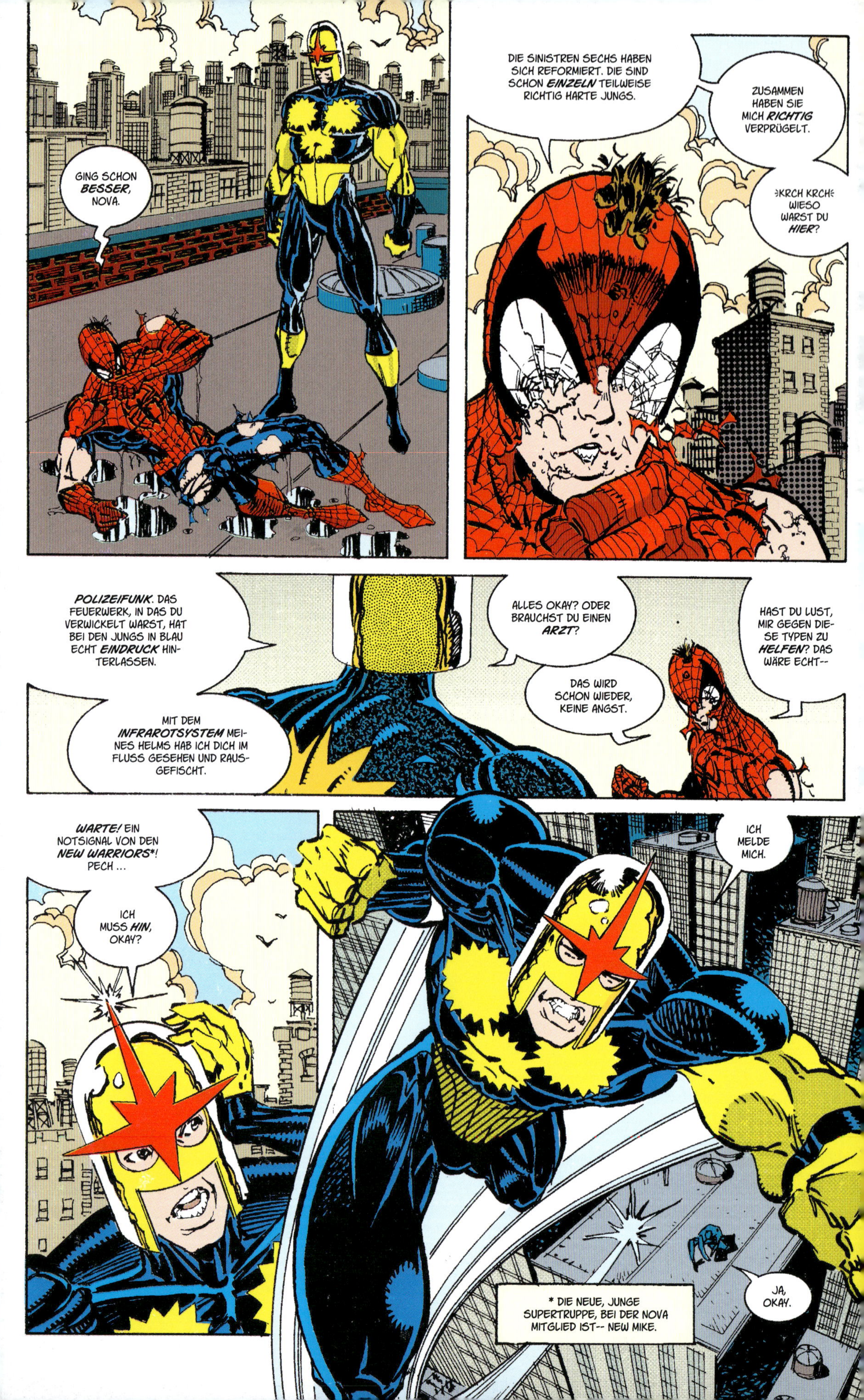
GING SCHON BESSER, NOVA.
DIE SINISTREN SECHS HABEN SICH REFORMIERT. DIE SIND SCHON EINZELN TEILWEISE RICHTIG HARTE JUNGS.
ZUSAMMEN HABEN SIE MICH RICHTIG VERPRÜGELT.
›KRCH KRCH‹ WIESO WARST DU HIER?
POLIZEIFUNK. DAS FEUERWERK, IN DAS DU VERWICKELT WARST, HAT BEI DEN JUNGS IN BLAU ECHT EINDRUCK HINTERLASSEN.
MIT DEM INFRAROTSYSTEM MEINES HELMS HAB ICH DICH IM FLUSS GESEHEN UND RAUSGEFISCHT.
ALLES OKAY? ODER BRAUCHST DU EINEN ARZT?
DAS WIRD SCHON WIEDER, KEINE ANGST.
HAST DU LUST, MIR GEGEN DIESE TYPEN ZU HELFEN? DAS WÄRE ECHT--
WARTE! EIN NOTSIGNAL VON DEN NEW WARRIORS*! PECH ...
ICH MUSS HIN, OKAY?
ICH MELDE MICH.
JA, OKAY.
* DIE NEUE, JUNGE SUPERTRUPPE, BEI DER NOVA MITGLIED IST-- NEW MIKE.

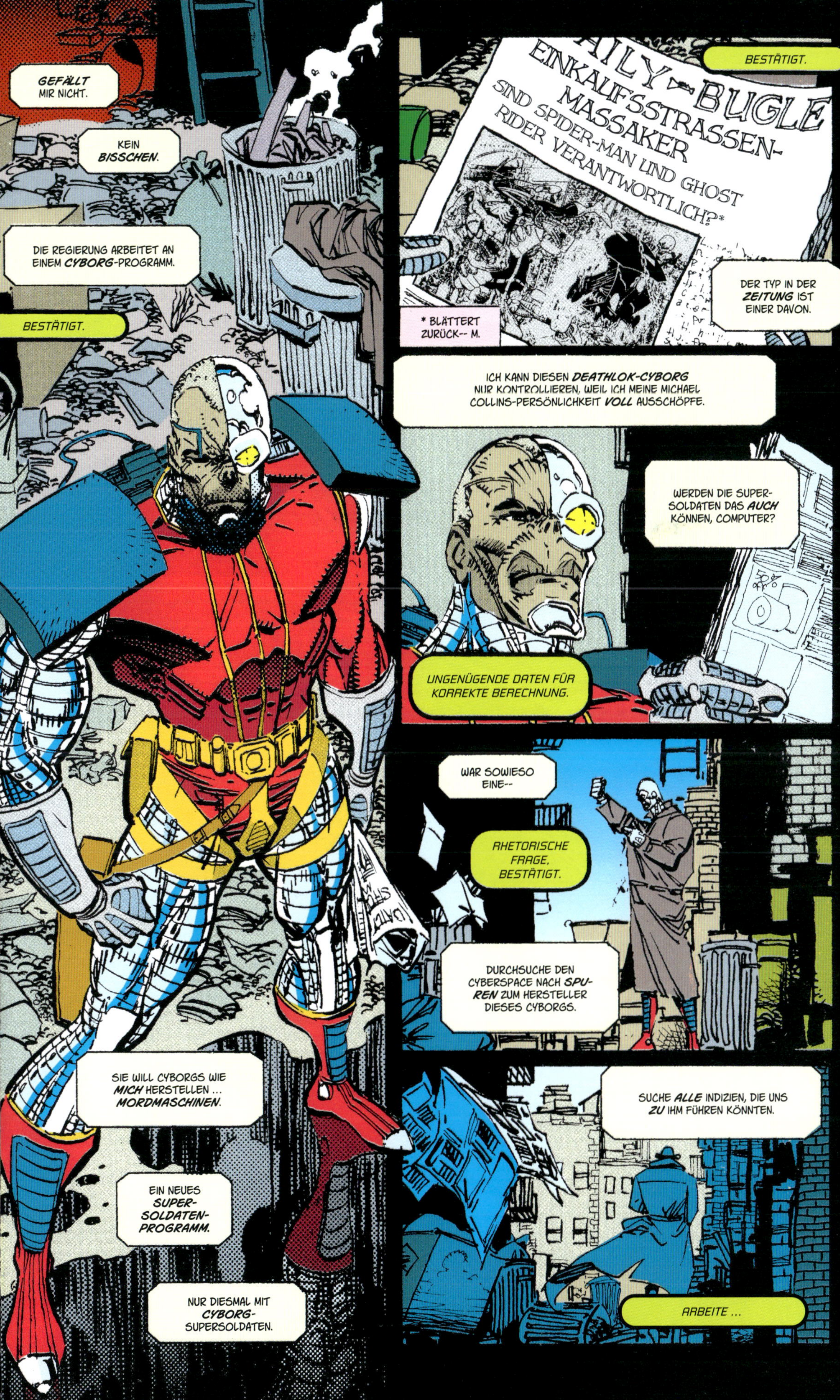
GEFÄLLT MIR NICHT.
KEIN BISSCHEN.
DIE REGIERUNG ARBEITET AN EINEM CYBORG-PROGRAMM.
BESTÄTIGT.
SIE WILL CYBORGS WIE MICH HERSTELLEN ... MORDMASCHINEN.
EIN NEUES SUPER-SOLDATEN-PROGRAMM.
NUR DIESMAL MIT CYBORG-SUPERSOLDATEN.
BESTÄTIGT.
ILY BUGLE
EINKAUFSSTRASSEN-MASSAKER
SIND SPIDER-MAN UND GHOST RIDER VERANTWORTLICH?*
DER TYP IN DER ZEITUNG IST EINER DAVON.
* BLÄTTERT ZURÜCK-- M.
ICH KANN DIESEN DEATHLOK-CYBORG NUR KONTROLLIEREN, WEIL ICH MEINE MICHAEL COLLINS-PERSÖNLICHKEIT VOLL AUSSCHÖPFE.
WERDEN DIE SUPER-SOLDATEN DAS AUCH KÖNNEN, COMPUTER?
UNGENÜGENDE DATEN FÜR KORREKTE BERECHNUNG.
WAR SOWIESO EINE--
RHETORISCHE FRAGE, BESTÄTIGT.
DURCHSUCHE DEN CYBERSPACE NACH SPUREN ZUM HERSTELLER DIESES CYBORGS.
SUCHE ALLE INDIZIEN, DIE UNS ZU IHM FÜHREN KÖNNTEN.
ARBEITE ...

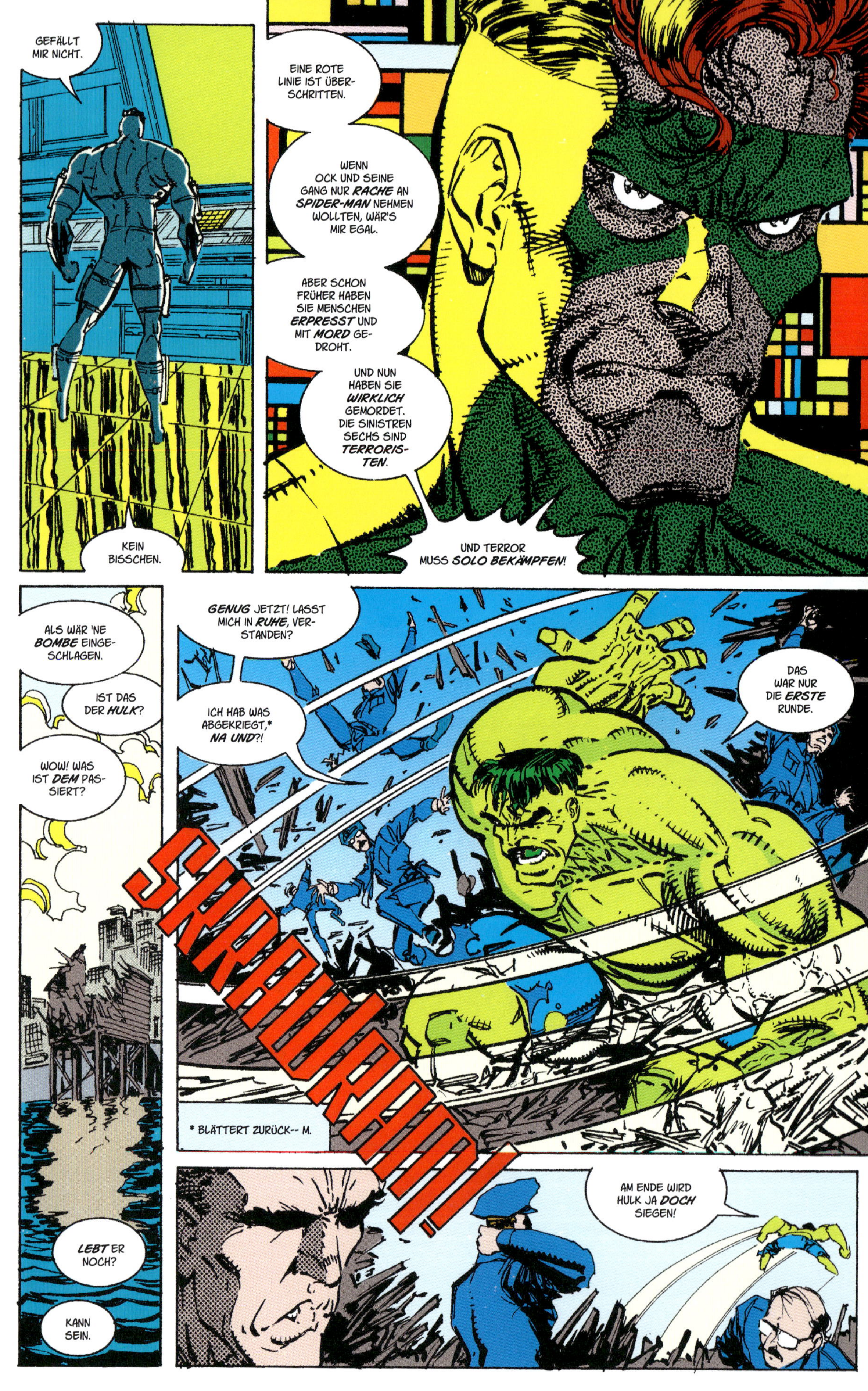
GEFÄLLT MIR NICHT.
KEIN BISSCHEN.
EINE ROTE LINIE IST ÜBERSCHRITTEN.
WENN OCK UND SEINE GANG NUR RACHE AN SPIDER-MAN NEHMEN WOLLTEN, WÄR'S MIR EGAL.
ABER SCHON FRÜHER HABEN SIE MENSCHEN ERPRESST UND MIT MORD GEDROHT.
UND NUN HABEN SIE WIRKLICH GEMORDET. DIE SINISTREN SECHS SIND TERRORISTEN.
UND TERROR MUSS SOLO BEKÄMPFEN!
ALS WÄR 'NE BOMBE EINGESCHLAGEN.
IST DAS DER HULK?
WOW! WAS IST DEM PASSIERT?
GENUG JETZT! LASST MICH IN RUHE, VERSTANDEN?
ICH HAB WAS ABGEKRIEGT,* NA UND?!
DAS WAR NUR DIE ERSTE RUNDE.
SKRAUKAM!
* BLÄTTERT ZURÜCK-- M.
LEBT ER NOCH?
KANN SEIN.
AM ENDE WIRD HULK JA DOCH SIEGEN!

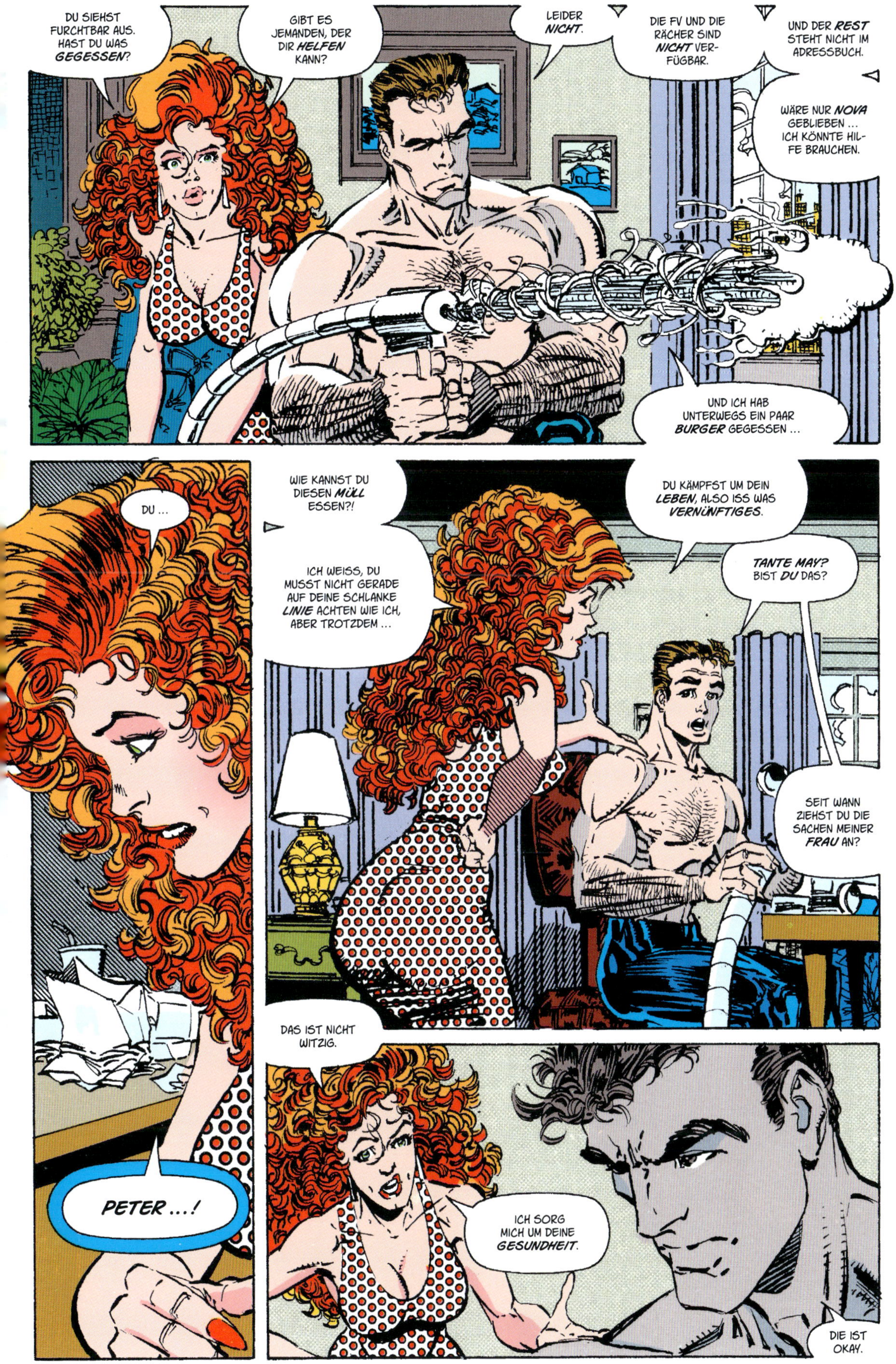

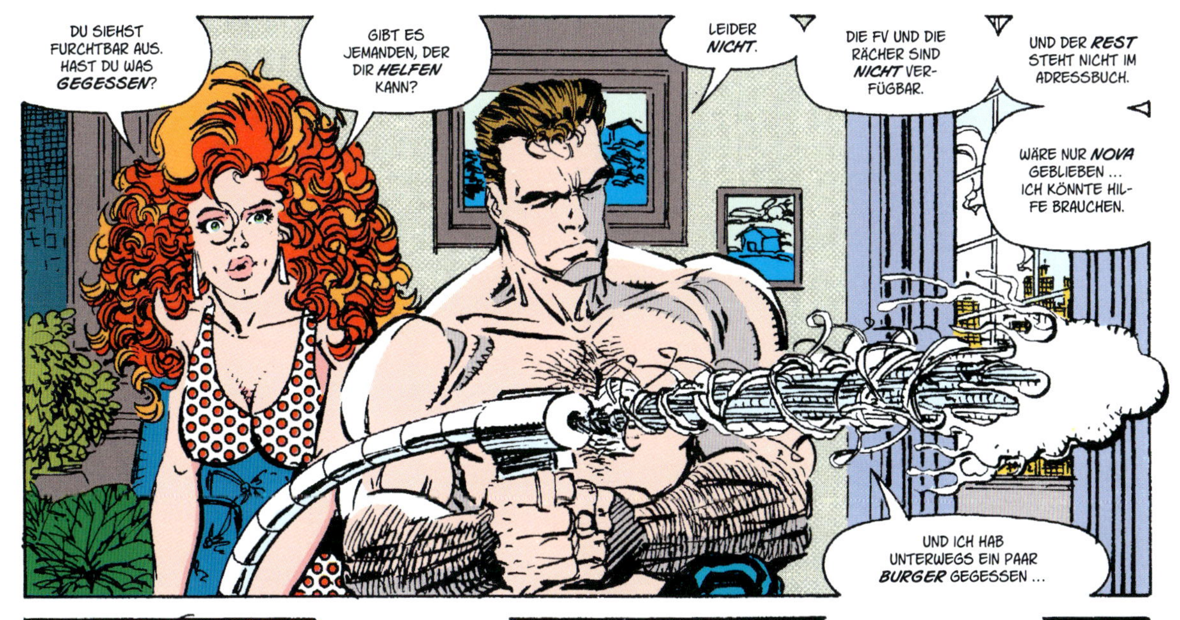
DU SIEHST FURCHTBAR AUS. HAST DU WAS GEGESSEN?
GIBT ES JEMANDEN, DER DIR HELFEN KANN?
LEIDER NICHT.
DIE FV UND DIE RÄCHER SIND NICHT VERFÜGBAR.
UND DER REST STEHT NICHT IM ADRESSBUCH.
WÄRE NUR NOVA GEBLIEBEN ... ICH KÖNNTE HILFE BRAUCHEN.
UND ICH HAB UNTERWEGS EIN PAAR BURGER GEGESSEN ...

DU ...
PETER ...!
WIE KANNST DU DIESEN MÜLL ESSEN?!
ICH WEISS, DU MUSST NICHT GERADE AUF DEINE SCHLANKE LINIE ACHTEN WIE ICH, ABER TROTZDEM ...
DU KÄMPFST UM DEIN LEBEN, ALSO ISS WAS VERNÜNFTIGES.
TANTE MAY? BIST DU DAS?
SEIT WANN ZIEHST DU DIE SACHEN MEINER FRAU AN?
DAS IST NICHT WITZIG.
ICH SORG MICH UM DEINE GESUNDHEIT.
DIE IST OKAY.

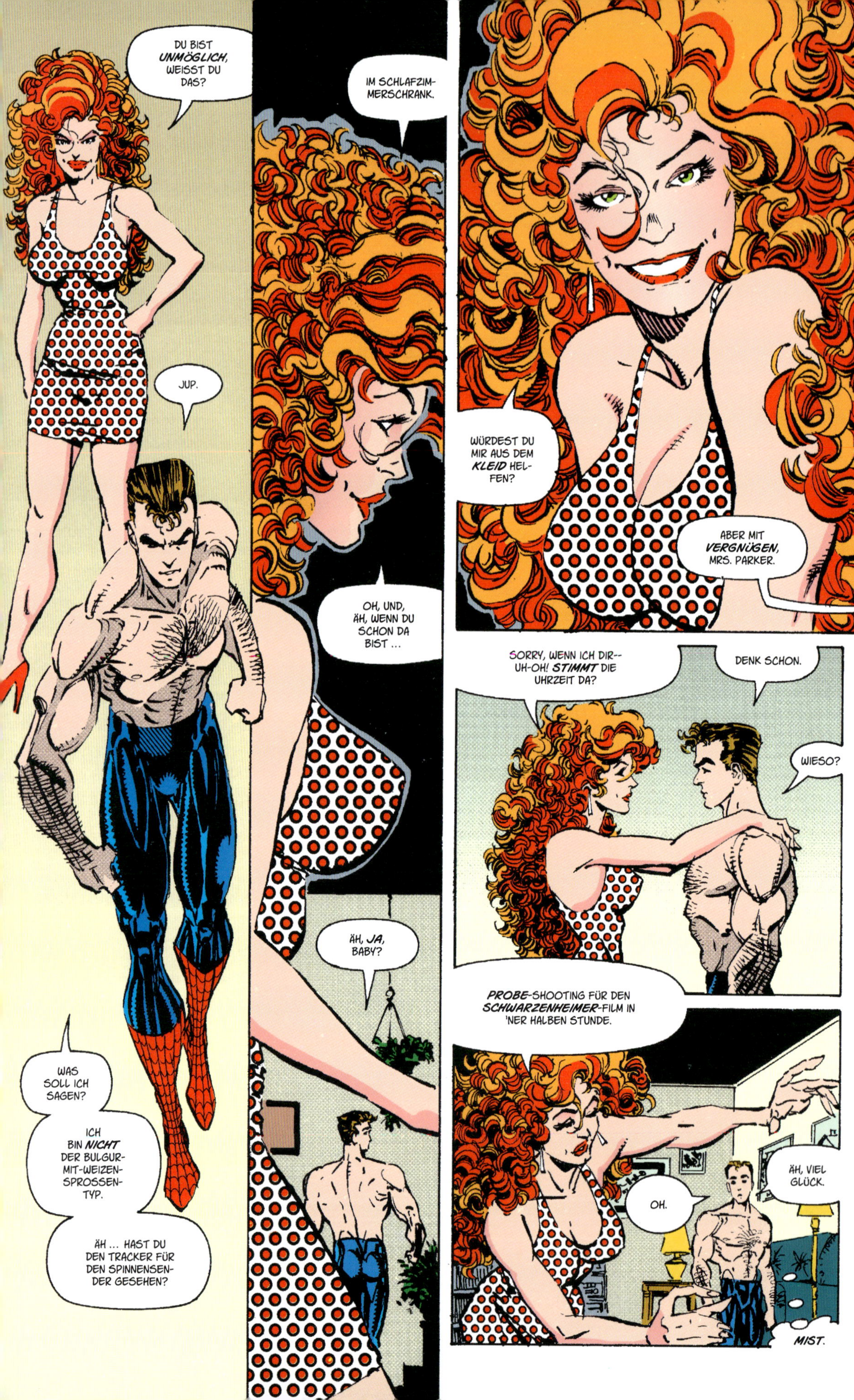
DU BIST UNMÖGLICH, WEISST DU DAS?
JUP.
WAS SOLL ICH SAGEN?
ICH BIN NICHT DER BULGUR-MIT-WEIZEN-SPROSSEN-TYP.
ÄH ... HAST DU DEN TRACKER FÜR DEN SPINNENSENDER GESEHEN?
IM SCHLAFZIMMERSCHRANK.
OH, UND, ÄH, WENN DU SCHON DA BIST ...
ÄH, JA, BABY?
WÜRDEST DU MIR AUS DEM KLEID HELFEN?
ABER MIT VERGNÜGEN, MRS. PARKER.
SORRY, WENN ICH DIR-- UH-OH! STIMMT DIE UHRZEIT DA?
DENK SCHON.
WIESO?
PROBE-SHOOTING FÜR DEN SCHWARZENHEIMER-FILM IN 'NER HALBEN STUNDE.
OH.
ÄH, VIEL GLÜCK.
MIST.

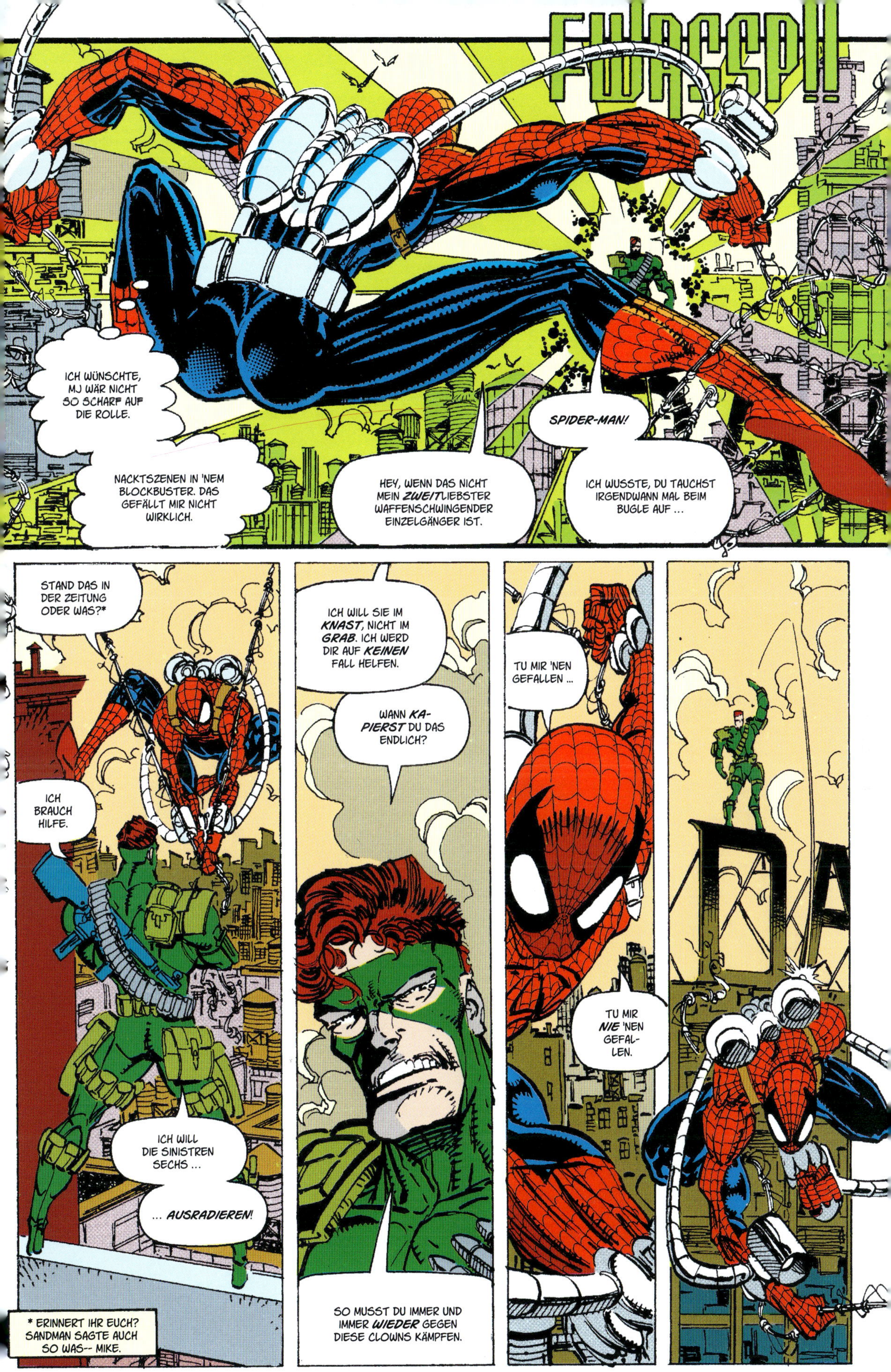

FWASSP!!

ICH WÜNSCHTE, MJ WÄR NICHT SO SCHARF AUF DIE ROLLE.

NACKTSZENEN IN 'NEM BLOCKBUSTER. DAS GEFÄLLT MIR NICHT WIRKLICH.

HEY, WENN DAS NICHT MEIN *ZWEIT*LIEBSTER WAFFENSCHWINGENDER EINZELGÄNGER IST.

SPIDER-MAN!

ICH WUSSTE, DU TAUCHST IRGENDWANN MAL BEIM BUGLE AUF ...

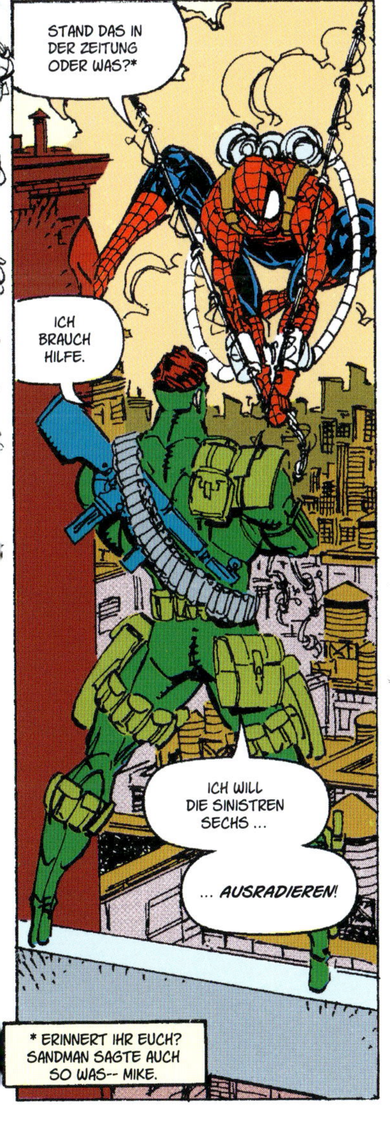

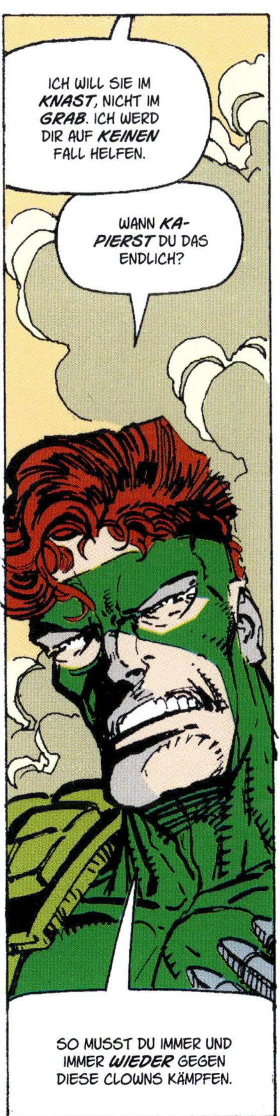

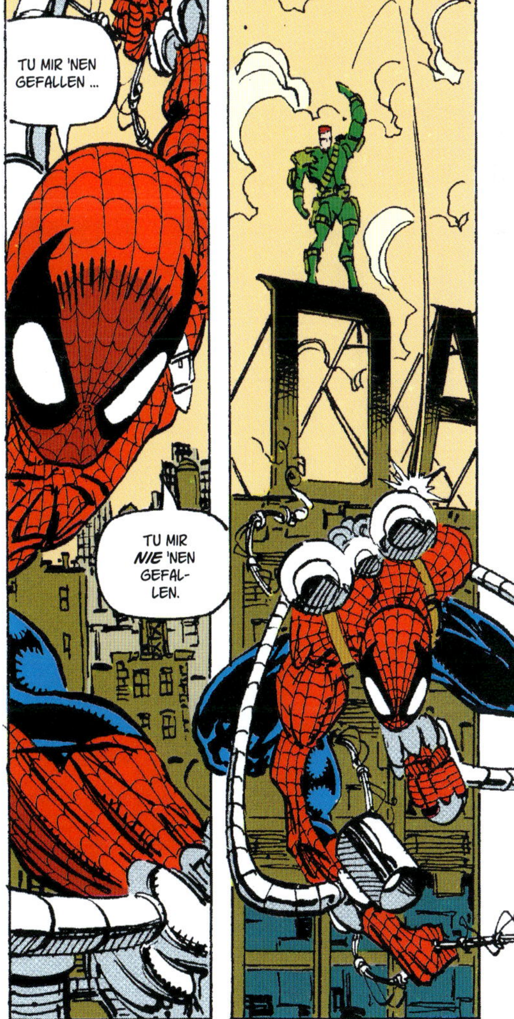

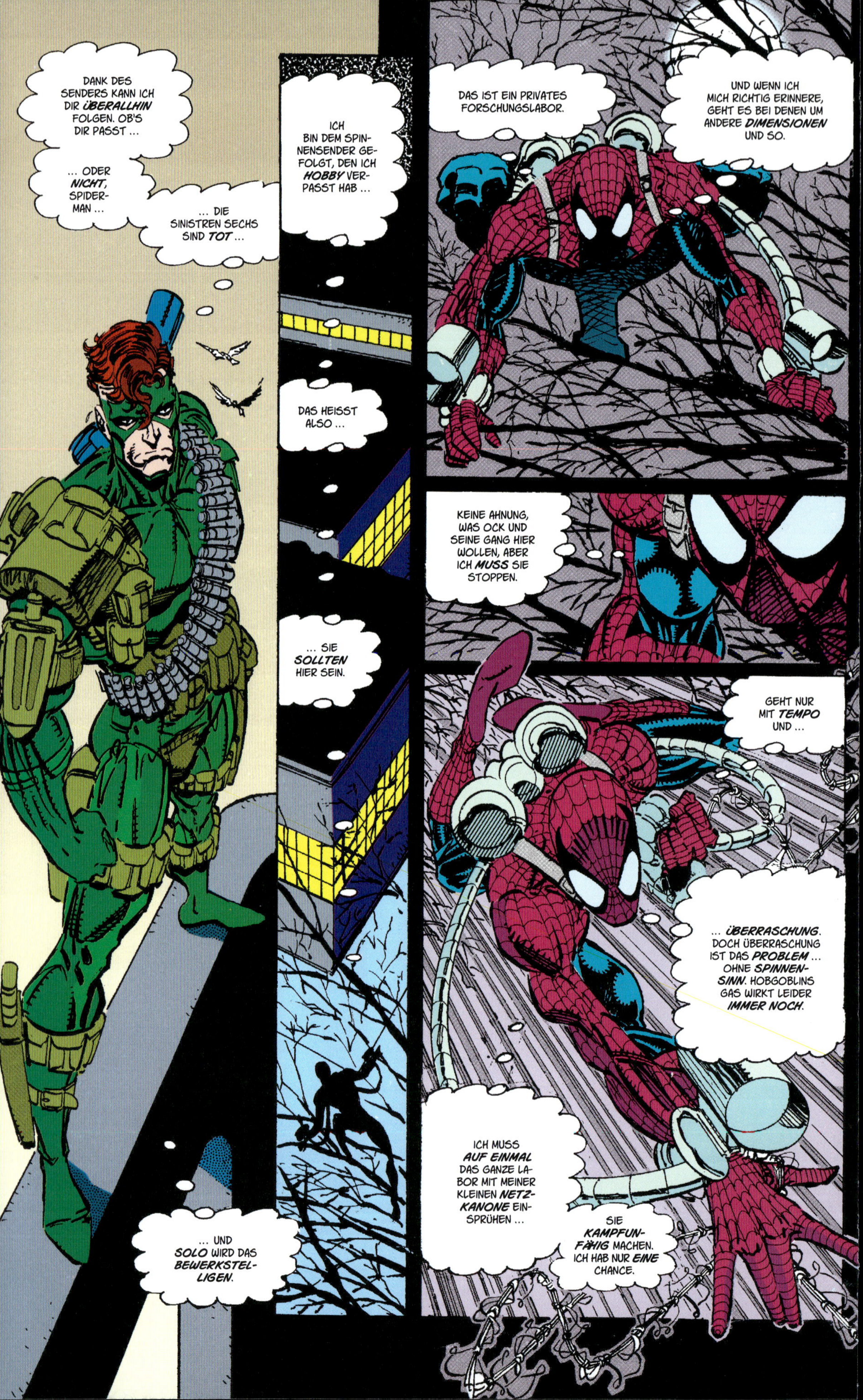
DANK DES SENDERS KANN ICH DIR ÜBERALLHIN FOLGEN. OB'S DIR PASST …
… ODER NICHT, SPIDER-MAN …
… DIE SINISTREN SECHS SIND TOT …
ICH BIN DEM SPIN-NENSENDER GE-FOLGT, DEN ICH HOBBY VER-PASST HAB …
DAS HEISST ALSO …
… SIE SOLLTEN HIER SEIN.
… UND SOLO WIRD DAS BEWERKSTEL-LIGEN.
DAS IST EIN PRIVATES FORSCHUNGSLABOR.
UND WENN ICH MICH RICHTIG ERINNERE, GEHT ES BEI DENEN UM ANDERE DIMENSIONEN UND SO.
KEINE AHNUNG, WAS OCK UND SEINE GANG HIER WOLLEN, ABER ICH MUSS SIE STOPPEN.
GEHT NUR MIT TEMPO UND …
… ÜBERRASCHUNG. DOCH ÜBERRASCHUNG IST DAS PROBLEM … OHNE SPINNEN-SINN. HOBGOBLINS GAS WIRKT LEIDER IMMER NOCH.
ICH MUSS AUF EINMAL DAS GANZE LA-BOR MIT MEINER KLEINEN NETZ-KANONE EIN-SPRÜHEN …
SIE KAMPFUN-FÄHIG MACHEN. ICH HAB NUR EINE CHANCE.

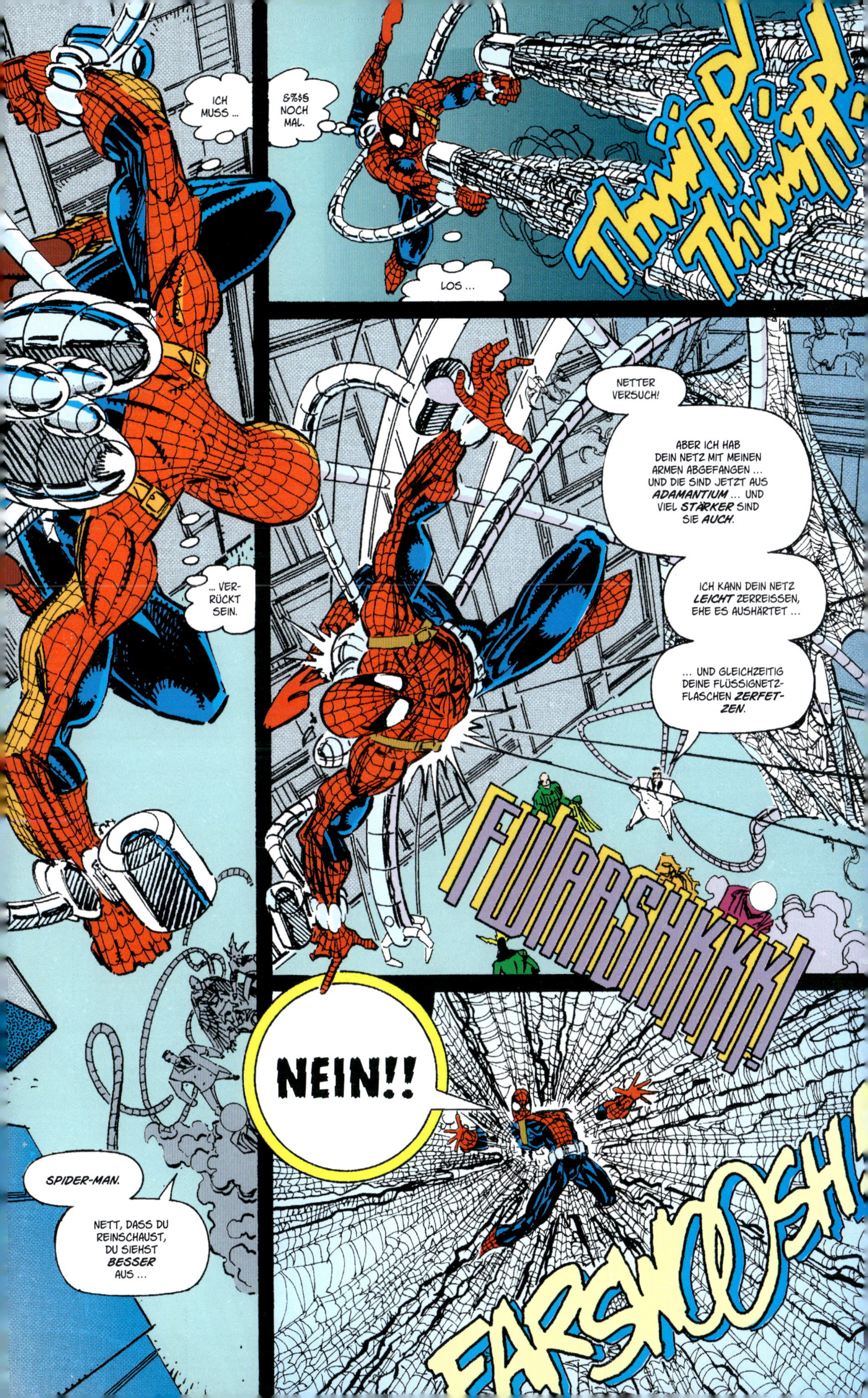

ICH MUSS ...
&%$§ NOCH MAL.
THWIPP! THWIPP!
LOS ...
... VERRÜCKT SEIN.
NETTER VERSUCH!
ABER ICH HAB DEIN NETZ MIT MEINEN ARMEN ABGEFANGEN ... UND DIE SIND JETZT AUS ADAMANTIUM ... UND VIEL STÄRKER SIND SIE AUCH.
ICH KANN DEIN NETZ LEICHT ZERREISSEN, EHE ES AUSHÄRTET ...
... UND GLEICHZEITIG DEINE FLÜSSIGNETZFLASCHEN ZERFETZEN.
FWAASHKKK!
NEIN!!
SPIDER-MAN.
NETT, DASS DU REINSCHAUST, DU SIEHST BESSER AUS ...

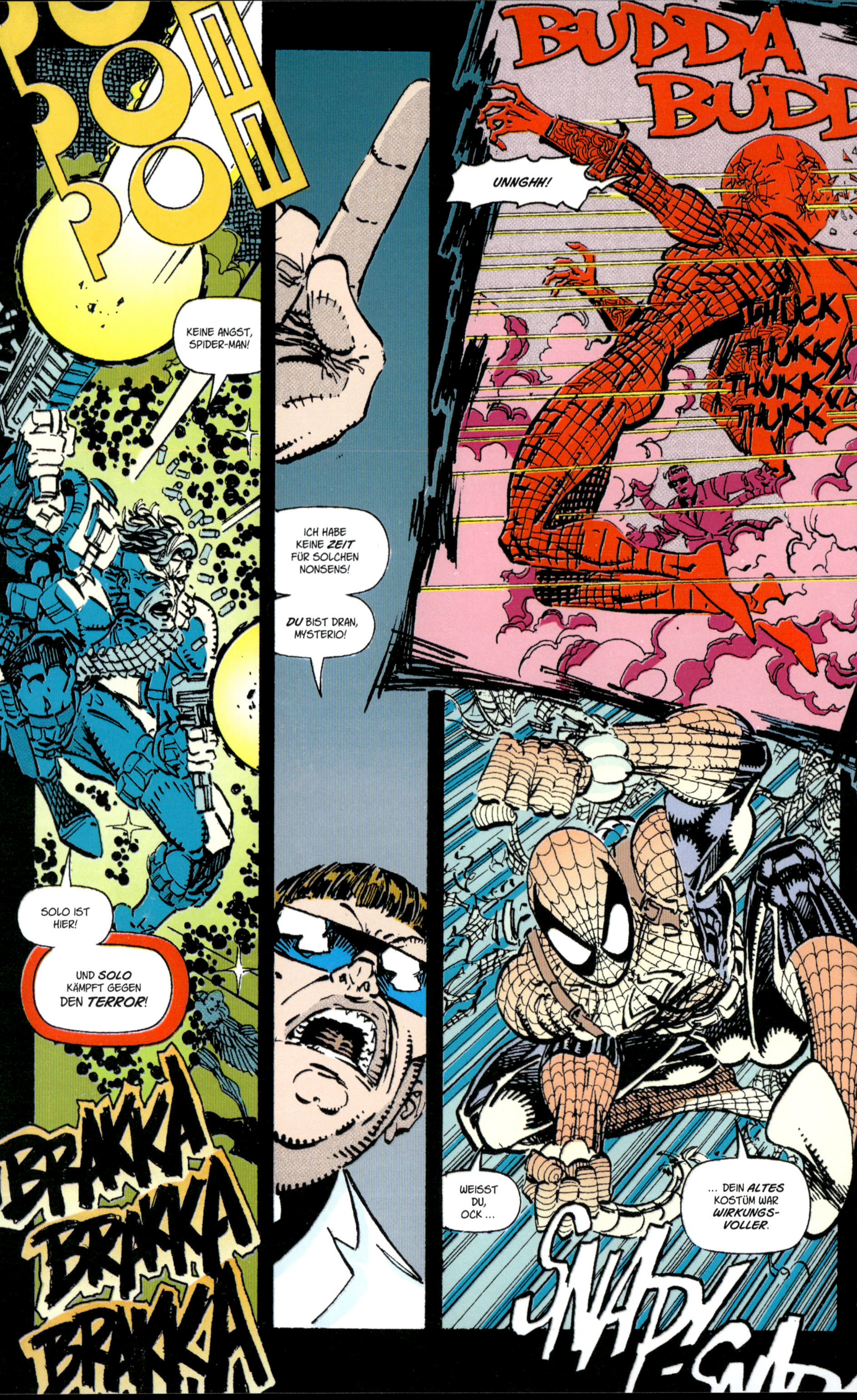
POOM
POOM
KEINE ANGST, SPIDER-MAN!
SOLO IST HIER!
UND SOLO KÄMPFT GEGEN DEN TERROR!
BRAKKA BRAKKA BRAKKA
ICH HABE KEINE ZEIT FÜR SOLCHEN NONSENS!
DU BIST DRAN, MYSTERIO!
BUDDA BUDD
UNNGHH!
THUCK THUKK THUKK THUKK
WEISST DU, OCK ...
... DEIN ALTES KOSTÜM WAR WIRKUNGS-VOLLER.

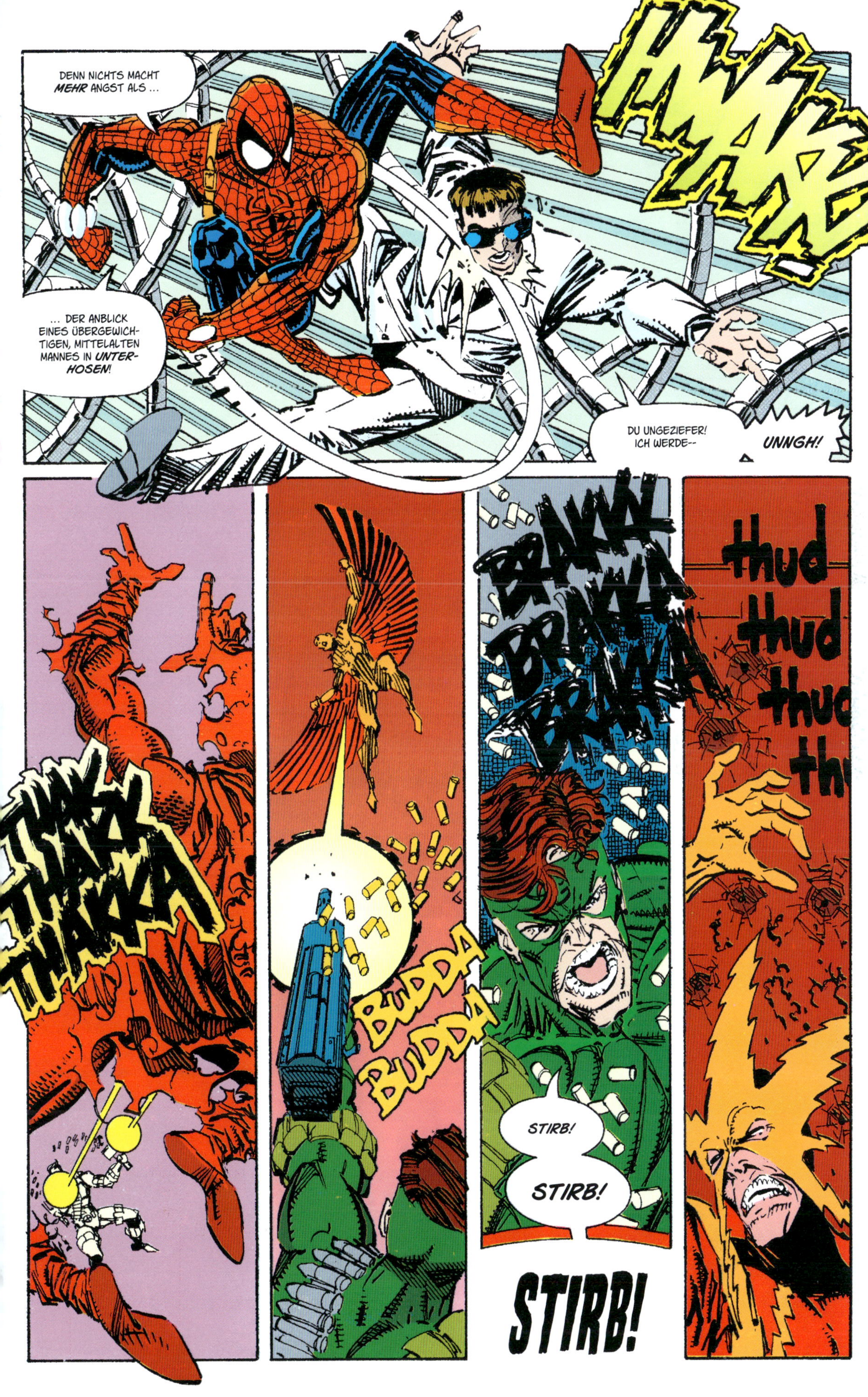
DENN NICHTS MACHT MEHR ANGST ALS ...
HYAKE!
... DER ANBLICK EINES ÜBERGEWICHTIGEN, MITTELALTEN MANNES IN UNTERHOSEN!
DU UNGEZIEFER! ICH WERDE--
UNNGH!
THAKKA THAKKA THAKKA
BUDDA BUDDA
BRAKKA BRAKKA BRAKKA BRAKKA
STIRB!
STIRB!
STIRB!
thud
thud
thud

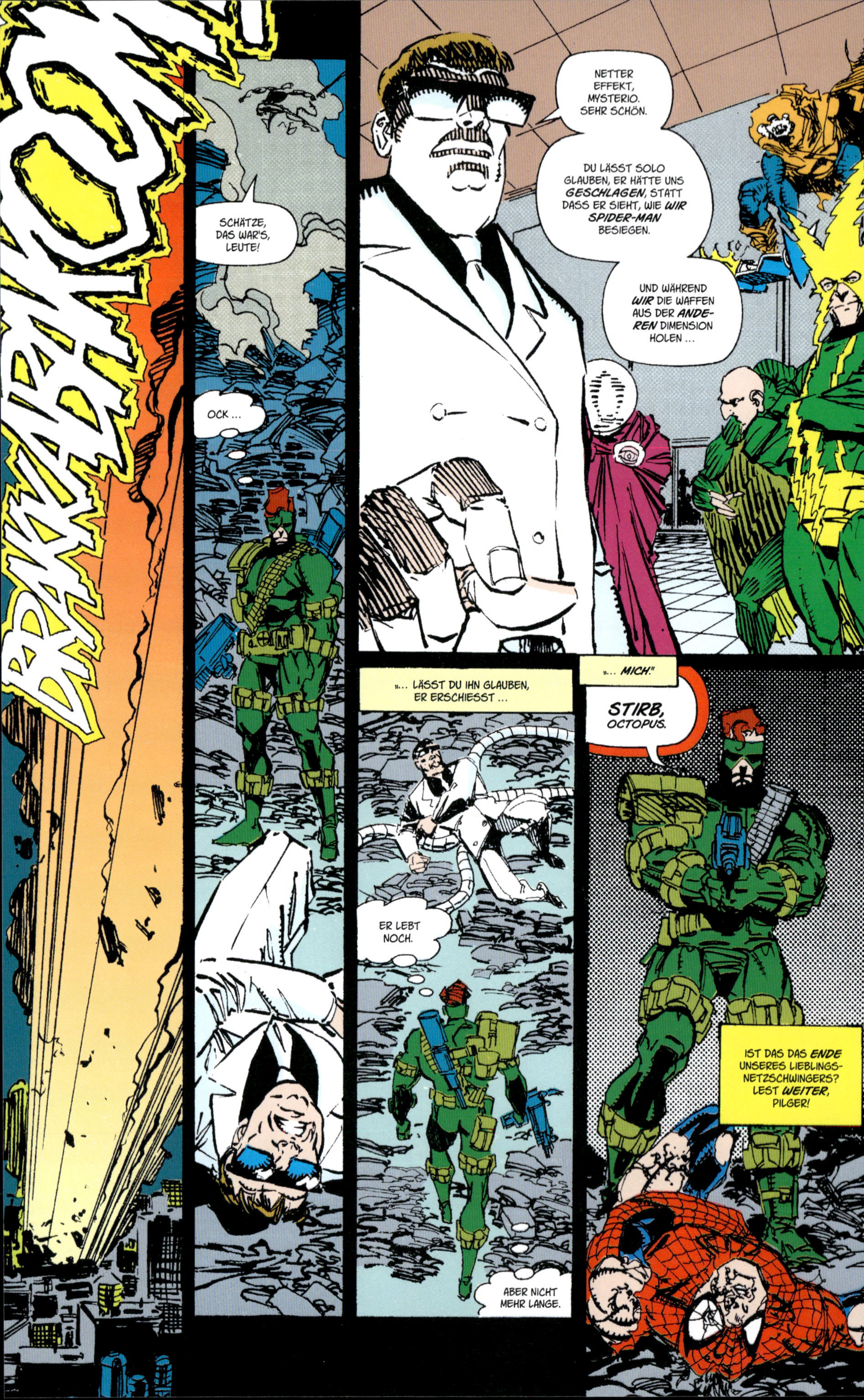
BRAKABAKOOM!
SCHÄTZE, DAS WAR'S, LEUTE!
OCK ...
NETTER EFFEKT, MYSTERIO. SEHR SCHÖN.
DU LÄSST SOLO GLAUBEN, ER HÄTTE UNS GESCHLAGEN, STATT DASS ER SIEHT, WIE WIR SPIDER-MAN BESIEGEN.
UND WÄHREND WIR DIE WAFFEN AUS DER ANDEREN DIMENSION HOLEN ...
„... LÄSST DU IHN GLAUBEN, ER ERSCHIESST ...
ER LEBT NOCH.
ABER NICHT MEHR LANGE.
„... MICH."
STIRB, OCTOPUS.
IST DAS DAS ENDE UNSERES LIEBLINGS-NETZSCHWINGERS? LEST WEITER, PILGER!

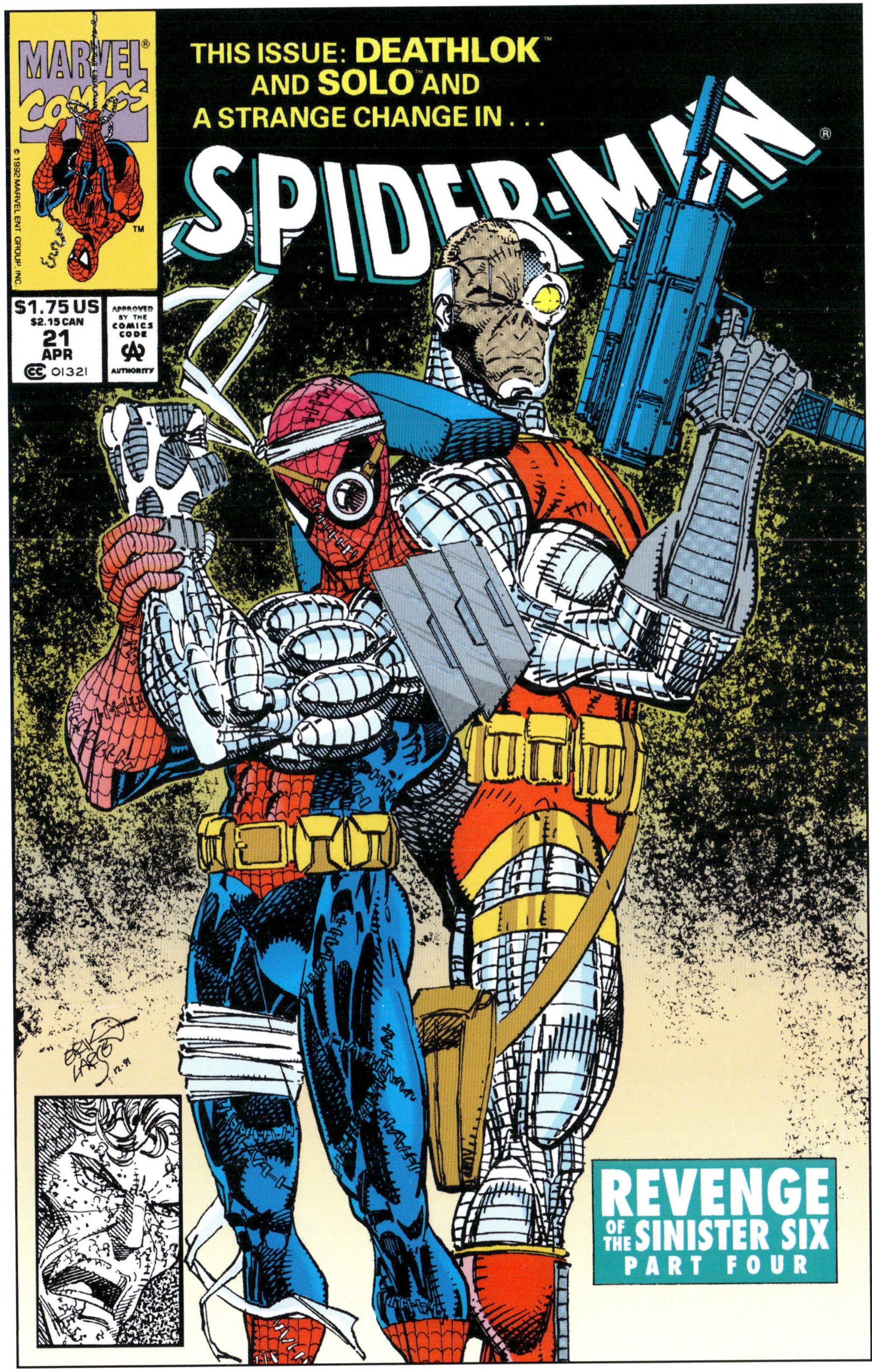

Spider-Man (1990) 21
Cover von **ERIK LARSEN**

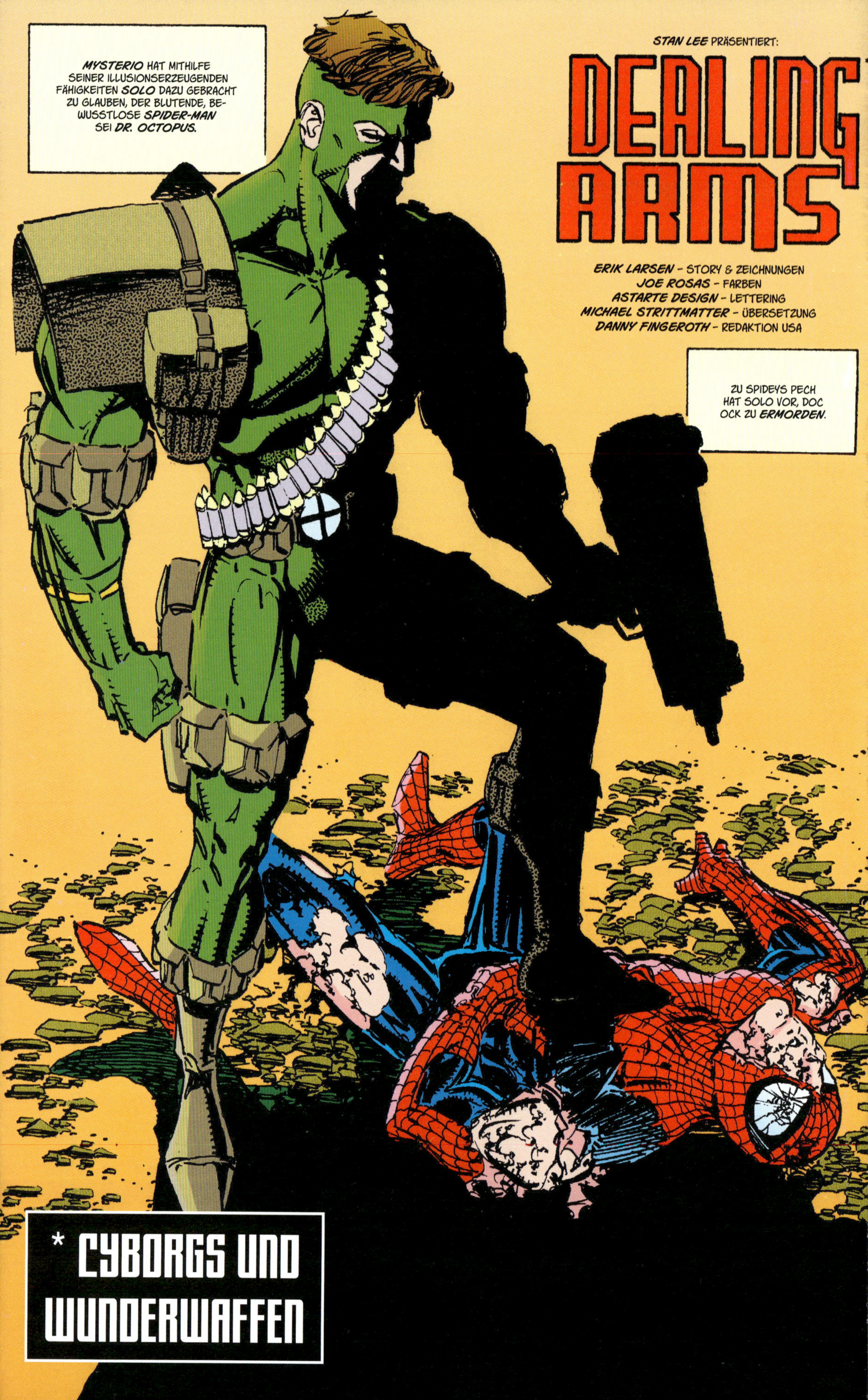
MYSTERIO HAT MITHILFE SEINER ILLUSIONSERZEUGENDEN FÄHIGKEITEN SOLO DAZU GEBRACHT ZU GLAUBEN, DER BLUTENDE, BEWUSSTLOSE SPIDER-MAN SEI DR. OCTOPUS.
STAN LEE PRÄSENTIERT:
DEALING ARMS*
ERIK LARSEN - STORY & ZEICHNUNGEN
JOE ROSAS - FARBEN
ASTARTE DESIGN - LETTERING
MICHAEL STRITTMATTER - ÜBERSETZUNG
DANNY FINGEROTH - REDAKTION USA
ZU SPIDEYS PECH HAT SOLO VOR, DOC OCK ZU ERMORDEN.
* CYBORGS UND WUNDERWAFFEN

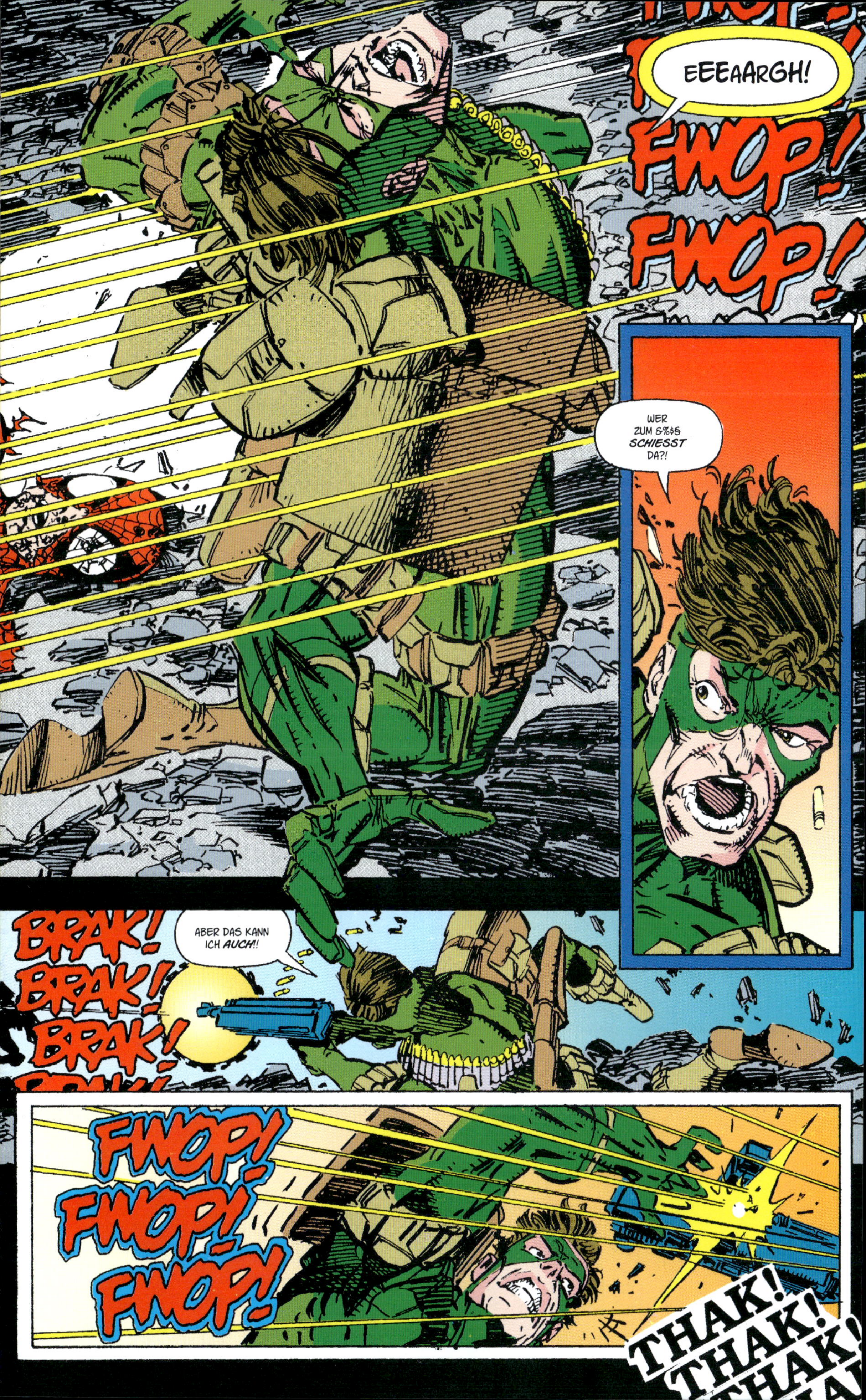
EEEAARGH!
FWOP! FWOP!
WER ZUM &%$§ *SCHIESST* DA?!
BRAK! BRAK! BRAK!
ABER DAS KANN ICH *AUCH*!!
FWOP! FWOP! FWOP!
THAK! THAK!

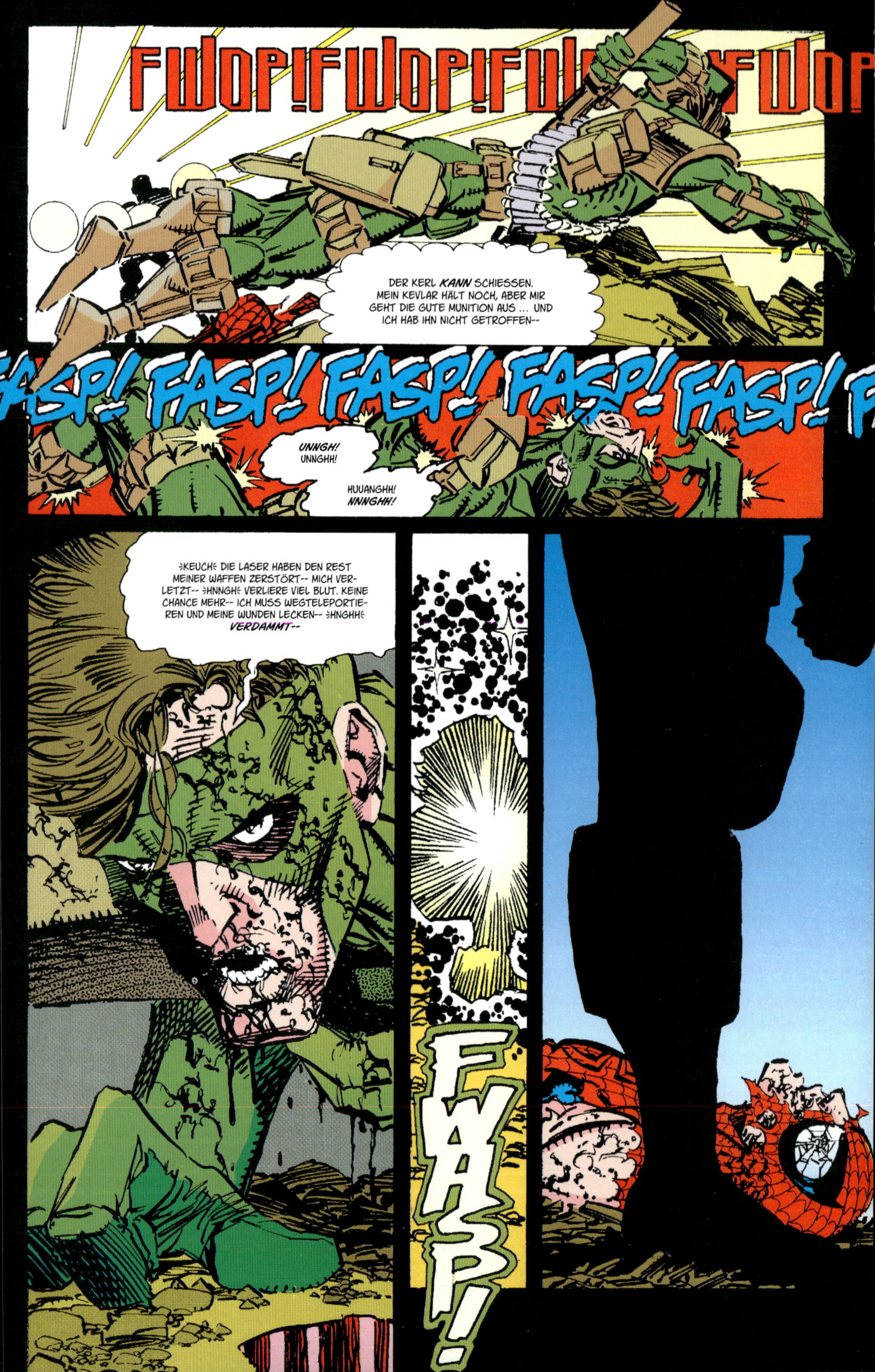
FWOP! FWOP! FWOP!
DER KERL *KANN* SCHIESSEN. MEIN KEVLAR HÄLT NOCH, ABER MIR GEHT DIE GUTE MUNITION AUS ... UND ICH HAB IHN NICHT GETROFFEN--
FASP! FASP! FASP! FASP! FASP!
UNNGH! UNNGHH!
HUUANGHH! *NNNGHH!*
⋟KEUCH⋞ DIE LASER HABEN DEN REST MEINER WAFFEN ZERSTÖRT-- MICH VERLETZT-- ⋟HNNGH⋞ VERLIERE VIEL BLUT. KEINE CHANCE MEHR-- ICH MUSS WEGTELEPORTIEREN UND MEINE WUNDEN LECKEN-- ⋟HNGHH⋞ *VERDAMMT--*
FWASP!

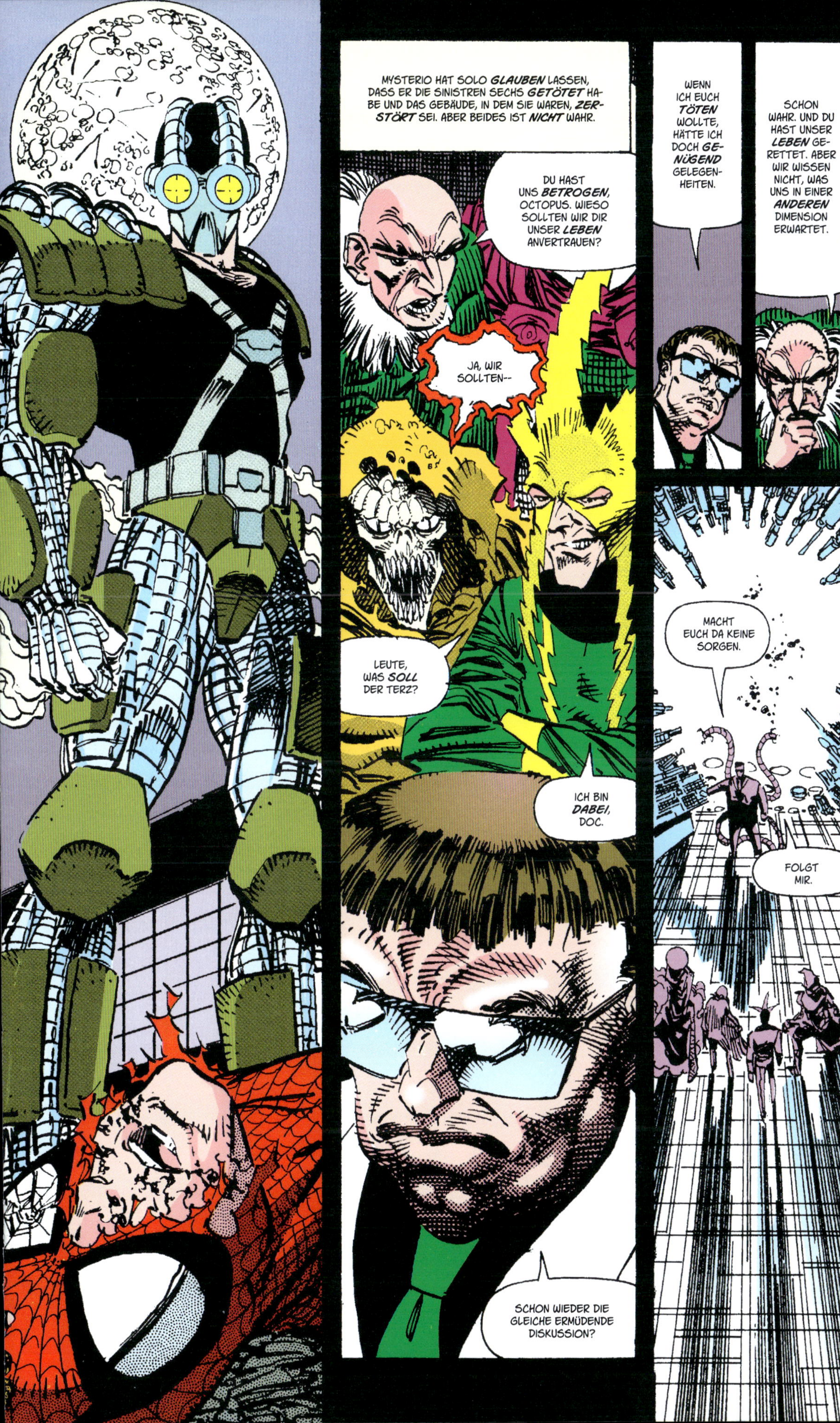
MYSTERIO HAT SOLO GLAUBEN LASSEN, DASS ER DIE SINISTREN SECHS GETÖTET HABE UND DAS GEBÄUDE, IN DEM SIE WAREN, ZERSTÖRT SEI. ABER BEIDES IST NICHT WAHR.
DU HAST UNS BETROGEN, OCTOPUS. WIESO SOLLTEN WIR DIR UNSER LEBEN ANVERTRAUEN?
JA, WIR SOLLTEN--
LEUTE, WAS SOLL DER TERZ?
ICH BIN DABEI, DOC.
SCHON WIEDER DIE GLEICHE ERMÜDENDE DISKUSSION?
WENN ICH EUCH TÖTEN WOLLTE, HÄTTE ICH DOCH GENÜGEND GELEGENHEITEN.
SCHON WAHR. UND DU HAST UNSER LEBEN GERETTET. ABER WIR WISSEN NICHT, WAS UNS IN EINER ANDEREN DIMENSION ERWARTET.
MACHT EUCH DA KEINE SORGEN.
FOLGT MIR.

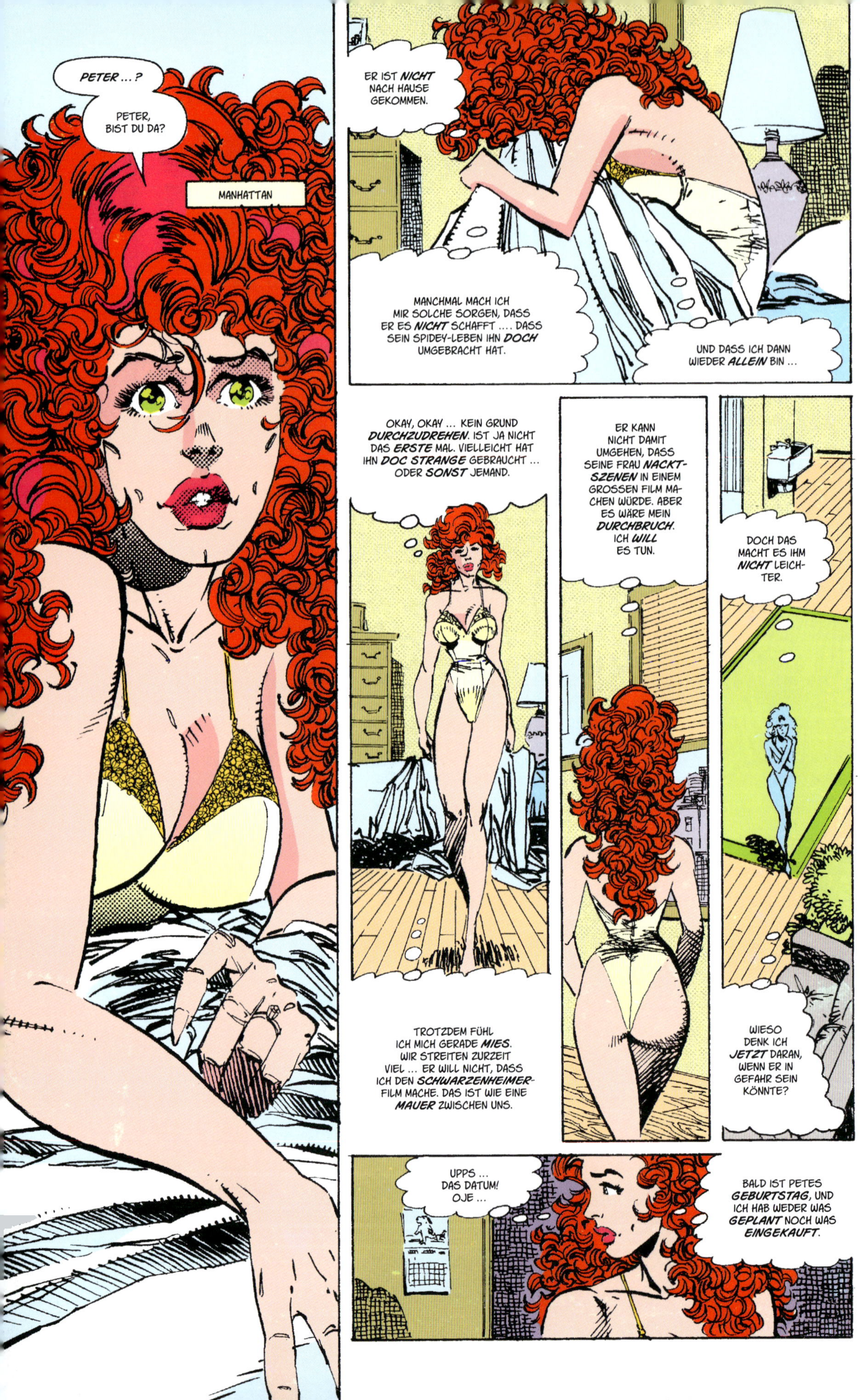
PETER ... ?
PETER, BIST DU DA?
MANHATTAN
ER IST NICHT NACH HAUSE GEKOMMEN.
MANCHMAL MACH ICH MIR SOLCHE SORGEN, DASS ER ES NICHT SCHAFFT .... DASS SEIN SPIDEY-LEBEN IHN DOCH UMGEBRACHT HAT.
UND DASS ICH DANN WIEDER ALLEIN BIN ...
OKAY, OKAY ... KEIN GRUND DURCHZUDREHEN. IST JA NICHT DAS ERSTE MAL. VIELLEICHT HAT IHN DOC STRANGE GEBRAUCHT ... ODER SONST JEMAND.
TROTZDEM FÜHL ICH MICH GERADE MIES. WIR STREITEN ZURZEIT VIEL ... ER WILL NICHT, DASS ICH DEN SCHWARZENHEIMER-FILM MACHE. DAS IST WIE EINE MAUER ZWISCHEN UNS.
ER KANN NICHT DAMIT UMGEHEN, DASS SEINE FRAU NACKTSZENEN IN EINEM GROSSEN FILM MACHEN WÜRDE. ABER ES WÄRE MEIN DURCHBRUCH. ICH WILL ES TUN.
DOCH DAS MACHT ES IHM NICHT LEICHTER.
WIESO DENK ICH JETZT DARAN, WENN ER IN GEFAHR SEIN KÖNNTE?
UPPS ... DAS DATUM! OJE ...
BALD IST PETES GEBURTSTAG, UND ICH HAB WEDER WAS GEPLANT NOCH WAS EINGEKAUFT.

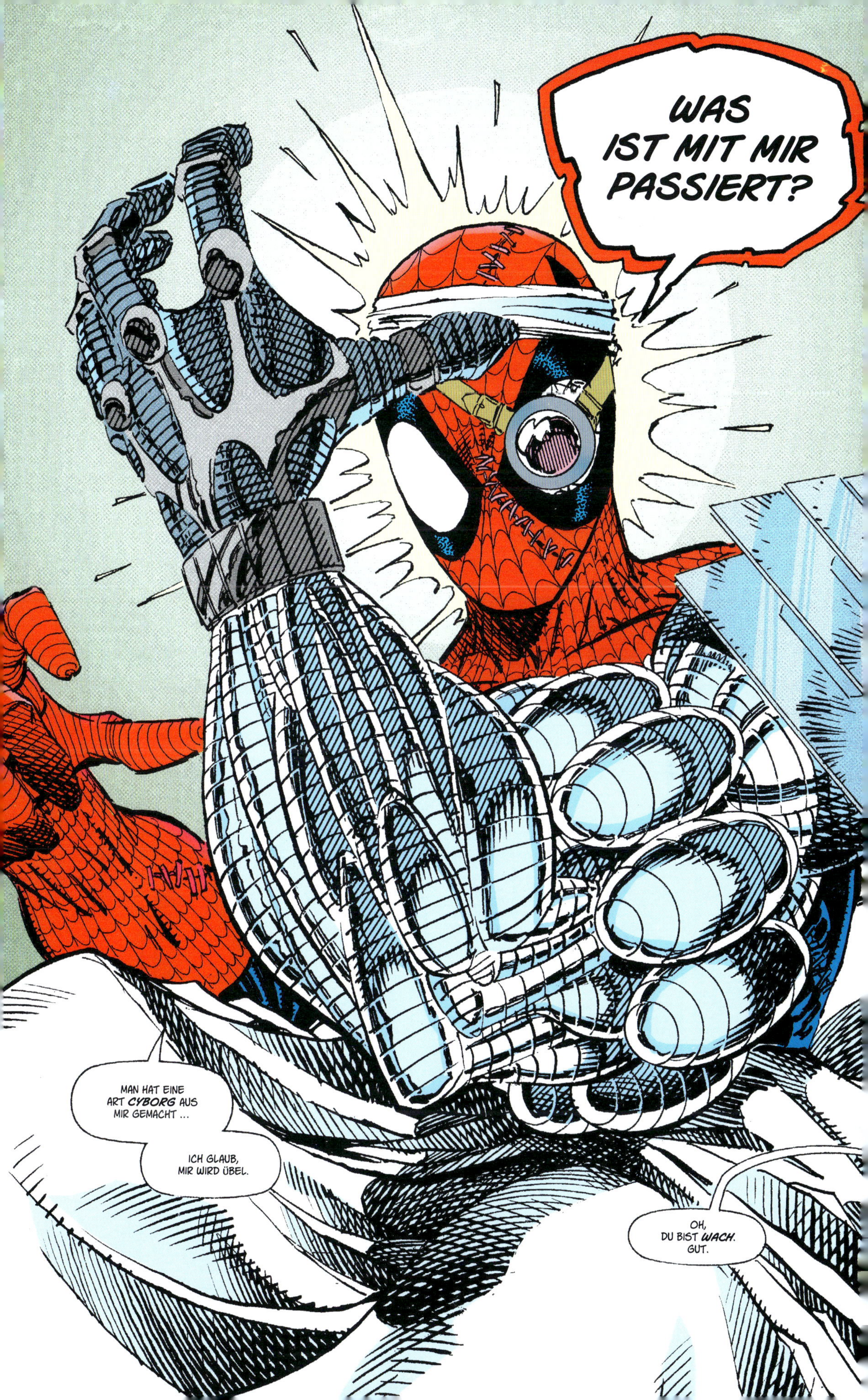
WAS IST MIT MIR PASSIERT?
MAN HAT EINE ART CYBORG AUS MIR GEMACHT ...
ICH GLAUB, MIR WIRD ÜBEL.
OH, DU BIST WACH. GUT.

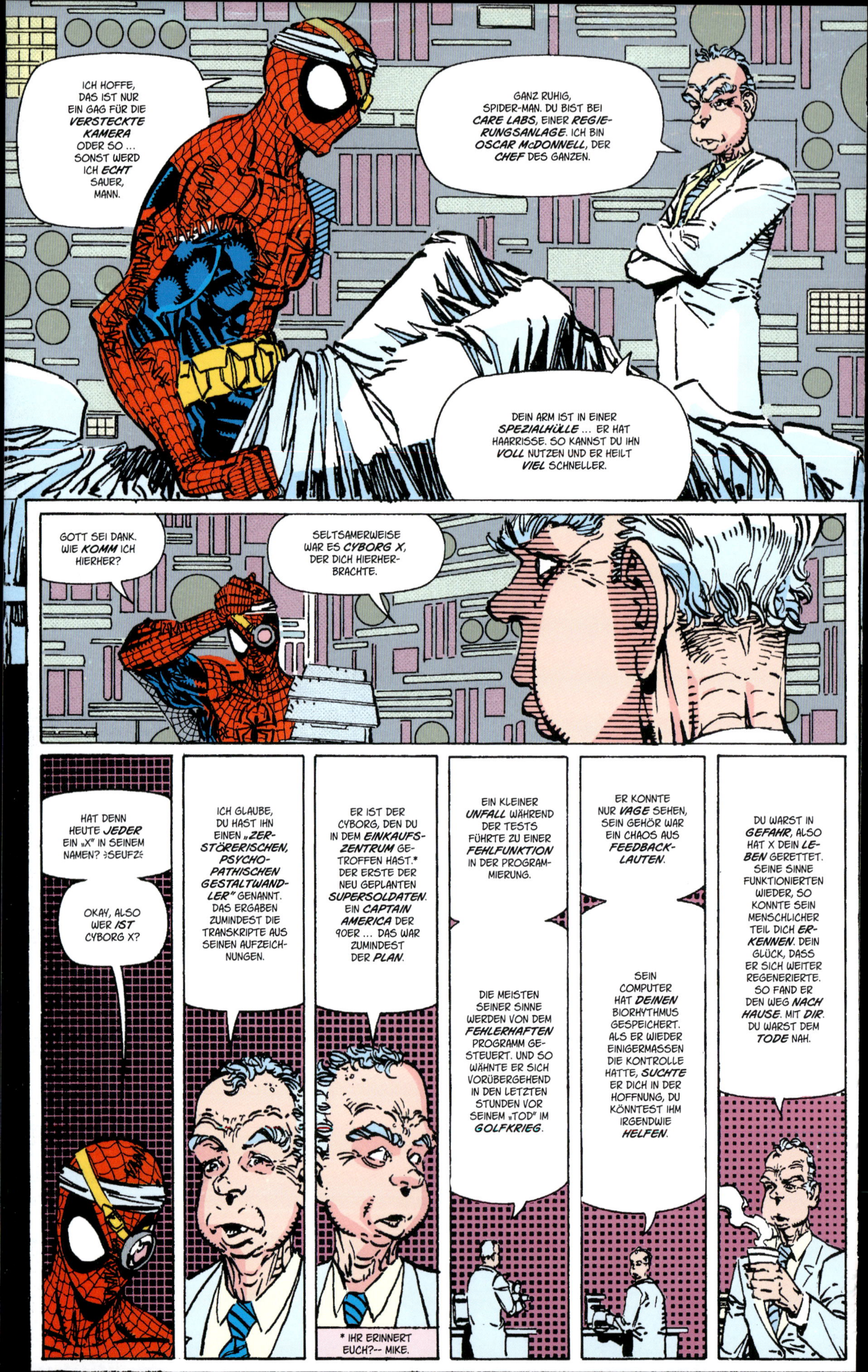

ICH HOFFE, DAS IST NUR EIN GAG FÜR DIE ***VERSTECKTE KAMERA*** ODER SO ... SONST WERD ICH ***ECHT*** SAUER, MANN.

GANZ RUHIG, SPIDER-MAN. DU BIST BEI ***CARE LABS***, EINER ***REGIERUNGSANLAGE***. ICH BIN ***OSCAR McDONNELL***, DER ***CHEF*** DES GANZEN.

DEIN ARM IST IN EINER ***SPEZIALHÜLLE*** ... ER HAT HAARRISSE. SO KANNST DU IHN ***VOLL*** NUTZEN UND ER HEILT ***VIEL*** SCHNELLER.

GOTT SEI DANK. WIE ***KOMM*** ICH HIERHER?

SELTSAMERWEISE WAR ES ***CYBORG X***, DER DICH HIERHERBRACHTE.

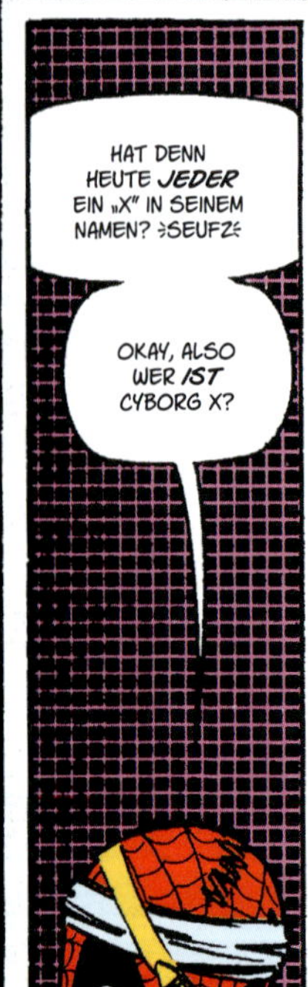

ICH GLAUBE, DU HAST IHN EINEN ***„ZERSTÖRERISCHEN, PSYCHOPATHISCHEN GESTALTWANDLER"*** GENANNT. DAS ERGABEN ZUMINDEST DIE TRANSKRIPTE AUS SEINEN AUFZEICHNUNGEN.

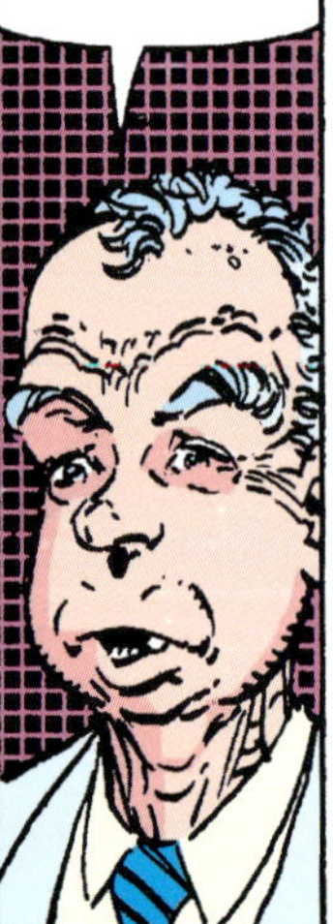

ER IST DER CYBORG, DEN DU IN DEM ***EINKAUFSZENTRUM*** GETROFFEN HAST.* DER ERSTE DER NEU GEPLANTEN ***SUPERSOLDATEN***. EIN ***CAPTAIN AMERICA*** DER 90ER ... DAS WAR ZUMINDEST DER ***PLAN***.

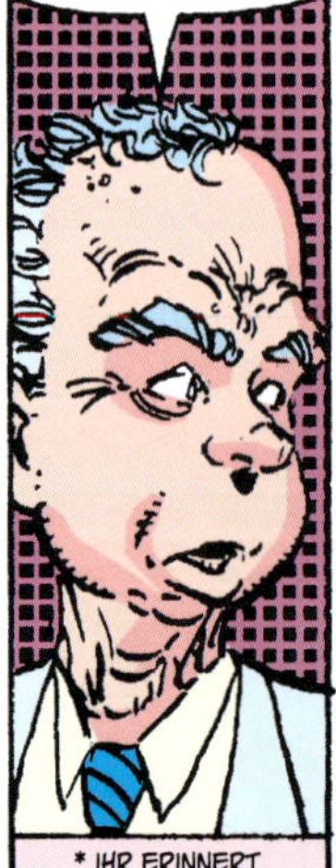

* IHR ERINNERT EUCH?-- MIKE.

EIN KLEINER ***UNFALL*** WÄHREND DER TESTS FÜHRTE ZU EINER ***FEHLFUNKTION*** IN DER PROGRAMMIERUNG.

DIE MEISTEN SEINER SINNE WERDEN VON DEM ***FEHLERHAFTEN*** PROGRAMM GESTEUERT. UND SO WÄHNTE ER SICH VORÜBERGEHEND IN DEN LETZTEN STUNDEN VOR SEINEM „TOD" IM ***GOLFKRIEG***.

ER KONNTE NUR ***VAGE*** SEHEN, SEIN GEHÖR WAR EIN CHAOS AUS ***FEEDBACKLAUTEN***.

SEIN COMPUTER HAT ***DEINEN*** BIORHYTHMUS GESPEICHERT. ALS ER WIEDER EINIGERMASSEN DIE KONTROLLE HATTE, ***SUCHTE*** ER DICH IN DER HOFFNUNG, DU KÖNNTEST IHM IRGENDWIE ***HELFEN***.

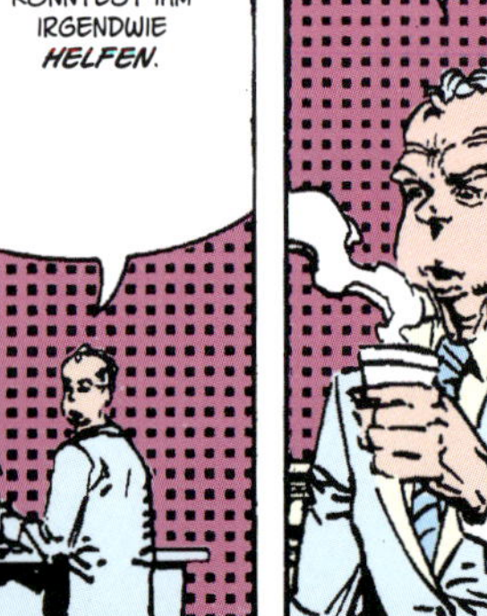

DU WARST IN ***GEFAHR***, ALSO HAT X DEIN ***LEBEN*** GERETTET. SEINE SINNE FUNKTIONIERTEN WIEDER, SO KONNTE SEIN MENSCHLICHER TEIL DICH ***ERKENNEN***. DEIN GLÜCK, DASS ER SICH WEITER REGENERIERTE. SO FAND ER DEN WEG ***NACH HAUSE***. MIT ***DIR***. DU WARST DEM ***TODE*** NAH.

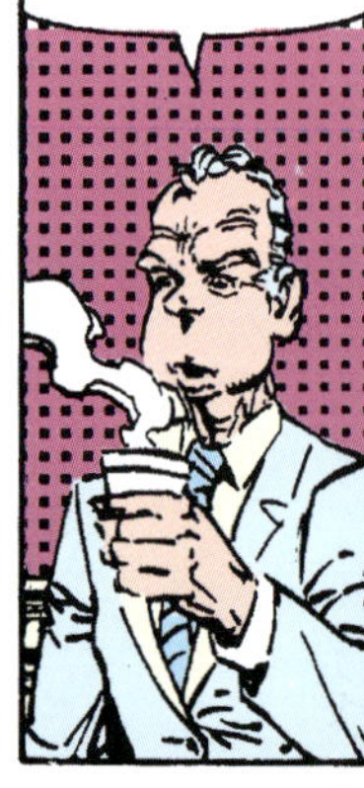

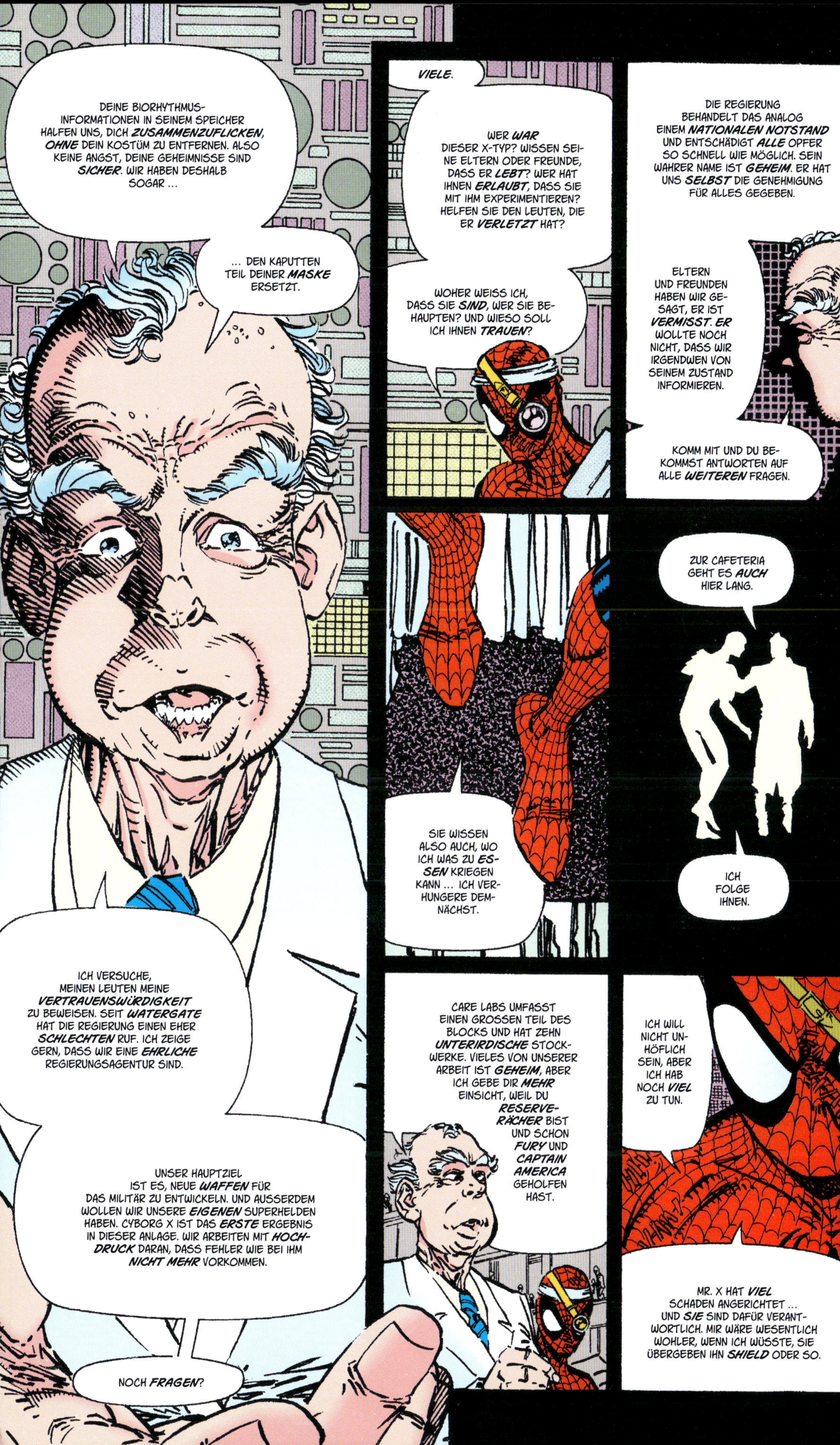
DEINE BIORHYTHMUS-INFORMATIONEN IN SEINEM SPEICHER HALFEN UNS, DICH ZUSAMMENZUFLICKEN, OHNE DEIN KOSTÜM ZU ENTFERNEN. ALSO KEINE ANGST, DEINE GEHEIMNISSE SIND SICHER. WIR HABEN DESHALB SOGAR ...
... DEN KAPUTTEN TEIL DEINER MASKE ERSETZT.
ICH VERSUCHE, MEINEN LEUTEN MEINE VERTRAUENSWÜRDIGKEIT ZU BEWEISEN. SEIT WATERGATE HAT DIE REGIERUNG EINEN EHER SCHLECHTEN RUF. ICH ZEIGE GERN, DASS WIR EINE EHRLICHE REGIERUNGSAGENTUR SIND.
UNSER HAUPTZIEL IST ES, NEUE WAFFEN FÜR DAS MILITÄR ZU ENTWICKELN. UND AUSSERDEM WOLLEN WIR UNSERE EIGENEN SUPERHELDEN HABEN. CYBORG X IST DAS ERSTE ERGEBNIS IN DIESER ANLAGE. WIR ARBEITEN MIT HOCHDRUCK DARAN, DASS FEHLER WIE BEI IHM NICHT MEHR VORKOMMEN.
NOCH FRAGEN?
VIELE.
WER WAR DIESER X-TYP? WISSEN SEINE ELTERN ODER FREUNDE, DASS ER LEBT? WER HAT IHNEN ERLAUBT, DASS SIE MIT IHM EXPERIMENTIEREN? HELFEN SIE DEN LEUTEN, DIE ER VERLETZT HAT?
WOHER WEISS ICH, DASS SIE SIND, WER SIE BEHAUPTEN? UND WIESO SOLL ICH IHNEN TRAUEN?
DIE REGIERUNG BEHANDELT DAS ANALOG EINEM NATIONALEN NOTSTAND UND ENTSCHÄDIGT ALLE OPFER SO SCHNELL WIE MÖGLICH. SEIN WAHRER NAME IST GEHEIM. ER HAT UNS SELBST DIE GENEHMIGUNG FÜR ALLES GEGEBEN.
ELTERN UND FREUNDEN HABEN WIR GESAGT, ER IST VERMISST. ER WOLLTE NOCH NICHT, DASS WIR IRGENDWEN VON SEINEM ZUSTAND INFORMIEREN.
KOMM MIT UND DU BEKOMMST ANTWORTEN AUF ALLE WEITEREN FRAGEN.
SIE WISSEN ALSO AUCH, WO ICH WAS ZU ESSEN KRIEGEN KANN ... ICH VERHUNGERE DEMNÄCHST.
ZUR CAFETERIA GEHT ES AUCH HIER LANG.
ICH FOLGE IHNEN.
CARE LABS UMFASST EINEN GROSSEN TEIL DES BLOCKS UND HAT ZEHN UNTERIRDISCHE STOCKWERKE. VIELES VON UNSERER ARBEIT IST GEHEIM, ABER ICH GEBE DIR MEHR EINSICHT, WEIL DU RESERVE-RÄCHER BIST UND SCHON FURY UND CAPTAIN AMERICA GEHOLFEN HAST.
ICH WILL NICHT UNHÖFLICH SEIN, ABER ICH HAB NOCH VIEL ZU TUN.
MR. X HAT VIEL SCHADEN ANGERICHTET ... UND SIE SIND DAFÜR VERANTWORTLICH. MIR WÄRE WESENTLICH WOHLER, WENN ICH WÜSSTE, SIE ÜBERGEBEN IHN SHIELD ODER SO.

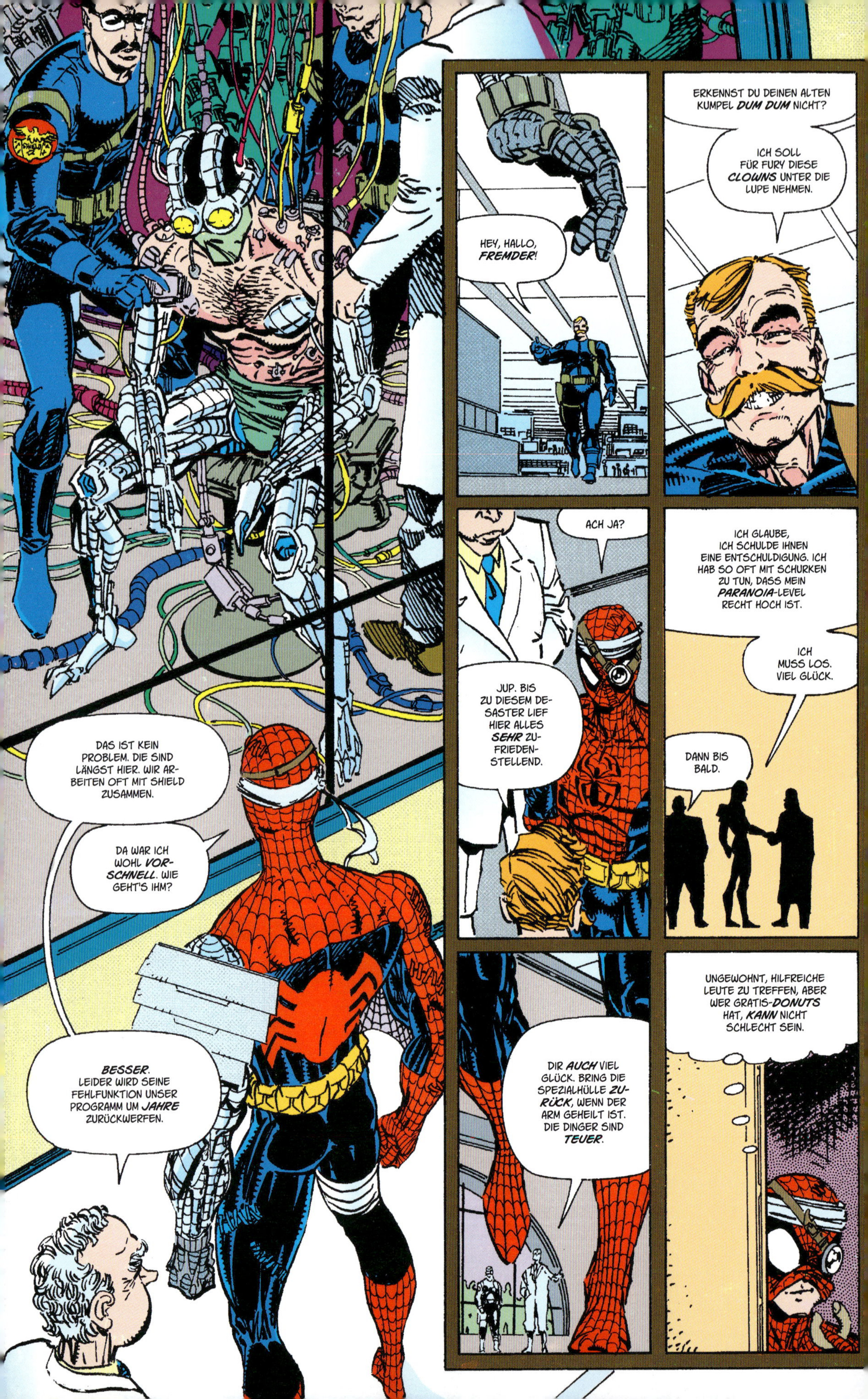
DAS IST KEIN PROBLEM. DIE SIND LÄNGST HIER. WIR ARBEITEN OFT MIT SHIELD ZUSAMMEN.
DA WAR ICH WOHL VORSCHNELL. WIE GEHT'S IHM?
BESSER. LEIDER WIRD SEINE FEHLFUNKTION UNSER PROGRAMM UM JAHRE ZURÜCKWERFEN.
HEY, HALLO, FREMDER!
ERKENNST DU DEINEN ALTEN KUMPEL DUM DUM NICHT?
ICH SOLL FÜR FURY DIESE CLOWNS UNTER DIE LUPE NEHMEN.
ACH JA?
JUP. BIS ZU DIESEM DESASTER LIEF HIER ALLES SEHR ZUFRIEDENSTELLEND.
ICH GLAUBE, ICH SCHULDE IHNEN EINE ENTSCHULDIGUNG. ICH HAB SO OFT MIT SCHURKEN ZU TUN, DASS MEIN PARANOIA-LEVEL RECHT HOCH IST.
ICH MUSS LOS. VIEL GLÜCK.
DANN BIS BALD.
DIR AUCH VIEL GLÜCK. BRING DIE SPEZIALHÜLLE ZURÜCK, WENN DER ARM GEHEILT IST. DIE DINGER SIND TEUER.
UNGEWOHNT, HILFREICHE LEUTE ZU TREFFEN, ABER WER GRATIS-DONUTS HAT, KANN NICHT SCHLECHT SEIN.

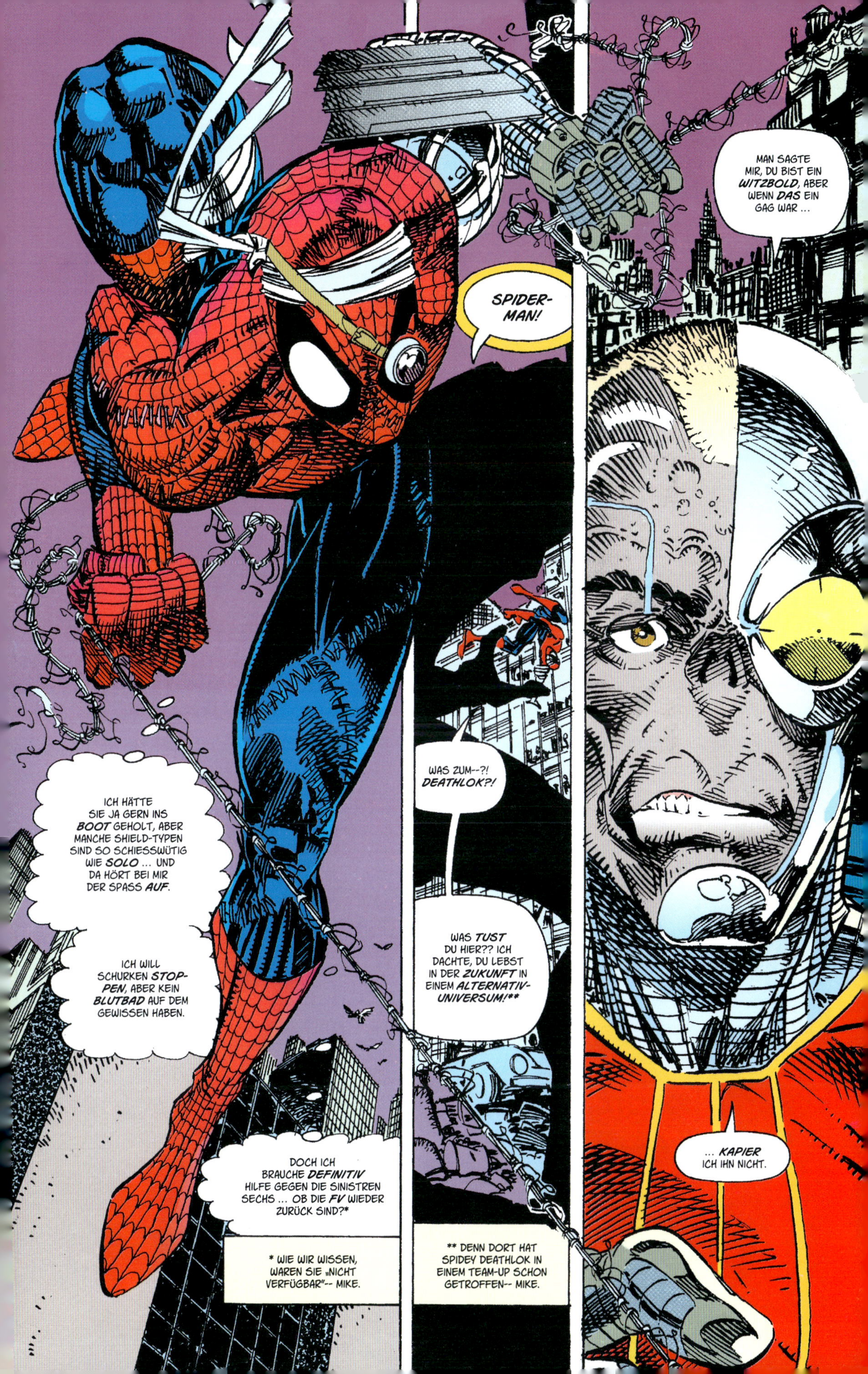
SPIDER-MAN!
MAN SAGTE MIR, DU BIST EIN WITZBOLD, ABER WENN DAS EIN GAG WAR ...
WAS ZUM--?! DEATHLOK?!
ICH HÄTTE SIE JA GERN INS BOOT GEHOLT, ABER MANCHE SHIELD-TYPEN SIND SO SCHIESSWÜTIG WIE SOLO ... UND DA HÖRT BEI MIR DER SPASS AUF.
ICH WILL SCHURKEN STOPPEN, ABER KEIN BLUTBAD AUF DEM GEWISSEN HABEN.
WAS TUST DU HIER?? ICH DACHTE, DU LEBST IN DER ZUKUNFT IN EINEM ALTERNATIV-UNIVERSUM!**
... KAPIER ICH IHN NICHT.
DOCH ICH BRAUCHE DEFINITIV HILFE GEGEN DIE SINISTREN SECHS ... OB DIE FV WIEDER ZURÜCK SIND?*
* WIE WIR WISSEN, WAREN SIE „NICHT VERFÜGBAR"-- MIKE.
** DENN DORT HAT SPIDEY DEATHLOK IN EINEM TEAM-UP SCHON GETROFFEN-- MIKE.

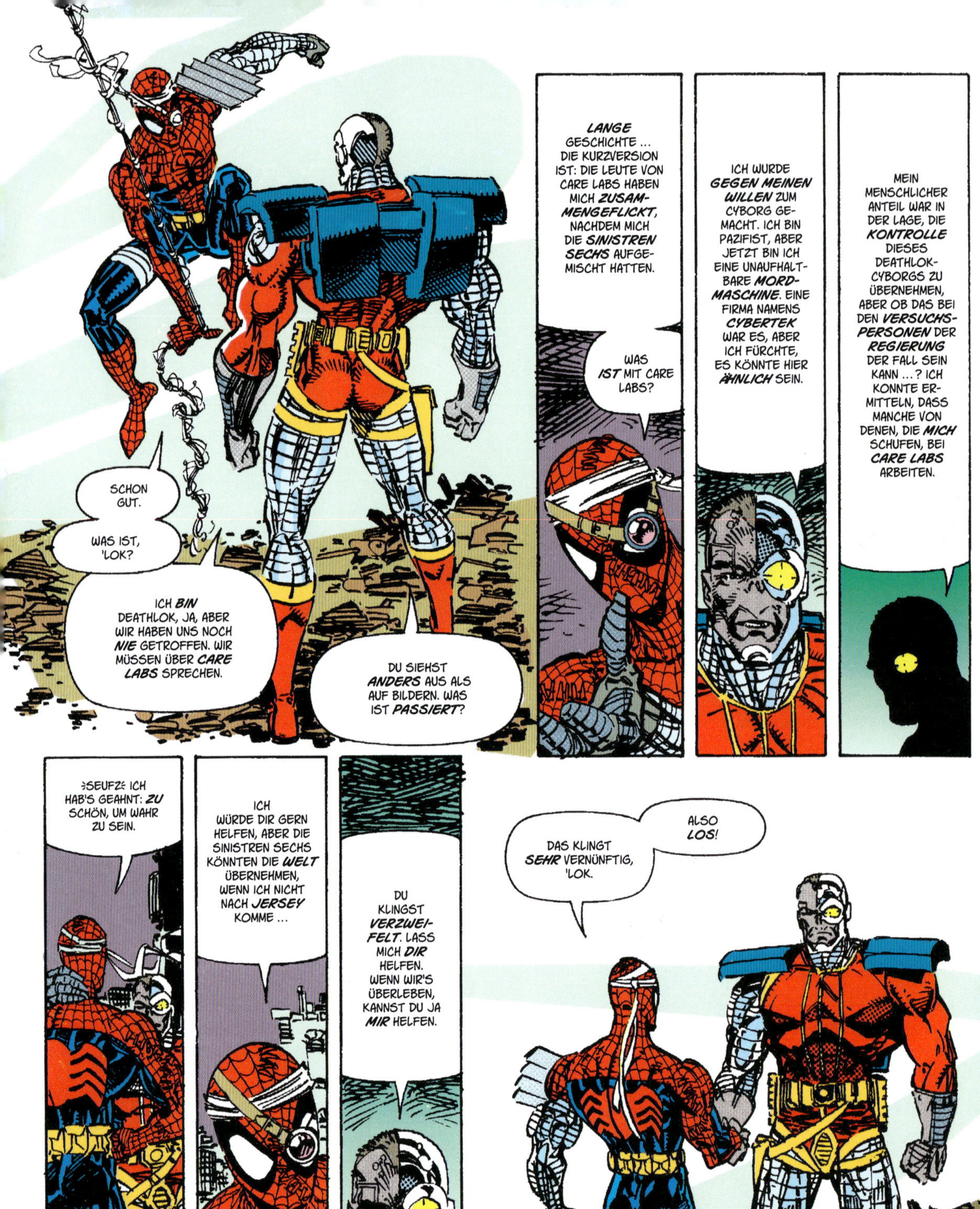
SCHON GUT.
WAS IST, 'LOK?
ICH BIN DEATHLOK, JA, ABER WIR HABEN UNS NOCH NIE GETROFFEN. WIR MÜSSEN ÜBER CARE LABS SPRECHEN.
DU SIEHST ANDERS AUS ALS AUF BILDERN. WAS IST PASSIERT?
LANGE GESCHICHTE ... DIE KURZVERSION IST: DIE LEUTE VON CARE LABS HABEN MICH ZUSAMMENGEFLICKT, NACHDEM MICH DIE SINISTREN SECHS AUFGEMISCHT HATTEN.
WAS IST MIT CARE LABS?
ICH WURDE GEGEN MEINEN WILLEN ZUM CYBORG GEMACHT. ICH BIN PAZIFIST, ABER JETZT BIN ICH EINE UNAUFHALTBARE MORDMASCHINE. EINE FIRMA NAMENS CYBERTEK WAR ES, ABER ICH FÜRCHTE, ES KÖNNTE HIER ÄHNLICH SEIN.
MEIN MENSCHLICHER ANTEIL WAR IN DER LAGE, DIE KONTROLLE DIESES DEATHLOK-CYBORGS ZU ÜBERNEHMEN, ABER OB DAS BEI DEN VERSUCHSPERSONEN DER REGIERUNG DER FALL SEIN KANN ...? ICH KONNTE ERMITTELN, DASS MANCHE VON DENEN, DIE MICH SCHUFEN, BEI CARE LABS ARBEITEN.
SEUFZ ICH HAB'S GEAHNT: ZU SCHÖN, UM WAHR ZU SEIN.
ICH WÜRDE DIR GERN HELFEN, ABER DIE SINISTREN SECHS KÖNNTEN DIE WELT ÜBERNEHMEN, WENN ICH NICHT NACH JERSEY KOMME ...
DU KLINGST VERZWEIFELT. LASS MICH DIR HELFEN. WENN WIR'S ÜBERLEBEN, KANNST DU JA MIR HELFEN.
DAS KLINGT SEHR VERNÜNFTIG, 'LOK.
ALSO LOS!

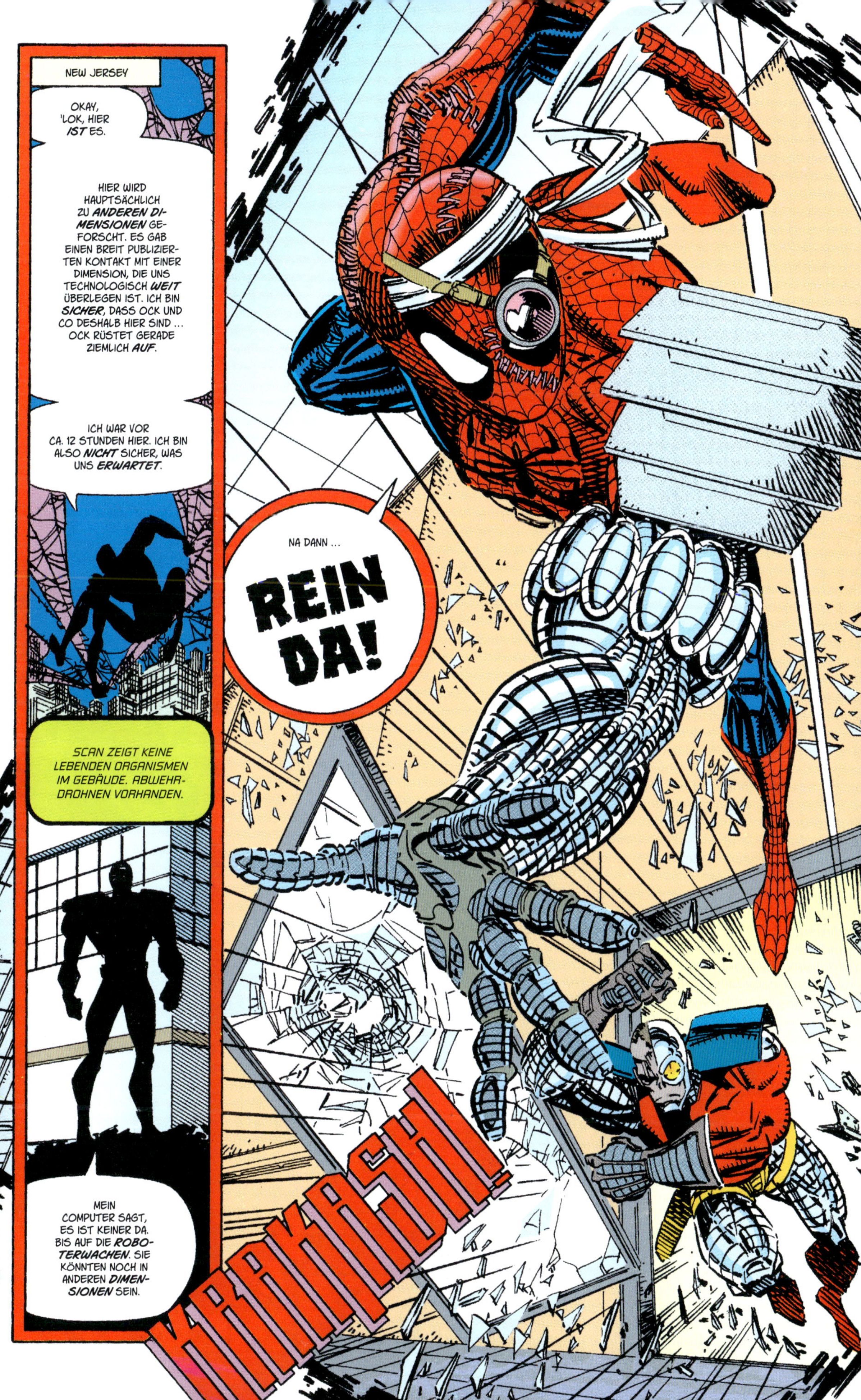
NEW JERSEY
OKAY, 'LOK, HIER IST ES.
HIER WIRD HAUPTSÄCHLICH ZU ANDEREN DIMENSIONEN GEFORSCHT. ES GAB EINEN BREIT PUBLIZIERTEN KONTAKT MIT EINER DIMENSION, DIE UNS TECHNOLOGISCH WEIT ÜBERLEGEN IST. ICH BIN SICHER, DASS OCK UND CO DESHALB HIER SIND … OCK RÜSTET GERADE ZIEMLICH AUF.
ICH WAR VOR CA. 12 STUNDEN HIER. ICH BIN ALSO NICHT SICHER, WAS UNS ERWARTET.
NA DANN …
REIN DA!
SCAN ZEIGT KEINE LEBENDEN ORGANISMEN IM GEBÄUDE. ABWEHRDROHNEN VORHANDEN.
MEIN COMPUTER SAGT, ES IST KEINER DA. BIS AUF DIE ROBOTERWACHEN. SIE KÖNNTEN NOCH IN ANDEREN DIMENSIONEN SEIN.
KRAKASH!

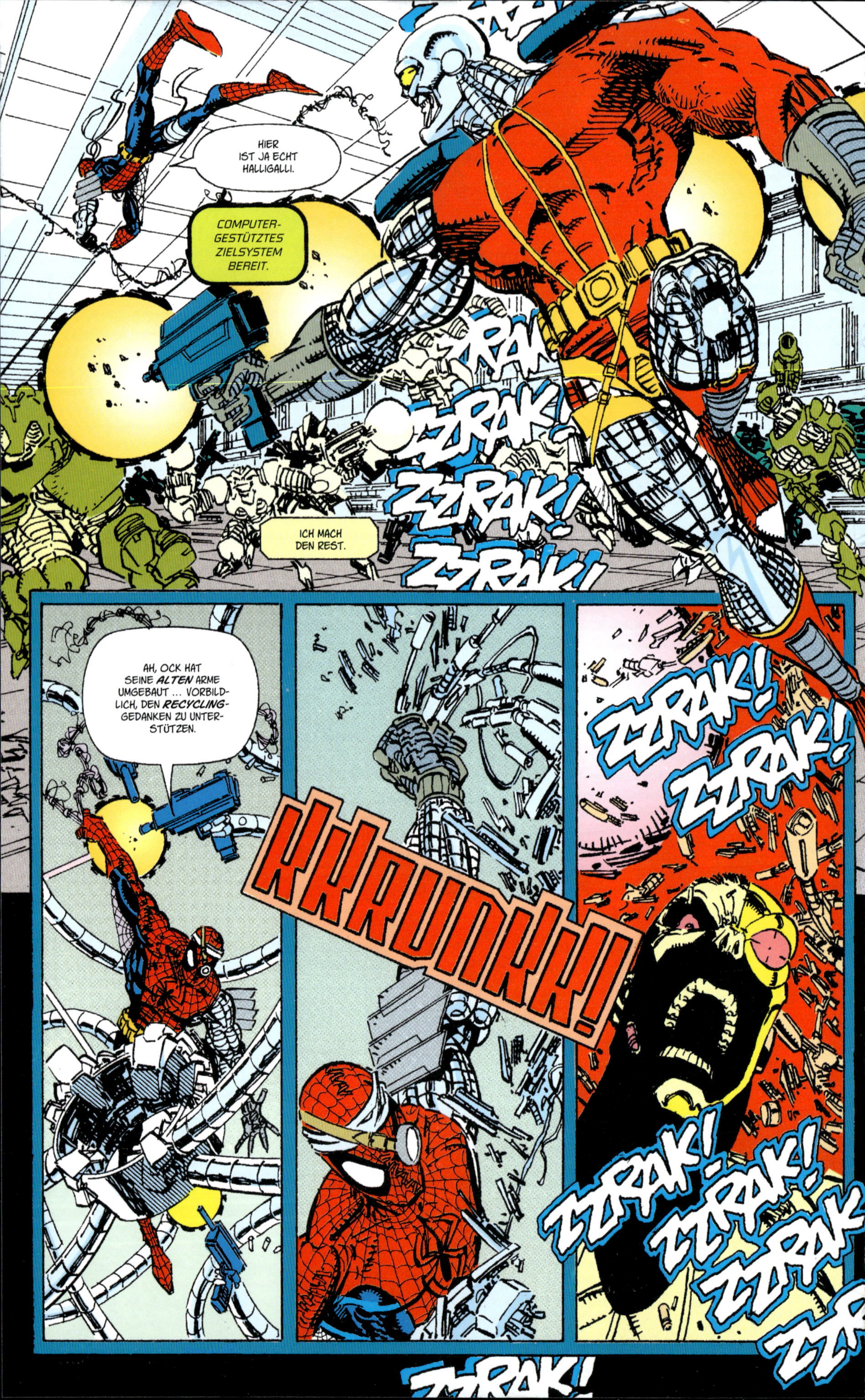
HIER IST JA ECHT HALLIGALLI.
COMPUTER-GESTÜTZTES ZIELSYSTEM BEREIT.
ZZRAK! ZZRAK! ZZRAK! ZZRAK!
ICH MACH DEN REST.
AH, OCK HAT SEINE ALTEN ARME UMGEBAUT ... VORBILDLICH, DEN RECYCLING-GEDANKEN ZU UNTERSTÜTZEN.
KKRUNKK!
ZZRAK! ZZRAK!
ZZRAK! ZZRAK! ZZRAK!
ZZRAK!

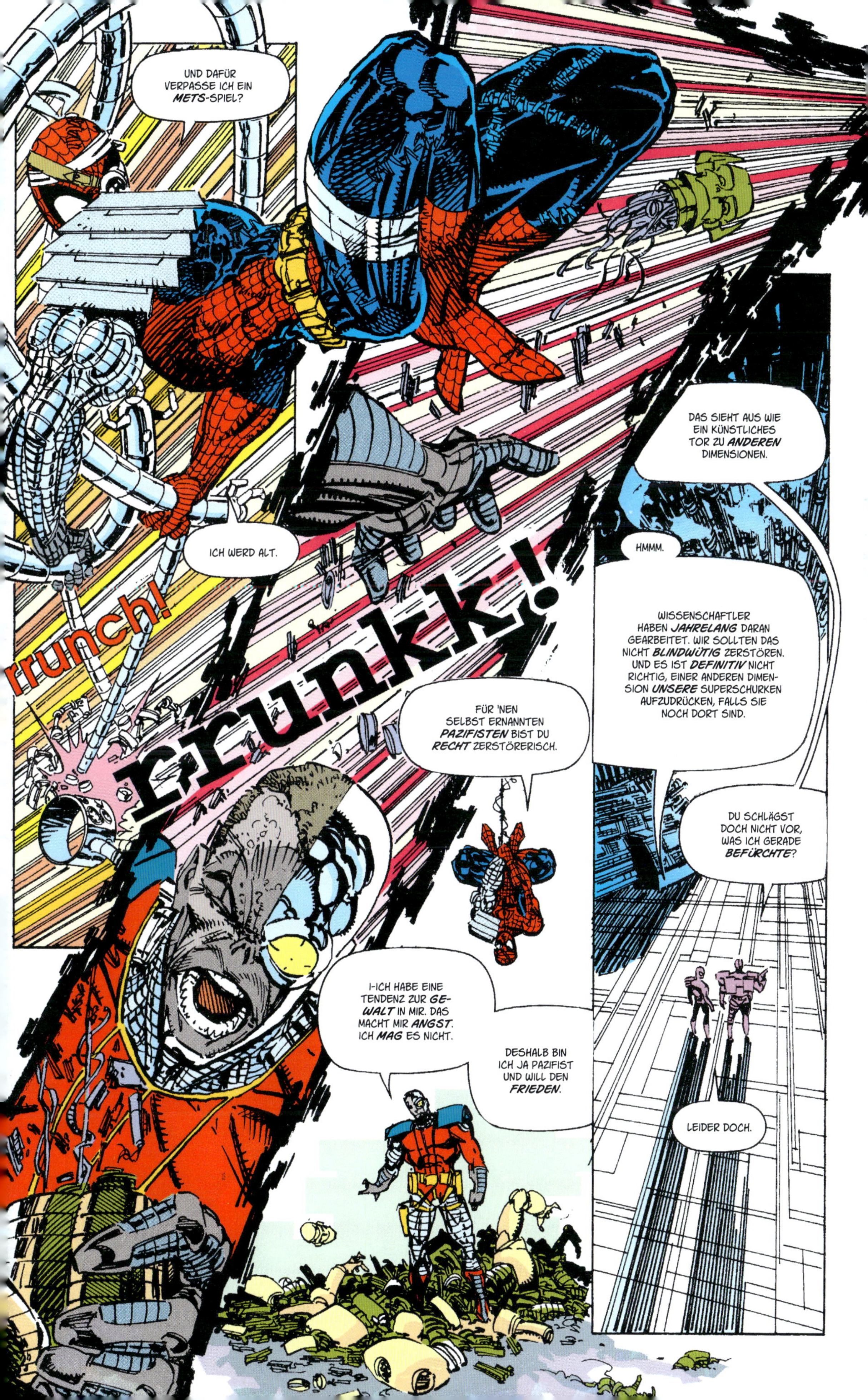
UND DAFÜR VERPASSE ICH EIN METS-SPIEL?
ICH WERD ALT.
rrunch!
rrunkk!
FÜR 'NEN SELBST ERNANNTEN PAZIFISTEN BIST DU RECHT ZERSTÖRERISCH.
I-ICH HABE EINE TENDENZ ZUR GEWALT IN MIR. DAS MACHT MIR ANGST. ICH MAG ES NICHT.
DESHALB BIN ICH JA PAZIFIST UND WILL DEN FRIEDEN.
DAS SIEHT AUS WIE EIN KÜNSTLICHES TOR ZU ANDEREN DIMENSIONEN.
HMMM.
WISSENSCHAFTLER HABEN JAHRELANG DARAN GEARBEITET. WIR SOLLTEN DAS NICHT BLINDWÜTIG ZERSTÖREN. UND ES IST DEFINITIV NICHT RICHTIG, EINER ANDEREN DIMENSION UNSERE SUPERSCHURKEN AUFZUDRÜCKEN, FALLS SIE NOCH DORT SIND.
DU SCHLÄGST DOCH NICHT VOR, WAS ICH GERADE BEFÜRCHTE?
LEIDER DOCH.

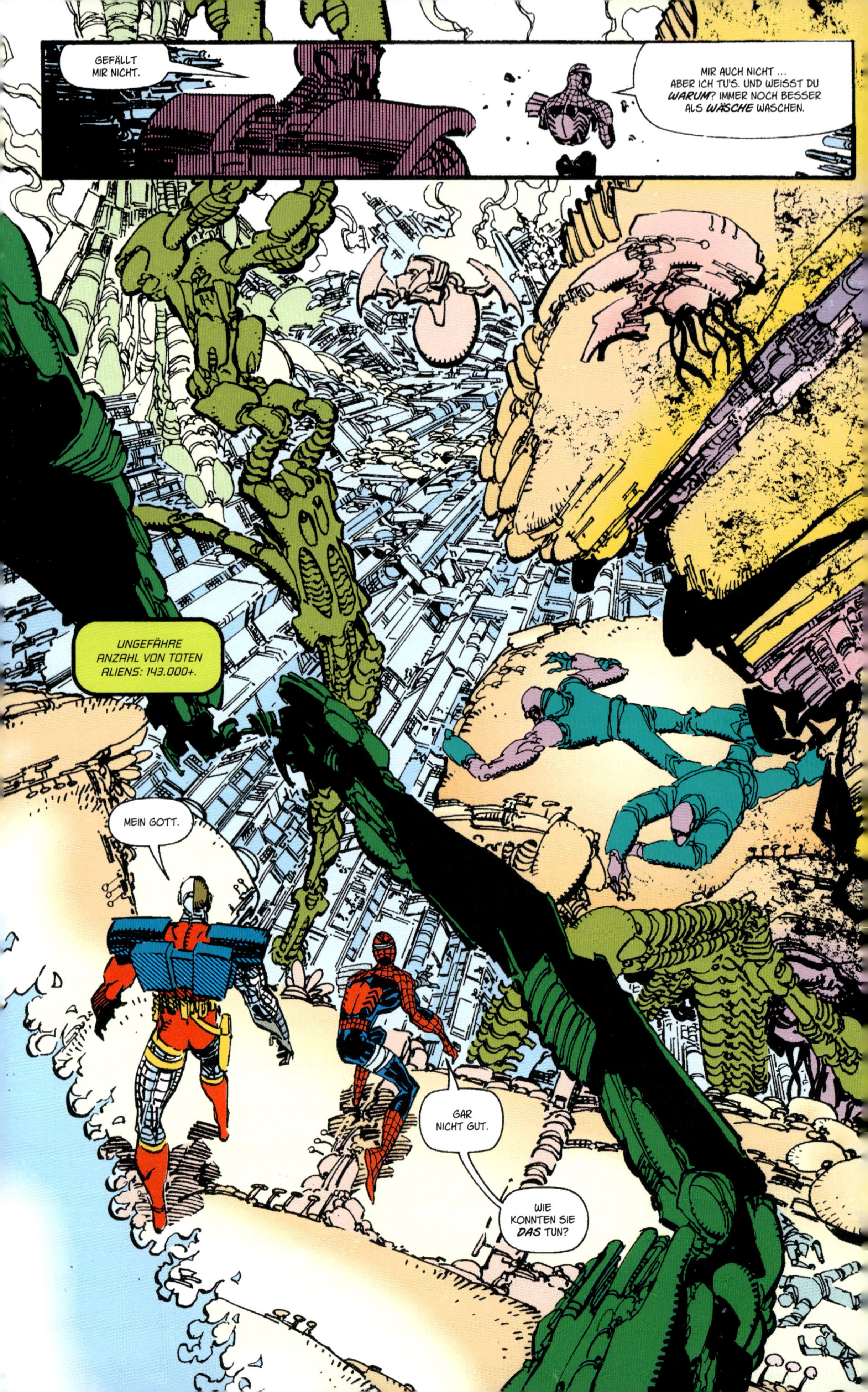
GEFÄLLT MIR NICHT.
MIR AUCH NICHT ... ABER ICH TU'S. UND WEISST DU *WARUM*? IMMER NOCH BESSER ALS *WÄSCHE* WASCHEN.
UNGEFÄHRE ANZAHL VON TOTEN ALIENS: 143.000+.
MEIN GOTT.
GAR NICHT GUT.
WIE KONNTEN SIE *DAS* TUN?

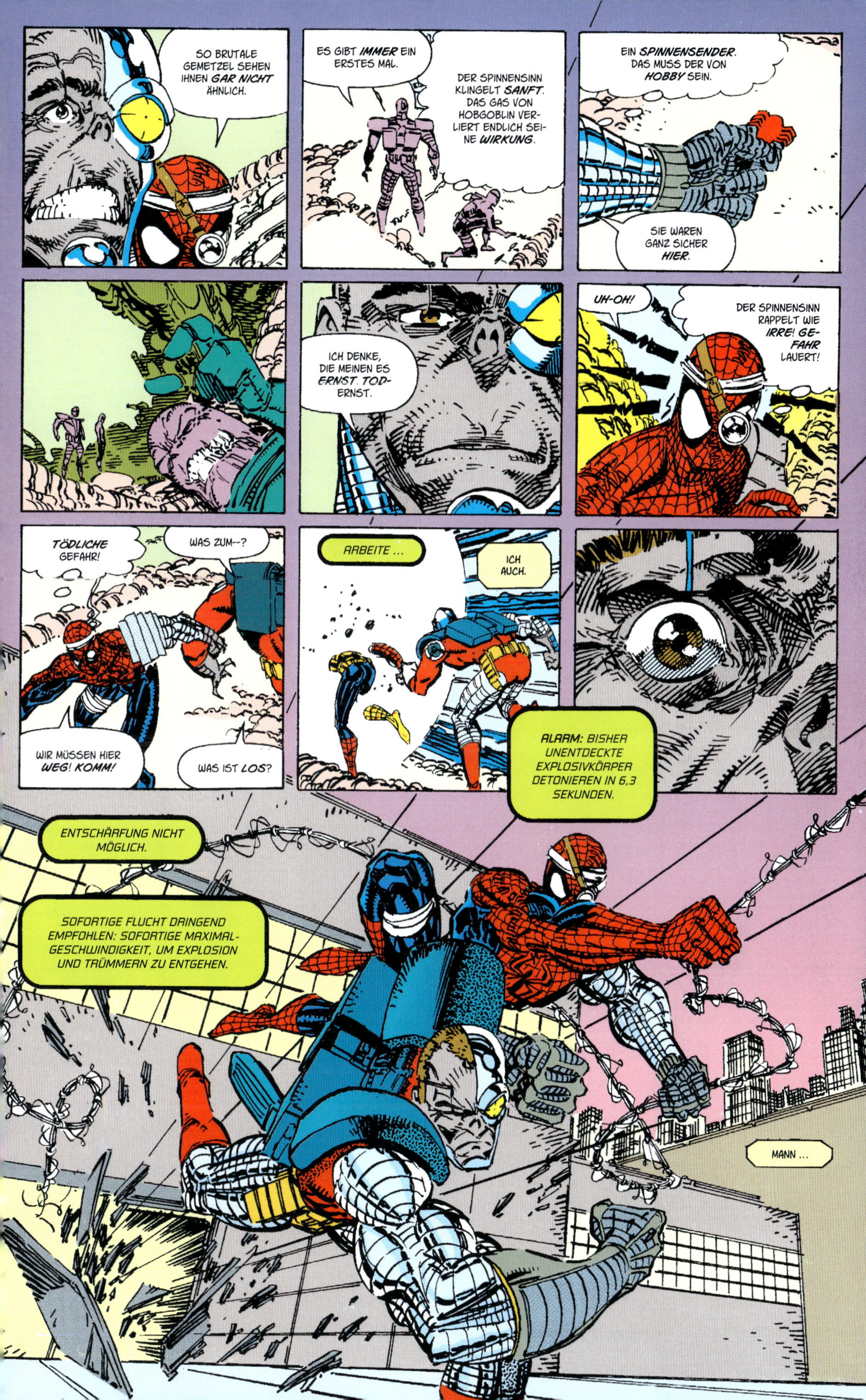
SO BRUTALE GEMETZEL SEHEN IHNEN GAR NICHT ÄHNLICH.
ES GIBT IMMER EIN ERSTES MAL.
DER SPINNENSINN KLINGELT SANFT. DAS GAS VON HOBGOBLIN VERLIERT ENDLICH SEINE WIRKUNG.
EIN SPINNENSENDER. DAS MUSS DER VON HOBBY SEIN.
SIE WAREN GANZ SICHER HIER.
ICH DENKE, DIE MEINEN ES ERNST. TODERNST.
UH-OH!
DER SPINNENSINN RAPPELT WIE IRRE! GEFAHR LAUERT!
TÖDLICHE GEFAHR!
WAS ZUM--?
WIR MÜSSEN HIER WEG! KOMM!
WAS IST LOS?
ARBEITE ...
ICH AUCH.
ALARM: BISHER UNENTDECKTE EXPLOSIVKÖRPER DETONIEREN IN 6,3 SEKUNDEN.
ENTSCHÄRFUNG NICHT MÖGLICH.
SOFORTIGE FLUCHT DRINGEND EMPFOHLEN: SOFORTIGE MAXIMALGESCHWINDIGKEIT, UM EXPLOSION UND TRÜMMERN ZU ENTGEHEN.
MANN ...

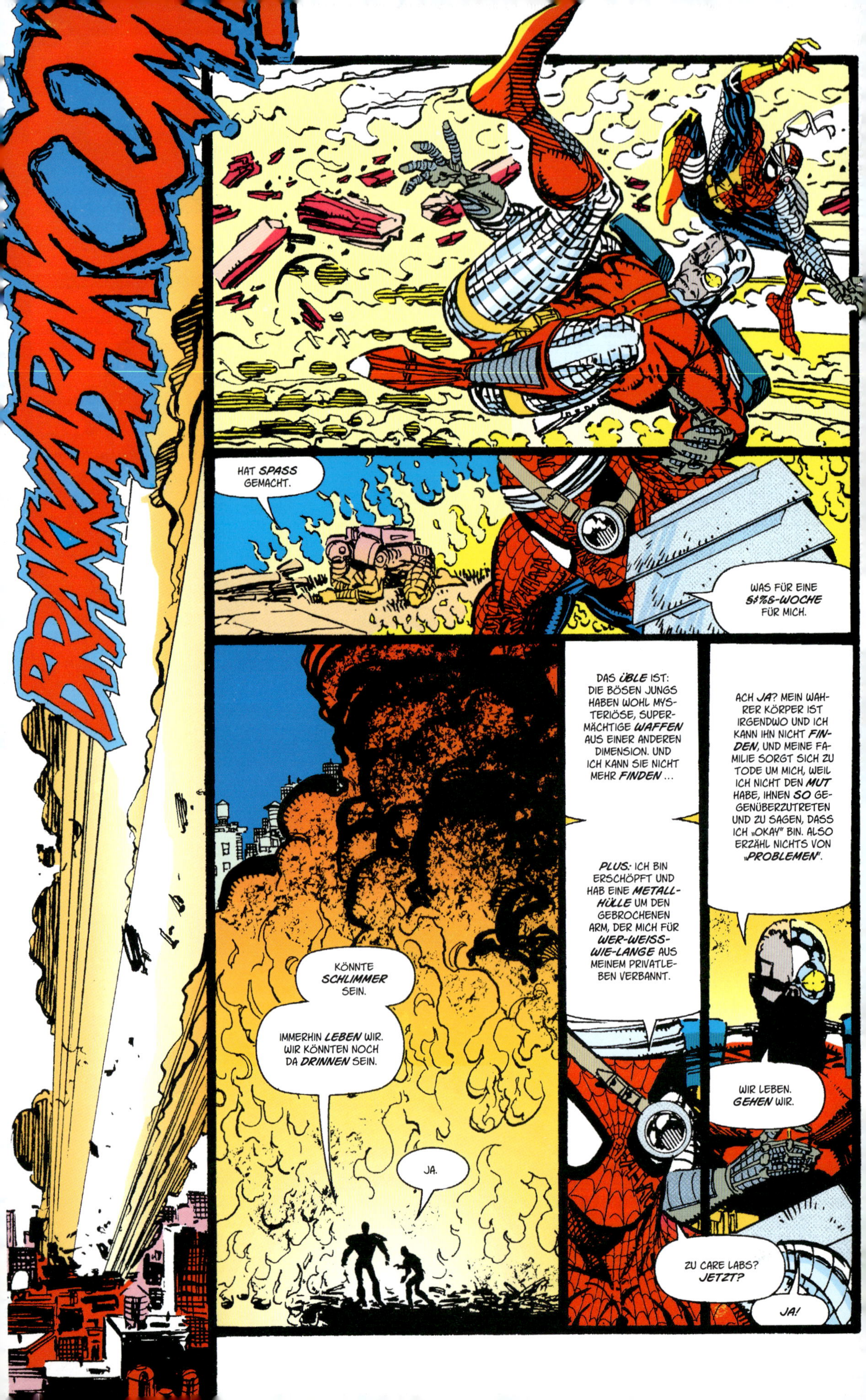
HAT SPASS GEMACHT.
WAS FÜR EINE §$%&-WOCHE FÜR MICH.
DAS ÜBLE IST: DIE BÖSEN JUNGS HABEN WOHL MYSTERIÖSE, SUPERMÄCHTIGE WAFFEN AUS EINER ANDEREN DIMENSION. UND ICH KANN SIE NICHT MEHR FINDEN ...
PLUS: ICH BIN ERSCHÖPFT UND HAB EINE METALLHÜLLE UM DEN GEBROCHENEN ARM, DER MICH FÜR WER-WEISS-WIE-LANGE AUS MEINEM PRIVATLEBEN VERBANNT.
ACH JA? MEIN WAHRER KÖRPER IST IRGENDWO UND ICH KANN IHN NICHT FINDEN, UND MEINE FAMILIE SORGT SICH ZU TODE UM MICH, WEIL ICH NICHT DEN MUT HABE, IHNEN SO GEGENÜBERZUTRETEN UND ZU SAGEN, DASS ICH „OKAY" BIN. ALSO ERZÄHL NICHTS VON „PROBLEMEN".
KÖNNTE SCHLIMMER SEIN.
IMMERHIN LEBEN WIR. WIR KÖNNTEN NOCH DA DRINNEN SEIN.
JA.
WIR LEBEN. GEHEN WIR.
ZU CARE LABS? JETZT?
JA!

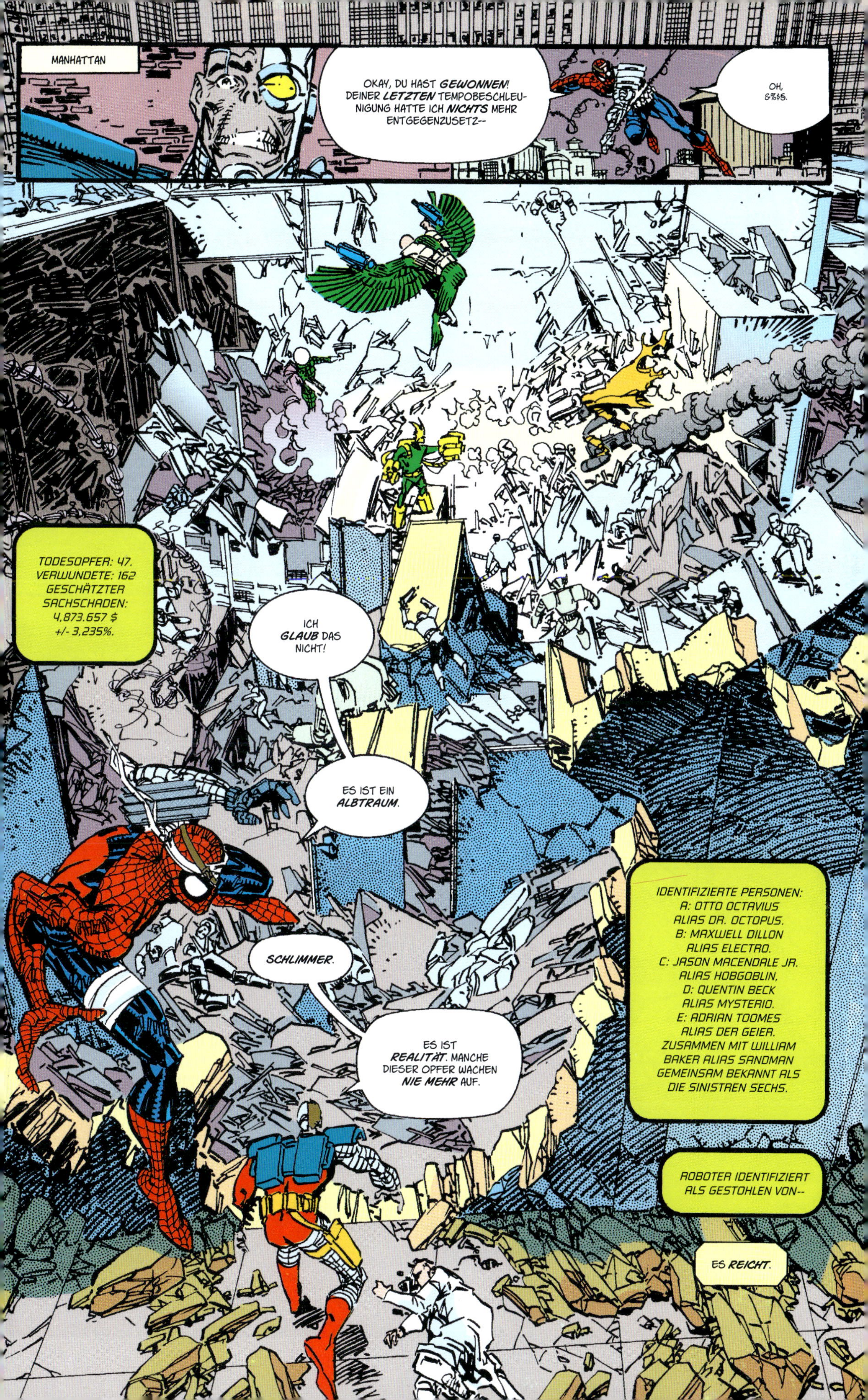

MANHATTAN
OKAY, DU HAST **GEWONNEN**! DEINER **LETZTEN** TEMPOBESCHLEUNIGUNG HATTE ICH **NICHTS** MEHR ENTGEGENZUSETZ--
OH, &%$§.
TODESOPFER: 47. VERWUNDETE: 162 GESCHÄTZTER SACHSCHADEN: 4,873.657 $ +/- 3,235%.
ICH **GLAUB** DAS NICHT!
ES IST EIN **ALBTRAUM**.
IDENTIFIZIERTE PERSONEN: A: OTTO OCTAVIUS ALIAS DR. OCTOPUS. B: MAXWELL DILLON ALIAS ELECTRO. C: JASON MACENDALE JR. ALIAS HOBGOBLIN. D: QUENTIN BECK ALIAS MYSTERIO. E: ADRIAN TOOMES ALIAS DER GEIER. ZUSAMMEN MIT WILLIAM BAKER ALIAS SANDMAN GEMEINSAM BEKANNT ALS DIE SINISTREN SECHS.
SCHLIMMER.
ES IST **REALITÄT**. MANCHE DIESER OPFER WACHEN **NIE MEHR** AUF.
ROBOTER IDENTIFIZIERT ALS GESTOHLEN VON--
ES **REICHT**.

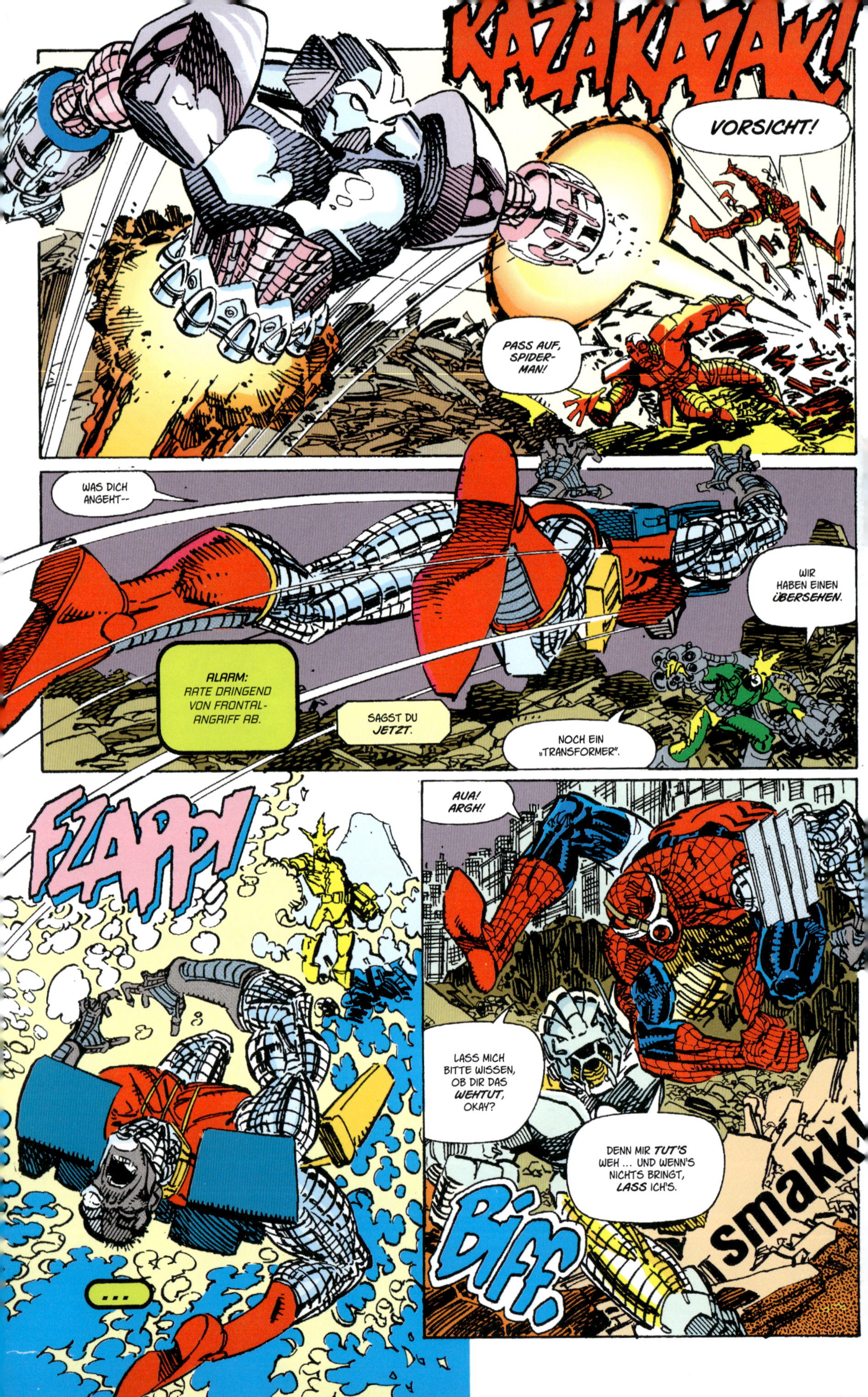
KAZAKAZAK!
VORSICHT!
PASS AUF, SPIDER-MAN!
WAS DICH ANGEHT--
WIR HABEN EINEN ÜBERSEHEN.
ALARM: RATE DRINGEND VON FRONTAL-ANGRIFF AB.
SAGST DU JETZT.
NOCH EIN „TRANSFORMER“.
FZAPP!
...
AUA! ARGH!
LASS MICH BITTE WISSEN, OB DIR DAS WEHTUT, OKAY?
DENN MIR TUT'S WEH ... UND WENN'S NICHTS BRINGT, LASS ICH'S.
BIFF!
smakk!

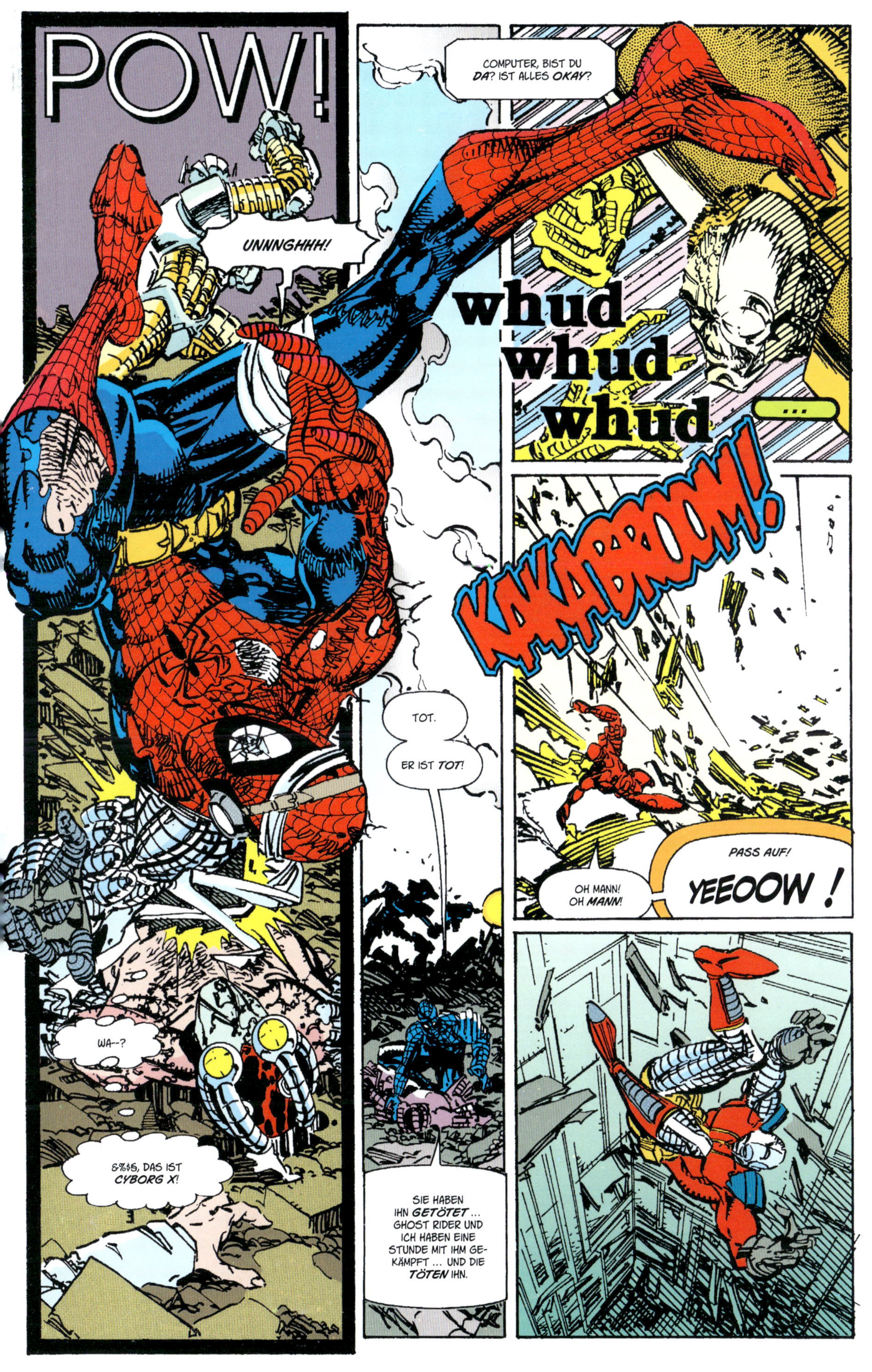
POW!
UNNNGHHH!
COMPUTER, BIST DU DA? IST ALLES OKAY?
whud
whud
whud
...
KAKABROOM!
TOT.
ER IST TOT!
PASS AUF!
YEEOOW!
OH MANN! OH MANN!
WA--?
&%$§, DAS IST CYBORG X!
SIE HABEN IHN GETÖTET ... GHOST RIDER UND ICH HABEN EINE STUNDE MIT IHM GEKÄMPFT ... UND DIE TÖTEN IHN.

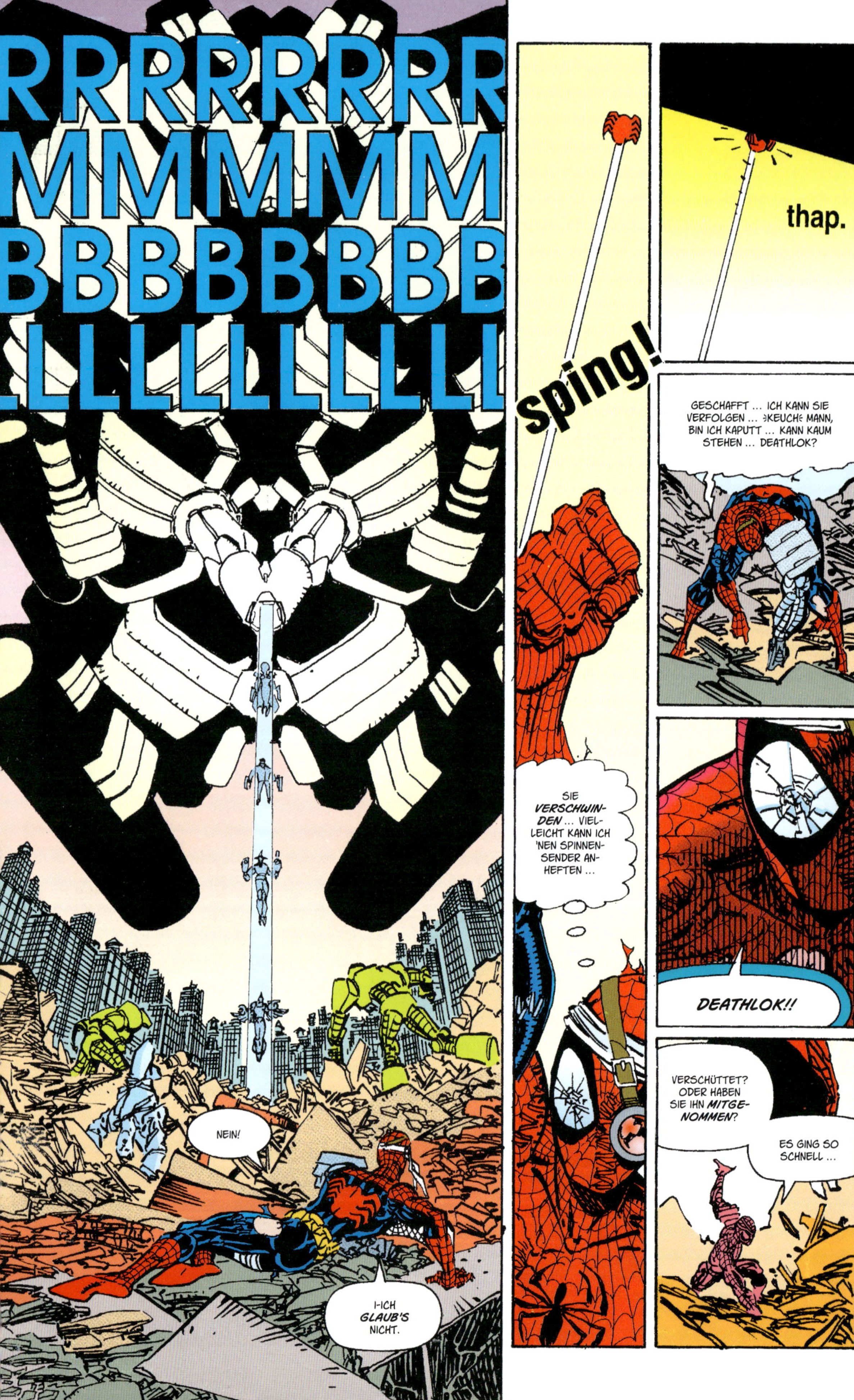
RRRRRRRR
MMMMMM
BBBBBBB
LLLLLLLLL
NEIN!
I-ICH GLAUB'S NICHT.
sping!
SIE VERSCHWINDEN … VIELLEICHT KANN ICH 'NEN SPINNENSENDER ANHEFTEN …
thap.
GESCHAFFT … ICH KANN SIE VERFOLGEN … ᵌKEUCHᵋ MANN, BIN ICH KAPUTT … KANN KAUM STEHEN … DEATHLOK?
DEATHLOK!!
VERSCHÜTTET? ODER HABEN SIE IHN MITGENOMMEN?
ES GING SO SCHNELL …

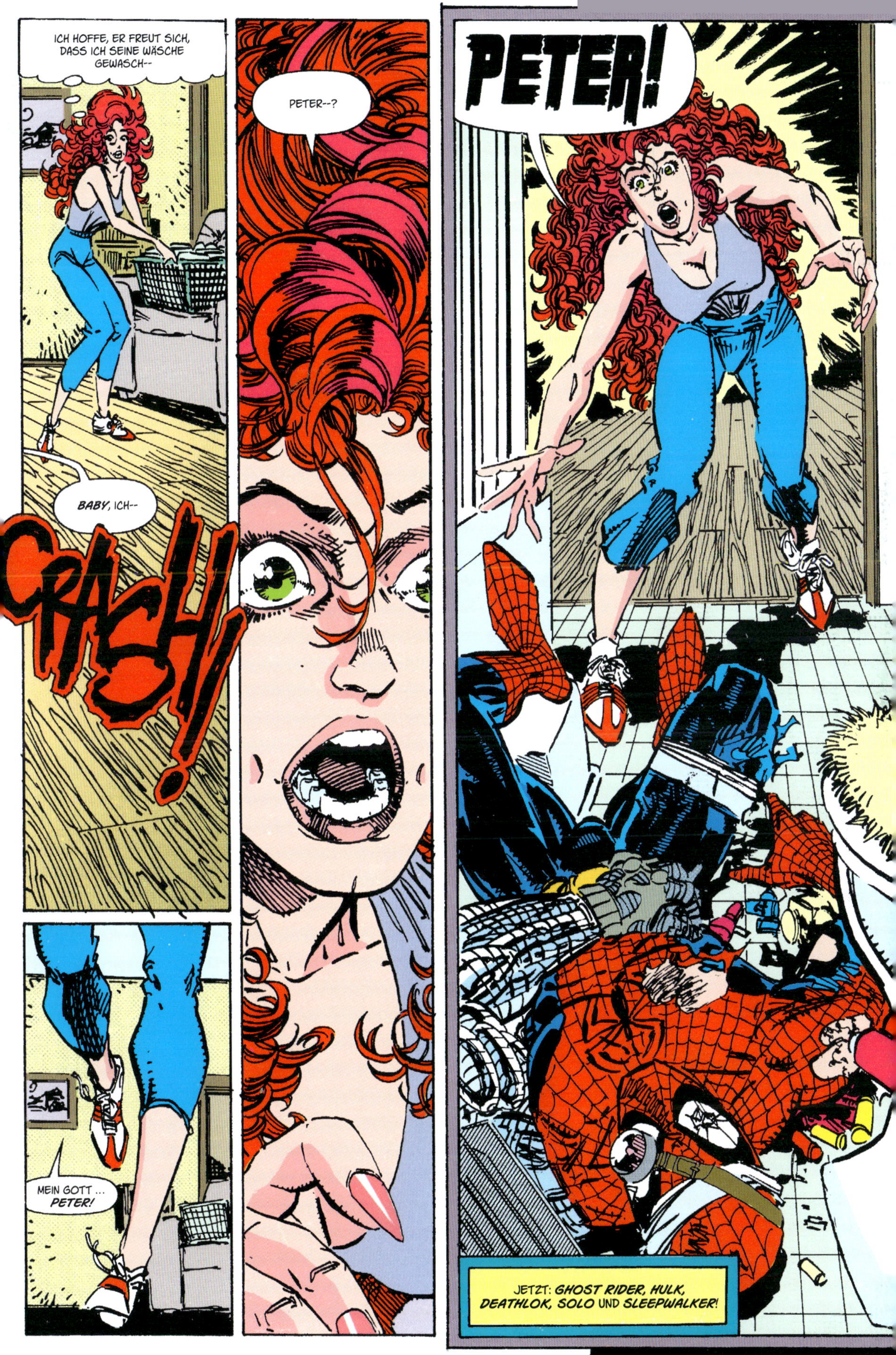

ICH HOFFE, ER FREUT SICH, DASS ICH SEINE WÄSCHE GEWASCH--
BABY, ICH--
CRASH!
PETER--?
MEIN GOTT ... PETER!
PETER!
JETZT: GHOST RIDER, HULK, DEATHLOK, SOLO UND SLEEPWALKER!

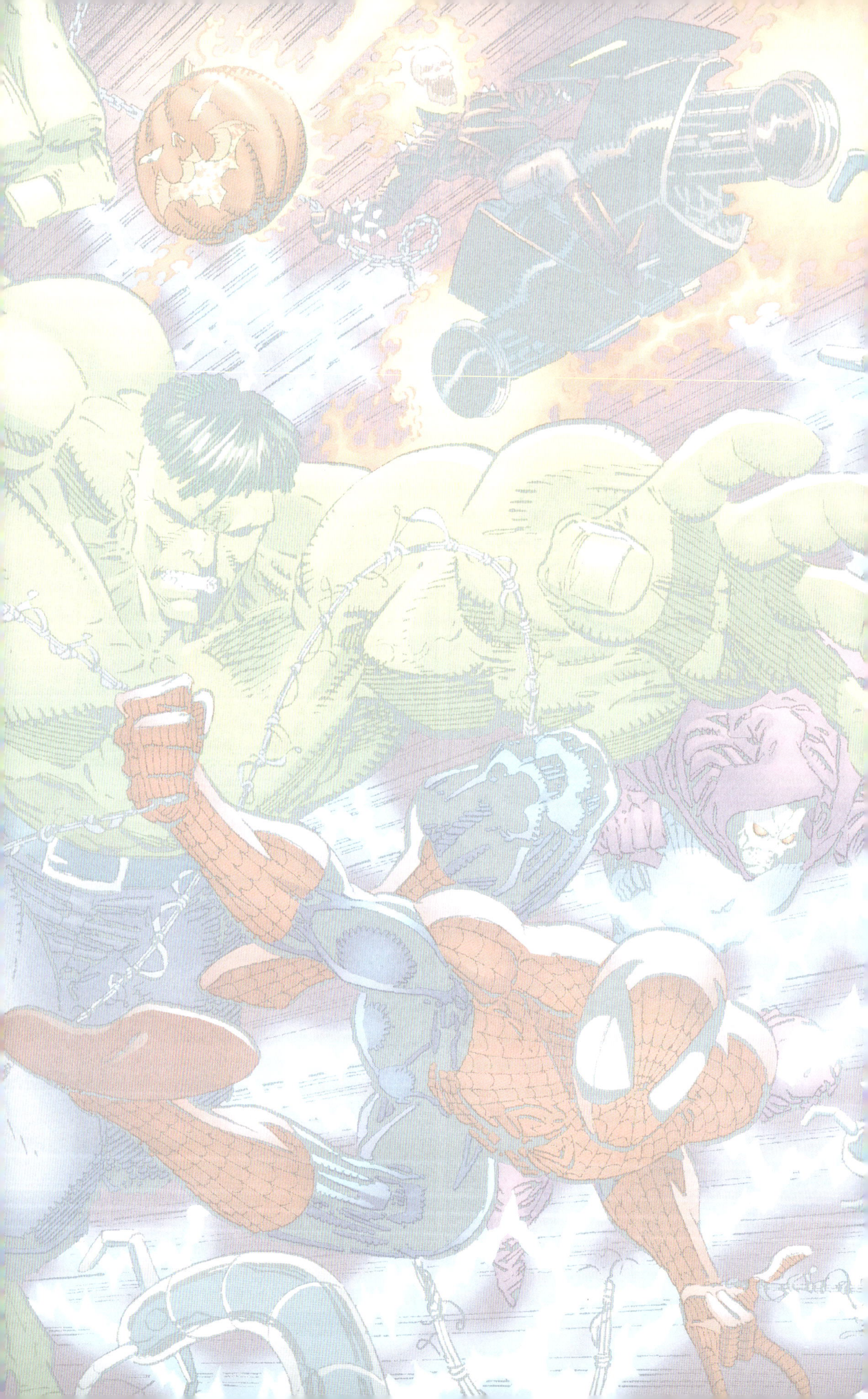

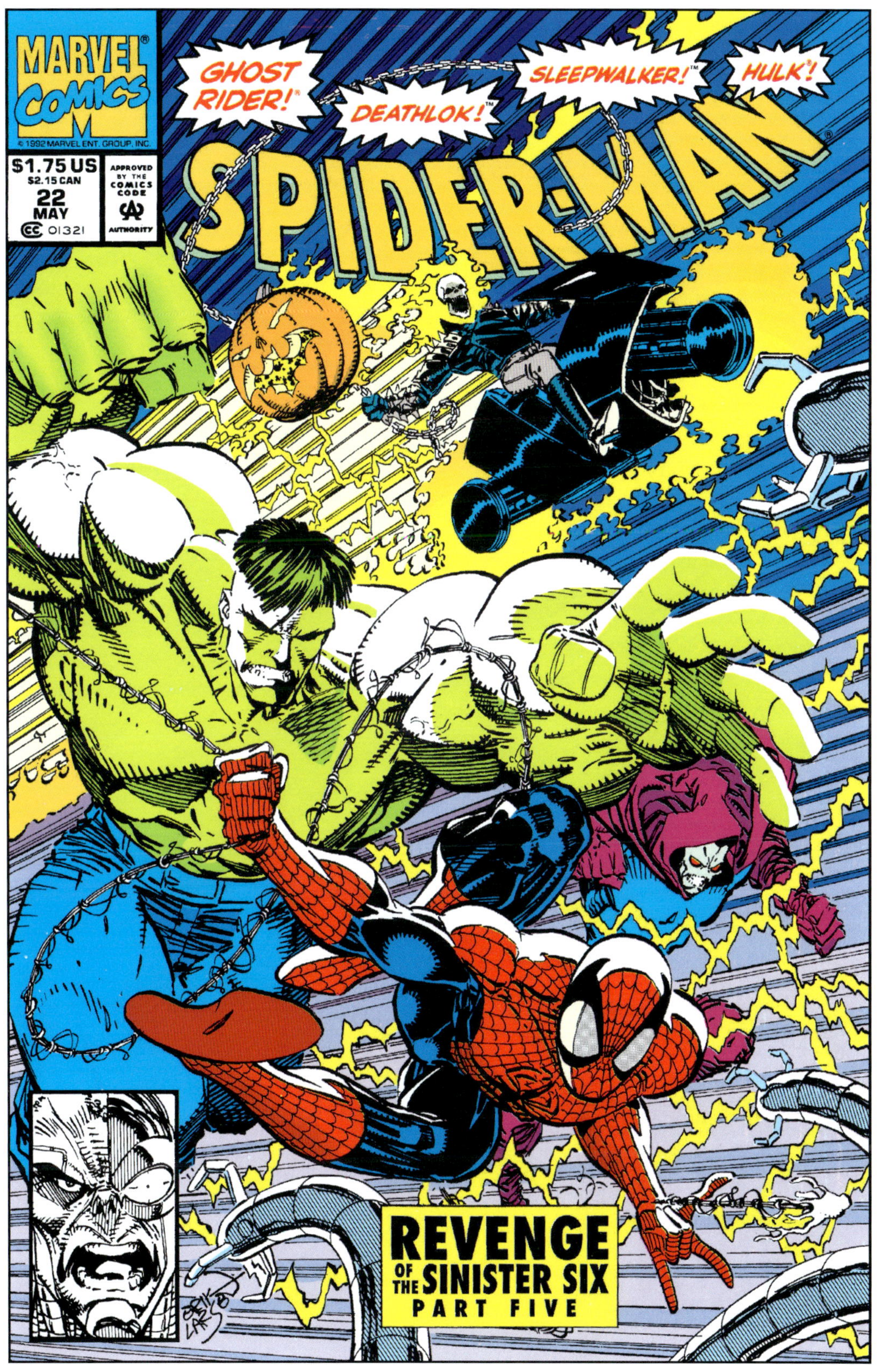

Spider-Man (1990) 22
Cover von **ERIK LARSEN**

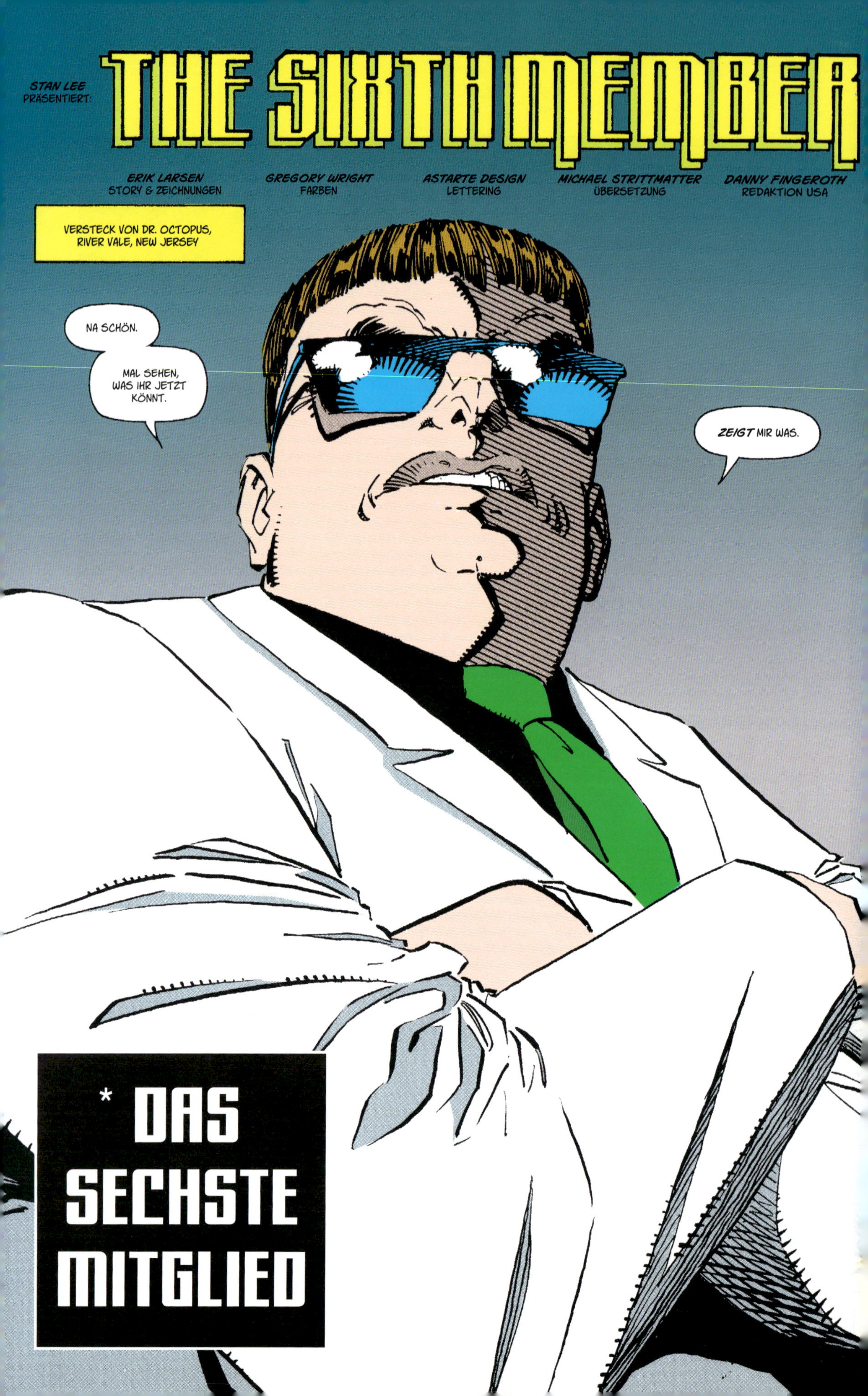

STAN LEE PRÄSENTIERT:

THE SIXTH MEMBER

ERIK LARSEN
STORY & ZEICHNUNGEN

GREGORY WRIGHT
FARBEN

ASTARTE DESIGN
LETTERING

MICHAEL STRITTMATTER
ÜBERSETZUNG

DANNY FINGEROTH
REDAKTION USA

VERSTECK VON DR. OCTOPUS, RIVER VALE, NEW JERSEY

NA SCHÖN.

MAL SEHEN, WAS IHR JETZT KÖNNT.

ZEIGT MIR WAS.

* DAS SECHSTE MITGLIED

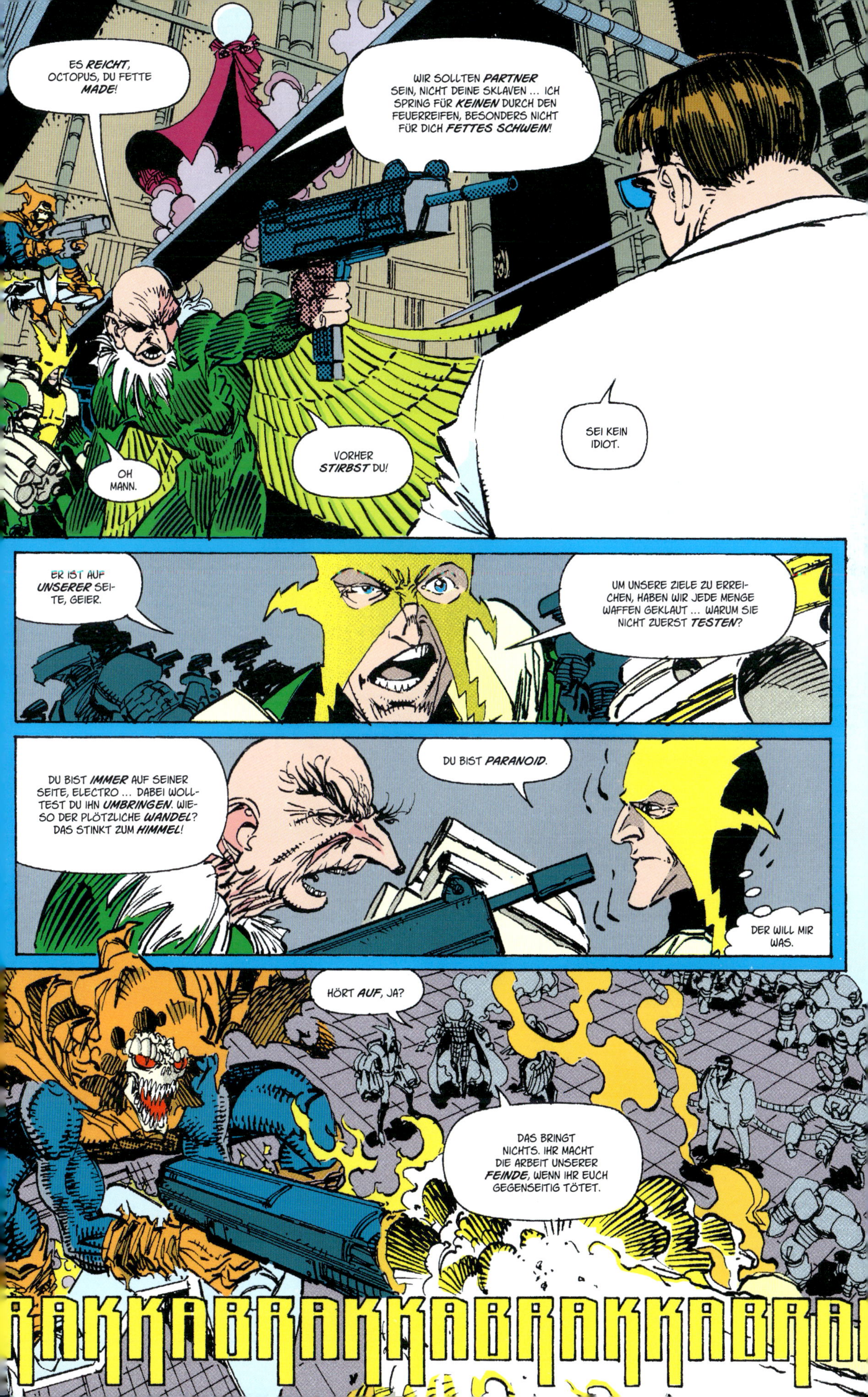
ES REICHT, OCTOPUS, DU FETTE MADE!
WIR SOLLTEN PARTNER SEIN, NICHT DEINE SKLAVEN ... ICH SPRING FÜR KEINEN DURCH DEN FEUERREIFEN, BESONDERS NICHT FÜR DICH FETTES SCHWEIN!
OH MANN.
VORHER STIRBST DU!
SEI KEIN IDIOT.
ER IST AUF UNSERER SEITE, GEIER.
UM UNSERE ZIELE ZU ERREICHEN, HABEN WIR JEDE MENGE WAFFEN GEKLAUT ... WARUM SIE NICHT ZUERST TESTEN?
DU BIST IMMER AUF SEINER SEITE, ELECTRO ... DABEI WOLLTEST DU IHN UMBRINGEN. WIESO DER PLÖTZLICHE WANDEL? DAS STINKT ZUM HIMMEL!
DU BIST PARANOID.
DER WILL MIR WAS.
HÖRT AUF, JA?
DAS BRINGT NICHTS. IHR MACHT DIE ARBEIT UNSERER FEINDE, WENN IHR EUCH GEGENSEITIG TÖTET.
RAKKABRAKKABRAKKABRA

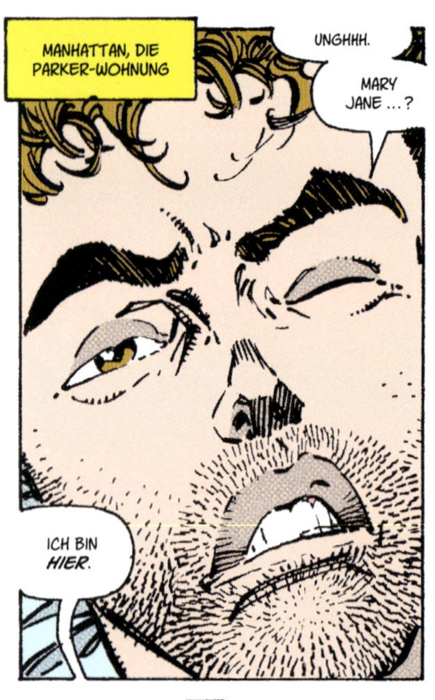

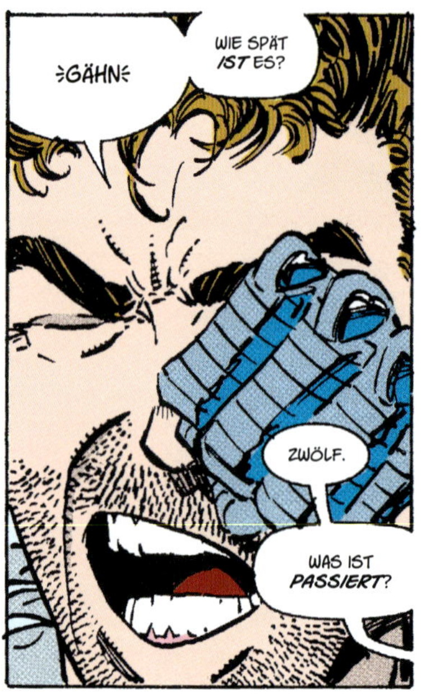

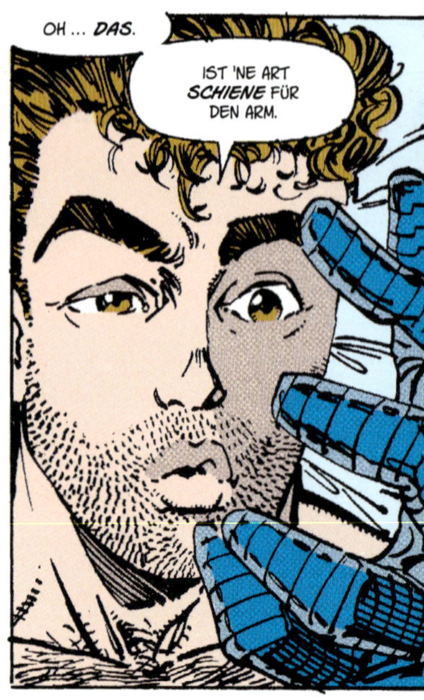

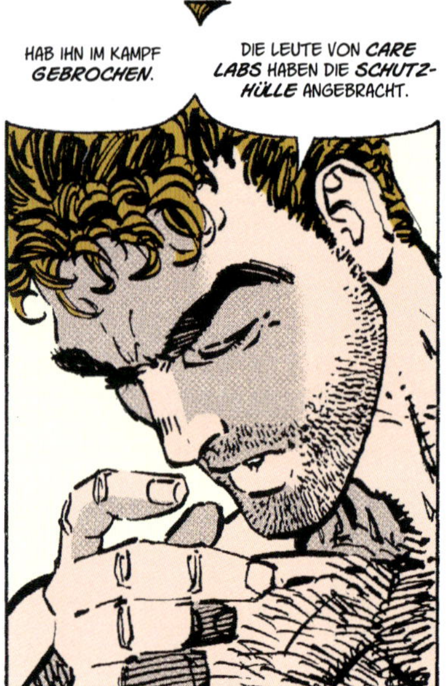

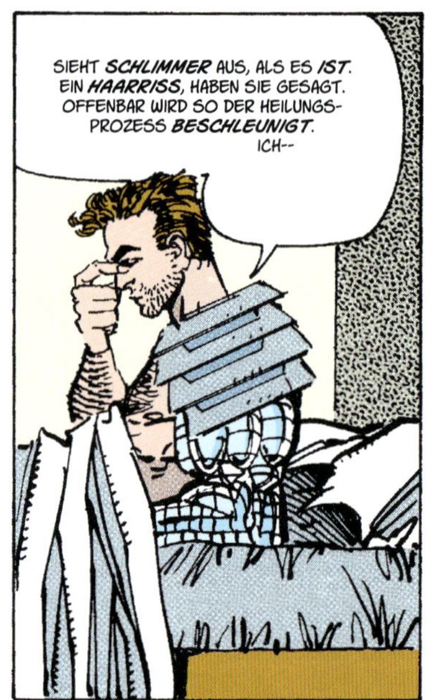

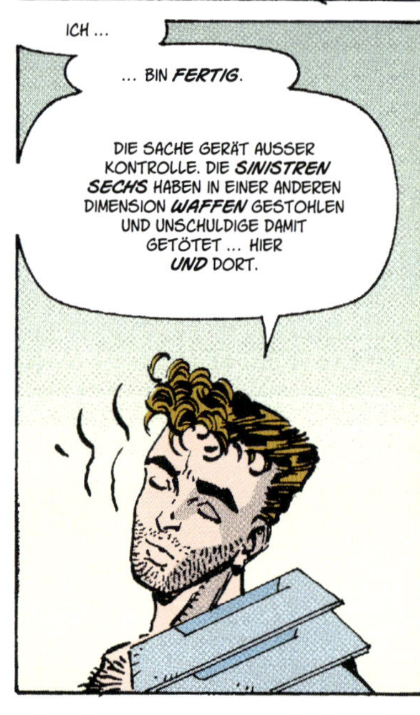

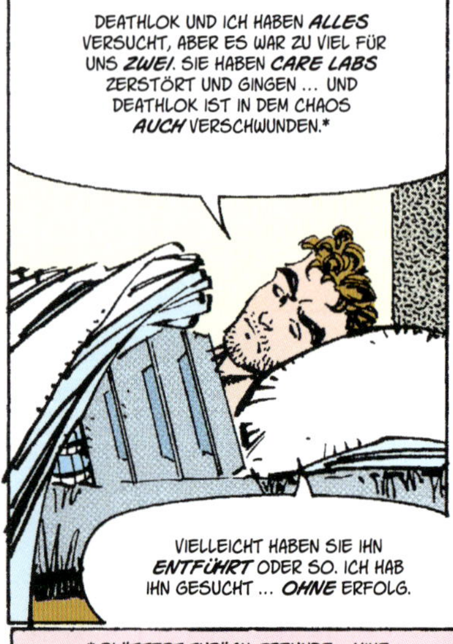

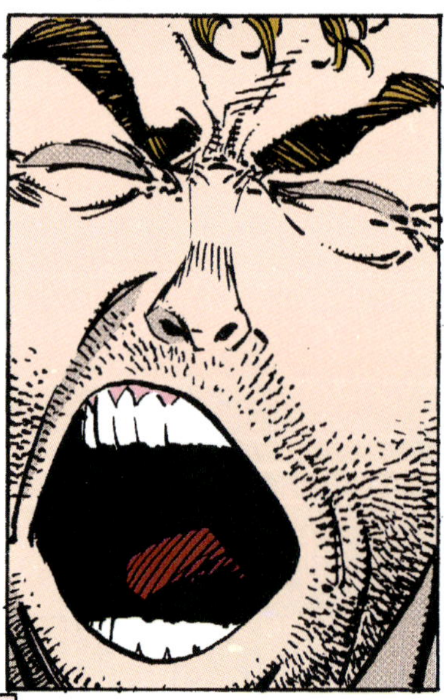

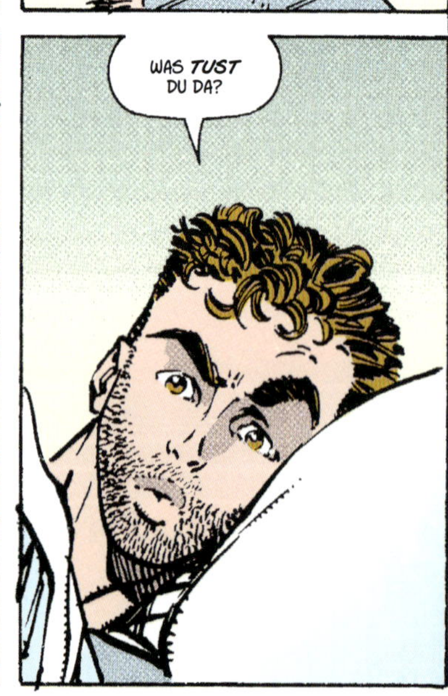

* BLÄTTERT ZURÜCK, FREUNDE-- MIKE.

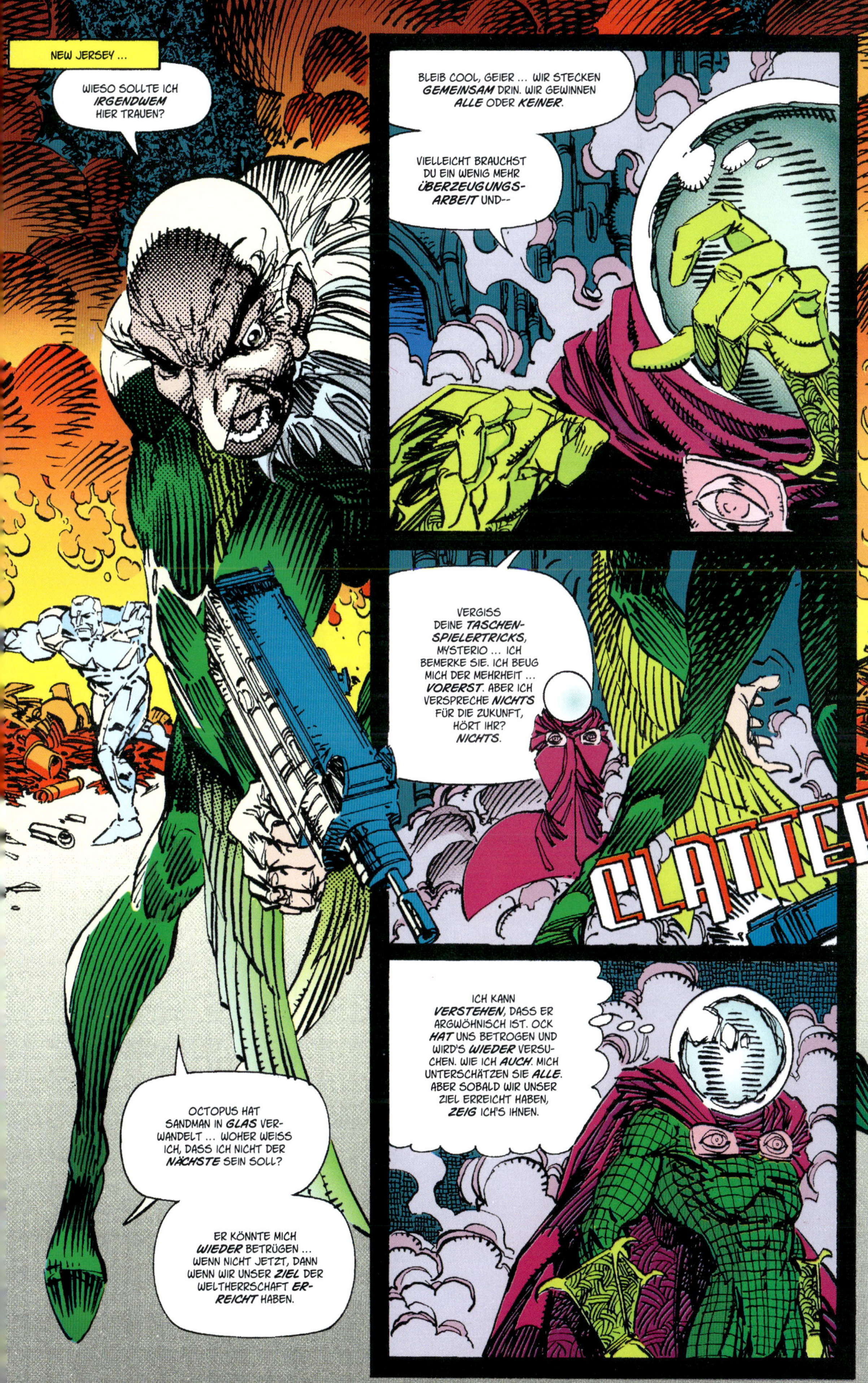

NEW JERSEY ...
WIESO SOLLTE ICH *IRGENDWEM* HIER TRAUEN?
BLEIB COOL, GEIER ... WIR STECKEN *GEMEINSAM* DRIN. WIR GEWINNEN *ALLE* ODER *KEINER*.
VIELLEICHT BRAUCHST DU EIN WENIG MEHR *ÜBERZEUGUNGS-ARBEIT* UND--
VERGISS DEINE *TASCHEN-SPIELERTRICKS*, MYSTERIO ... ICH BEMERKE SIE. ICH BEUG MICH DER MEHRHEIT ... *VORERST*. ABER ICH VERSPRECHE *NICHTS* FÜR DIE ZUKUNFT, HÖRT IHR? *NICHTS*.
CLATTER
ICH KANN *VERSTEHEN*, DASS ER ARGWÖHNISCH IST. OCK *HAT* UNS BETROGEN UND WIRD'S *WIEDER* VERSU-CHEN. WIE ICH *AUCH*. MICH UNTERSCHÄTZEN SIE *ALLE*. ABER SOBALD WIR UNSER ZIEL ERREICHT HABEN, *ZEIG* ICH'S IHNEN.
OCTOPUS HAT SANDMAN IN *GLAS* VER-WANDELT ... WOHER WEISS ICH, DASS ICH NICHT DER *NÄCHSTE* SEIN SOLL?
ER KÖNNTE MICH *WIEDER* BETRÜGEN ... WENN NICHT JETZT, DANN WENN WIR UNSER *ZIEL* DER WELTHERRSCHAFT *ER-REICHT* HABEN.

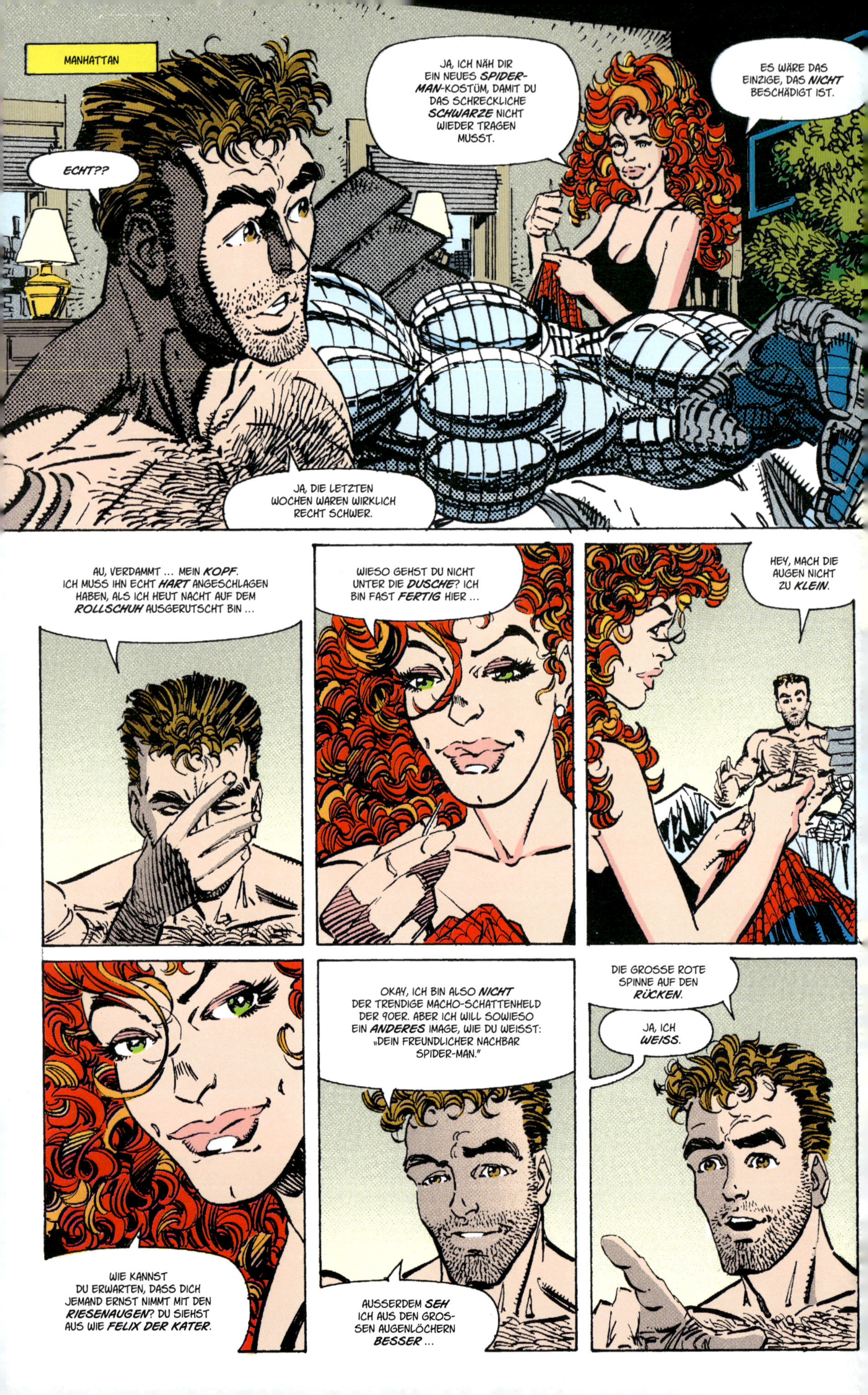

MANHATTAN

JA, ICH NÄH DIR EIN NEUES *SPIDER-MAN*-KOSTÜM, DAMIT DU DAS SCHRECKLICHE *SCHWARZE* NICHT WIEDER TRAGEN MUSST.

ECHT??

ES WÄRE DAS EINZIGE, DAS *NICHT* BESCHÄDIGT IST.

JA, DIE LETZTEN WOCHEN WAREN WIRKLICH RECHT SCHWER.

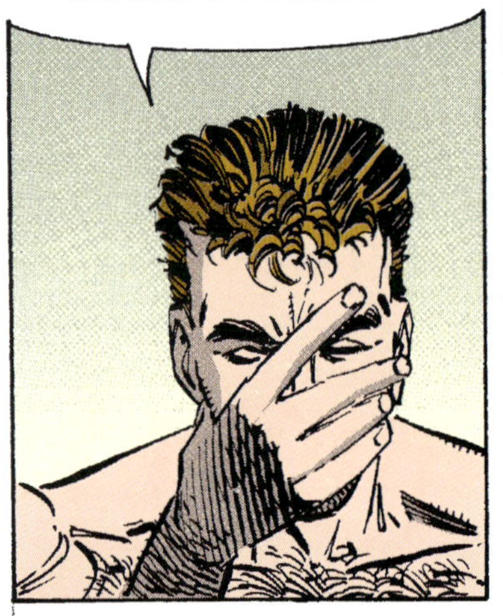

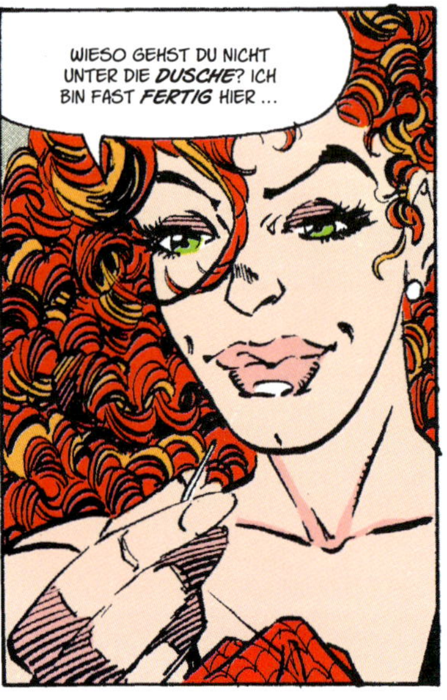

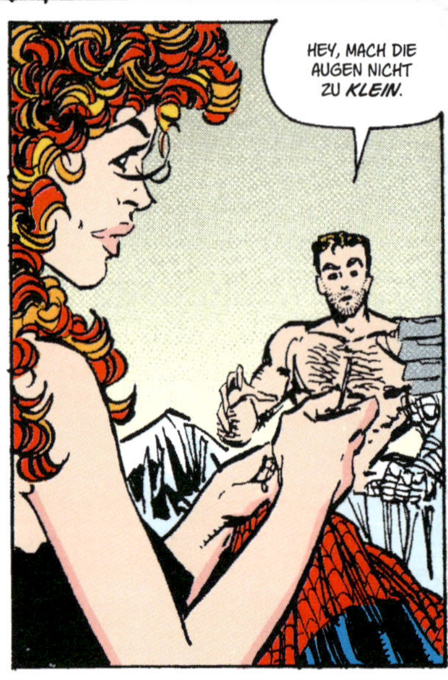

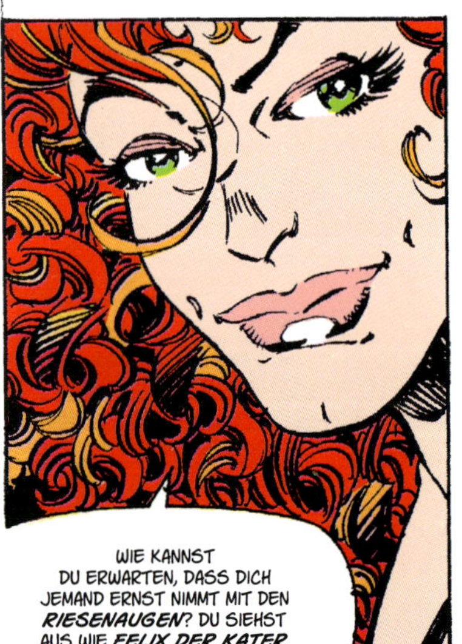

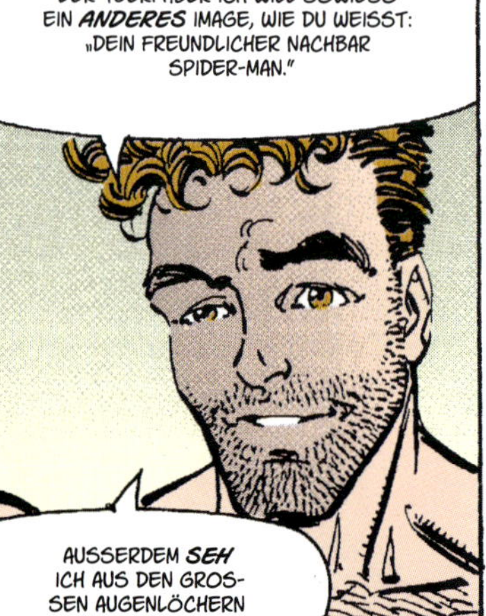

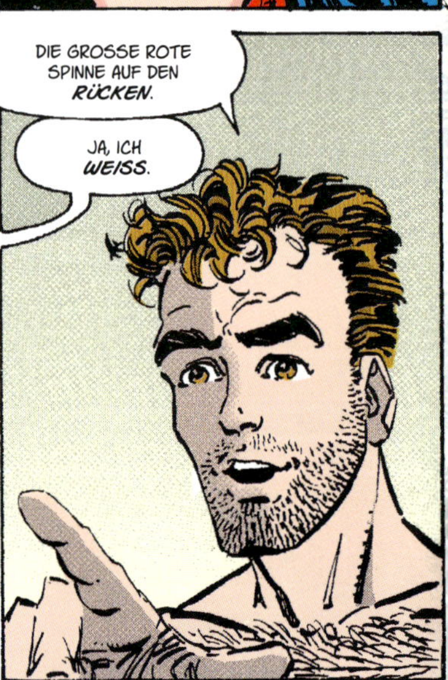

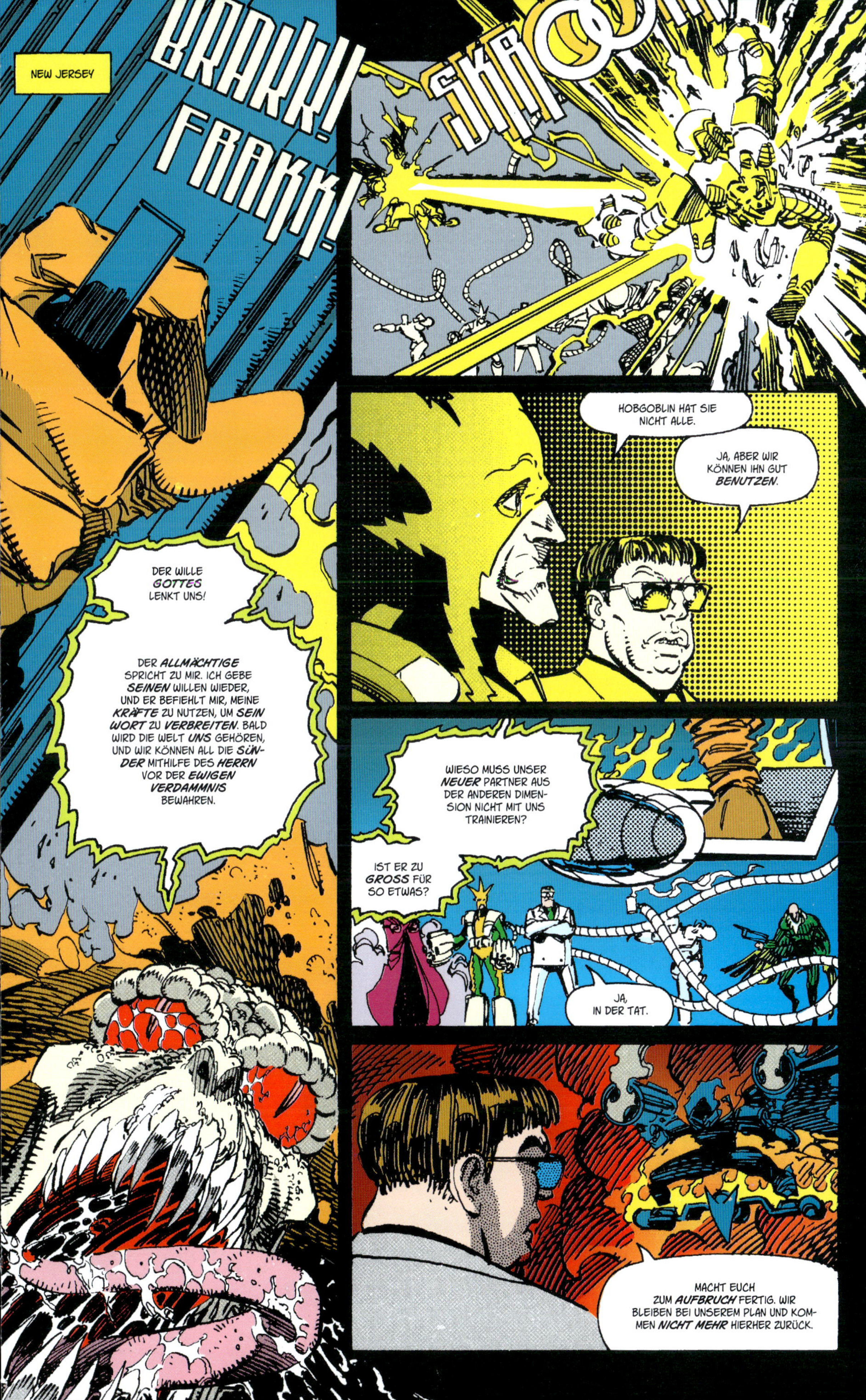
NEW JERSEY
BRAKK! FRAKK!
SKRA
HOBGOBLIN HAT SIE NICHT ALLE.
JA, ABER WIR KÖNNEN IHN GUT BENUTZEN.
DER WILLE GOTTES LENKT UNS!
DER ALLMÄCHTIGE SPRICHT ZU MIR. ICH GEBE SEINEN WILLEN WIEDER, UND ER BEFIEHLT MIR, MEINE KRÄFTE ZU NUTZEN, UM SEIN WORT ZU VERBREITEN. BALD WIRD DIE WELT UNS GEHÖREN, UND WIR KÖNNEN ALL DIE SÜNDER MITHILFE DES HERRN VOR DER EWIGEN VERDAMMNIS BEWAHREN.
WIESO MUSS UNSER NEUER PARTNER AUS DER ANDEREN DIMENSION NICHT MIT UNS TRAINIEREN?
IST ER ZU GROSS FÜR SO ETWAS?
JA, IN DER TAT.
MACHT EUCH ZUM AUFBRUCH FERTIG. WIR BLEIBEN BEI UNSEREM PLAN UND KOMMEN NICHT MEHR HIERHER ZURÜCK.

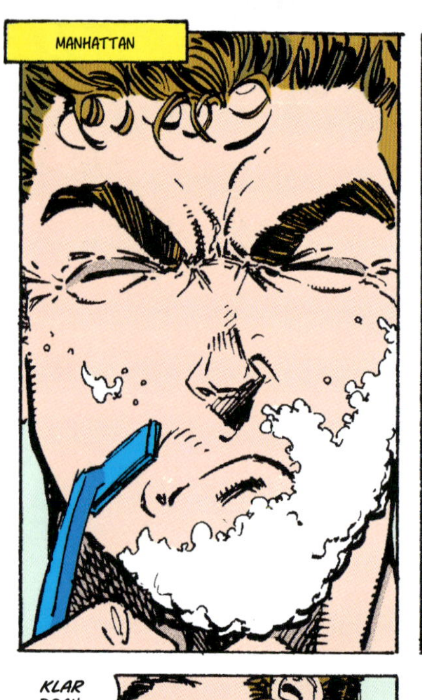
MANHATTAN

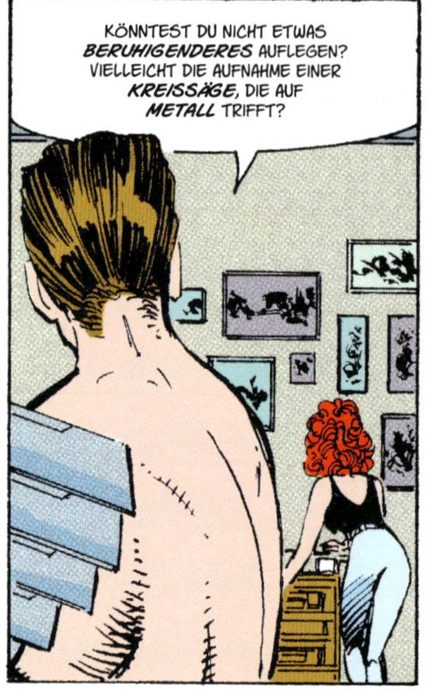
KÖNNTEST DU NICHT ETWAS BERUHIGENDERES AUFLEGEN? VIELLEICHT DIE AUFNAHME EINER KREISSÄGE, DIE AUF METALL TRIFFT?

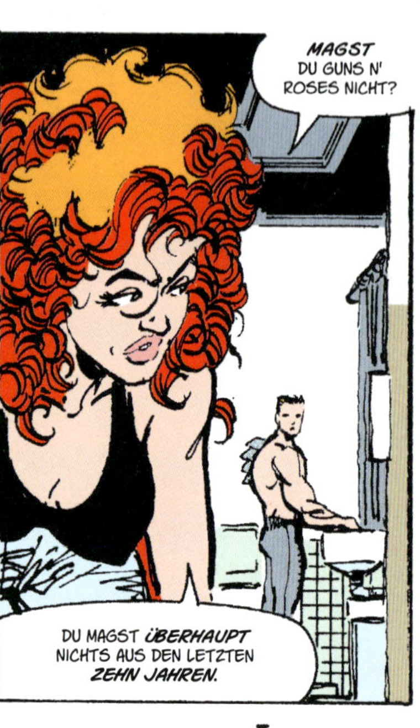
MAGST DU GUNS N' ROSES NICHT?
DU MAGST ÜBERHAUPT NICHTS AUS DEN LETZTEN ZEHN JAHREN.

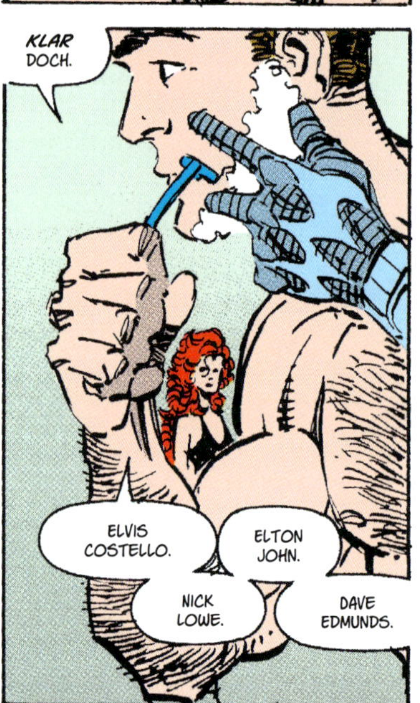
KLAR DOCH.
ELVIS COSTELLO.
ELTON JOHN.
NICK LOWE.
DAVE EDMUNDS.

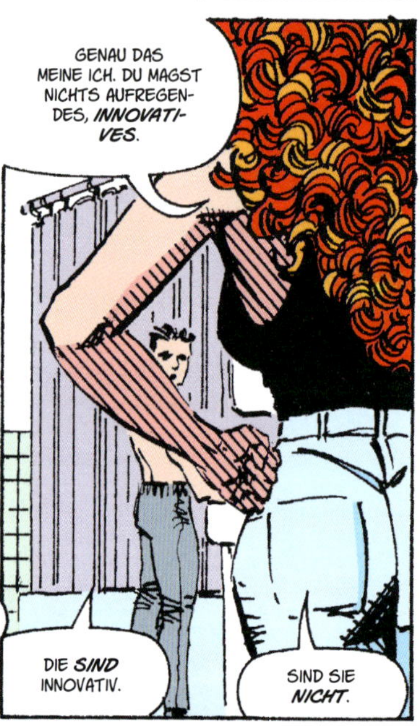
GENAU DAS MEINE ICH. DU MAGST NICHTS AUFREGENDES, INNOVATIVES.
DIE SIND INNOVATIV.
SIND SIE NICHT.

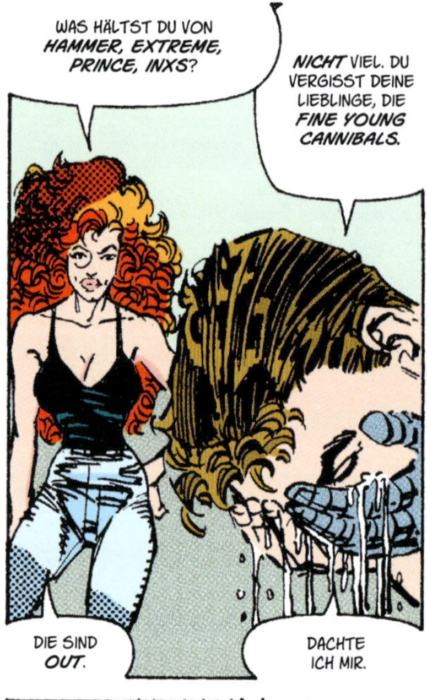
WAS HÄLTST DU VON HAMMER, EXTREME, PRINCE, INXS?
NICHT VIEL. DU VERGISST DEINE LIEBLINGE, DIE FINE YOUNG CANNIBALS.
DIE SIND OUT.
DACHTE ICH MIR.

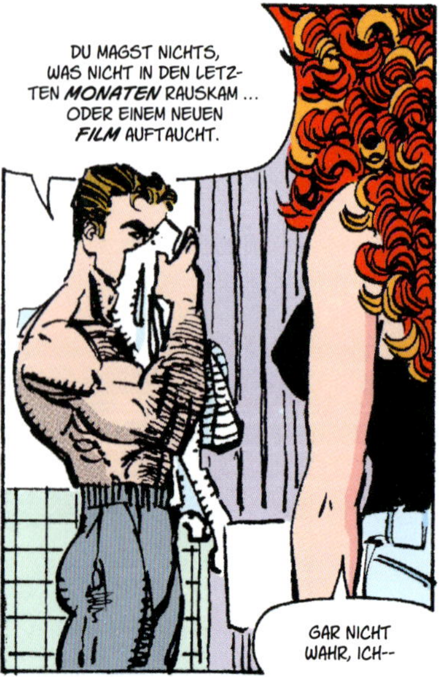
DU MAGST NICHTS, WAS NICHT IN DEN LETZTEN MONATEN RAUSKAM ... ODER EINEM NEUEN FILM AUFTAUCHT.
GAR NICHT WAHR, ICH--

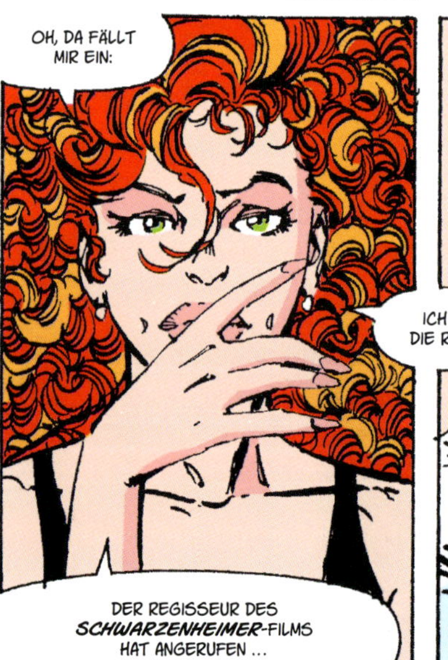
OH, DA FÄLLT MIR EIN:
DER REGISSEUR DES SCHWARZENHEIMER-FILMS HAT ANGERUFEN ...

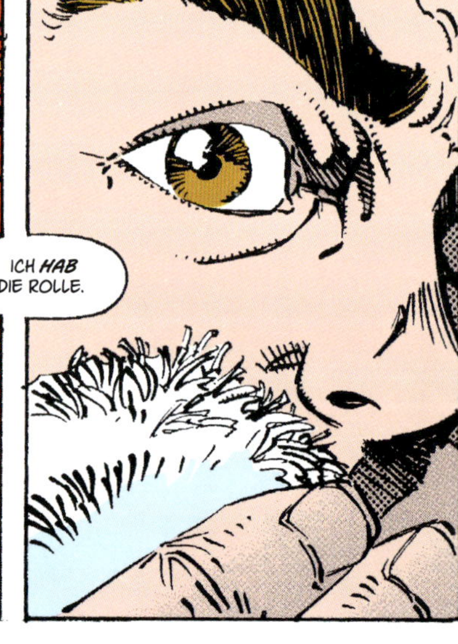
ICH HAB DIE ROLLE.

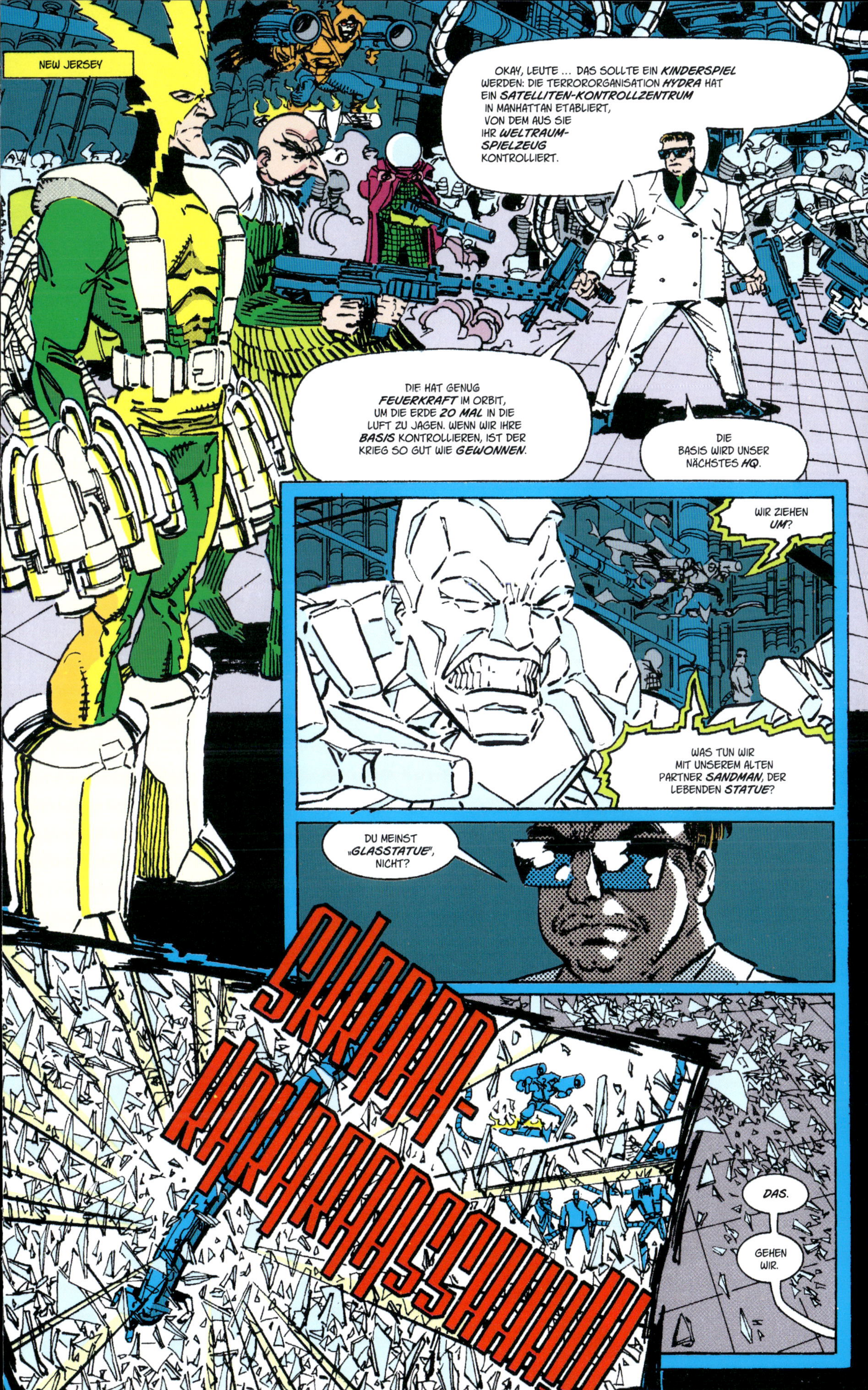
NEW JERSEY
OKAY, LEUTE ... DAS SOLLTE EIN KINDERSPIEL WERDEN: DIE TERRORORGANISATION HYDRA HAT EIN SATELLITEN-KONTROLLZENTRUM IN MANHATTAN ETABLIERT, VON DEM AUS SIE IHR WELTRAUM-SPIELZEUG KONTROLLIERT.
DIE HAT GENUG FEUERKRAFT IM ORBIT, UM DIE ERDE 20 MAL IN DIE LUFT ZU JAGEN. WENN WIR IHRE BASIS KONTROLLIEREN, IST DER KRIEG SO GUT WIE GEWONNEN.
DIE BASIS WIRD UNSER NÄCHSTES HQ.
WIR ZIEHEN UM?
WAS TUN WIR MIT UNSEREM ALTEN PARTNER SANDMAN, DER LEBENDEN STATUE?
DU MEINST „GLASSTATUE", NICHT?
SKRAAAN-KRRRRAASHHHH!!
DAS.
GEHEN WIR.

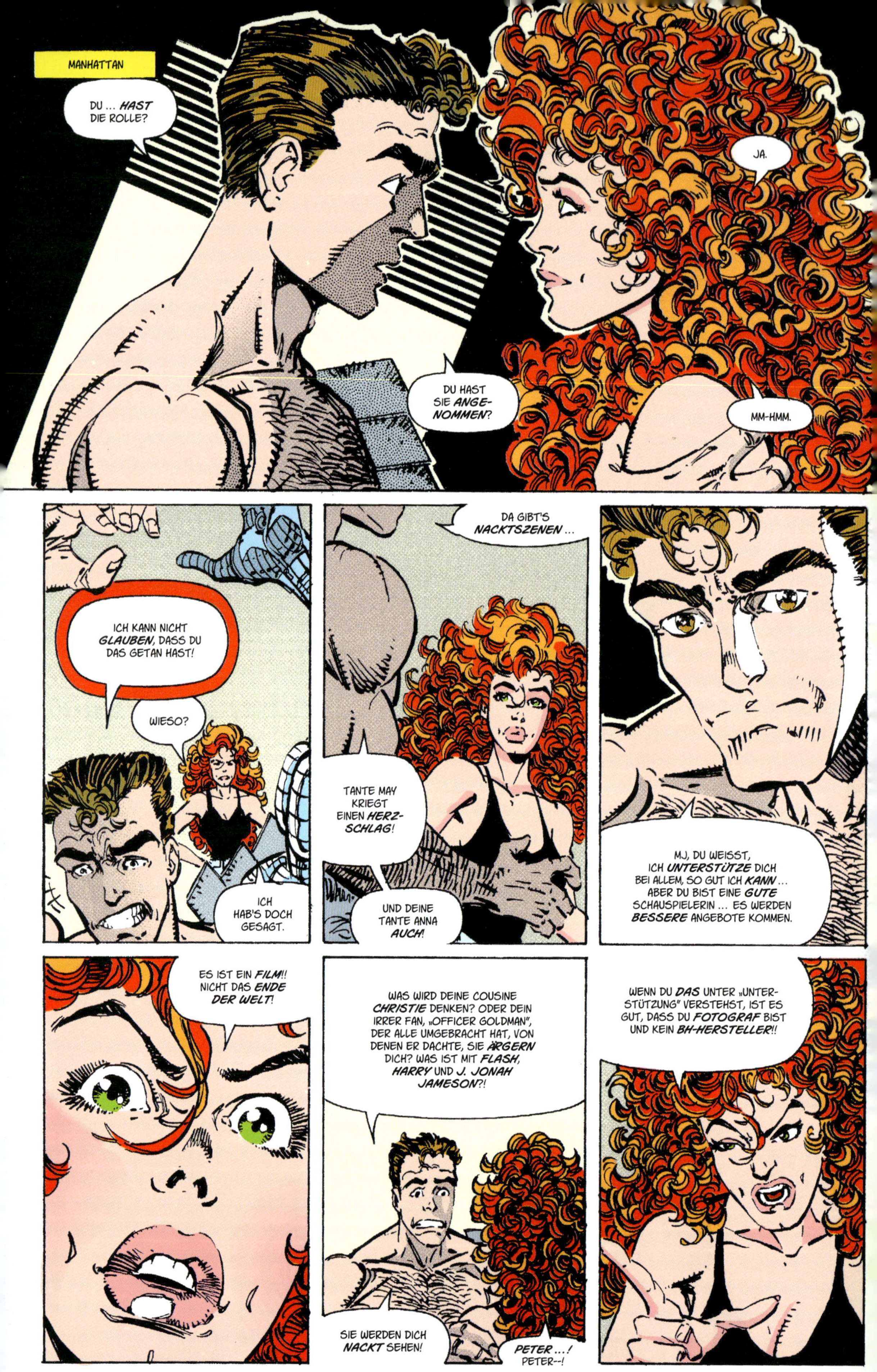

MANHATTAN

DU ... *HAST* DIE ROLLE?

JA.

DU HAST SIE *ANGENOMMEN*?

MM-HMM.

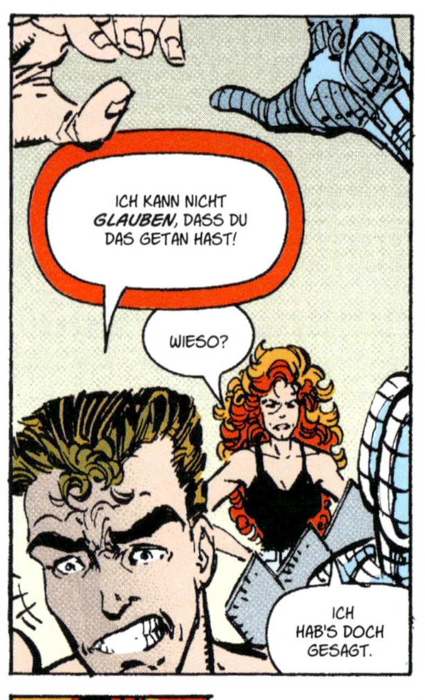

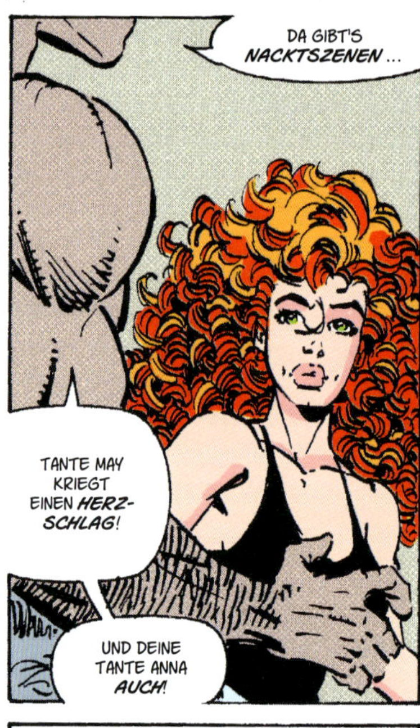

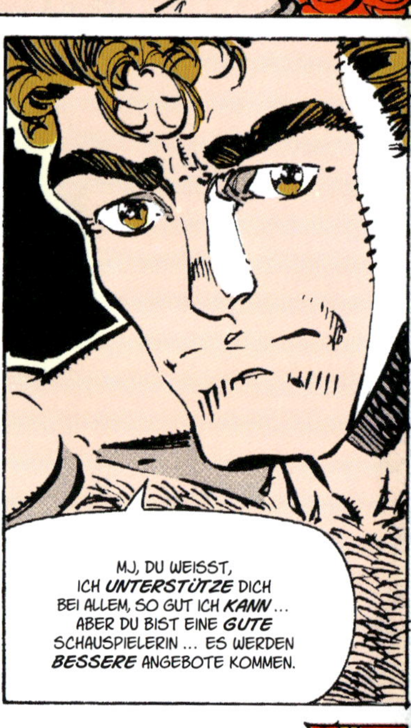

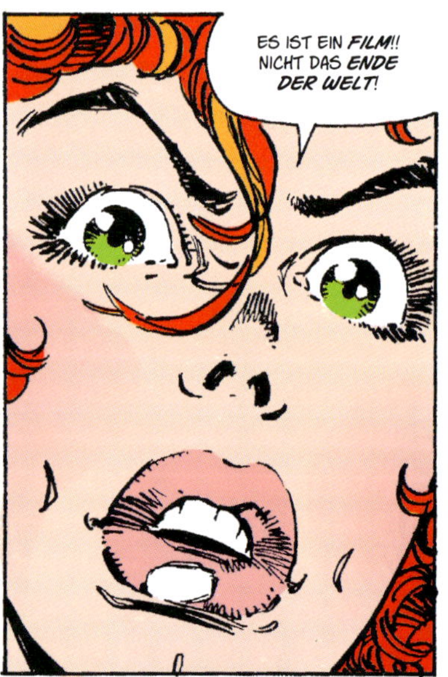

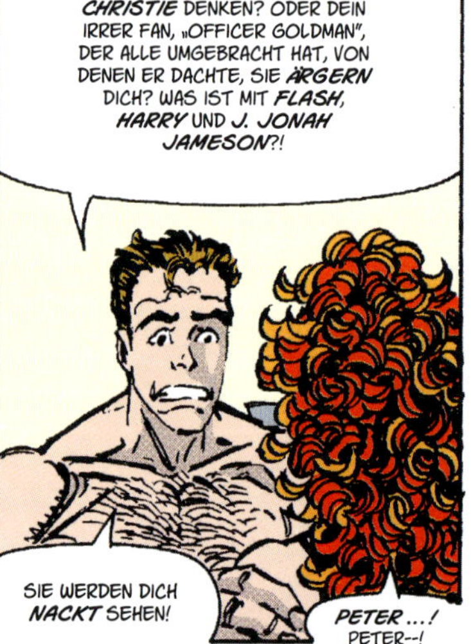

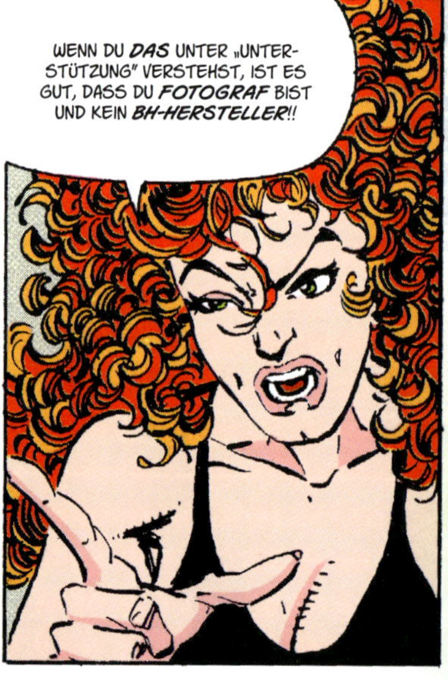

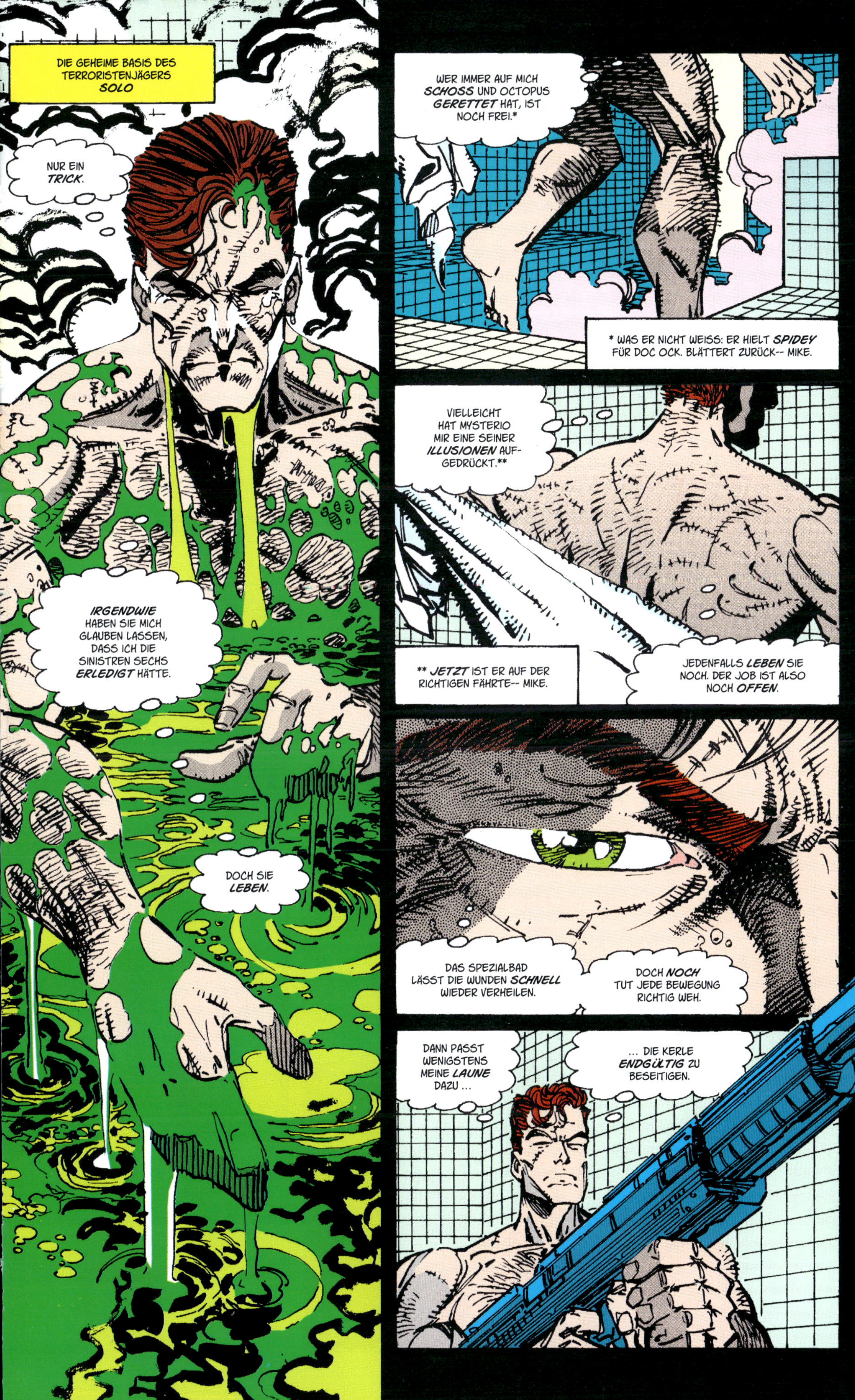
DIE GEHEIME BASIS DES TERRORISTENJÄGERS SOLO
NUR EIN TRICK.
IRGENDWIE HABEN SIE MICH GLAUBEN LASSEN, DASS ICH DIE SINISTREN SECHS ERLEDIGT HÄTTE.
DOCH SIE LEBEN.
WER IMMER AUF MICH SCHOSS UND OCTOPUS GERETTET HAT, IST NOCH FREI.*
* WAS ER NICHT WEISS: ER HIELT SPIDEY FÜR DOC OCK. BLÄTTERT ZURÜCK-- MIKE.
VIELLEICHT HAT MYSTERIO MIR EINE SEINER ILLUSIONEN AUFGEDRÜCKT.**
** JETZT IST ER AUF DER RICHTIGEN FÄHRTE-- MIKE.
JEDENFALLS LEBEN SIE NOCH. DER JOB IST ALSO NOCH OFFEN.
DAS SPEZIALBAD LÄSST DIE WUNDEN SCHNELL WIEDER VERHEILEN.
DOCH NOCH TUT JEDE BEWEGUNG RICHTIG WEH.
DANN PASST WENIGSTENS MEINE LAUNE DAZU ...
... DIE KERLE ENDGÜLTIG ZU BESEITIGEN.

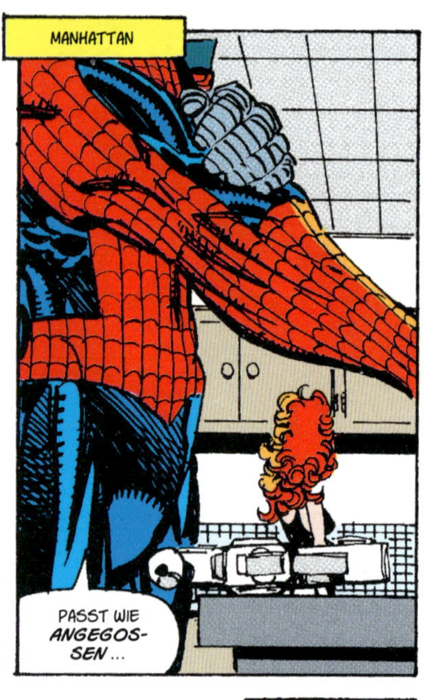
MANHATTAN
PASST WIE ANGEGOSSEN ...

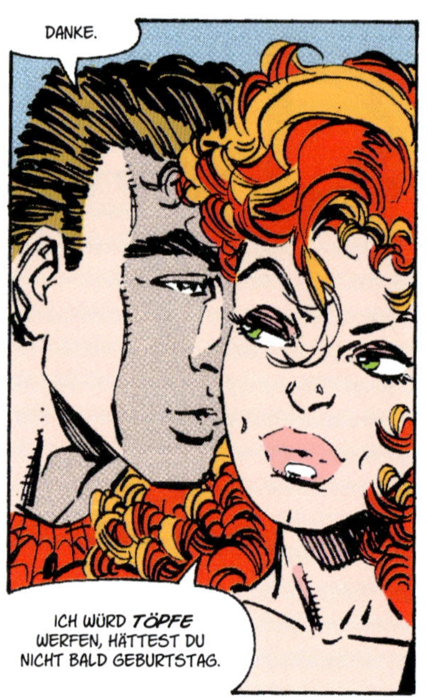
DANKE.
ICH WÜRD TÖPFE WERFEN, HÄTTEST DU NICHT BALD GEBURTSTAG.

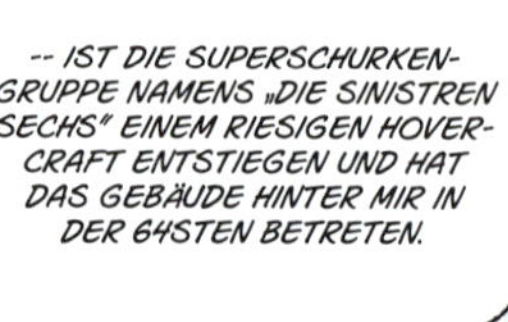
-- IST DIE SUPERSCHURKEN-GRUPPE NAMENS „DIE SINISTREN SECHS" EINEM RIESIGEN HOVER-CRAFT ENTSTIEGEN UND HAT DAS GEBÄUDE HINTER MIR IN DER 64STEN BETRETEN.

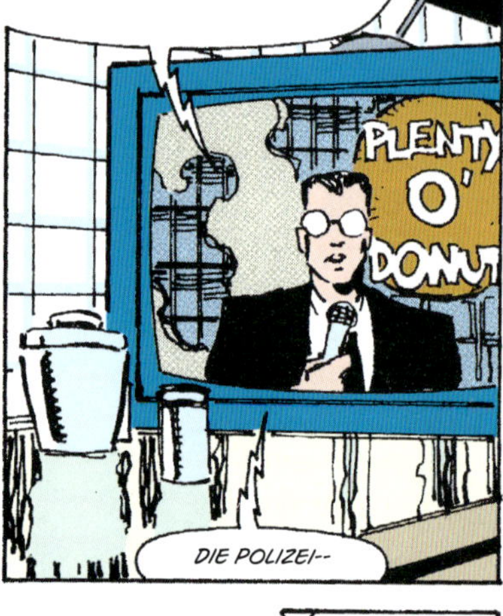
PLENTY O' DONUT
DIE POLIZEI--

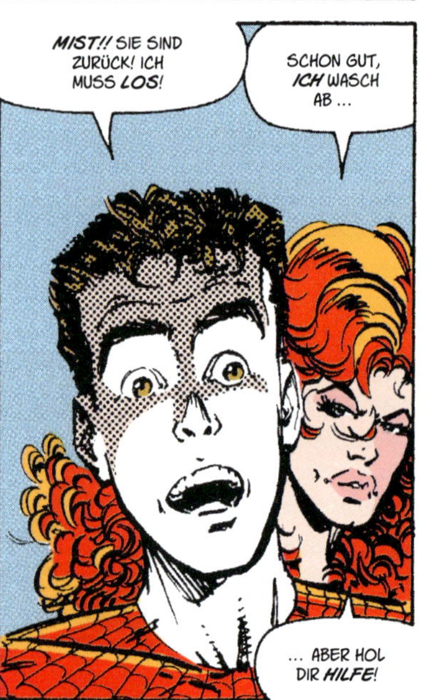
MIST!! SIE SIND ZURÜCK! ICH MUSS LOS!
SCHON GUT, ICH WASCH AB ...
... ABER HOL DIR HILFE!

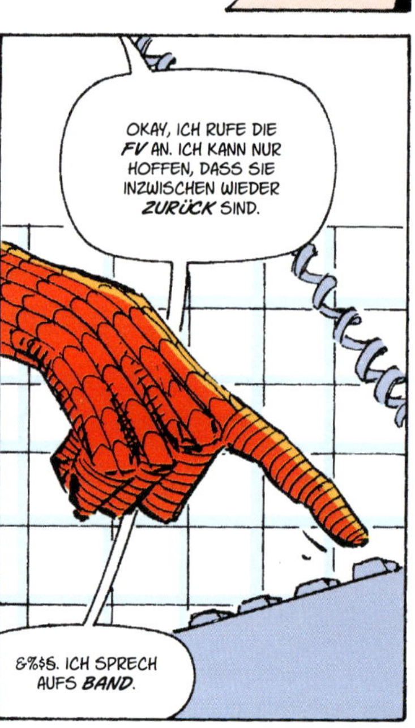
OKAY, ICH RUFE DIE FV AN. ICH KANN NUR HOFFEN, DASS SIE INZWISCHEN WIEDER ZURÜCK SIND.
&%$§. ICH SPRECH AUFS BAND.

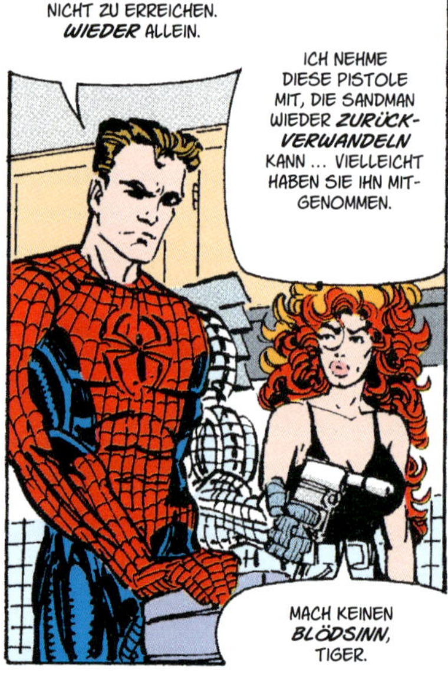
DIE RÄCHER SIND AUCH NICHT ZU ERREICHEN. WIEDER ALLEIN.
ICH NEHME DIESE PISTOLE MIT, DIE SANDMAN WIEDER ZURÜCK-VERWANDELN KANN ... VIELLEICHT HABEN SIE IHN MIT-GENOMMEN.
MACH KEINEN BLÖDSINN, TIGER.

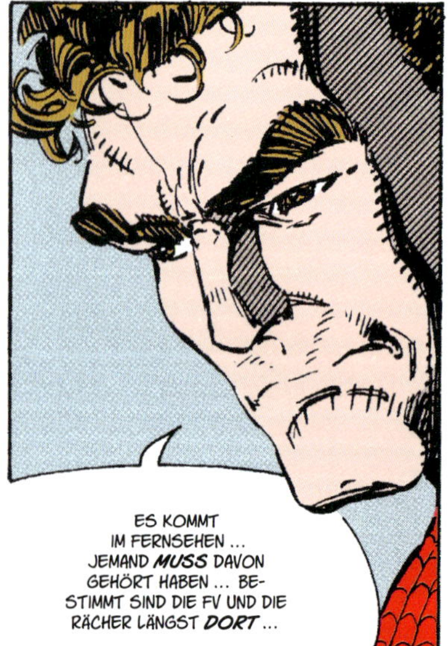
ES KOMMT IM FERNSEHEN ... JEMAND MUSS DAVON GEHÖRT HABEN ... BE-STIMMT SIND DIE FV UND DIE RÄCHER LÄNGST DORT ...

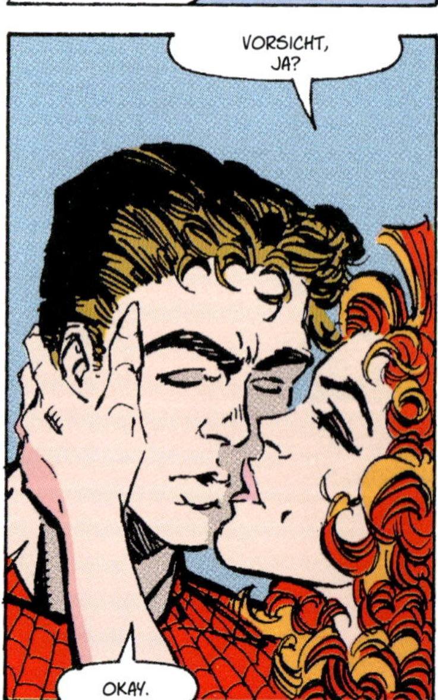
VORSICHT, JA?
OKAY.

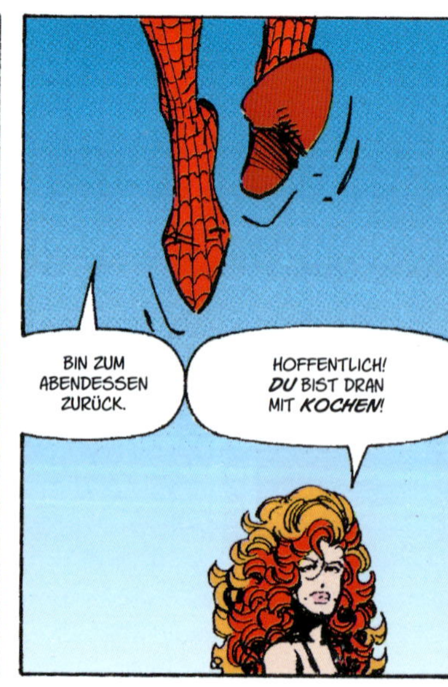
BIN ZUM ABENDESSEN ZURÜCK.
HOFFENTLICH! DU BIST DRAN MIT KOCHEN!

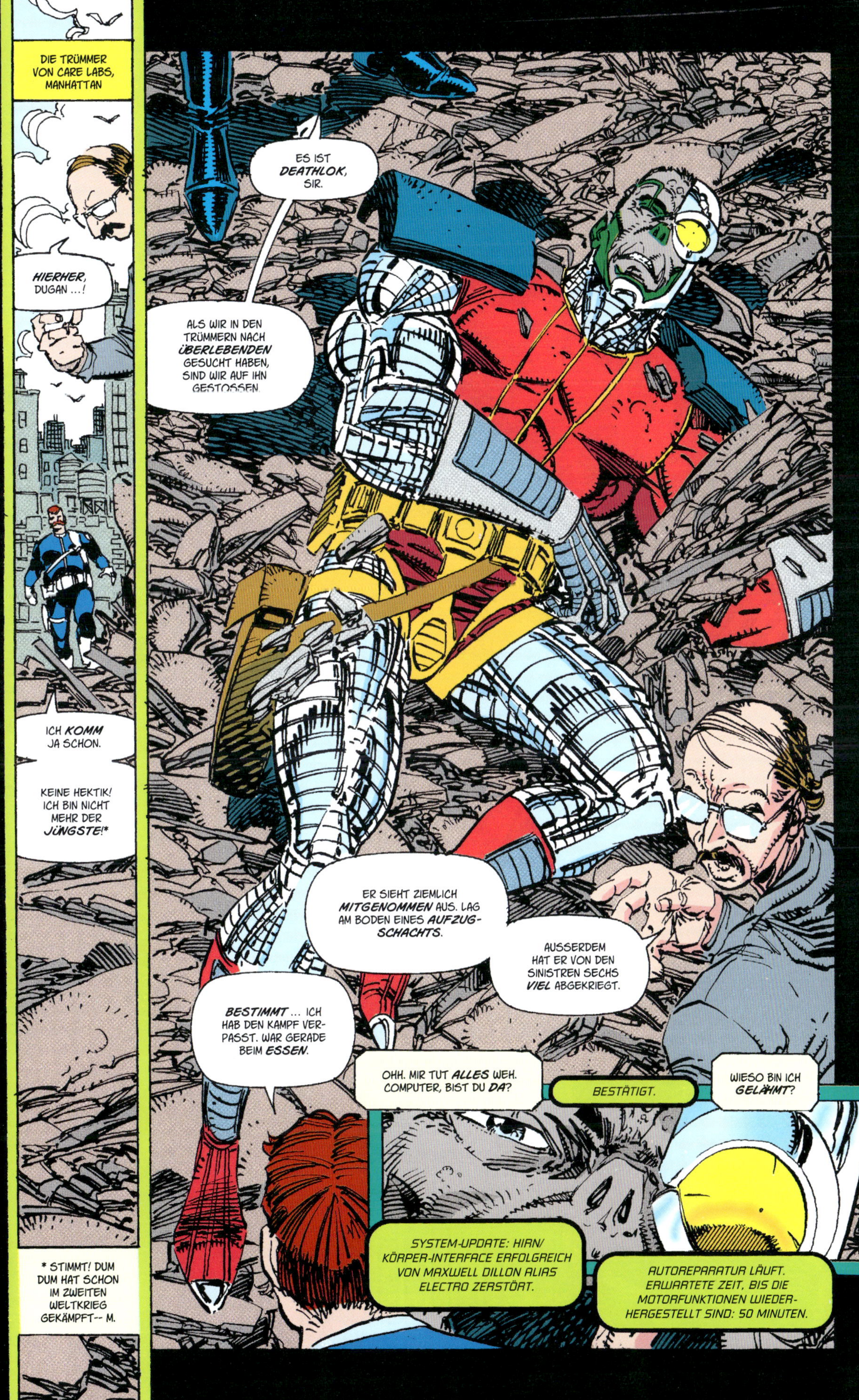
DIE TRÜMMER VON CARE LABS, MANHATTAN
HIERHER, DUGAN ...!
ICH KOMM JA SCHON.
KEINE HEKTIK! ICH BIN NICHT MEHR DER JÜNGSTE!*
ES IST DEATHLOK, SIR.
ALS WIR IN DEN TRÜMMERN NACH ÜBERLEBENDEN GESUCHT HABEN, SIND WIR AUF IHN GESTOSSEN.
ER SIEHT ZIEMLICH MITGENOMMEN AUS. LAG AM BODEN EINES AUFZUGSCHACHTS.
AUSSERDEM HAT ER VON DEN SINISTREN SECHS VIEL ABGEKRIEGT.
BESTIMMT ... ICH HAB DEN KAMPF VERPASST. WAR GERADE BEIM ESSEN.
OHH. MIR TUT ALLES WEH. COMPUTER, BIST DU DA?
BESTÄTIGT.
WIESO BIN ICH GELÄHMT?
SYSTEM-UPDATE: HIRN/KÖRPER-INTERFACE ERFOLGREICH VON MAXWELL DILLON ALIAS ELECTRO ZERSTÖRT.
AUTOREPARATUR LÄUFT. ERWARTETE ZEIT, BIS DIE MOTORFUNKTIONEN WIEDERHERGESTELLT SIND: 50 MINUTEN.
* STIMMT! DUM DUM HAT SCHON IM ZWEITEN WELTKRIEG GEKÄMPFT-- M.

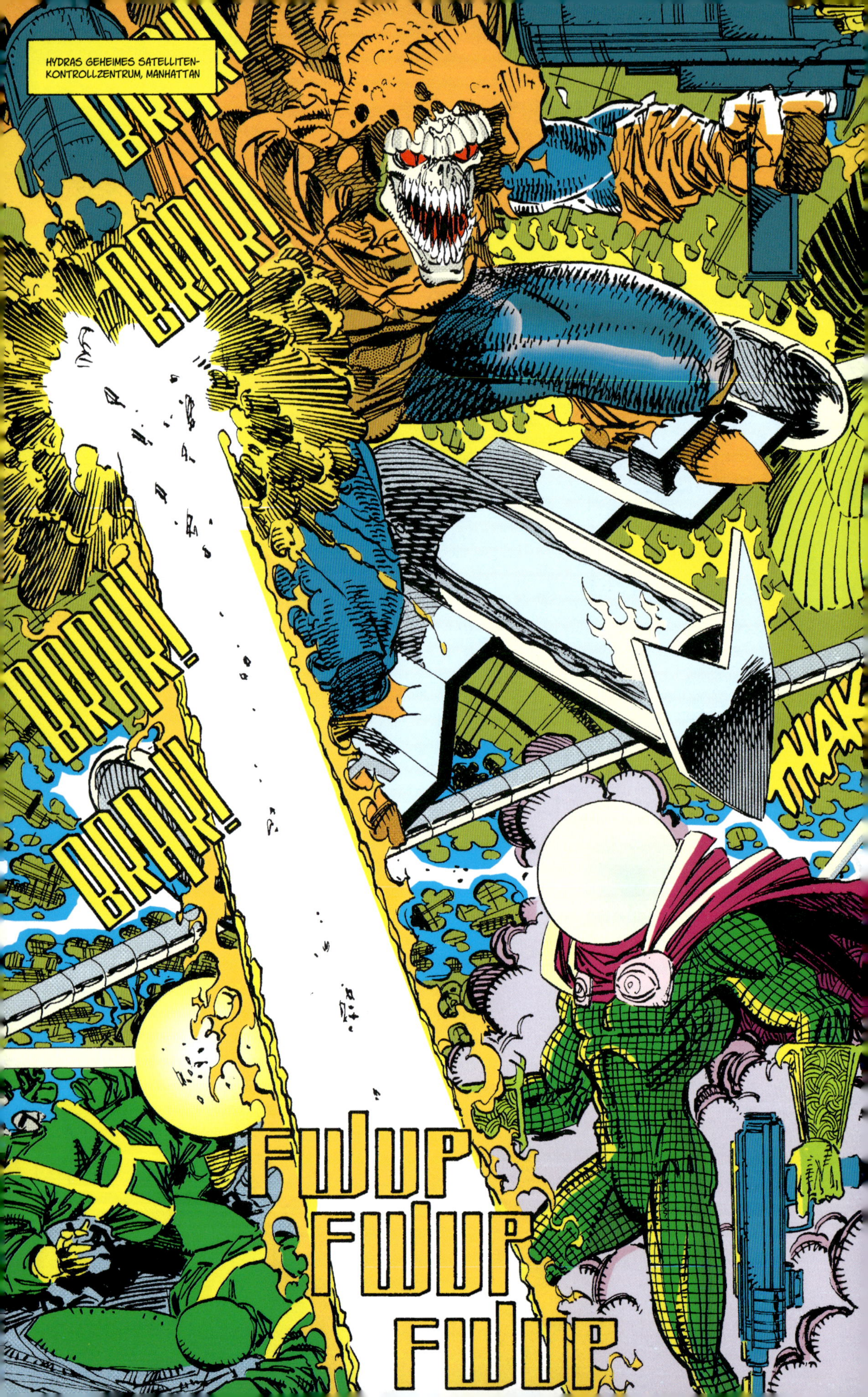
HYDRAS GEHEIMES SATELLITEN-KONTROLLZENTRUM, MANHATTAN
BRAK!
BRAK!
BRAK!
BRAK!
THAK
FWUP
FWUP
FWUP

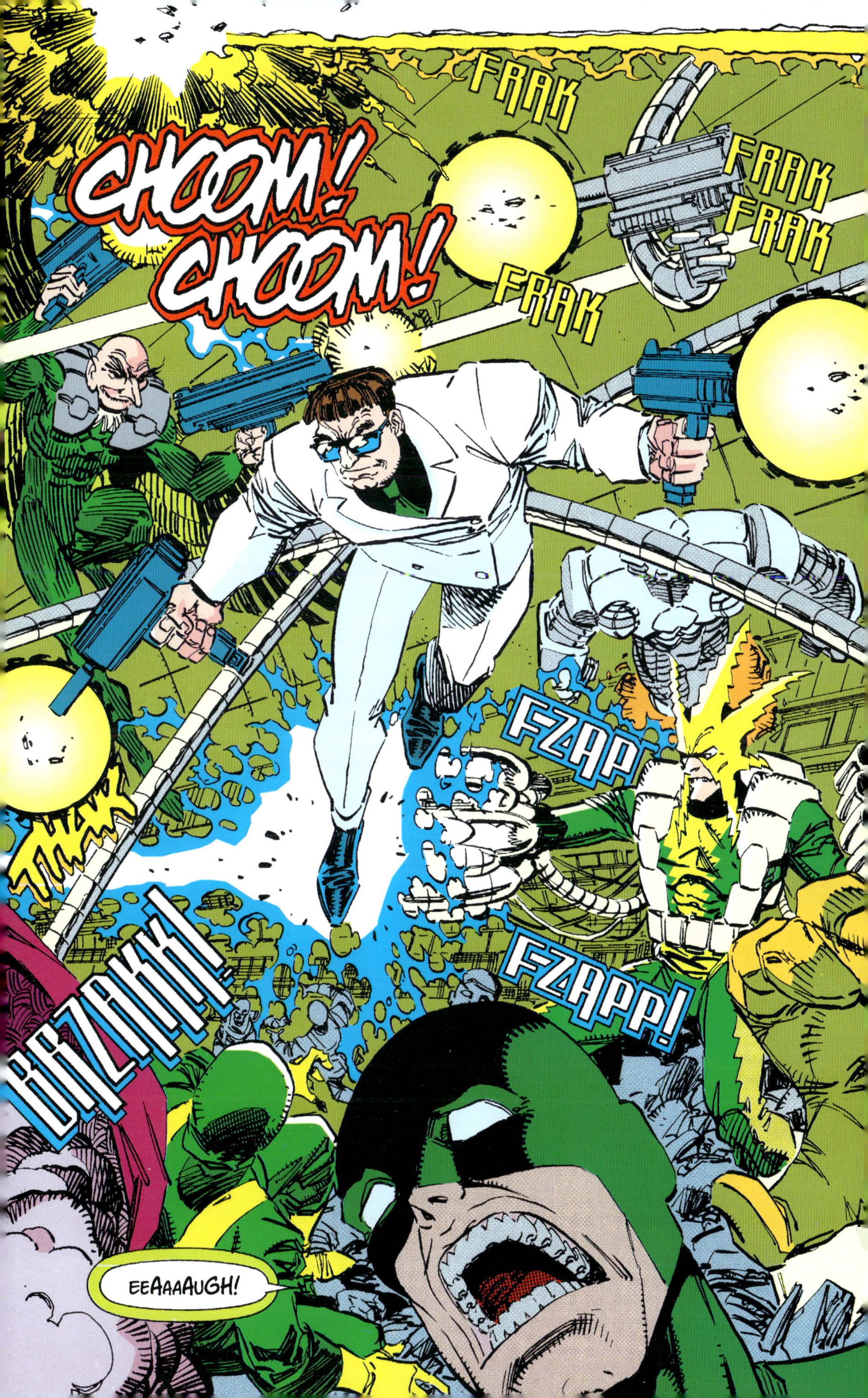
CHOOM! CHOOM!
FRAK
FRAK FRAK
FRAK
F-ZAP
F-ZAPP!
BRZAKK!
EEAAAAUGH!

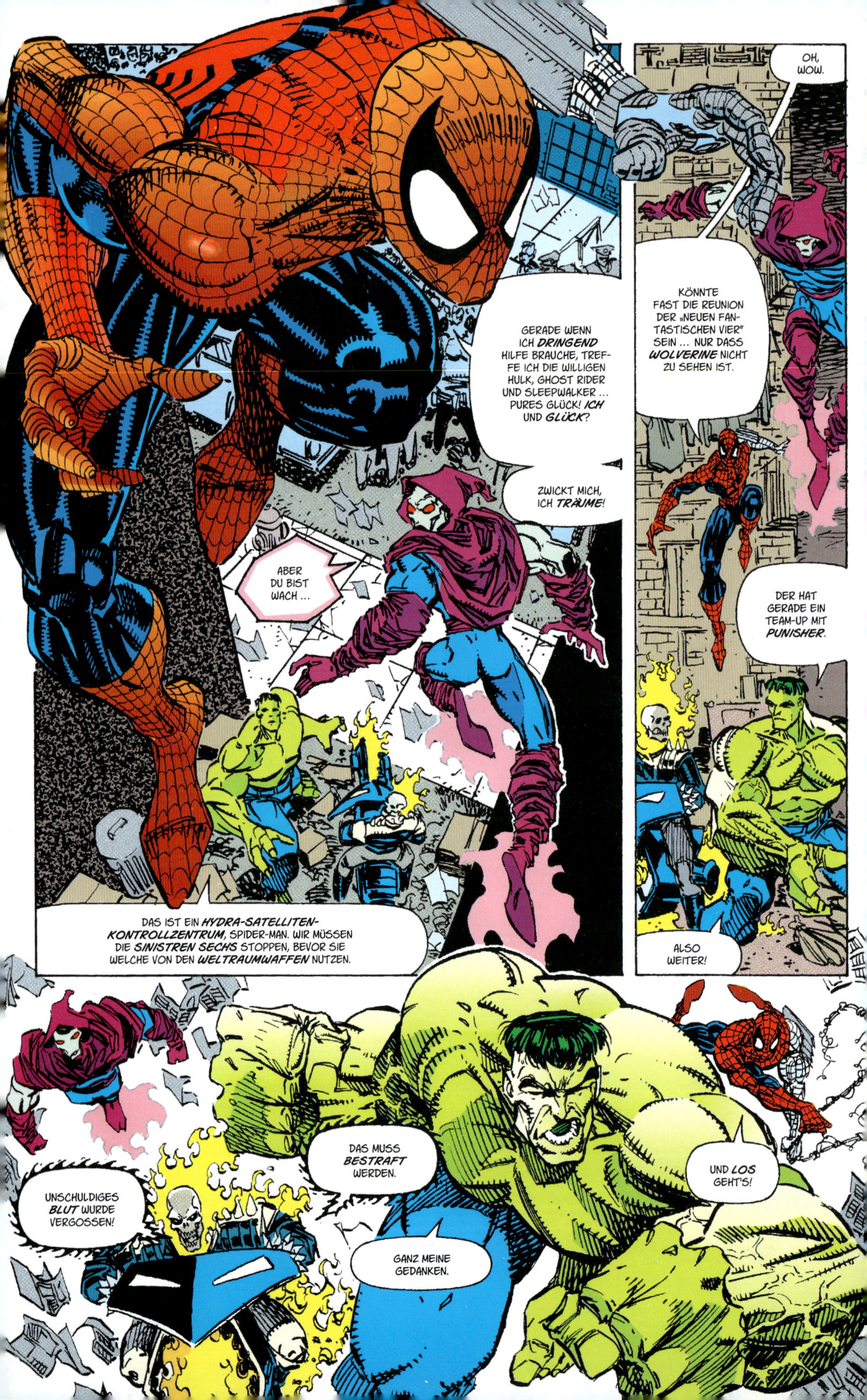
GERADE WENN ICH DRINGEND HILFE BRAUCHE, TREFFE ICH DIE WILLIGEN HULK, GHOST RIDER UND SLEEPWALKER ... PURES GLÜCK! ICH UND GLÜCK?
ZWICKT MICH, ICH TRÄUME!
ABER DU BIST WACH ...
DAS IST EIN HYDRA-SATELLITEN-KONTROLLZENTRUM, SPIDER-MAN. WIR MÜSSEN DIE SINISTREN SECHS STOPPEN, BEVOR SIE WELCHE VON DEN WELTRAUMWAFFEN NUTZEN.
OH, WOW.
KÖNNTE FAST DIE REUNION DER „NEUEN FANTASTISCHEN VIER" SEIN ... NUR DASS WOLVERINE NICHT ZU SEHEN IST.
DER HAT GERADE EIN TEAM-UP MIT PUNISHER.
ALSO WEITER!
UNSCHULDIGES BLUT WURDE VERGOSSEN!
DAS MUSS BESTRAFT WERDEN.
GANZ MEINE GEDANKEN.
UND LOS GEHT'S!

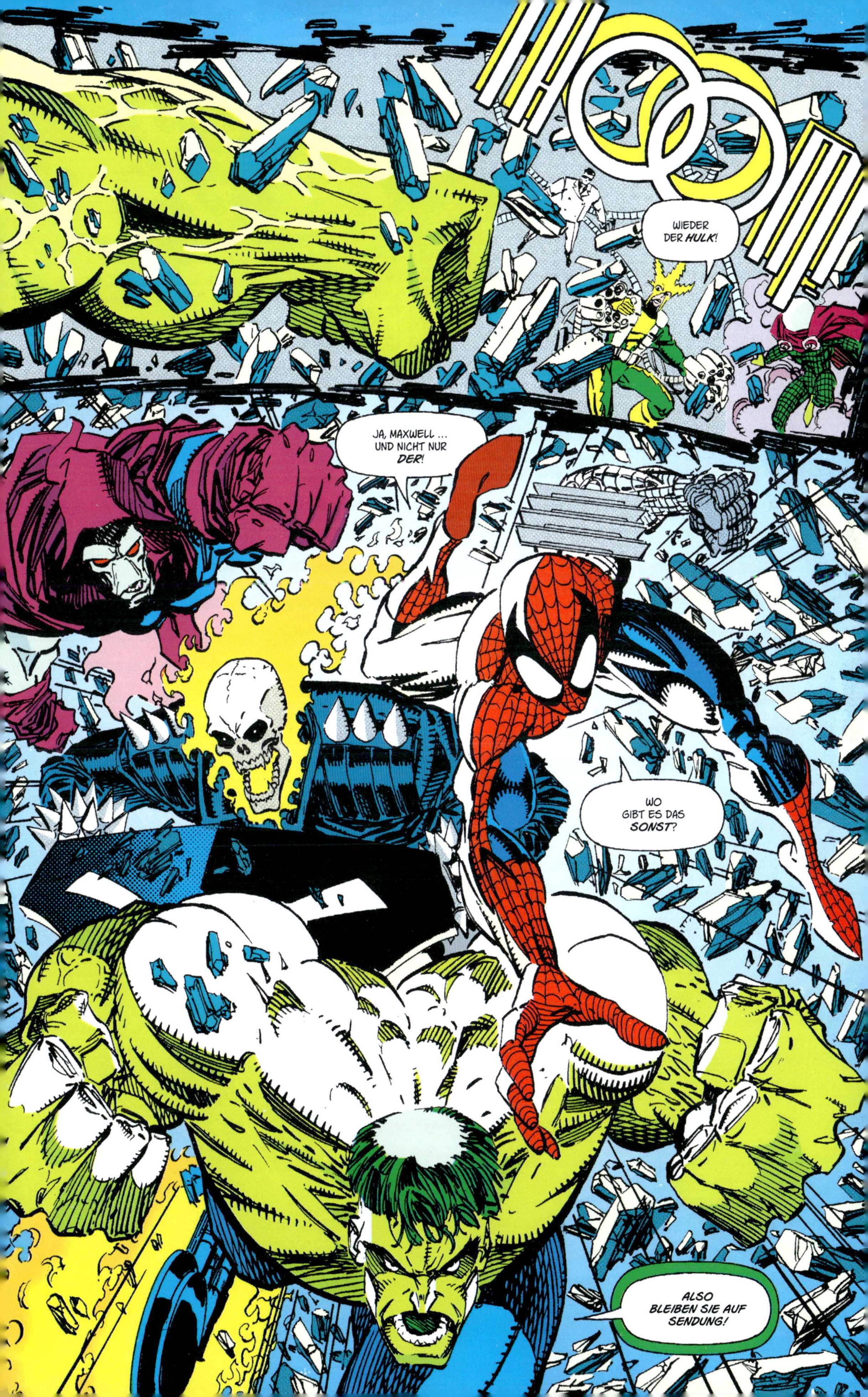
THOOM!
WIEDER DER *HULK*!
JA, MAXWELL ... UND NICHT NUR *DER*!
WO GIBT ES DAS *SONST*?
ALSO BLEIBEN SIE AUF SENDUNG!

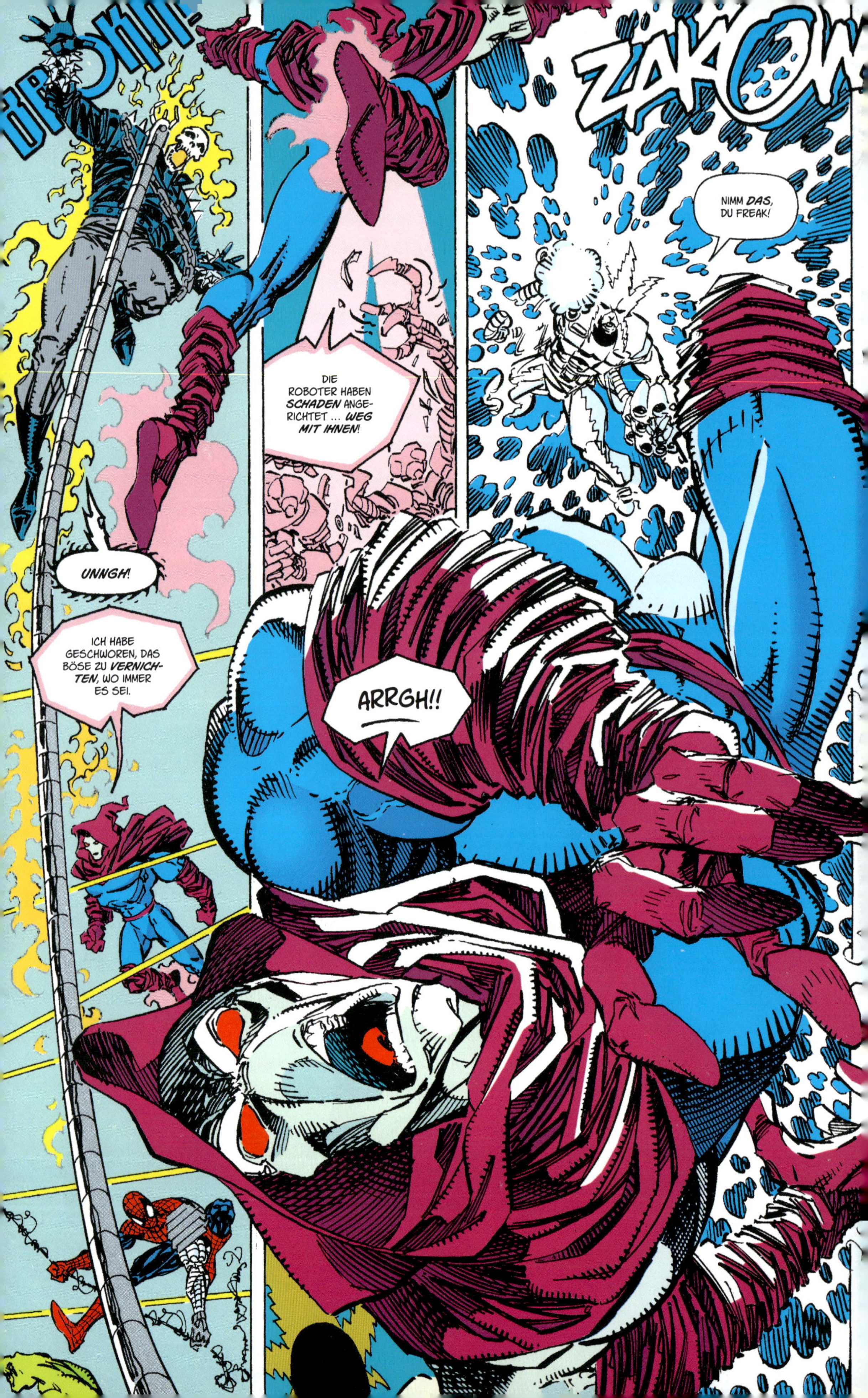
BROOM!
UNNGH!
ICH HABE GESCHWOREN, DAS BÖSE ZU VERNICHTEN, WO IMMER ES SEI.
DIE ROBOTER HABEN SCHADEN ANGERICHTET ... WEG MIT IHNEN!
ZAKOW
NIMM DAS, DU FREAK!
ARRGH!!

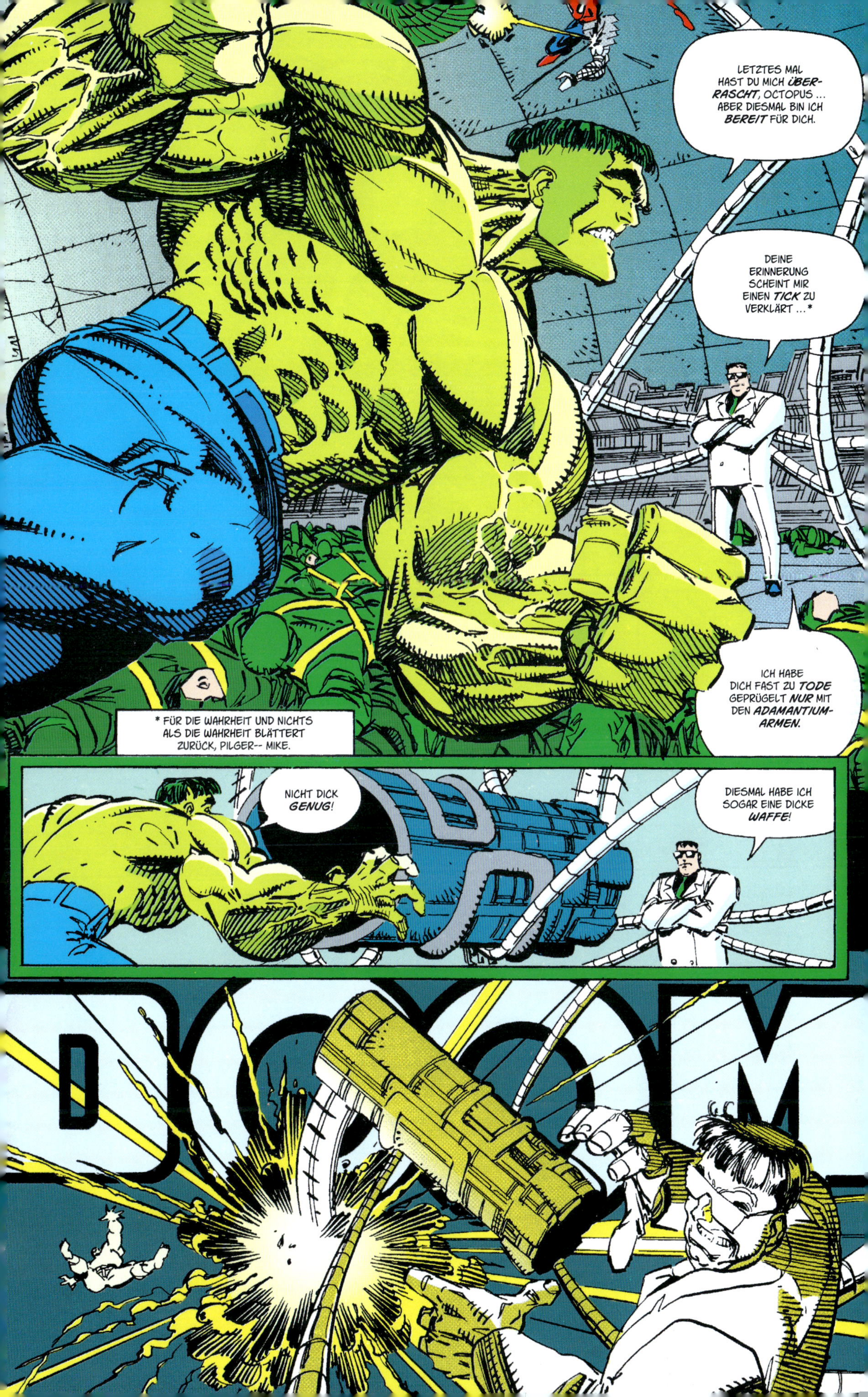
LETZTES MAL HAST DU MICH *ÜBERRASCHT*, OCTOPUS ... ABER DIESMAL BIN ICH *BEREIT* FÜR DICH.
DEINE ERINNERUNG SCHEINT MIR EINEN *TICK* ZU VERKLÄRT ... *
ICH HABE DICH FAST ZU *TODE* GEPRÜGELT *NUR* MIT DEN *ADAMANTIUM-ARMEN.*
* FÜR DIE WAHRHEIT UND NICHTS ALS DIE WAHRHEIT BLÄTTERT ZURÜCK, PILGER-- MIKE.
DIESMAL HABE ICH SOGAR EINE DICKE *WAFFE*!
NICHT DICK *GENUG*!
DOOM

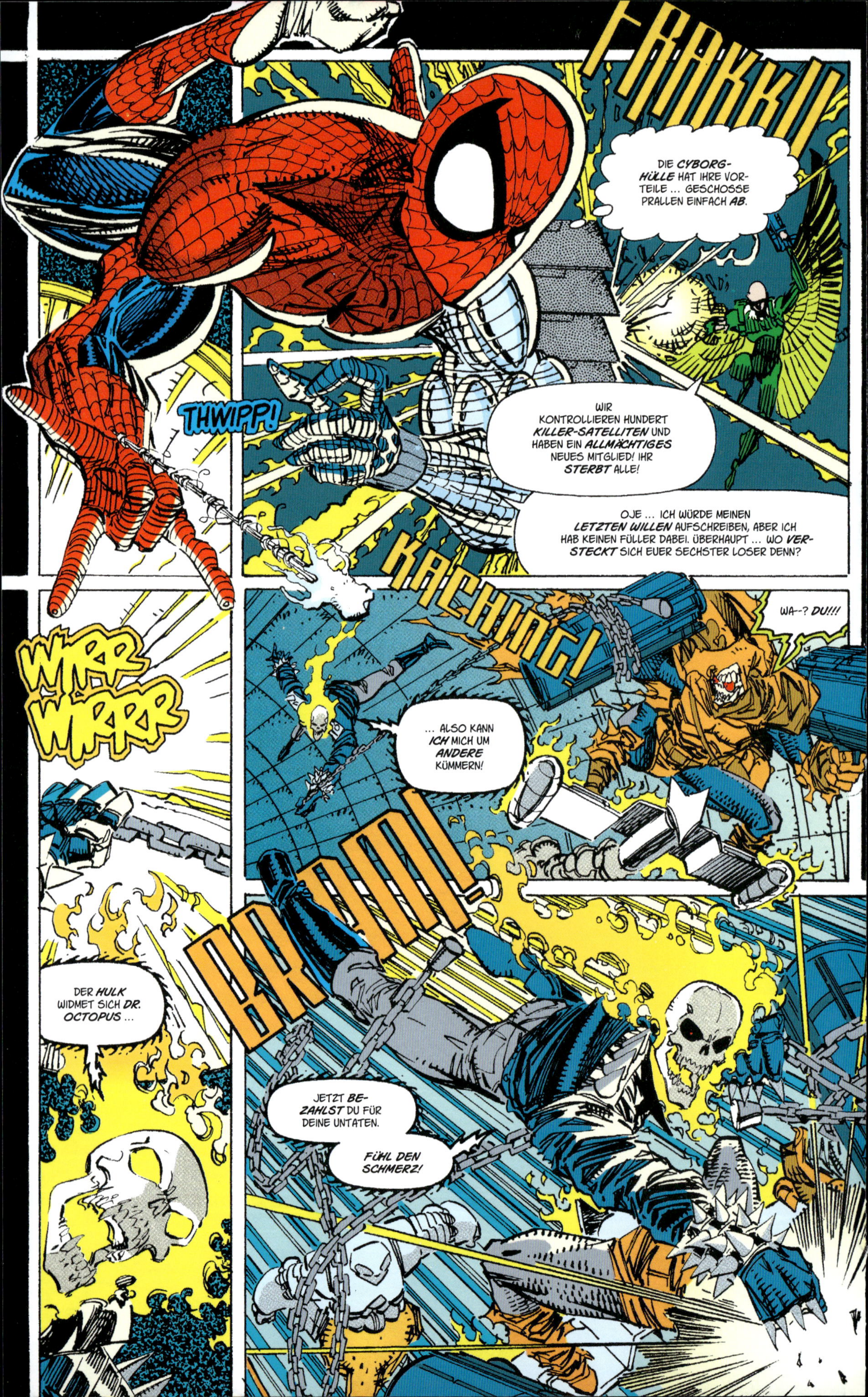
FRAKK!!
DIE CYBORG-HÜLLE HAT IHRE VORTEILE ... GESCHOSSE PRALLEN EINFACH AB.
THWIPP!
WIR KONTROLLIEREN HUNDERT KILLER-SATELLITEN UND HABEN EIN ALLMÄCHTIGES NEUES MITGLIED! IHR STERBT ALLE!
OJE ... ICH WÜRDE MEINEN LETZTEN WILLEN AUFSCHREIBEN, ABER ICH HAB KEINEN FÜLLER DABEI. ÜBERHAUPT ... WO VERSTECKT SICH EUER SECHSTER LOSER DENN?
KACHING!
WA--? DU!!!
WIRR WIRRR
... ALSO KANN ICH MICH UM ANDERE KÜMMERN!
BRMM!
DER HULK WIDMET SICH DR. OCTOPUS ...
JETZT BEZAHLST DU FÜR DEINE UNTATEN.
FÜHL DEN SCHMERZ!

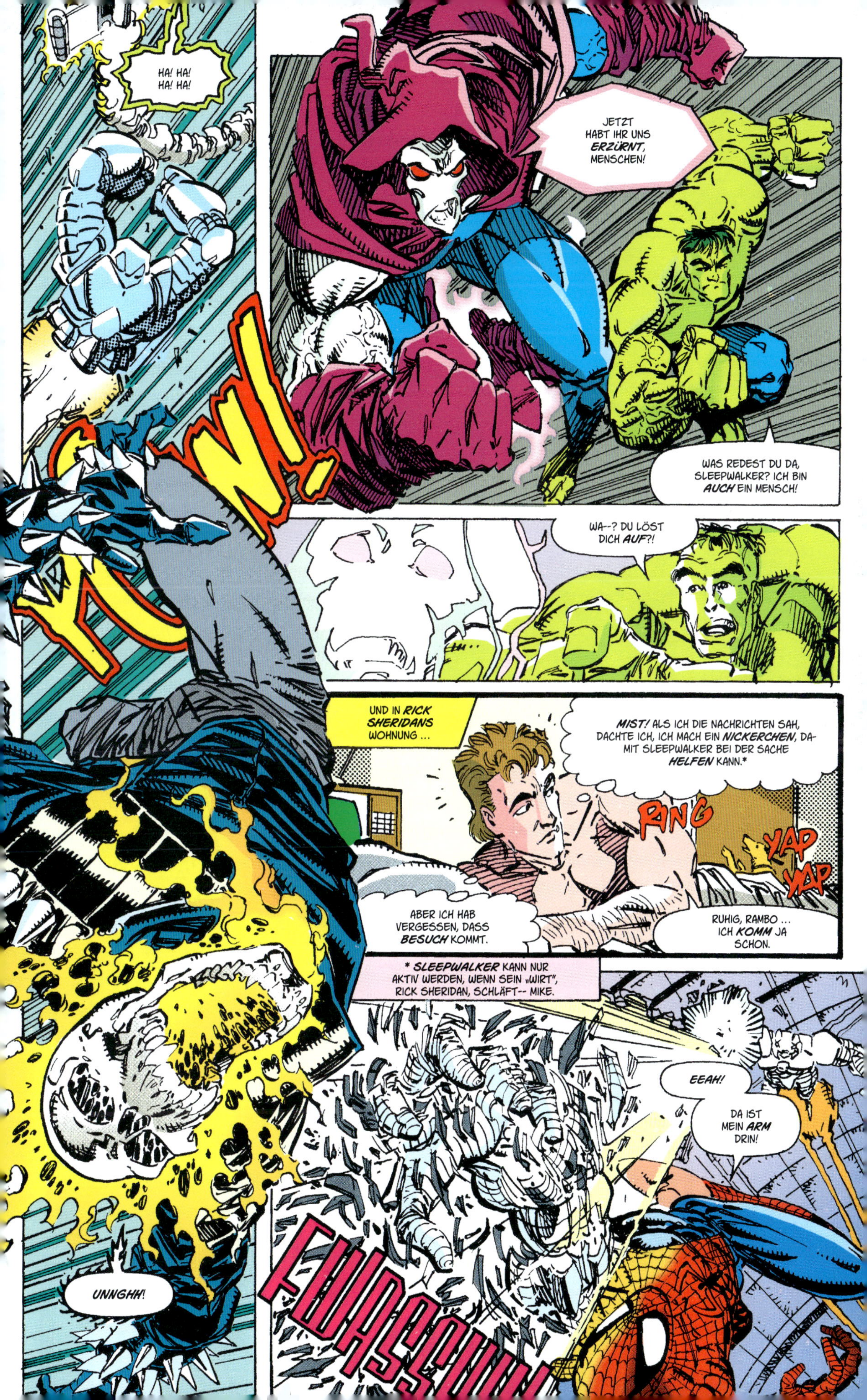
HA! HA!
HA! HA!
JETZT HABT IHR UNS ERZÜRNT, MENSCHEN!
YOOM!
WAS REDEST DU DA, SLEEPWALKER? ICH BIN AUCH EIN MENSCH!
WA--? DU LÖST DICH AUF?!
UND IN RICK SHERIDANS WOHNUNG ...
MIST! ALS ICH DIE NACHRICHTEN SAH, DACHTE ICH, ICH MACH EIN NICKERCHEN, DAMIT SLEEPWALKER BEI DER SACHE HELFEN KANN.*
RING
YAP YAP
ABER ICH HAB VERGESSEN, DASS BESUCH KOMMT.
RUHIG, RAMBO ... ICH KOMM JA SCHON.
* SLEEPWALKER KANN NUR AKTIV WERDEN, WENN SEIN „WIRT", RICK SHERIDAN, SCHLÄFT-- MIKE.
EEAH!
DA IST MEIN ARM DRIN!
UNNGHH!

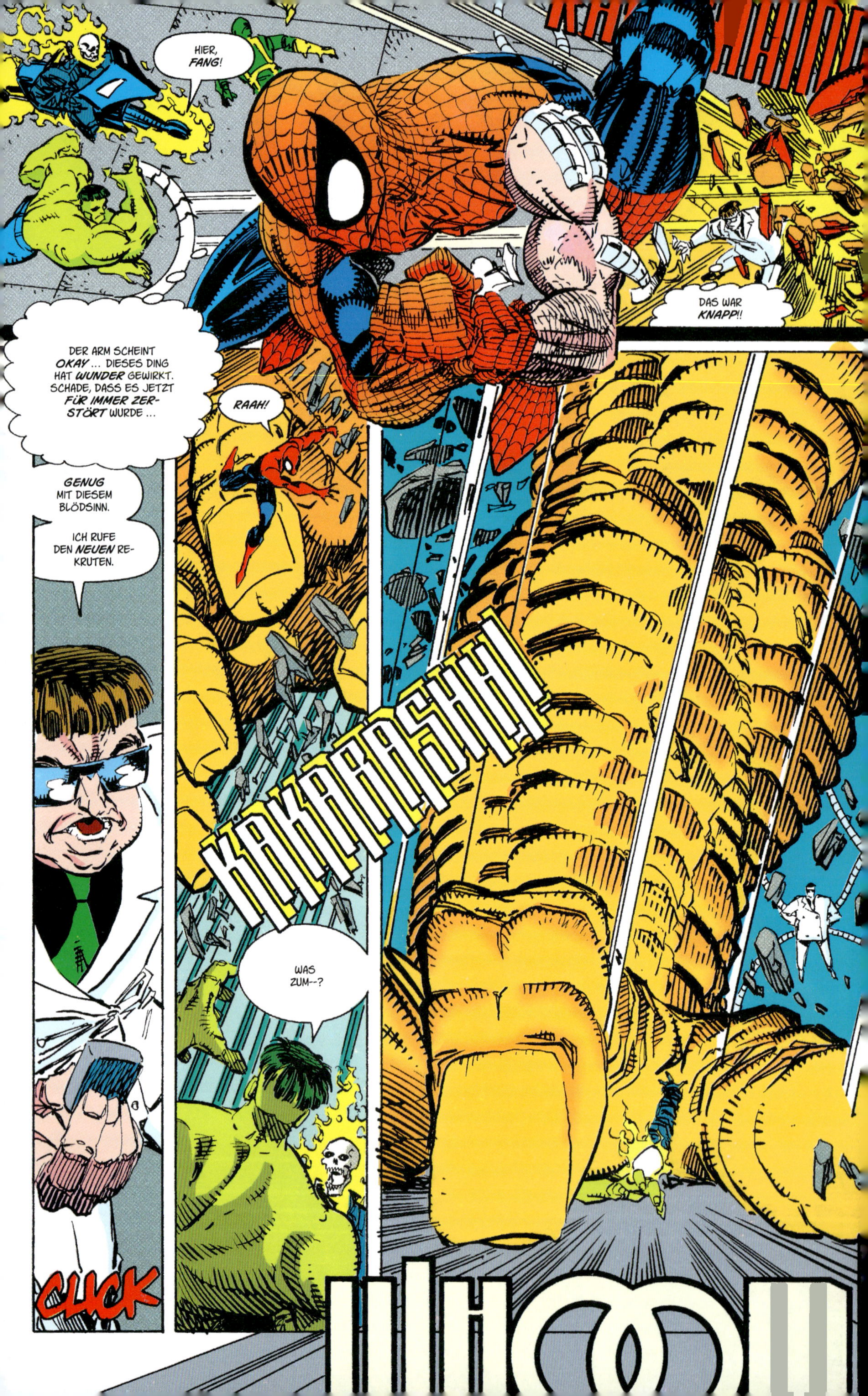

HIER, FANG!
DAS WAR KNAPP!!
DER ARM SCHEINT OKAY ... DIESES DING HAT WUNDER GEWIRKT. SCHADE, DASS ES JETZT FÜR IMMER ZERSTÖRT WURDE ...
RAAH!
GENUG MIT DIESEM BLÖDSINN.
ICH RUFE DEN NEUEN REKRUTEN.
KAKRAASHH!
WAS ZUM--?
CLICK

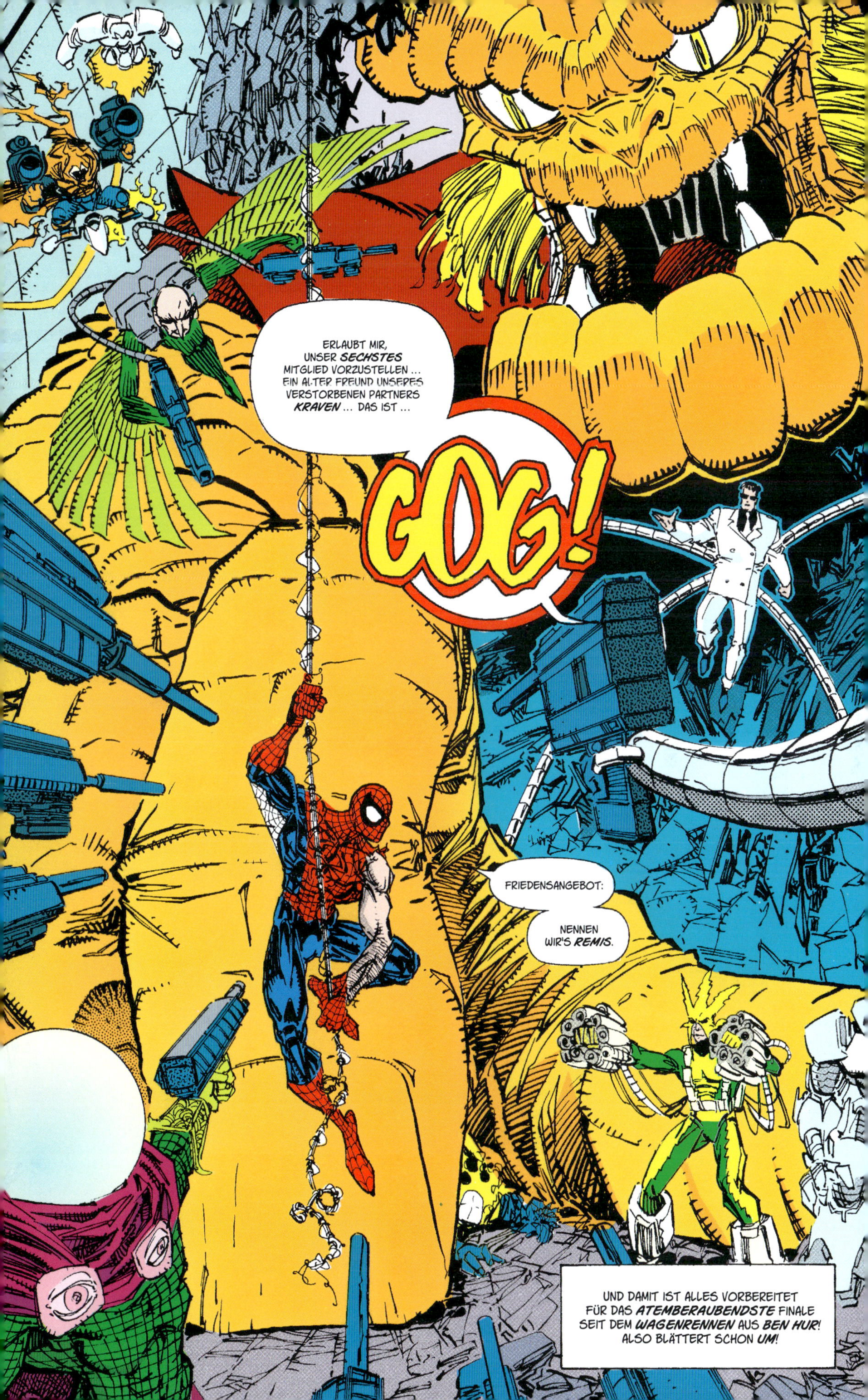
ERLAUBT MIR, UNSER SECHSTES MITGLIED VORZUSTELLEN … EIN ALTER FREUND UNSERES VERSTORBENEN PARTNERS KRAVEN … DAS IST …
GOG!
FRIEDENSANGEBOT:
NENNEN WIR'S REMIS.
UND DAMIT IST ALLES VORBEREITET FÜR DAS ATEMBERAUBENDSTE FINALE SEIT DEM WAGENRENNEN AUS BEN HUR! ALSO BLÄTTERT SCHON UM!

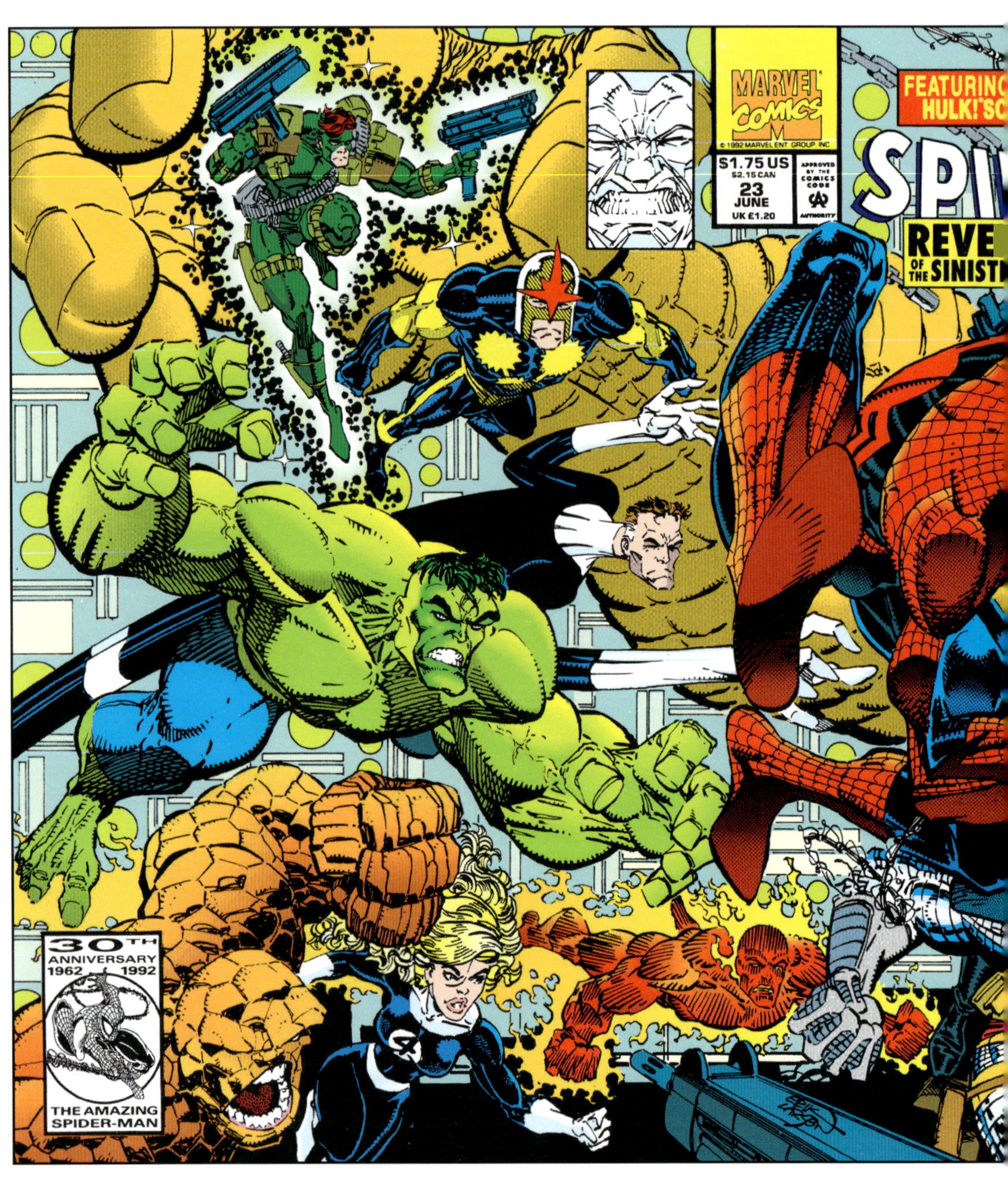
MARVEL COMICS
© 1992 MARVEL ENT GROUP INC
$1.75 US
$2.15 CAN
23
JUNE
UK £1.20
APPROVED BY THE COMICS CODE AUTHORITY
HULK!
30TH ANNIVERSARY
1962 1992
THE AMAZING SPIDER-MAN

KONFRONTATION

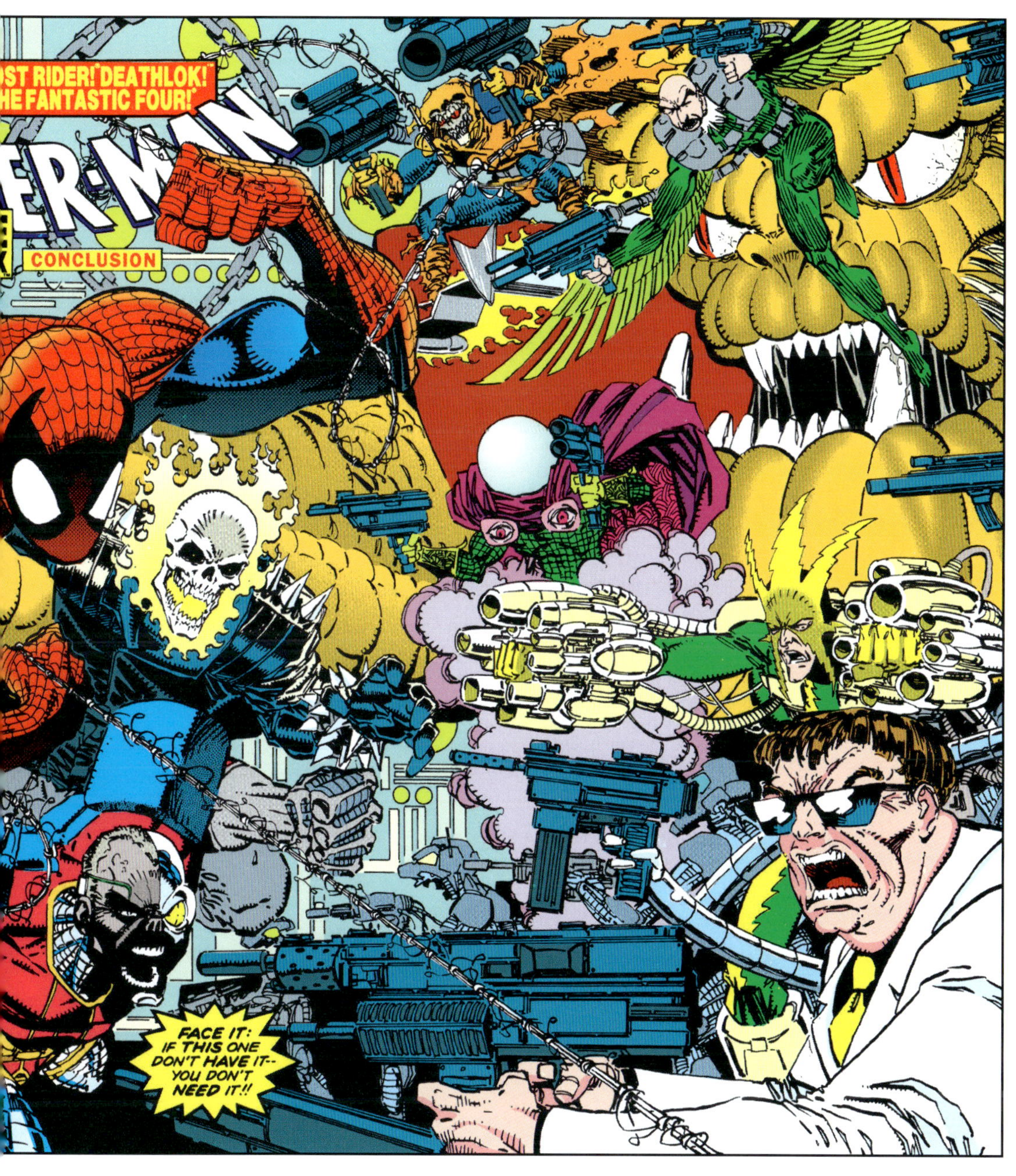

Spider-Man (1990) 23
Cover von **ERIK LARSEN**

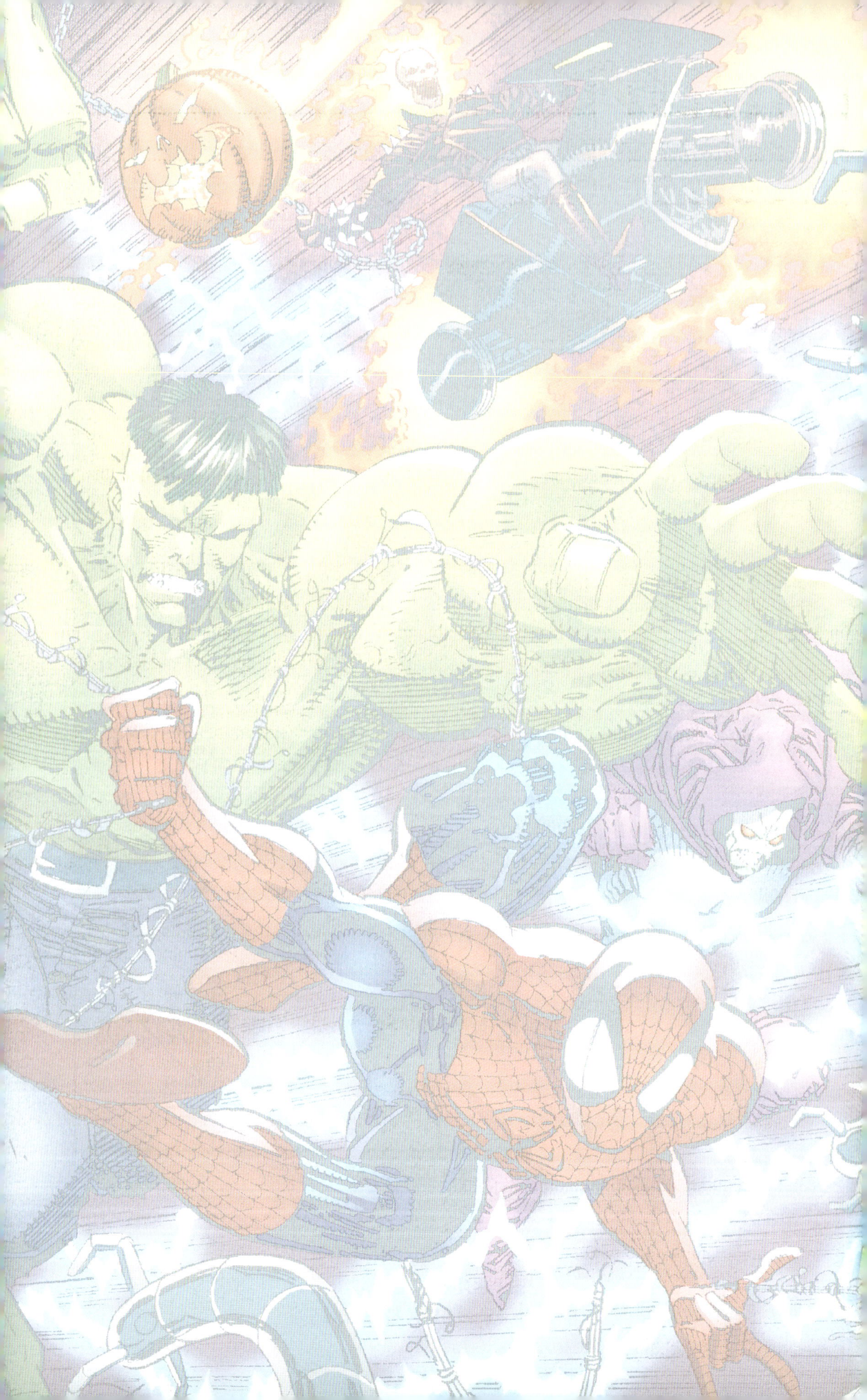

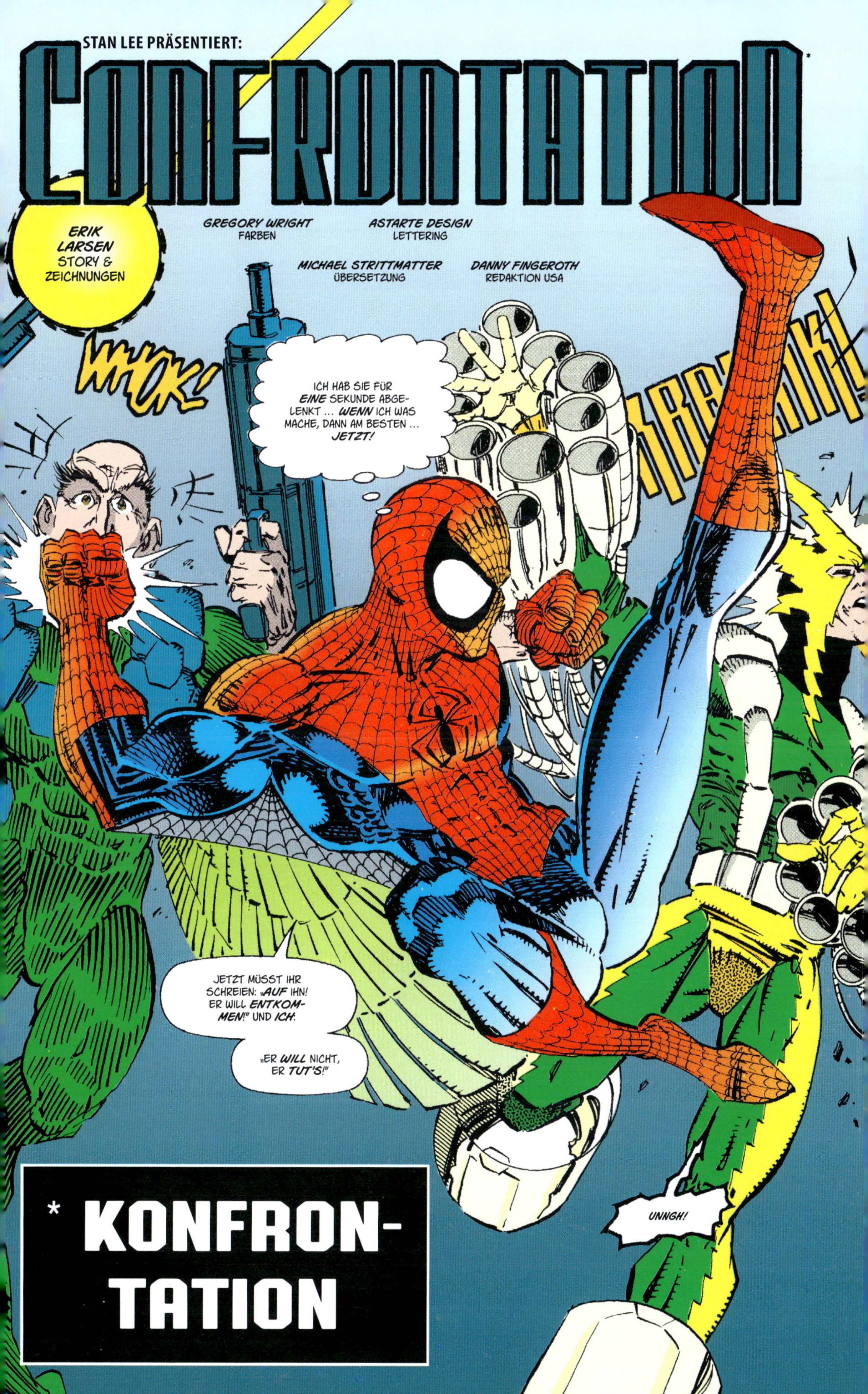
STAN LEE PRÄSENTIERT:
CONFRONTATION*
ERIK LARSEN STORY & ZEICHNUNGEN
GREGORY WRIGHT FARBEN
ASTARTE DESIGN LETTERING
MICHAEL STRITTMATTER ÜBERSETZUNG
DANNY FINGEROTH REDAKTION USA
WHOK!
ICH HAB SIE FÜR EINE SEKUNDE ABGE-LENKT ... WENN ICH WAS MACHE, DANN AM BESTEN ... JETZT!
JETZT MÜSST IHR SCHREIEN: „AUF IHN! ER WILL ENTKOM-MEN!" UND ICH:
„ER WILL NICHT, ER TUT'S!"
UNNGH!
* KONFRON-TATION

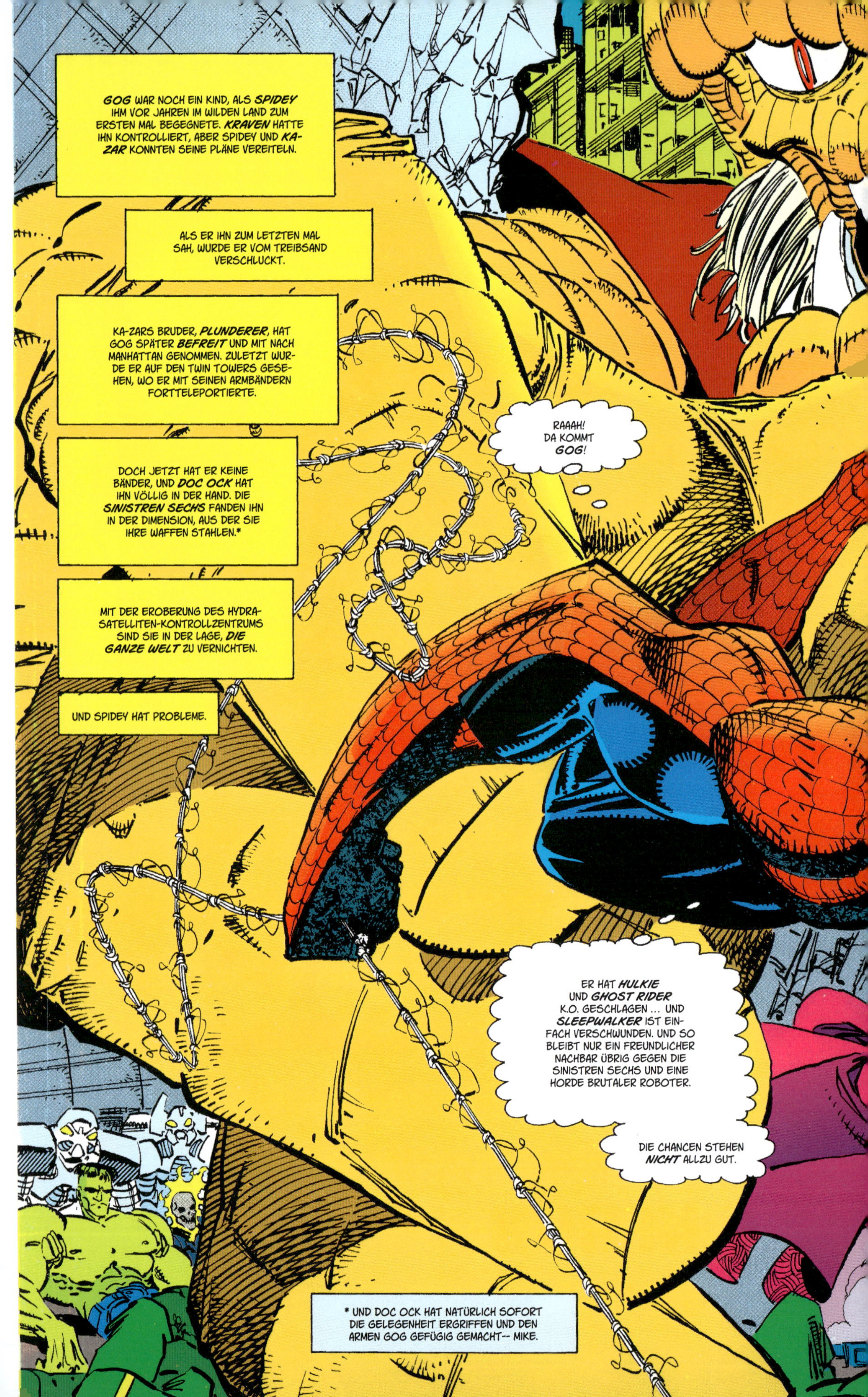
GOG WAR NOCH EIN KIND, ALS SPIDEY IHM VOR JAHREN IM WILDEN LAND ZUM ERSTEN MAL BEGEGNETE. KRAVEN HATTE IHN KONTROLLIERT, ABER SPIDEY UND KA-ZAR KONNTEN SEINE PLÄNE VEREITELN.
ALS ER IHN ZUM LETZTEN MAL SAH, WURDE ER VOM TREIBSAND VERSCHLUCKT.
KA-ZARS BRUDER, PLUNDERER, HAT GOG SPÄTER BEFREIT UND MIT NACH MANHATTAN GENOMMEN. ZULETZT WURDE ER AUF DEN TWIN TOWERS GESEHEN, WO ER MIT SEINEN ARMBÄNDERN FORTTELEPORTIERTE.
RAAAH! DA KOMMT GOG!
DOCH JETZT HAT ER KEINE BÄNDER, UND DOC OCK HAT IHN VÖLLIG IN DER HAND. DIE SINISTREN SECHS FANDEN IHN IN DER DIMENSION, AUS DER SIE IHRE WAFFEN STAHLEN.*
MIT DER EROBERUNG DES HYDRA-SATELLITEN-KONTROLLZENTRUMS SIND SIE IN DER LAGE, DIE GANZE WELT ZU VERNICHTEN.
UND SPIDEY HAT PROBLEME.
ER HAT HULKIE UND GHOST RIDER K.O. GESCHLAGEN ... UND SLEEPWALKER IST EINFACH VERSCHWUNDEN. UND SO BLEIBT NUR EIN FREUNDLICHER NACHBAR ÜBRIG GEGEN DIE SINISTREN SECHS UND EINE HORDE BRUTALER ROBOTER.
DIE CHANCEN STEHEN NICHT ALLZU GUT.
* UND DOC OCK HAT NATÜRLICH SOFORT DIE GELEGENHEIT ERGRIFFEN UND DEN ARMEN GOG GEFÜGIG GEMACHT-- MIKE.

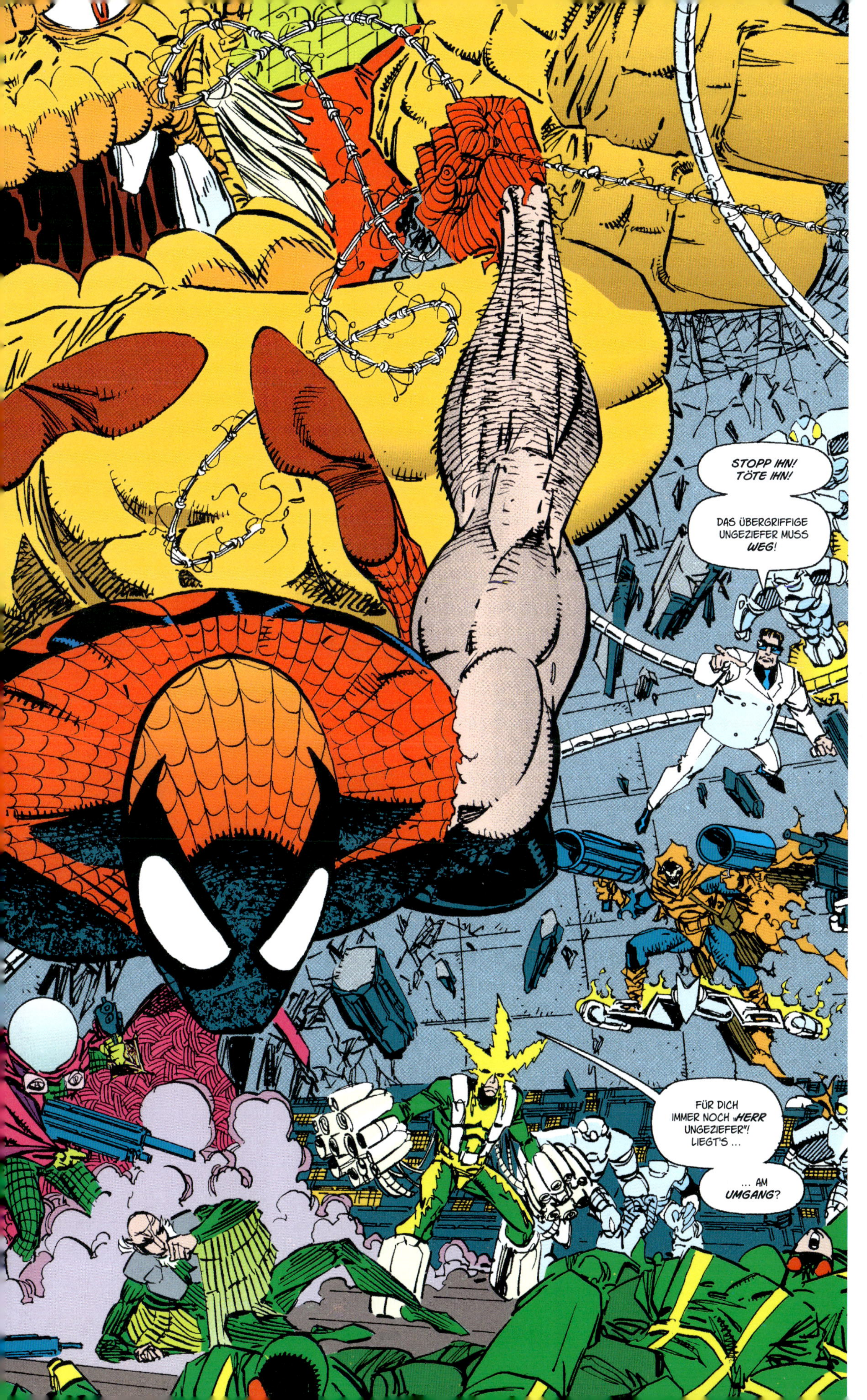
STOPP IHN! TÖTE IHN!
DAS ÜBERGRIFFIGE UNGEZIEFER MUSS WEG!
FÜR DICH IMMER NOCH „HERR UNGEZIEFER“! LIEGT'S ...
... AM UMGANG?

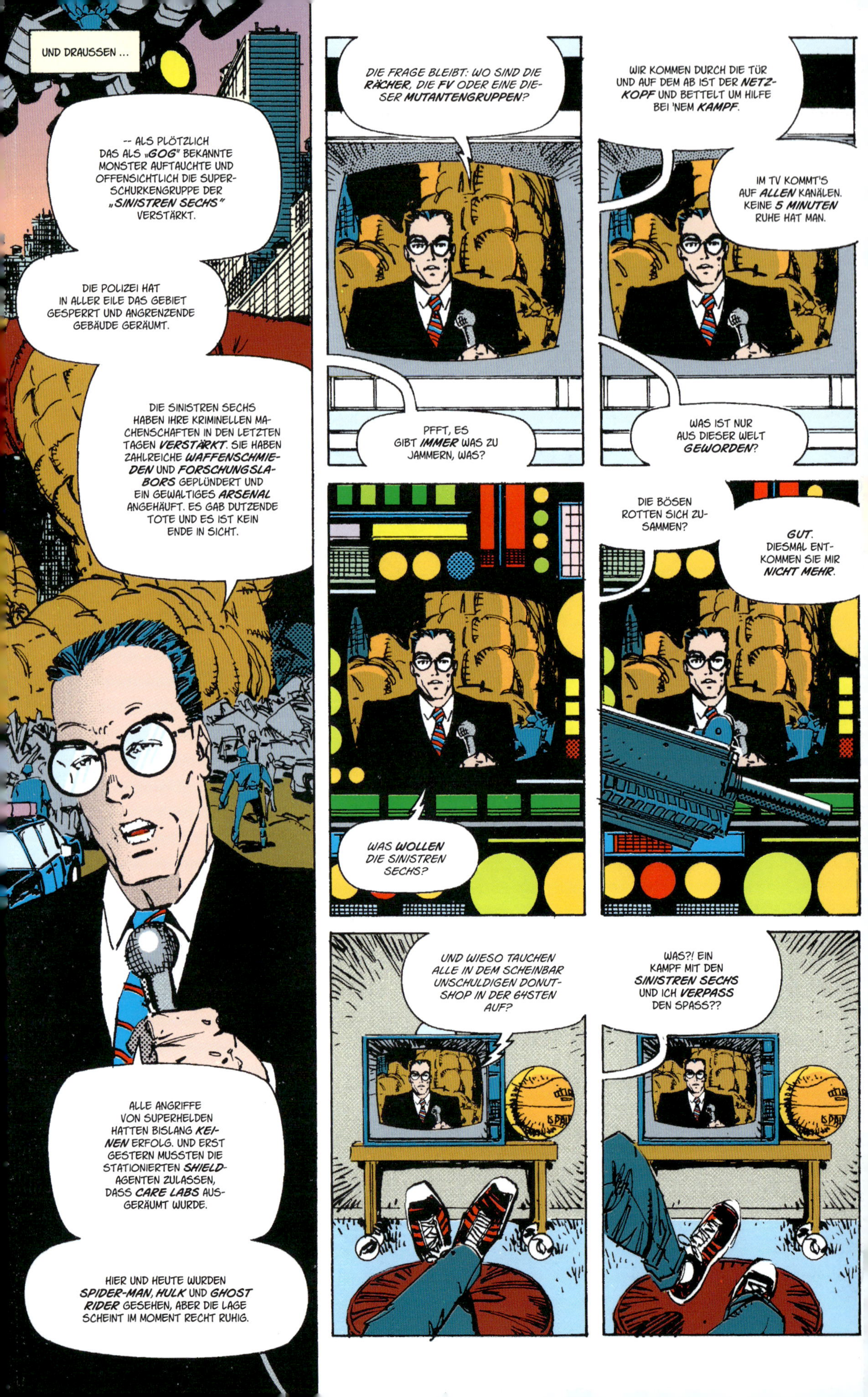

UND DRAUSSEN ...

-- ALS PLÖTZLICH DAS ALS „**GOG**" BEKANNTE MONSTER AUFTAUCHTE UND OFFENSICHTLICH DIE SUPER-SCHURKENGRUPPE DER **„SINISTREN SECHS"** VERSTÄRKT.

DIE POLIZEI HAT IN ALLER EILE DAS GEBIET GESPERRT UND ANGRENZENDE GEBÄUDE GERÄUMT.

DIE SINISTREN SECHS HABEN IHRE KRIMINELLEN MA-CHENSCHAFTEN IN DEN LETZTEN TAGEN **VERSTÄRKT**. SIE HABEN ZAHLREICHE **WAFFENSCHMIE-DEN** UND **FORSCHUNGSLA-BORS** GEPLÜNDERT UND EIN GEWALTIGES **ARSENAL** ANGEHÄUFT. ES GAB DUTZENDE TOTE UND ES IST KEIN ENDE IN SICHT.

ALLE ANGRIFFE VON SUPERHELDEN HATTEN BISLANG **KEI-NEN** ERFOLG. UND ERST GESTERN MUSSTEN DIE STATIONIERTEN **SHIELD**-AGENTEN ZULASSEN, DASS **CARE LABS** AUS-GERÄUMT WURDE.

HIER UND HEUTE WURDEN **SPIDER-MAN**, **HULK** UND **GHOST RIDER** GESEHEN, ABER DIE LAGE SCHEINT IM MOMENT RECHT RUHIG.

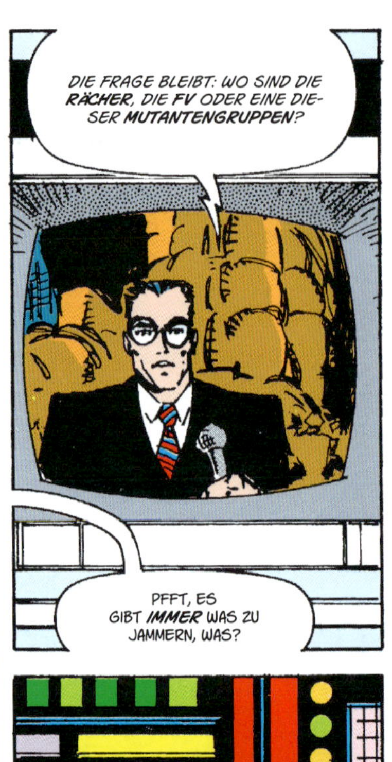

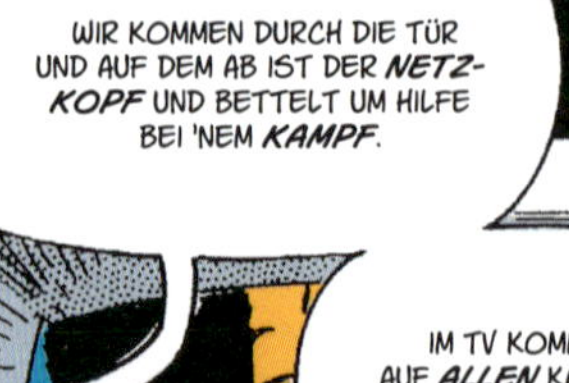

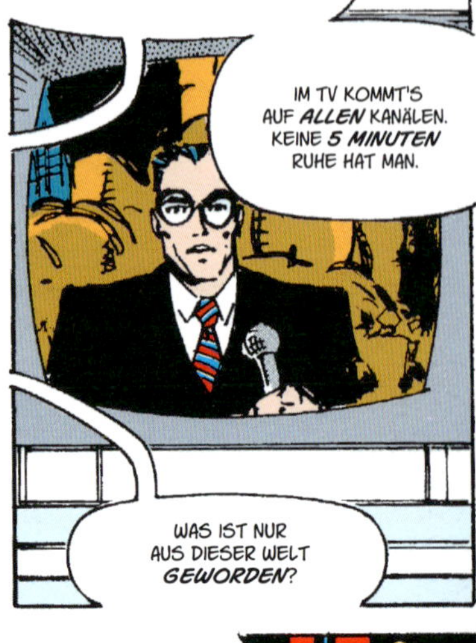

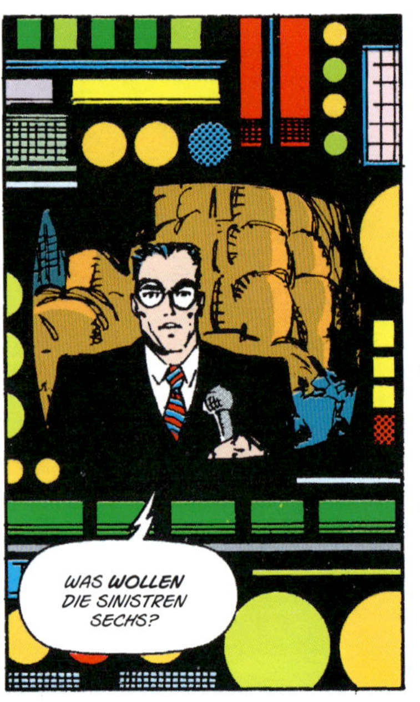

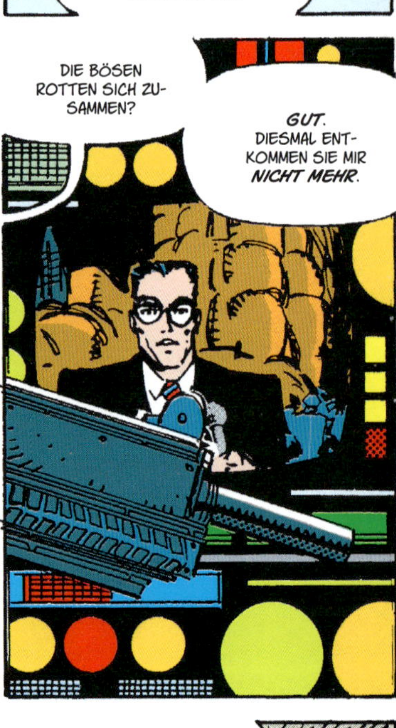

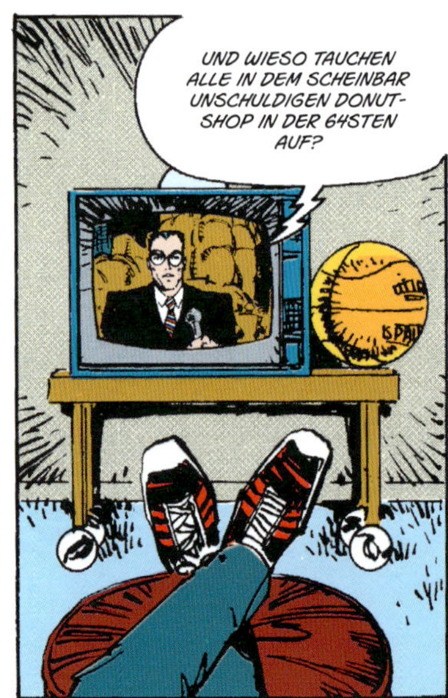

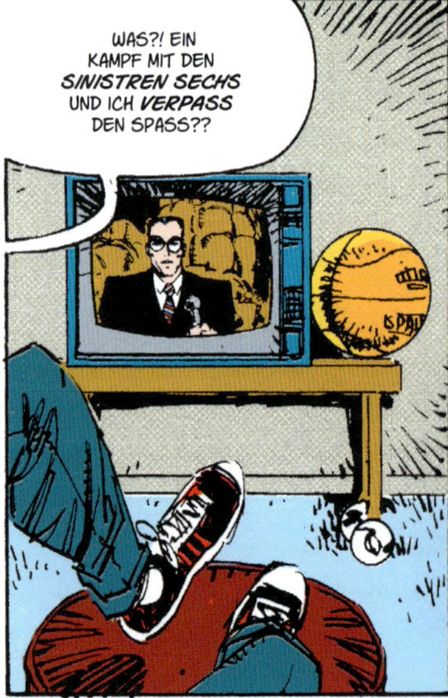

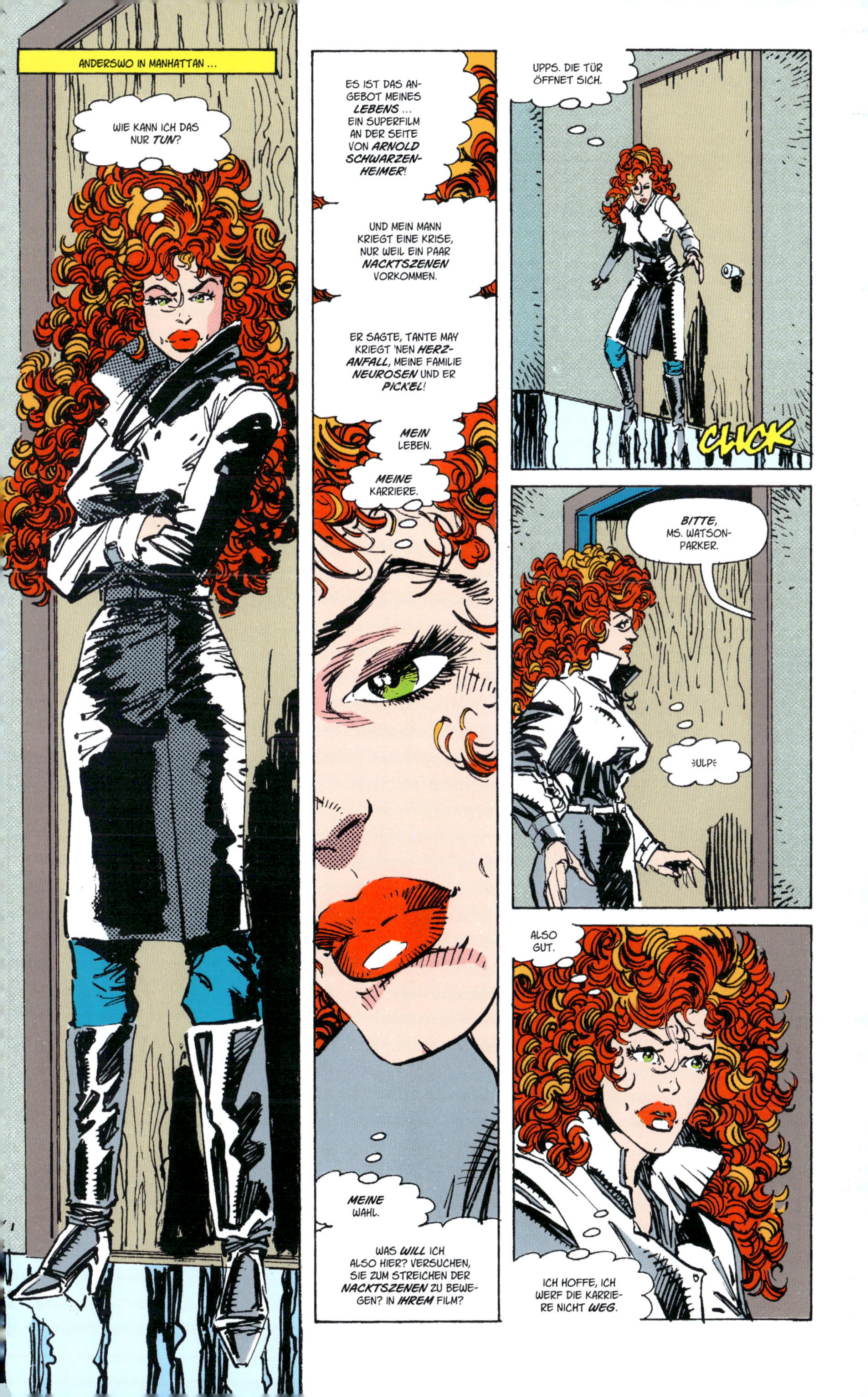

ANDERSWO IN MANHATTAN ...

WIE KANN ICH DAS NUR *TUN*?

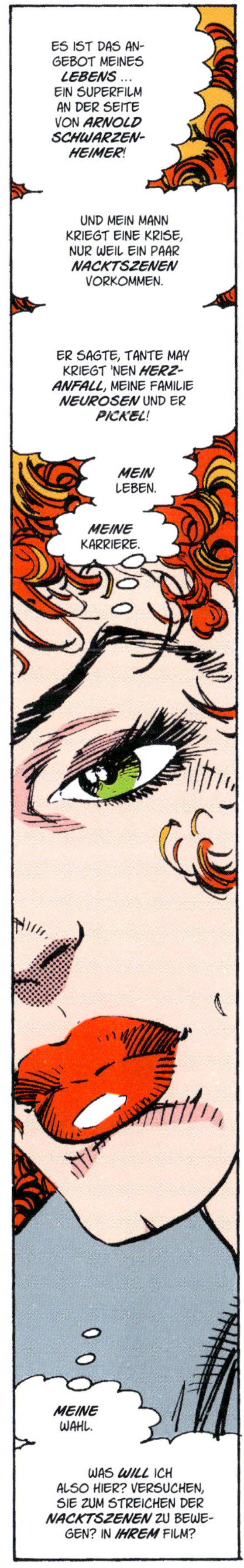

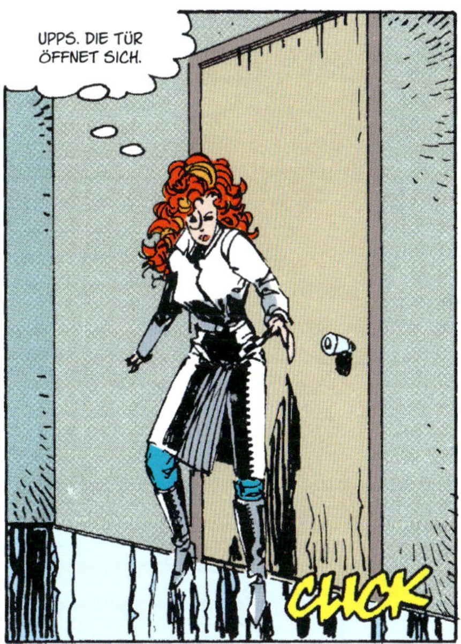

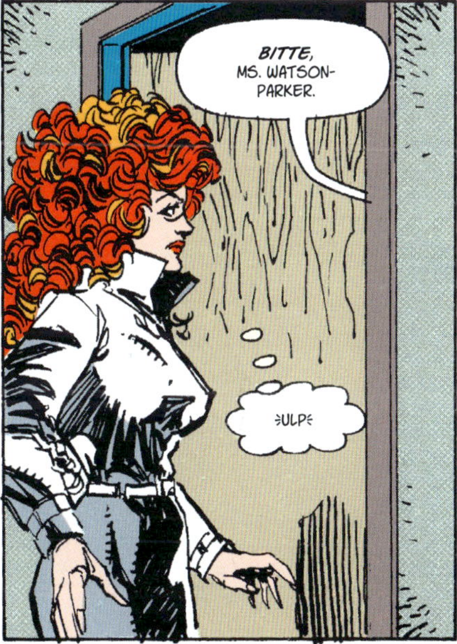

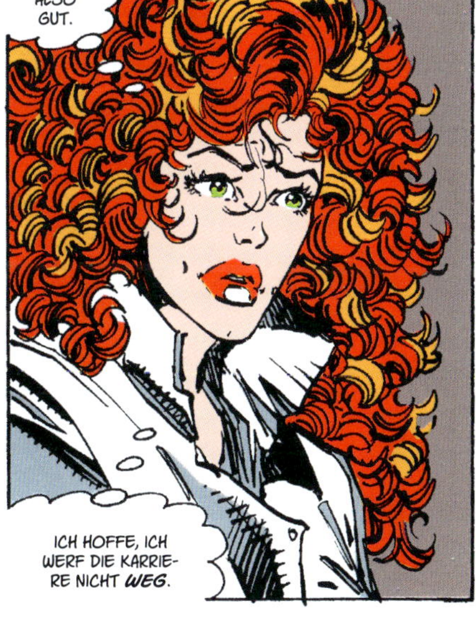

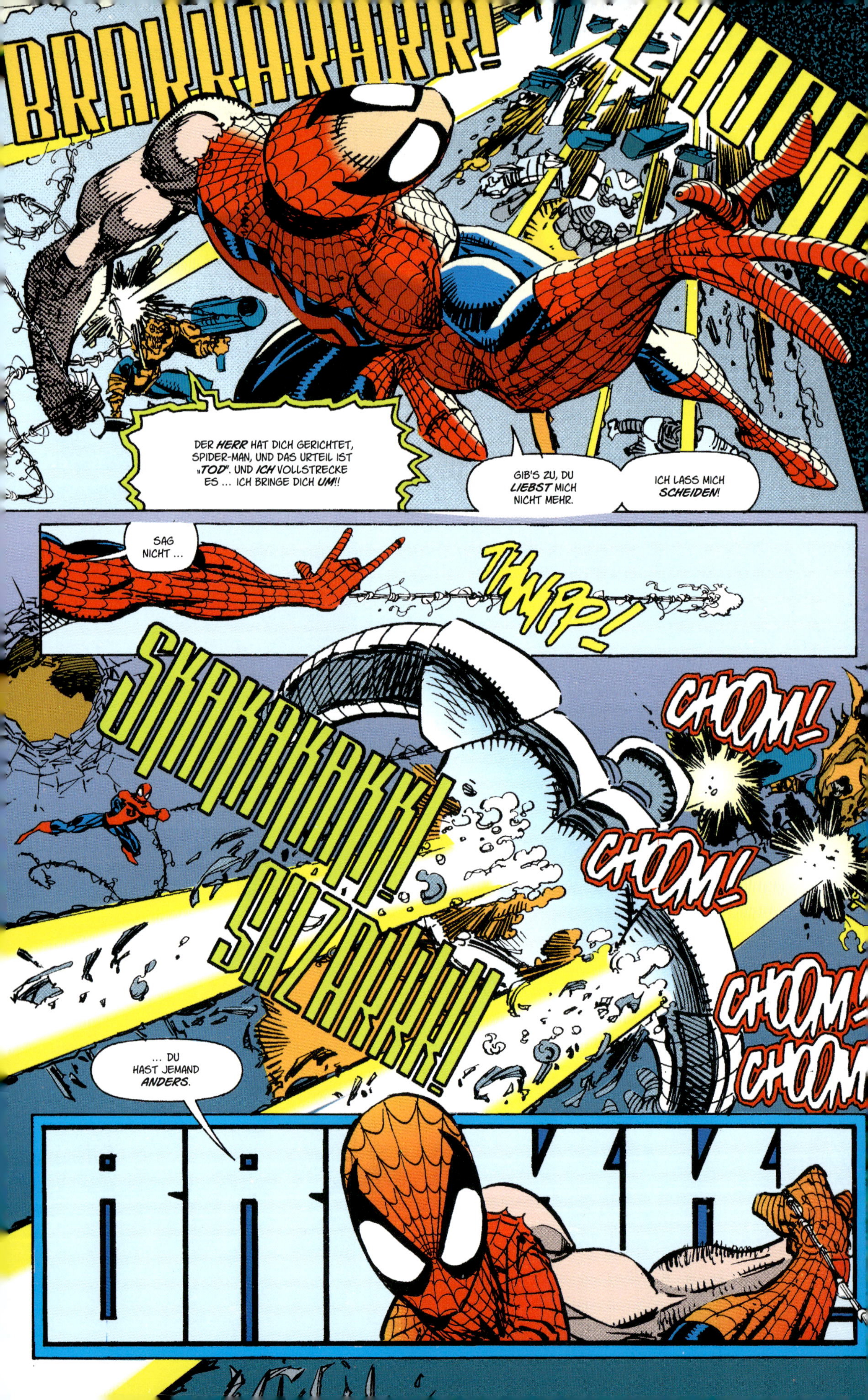
BRAKKAKAKK!
DER HERR HAT DICH GERICHTET, SPIDER-MAN, UND DAS URTEIL IST „TOD". UND ICH VOLLSTRECKE ES ... ICH BRINGE DICH UM!!
GIB'S ZU, DU LIEBST MICH NICHT MEHR.
ICH LASS MICH SCHEIDEN!
SAG NICHT ...
THWIPP!
CHOOM!
CHOOM!
CHOOM!
... DU HAST JEMAND ANDERS.

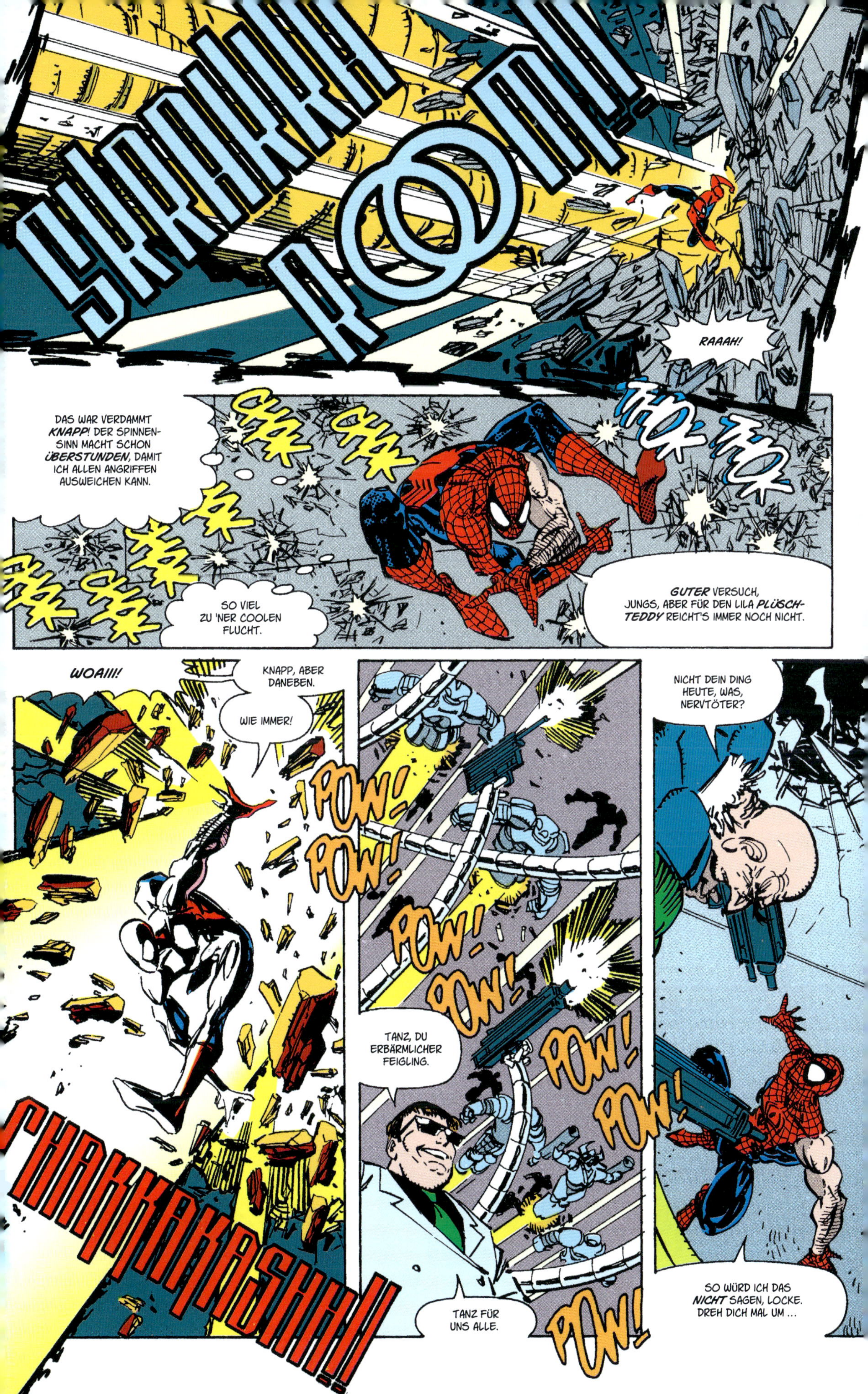
SKRAKKK!
KOOM!!
RAAAH!
DAS WAR VERDAMMT KNAPP! DER SPINNENSINN MACHT SCHON ÜBERSTUNDEN, DAMIT ICH ALLEN ANGRIFFEN AUSWEICHEN KANN.
CHAK CHAK
TOK TOK
SO VIEL ZU 'NER COOLEN FLUCHT.
GUTER VERSUCH, JUNGS, ABER FÜR DEN LILA PLÜSCH-TEDDY REICHT'S IMMER NOCH NICHT.
WOAIII!
KNAPP, ABER DANEBEN.
WIE IMMER!
CHAKKAKASHH!
POW! POW! POW! POW! POW! POW! POW!
TANZ, DU ERBÄRMLICHER FEIGLING.
TANZ FÜR UNS ALLE.
NICHT DEIN DING HEUTE, WAS, NERVTÖTER?
SO WÜRD ICH DAS NICHT SAGEN, LOCKE. DREH DICH MAL UM ...

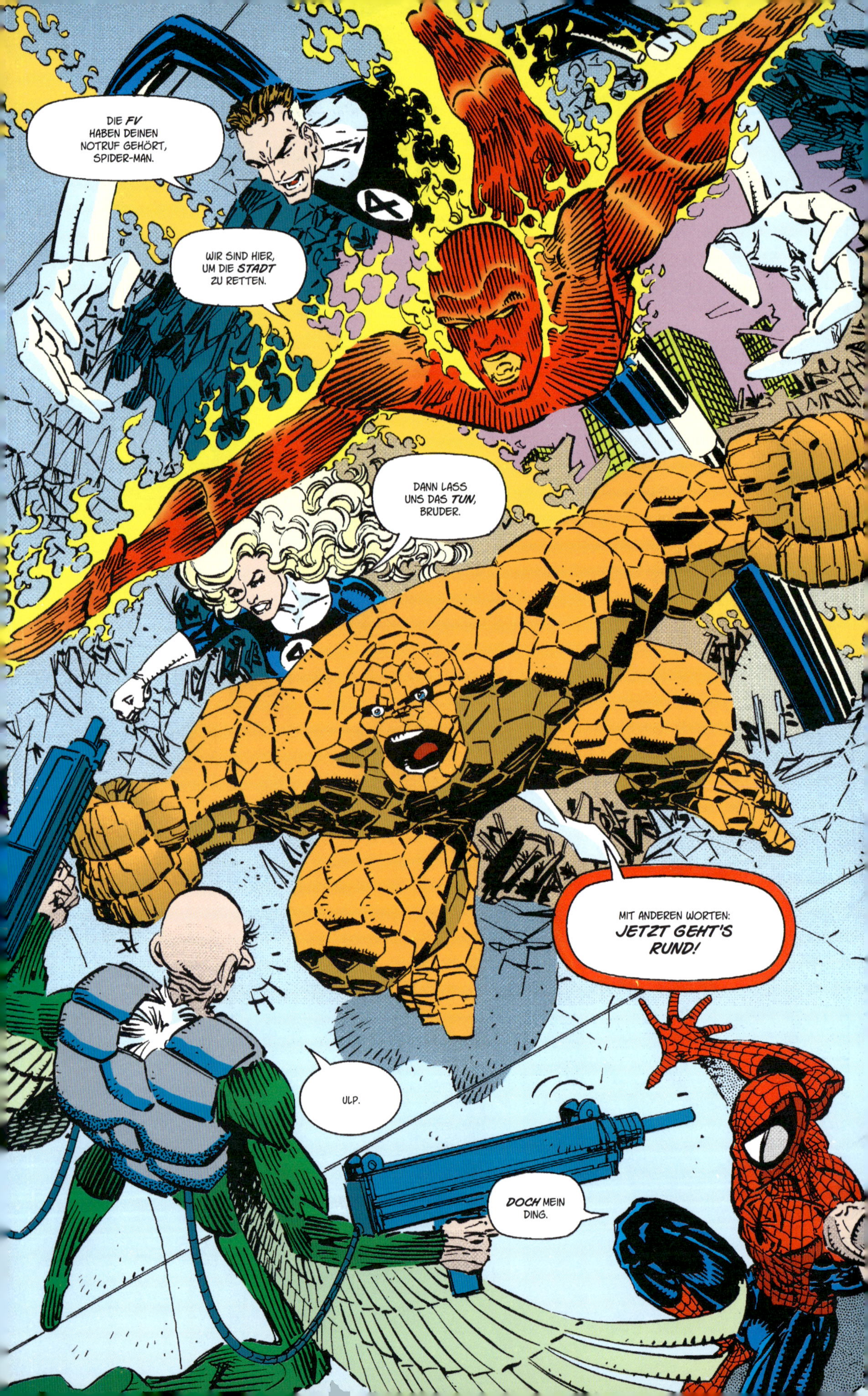
DIE *FV* HABEN DEINEN NOTRUF GEHÖRT, SPIDER-MAN.
WIR SIND HIER, UM DIE *STADT* ZU RETTEN.
DANN LASS UNS DAS *TUN,* BRUDER.
MIT ANDEREN WORTEN: **JETZT GEHT'S RUND!**
ULP.
DOCH MEIN DING.

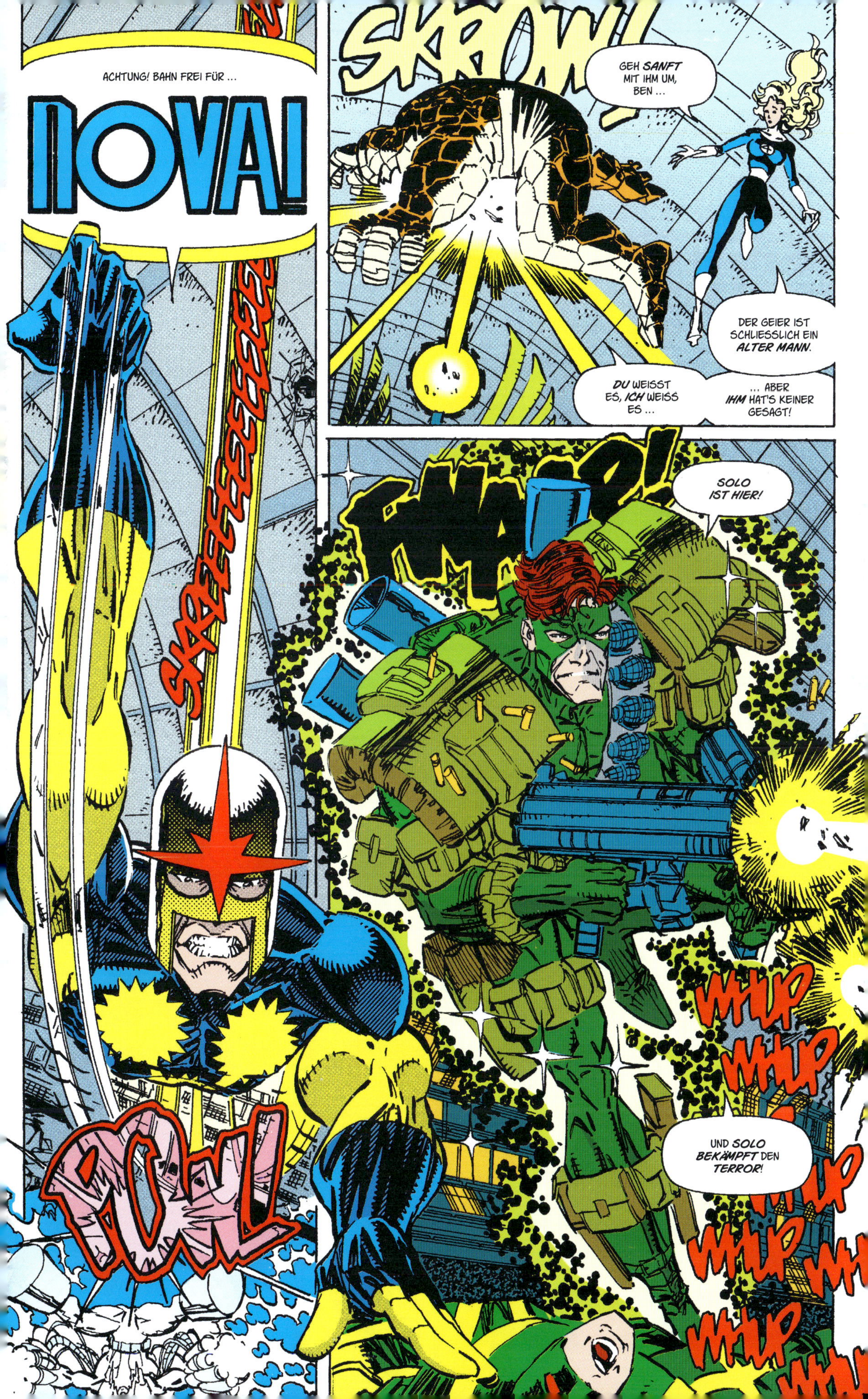
ACHTUNG! BAHN FREI FÜR ...
NOVA!
SKREEEEEEEEE
POW!
SKROW!
GEH SANFT MIT IHM UM, BEN ...
DER GEIER IST SCHLIESSLICH EIN ALTER MANN.
DU WEISST ES, ICH WEISS ES ...
... ABER IHM HAT'S KEINER GESAGT!
SOLO IST HIER!
UND SOLO BEKÄMPFT DEN TERROR!
WHUP WHUP
WHUP WHUP

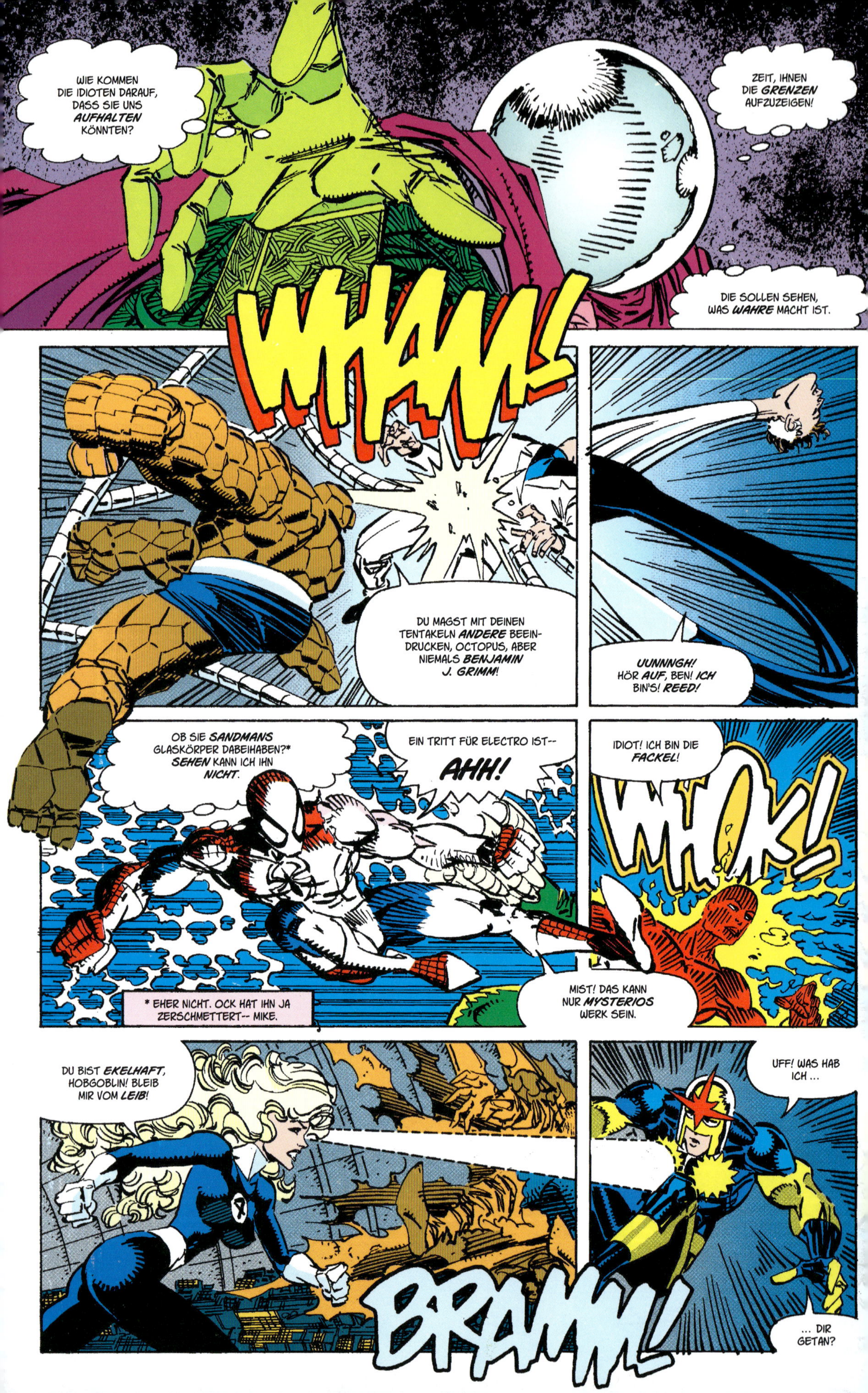
WIE KOMMEN DIE IDIOTEN DARAUF, DASS SIE UNS AUFHALTEN KÖNNTEN?
ZEIT, IHNEN DIE GRENZEN AUFZUZEIGEN!
DIE SOLLEN SEHEN, WAS WAHRE MACHT IST.
WHAM!
DU MAGST MIT DEINEN TENTAKELN ANDERE BEEIN-DRUCKEN, OCTOPUS, ABER NIEMALS BENJAMIN J. GRIMM!
UUNNNGH! HÖR AUF, BEN! ICH BIN'S! REED!
OB SIE SANDMANS GLASKÖRPER DABEIHABEN?* SEHEN KANN ICH IHN NICHT.
EIN TRITT FÜR ELECTRO IST--
AHH!
* EHER NICHT. OCK HAT IHN JA ZERSCHMETTERT-- MIKE.
IDIOT! ICH BIN DIE FACKEL!
WHOK!
MIST! DAS KANN NUR MYSTERIOS WERK SEIN.
DU BIST EKELHAFT, HOBGOBLIN! BLEIB MIR VOM LEIB!
BRAM!
UFF! WAS HAB ICH ...
... DIR GETAN?

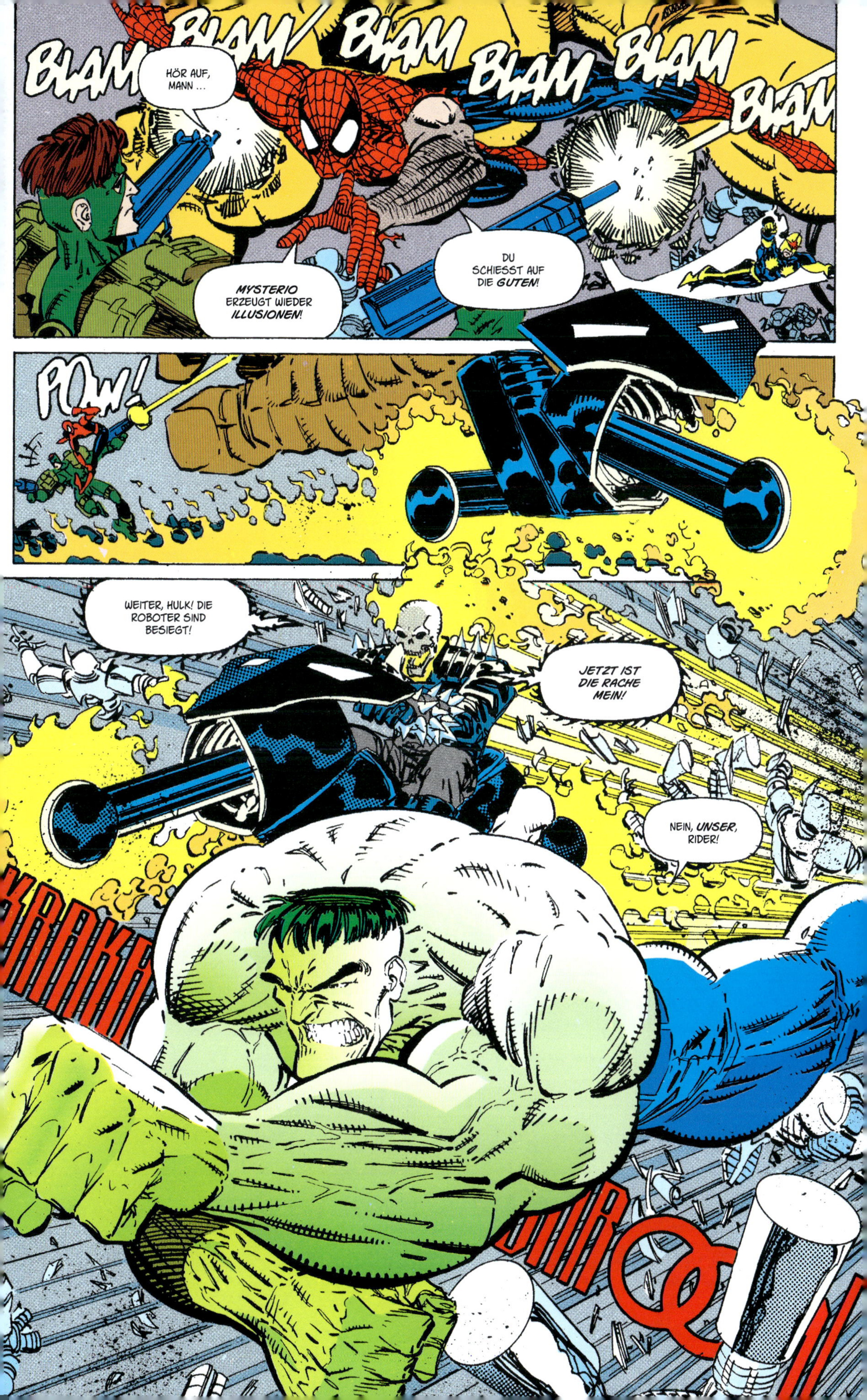
BLAM BLAM BLAM BLAM BLAM BLAM BLAM
HÖR AUF, MANN …
MYSTERIO ERZEUGT WIEDER ILLUSIONEN!
DU SCHIESST AUF DIE GUTEN!
POW!
WEITER, HULK! DIE ROBOTER SIND BESIEGT!
JETZT IST DIE RACHE MEIN!
NEIN, UNSER, RIDER!
KRAKK
SHROOM

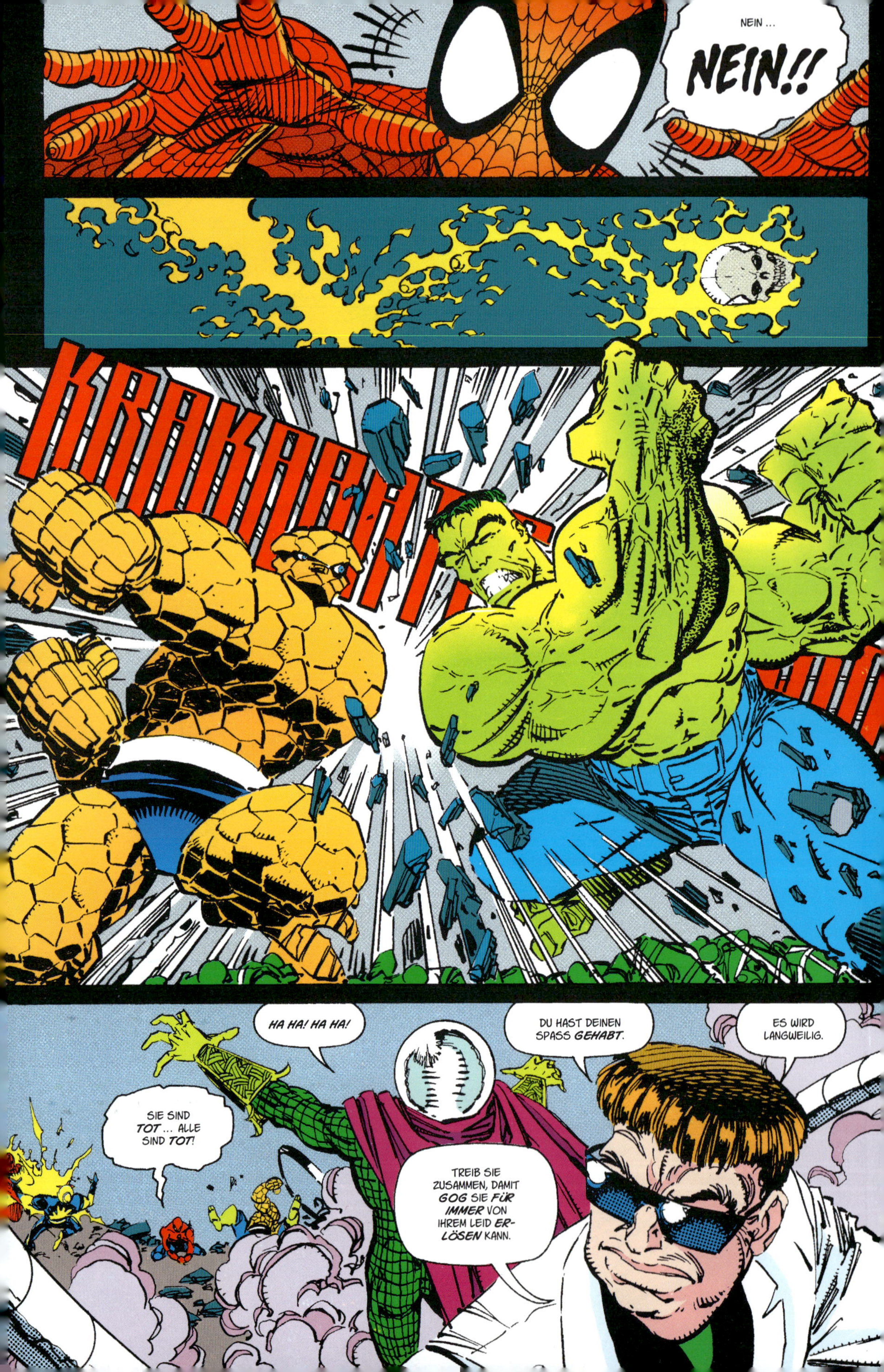
NEIN ...
NEIN!!
KRAKAAATT
HA HA! HA HA!
DU HAST DEINEN SPASS GEHABT.
ES WIRD LANGWEILIG.
SIE SIND TOT ... ALLE SIND TOT!
TREIB SIE ZUSAMMEN, DAMIT GOG SIE FÜR IMMER VON IHREM LEID ERLÖSEN KANN.

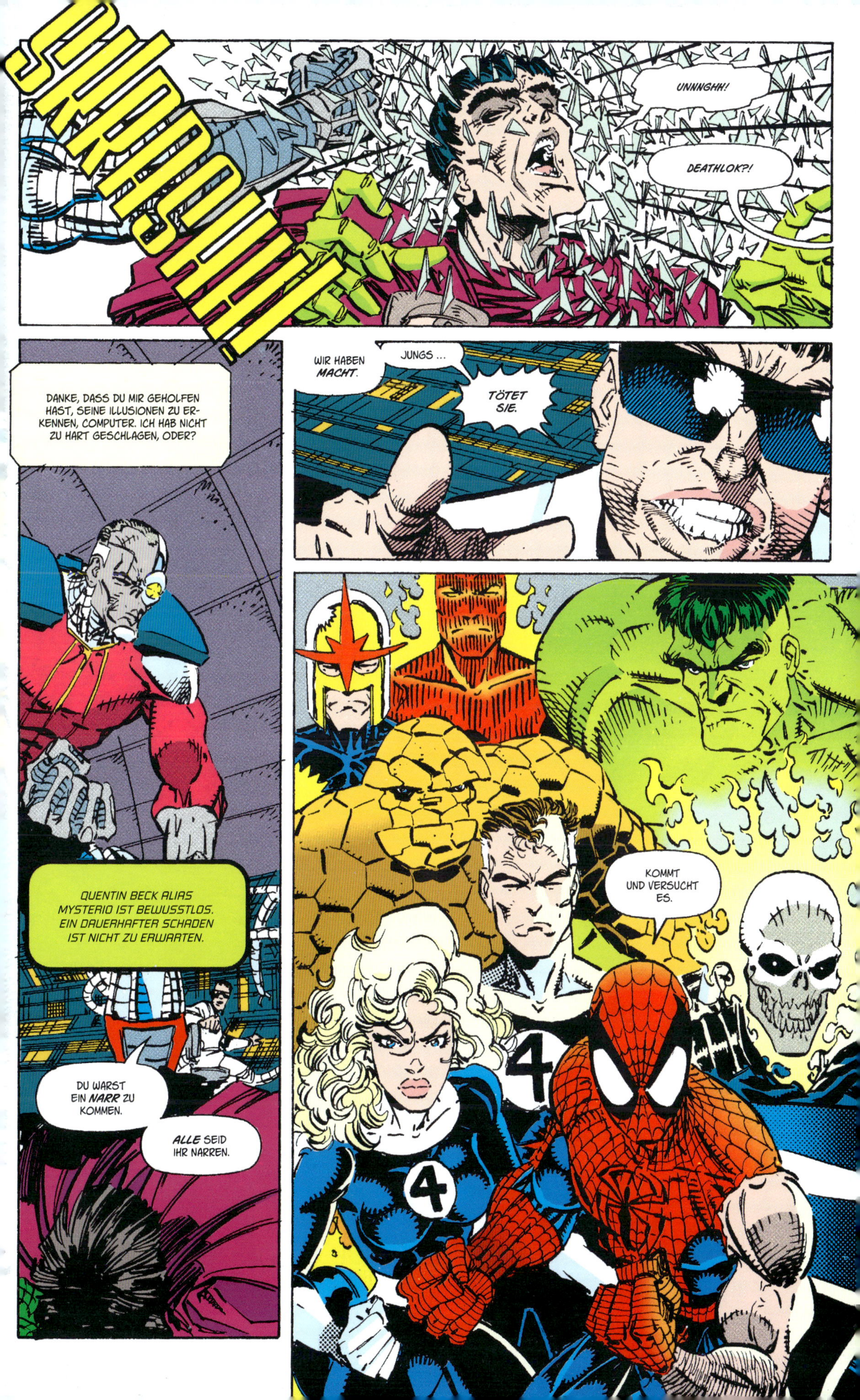

SKRASH!!

UNNNGHH!

DEATHLOK?!

DANKE, DASS DU MIR GEHOLFEN HAST, SEINE ILLUSIONEN ZU ERKENNEN, COMPUTER. ICH HAB NICHT ZU HART GESCHLAGEN, ODER?

QUENTIN BECK ALIAS MYSTERIO IST BEWUSSTLOS. EIN DAUERHAFTER SCHADEN IST NICHT ZU ERWARTEN.

DU WARST EIN ***NARR*** ZU KOMMEN.

ALLE SEID IHR NARREN.

WIR HABEN ***MACHT***.

JUNGS ...

TÖTET SIE.

KOMMT UND VERSUCHT ES.

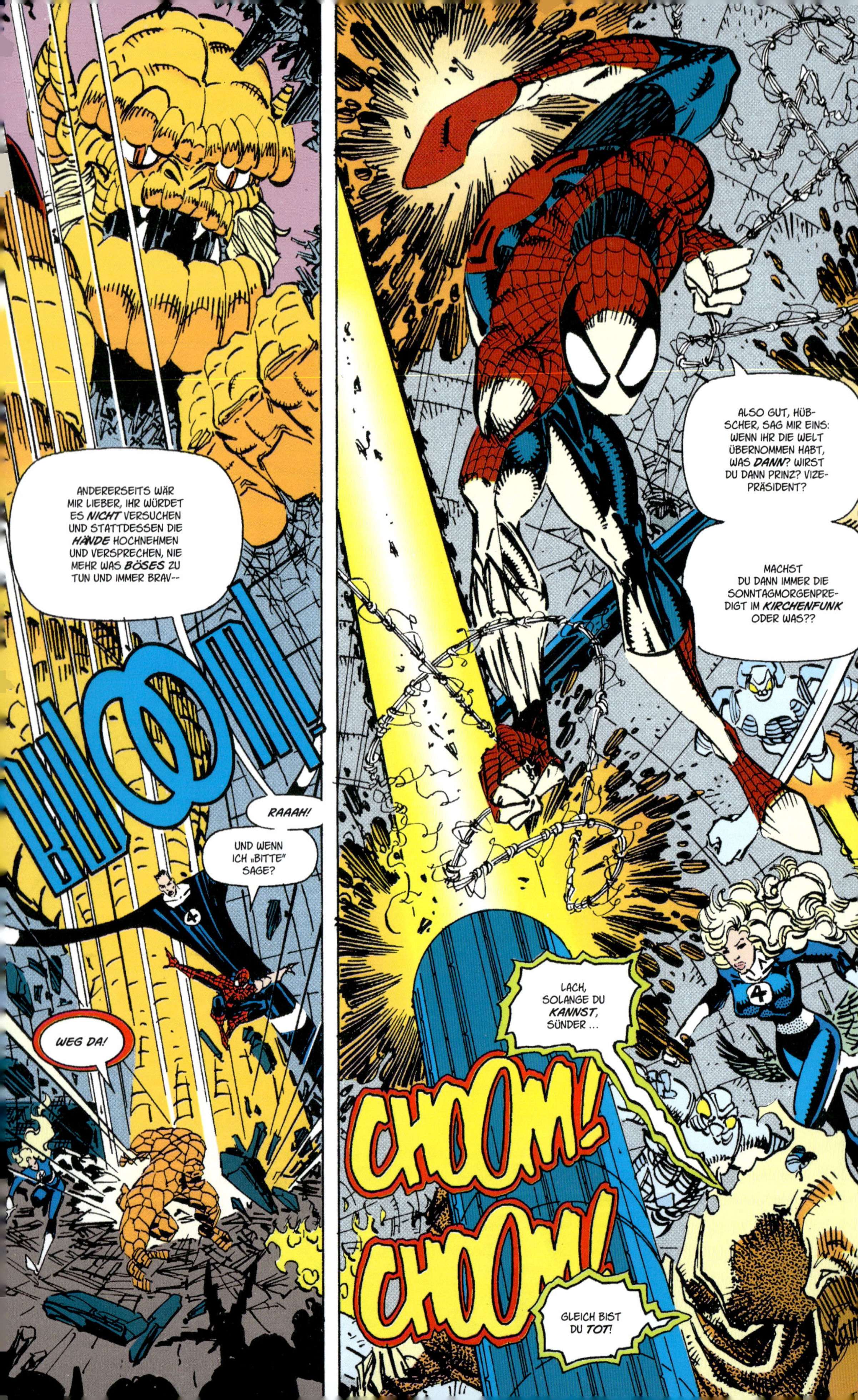
ANDERERSEITS WÄR MIR LIEBER, IHR WÜRDET ES *NICHT* VERSUCHEN UND STATTDESSEN DIE *HÄNDE* HOCHNEHMEN UND VERSPRECHEN, NIE MEHR WAS *BÖSES* ZU TUN UND IMMER BRAV--
KWOOM!
RAAAH!
UND WENN ICH „BITTE" SAGE?
WEG DA!
ALSO GUT, HÜBSCHER, SAG MIR EINS: WENN IHR DIE WELT ÜBERNOMMEN HABT, WAS *DANN*? WIRST DU DANN PRINZ? VIZE-PRÄSIDENT?
MACHST DU DANN IMMER DIE SONNTAGMORGENPREDIGT IM *KIRCHENFUNK* ODER WAS??
LACH, SOLANGE DU *KANNST,* SÜNDER ...
CHOOM!
CHOOM!
GLEICH BIST DU *TOT*!

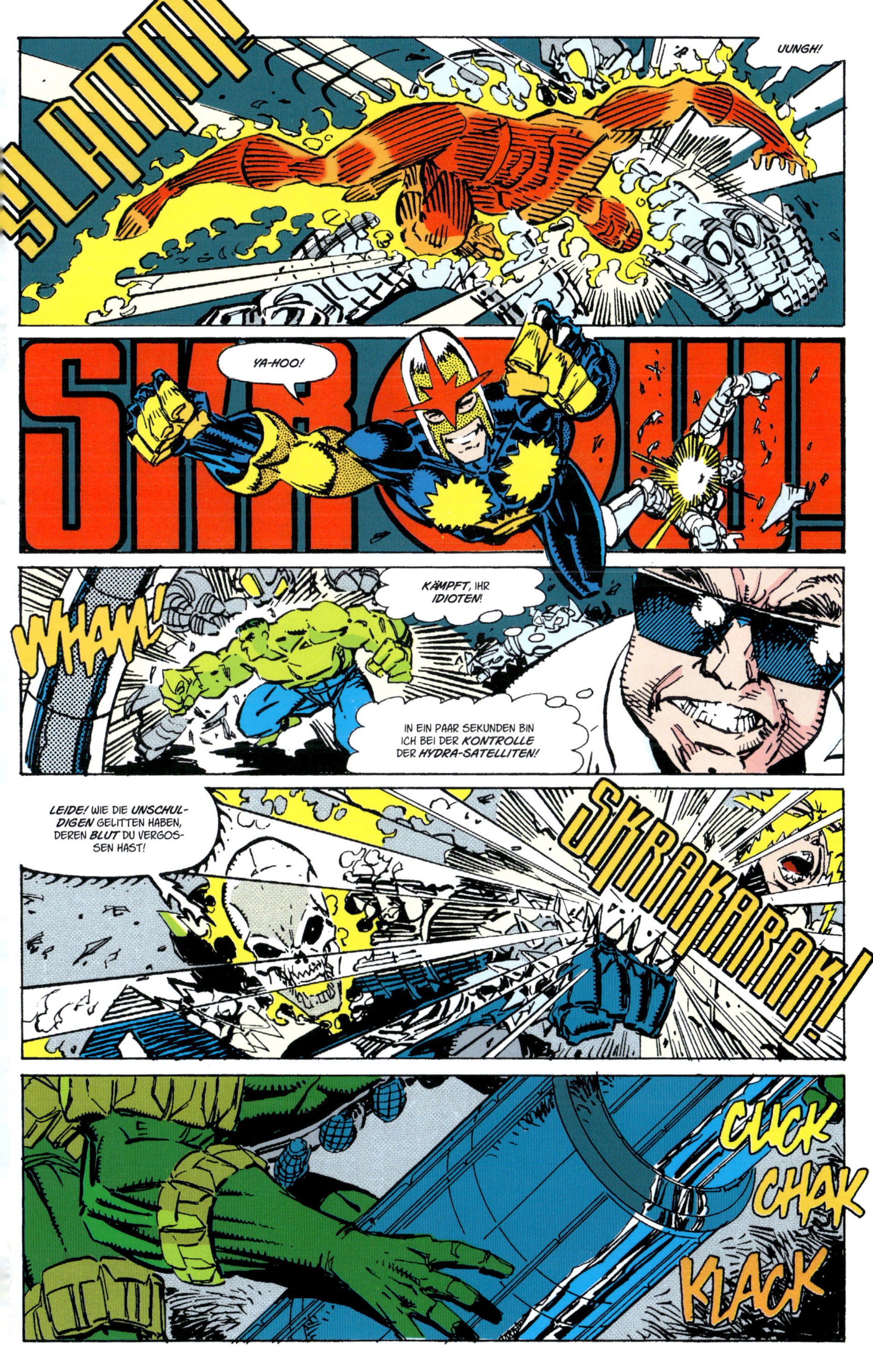
SLAMM!
UUNGH!
SKRONN!
YA-HOO!
WHAM!
KÄMPFT, IHR IDIOTEN!
IN EIN PAAR SEKUNDEN BIN ICH BEI DER KONTROLLE DER HYDRA-SATELLITEN!
LEIDE! WIE DIE UNSCHULDIGEN GELITTEN HABEN, DEREN BLUT DU VERGOSSEN HAST!
SKRAKARAK!
CLICK
CHAK
KLACK

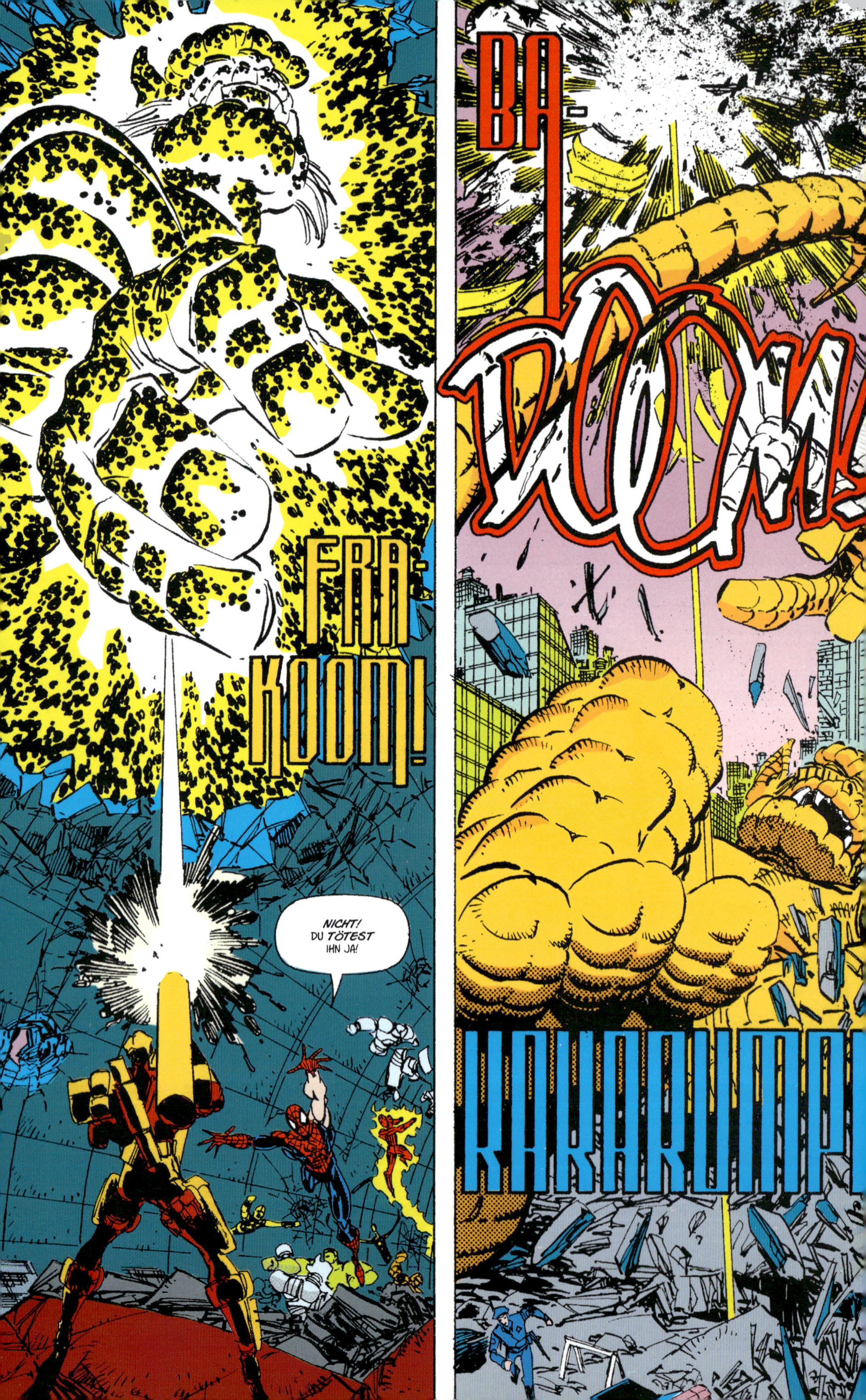
FRA-
KOOM!
NICHT! DU TÖTEST IHN JA!
BA-
DOOM!
KAKARUMP!

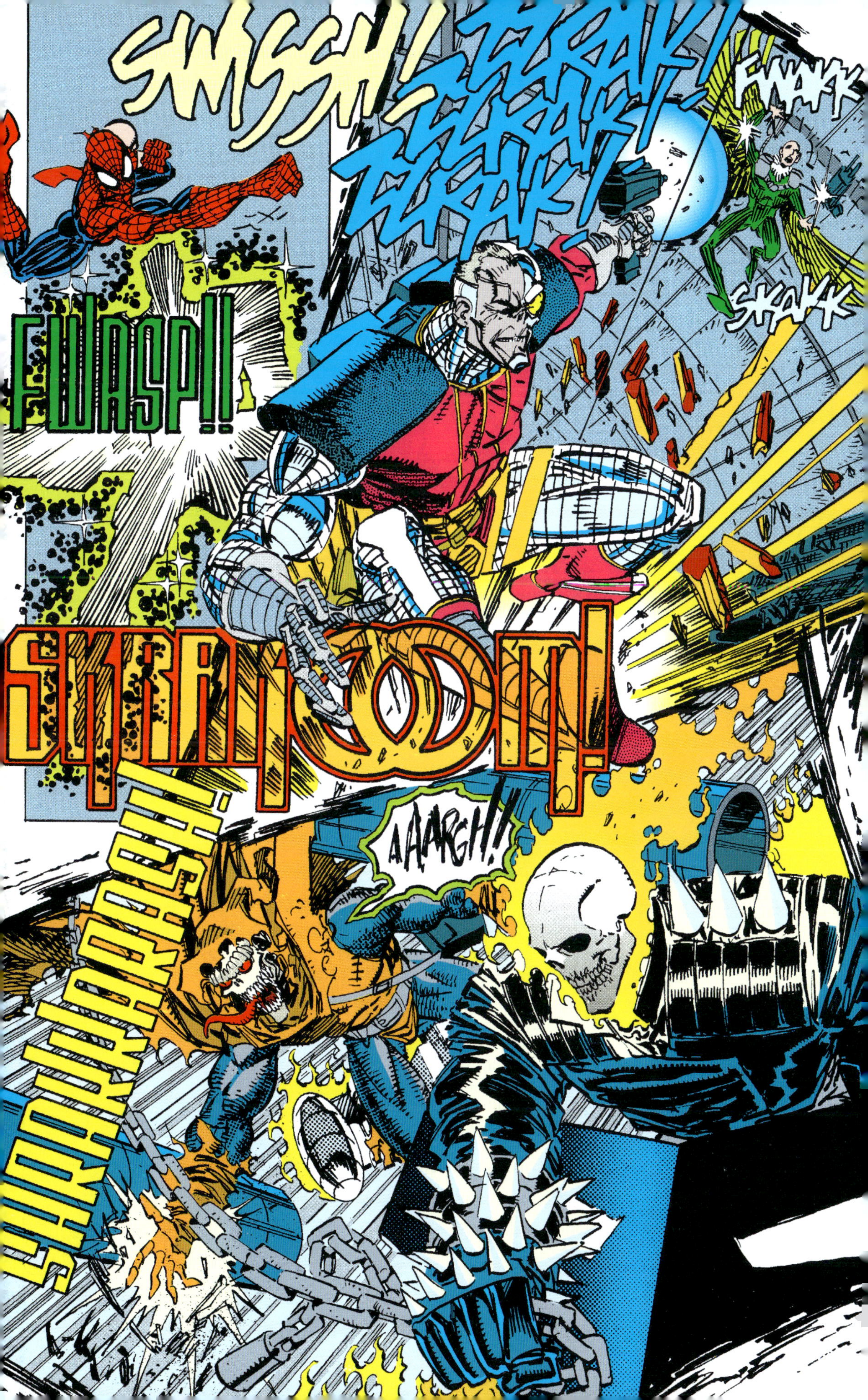
SWISSH!
FWAKK
SKAKK
FWASP!!
SKRAKOOOM!
AAARGH!!

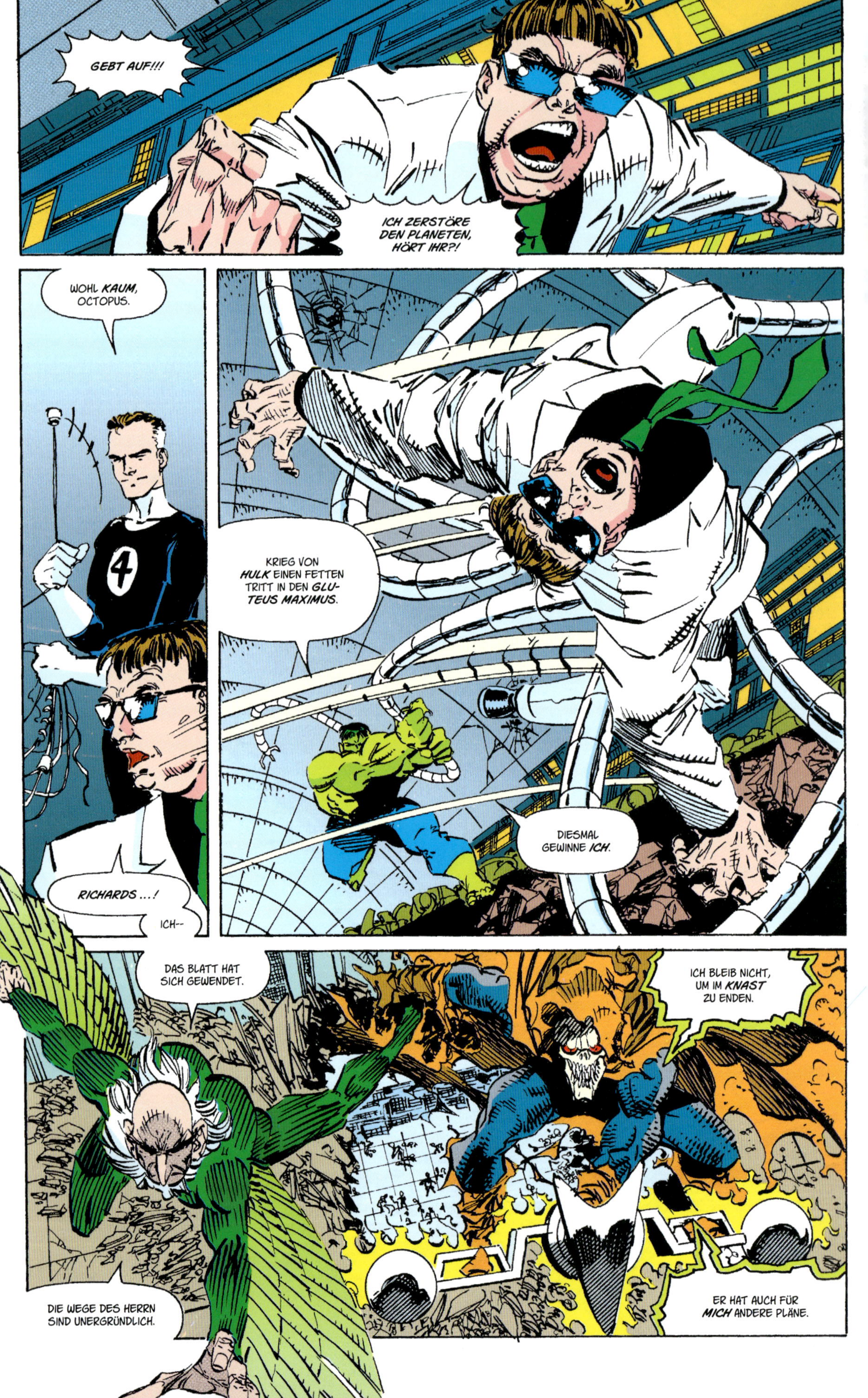
GEBT AUF!!!
ICH ZERSTÖRE DEN PLANETEN, HÖRT IHR?!
WOHL KAUM, OCTOPUS.
KRIEG VON HULK EINEN FETTEN TRITT IN DEN GLU-TEUS MAXIMUS.
DIESMAL GEWINNE ICH.
RICHARDS ...!
ICH--
DAS BLATT HAT SICH GEWENDET.
ICH BLEIB NICHT, UM IM KNAST ZU ENDEN.
DIE WEGE DES HERRN SIND UNERGRÜNDLICH.
ER HAT AUCH FÜR MICH ANDERE PLÄNE.

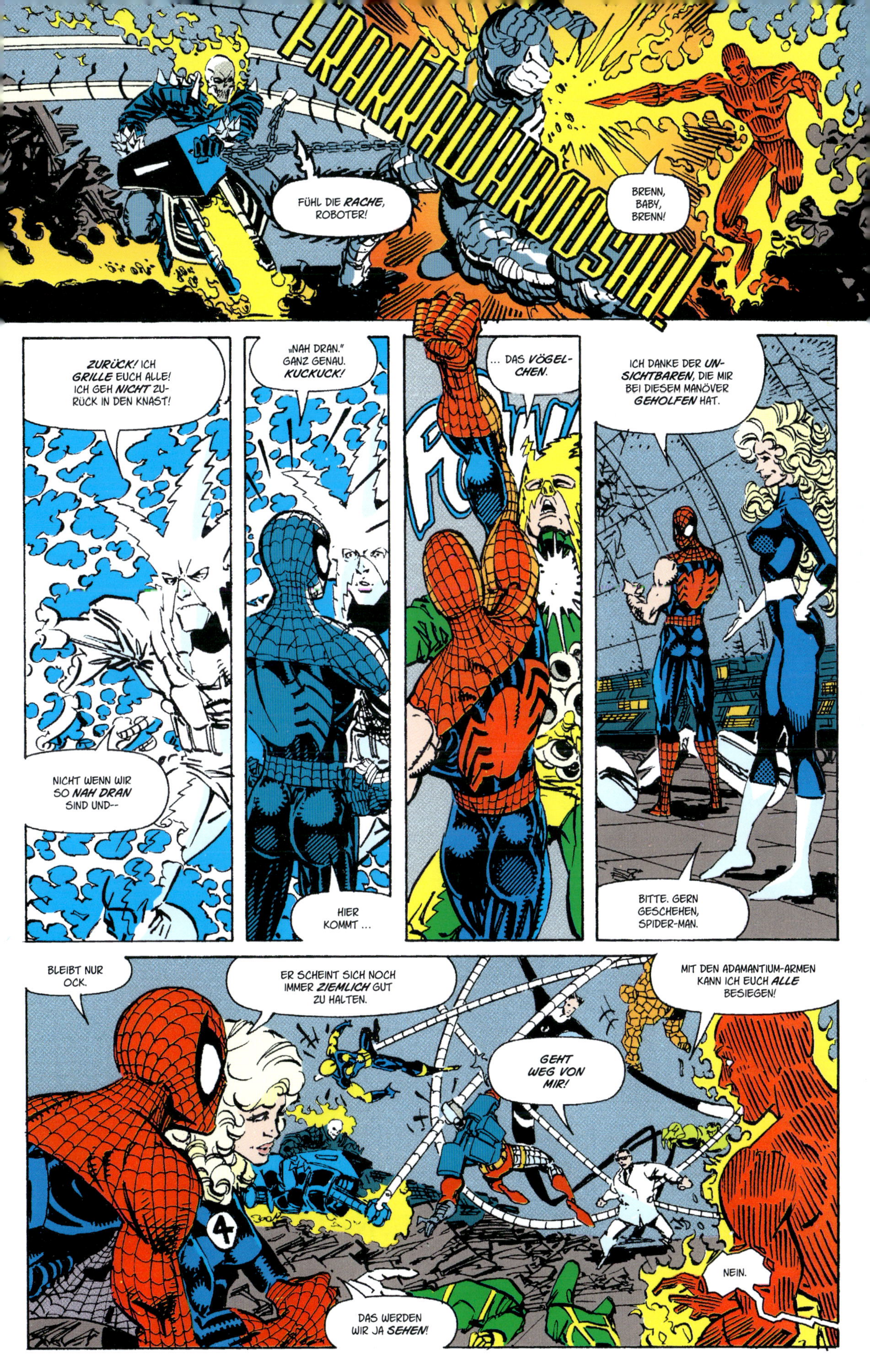

FRAKKADUKROOSHA!
FÜHL DIE *RACHE*, ROBOTER!
BRENN, BABY, BRENN!
ZURÜCK! ICH *GRILLE* EUCH ALLE! ICH GEH *NICHT* ZURÜCK IN DEN KNAST!
NICHT WENN WIR SO *NAH DRAN* SIND UND--
„NAH DRAN." GANZ GENAU. *KUCKUCK!*
HIER KOMMT ...
... DAS *VÖGELCHEN*.
ICH DANKE DER *UNSICHTBAREN*, DIE MIR BEI DIESEM MANÖVER *GEHOLFEN* HAT.
BITTE. GERN GESCHEHEN, SPIDER-MAN.

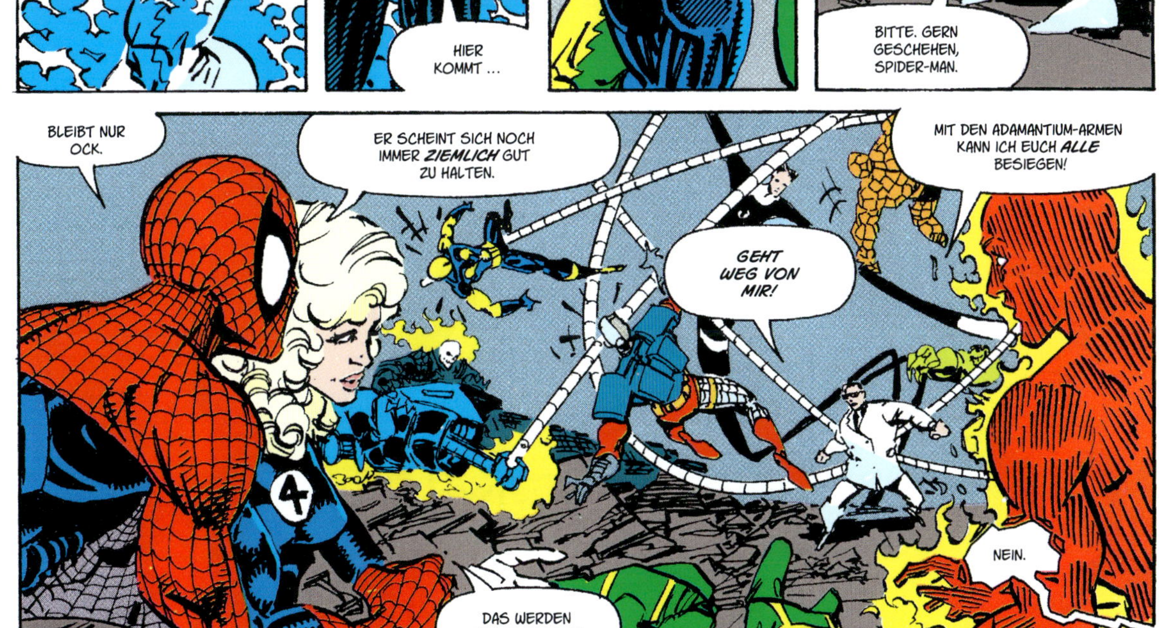

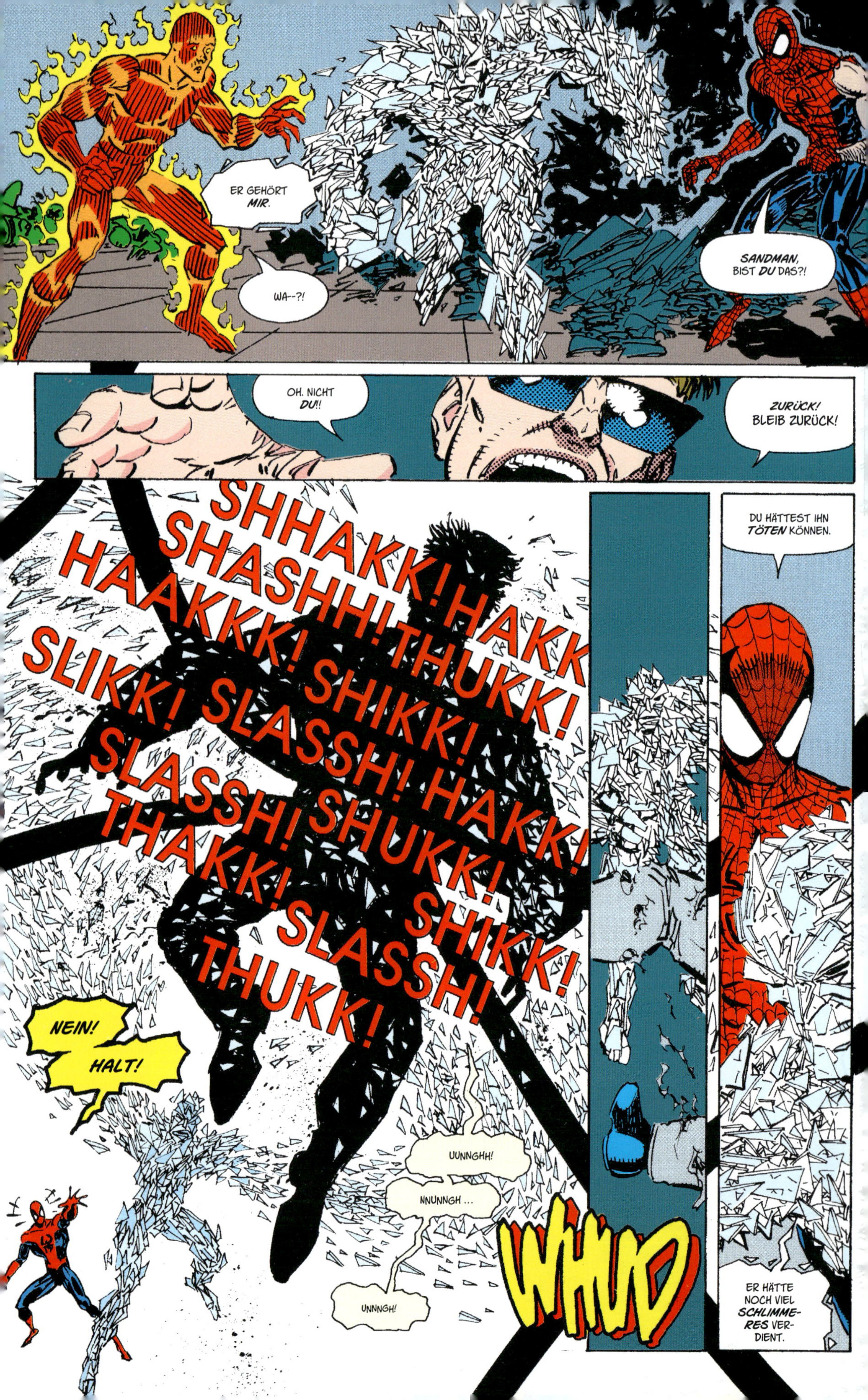
ER GEHÖRT MIR.
WA--?!
SANDMAN, BIST DU DAS?!
OH. NICHT DU!!
ZURÜCK! BLEIB ZURÜCK!
SHHAKK! HAKK! SHASHH! THUKK! HAAKKK! SHIKK! SLIKK! SLASSH! HAKK! SLASSH! SHUKK! THAKK! SHIKK! SLASSH! THUKK!
NEIN! HALT!
UUNNGHH!
NNUNNGH ...
UNNNGH!
WHUD
DU HÄTTEST IHN TÖTEN KÖNNEN.
ER HÄTTE NOCH VIEL SCHLIMME-RES VER-DIENT.

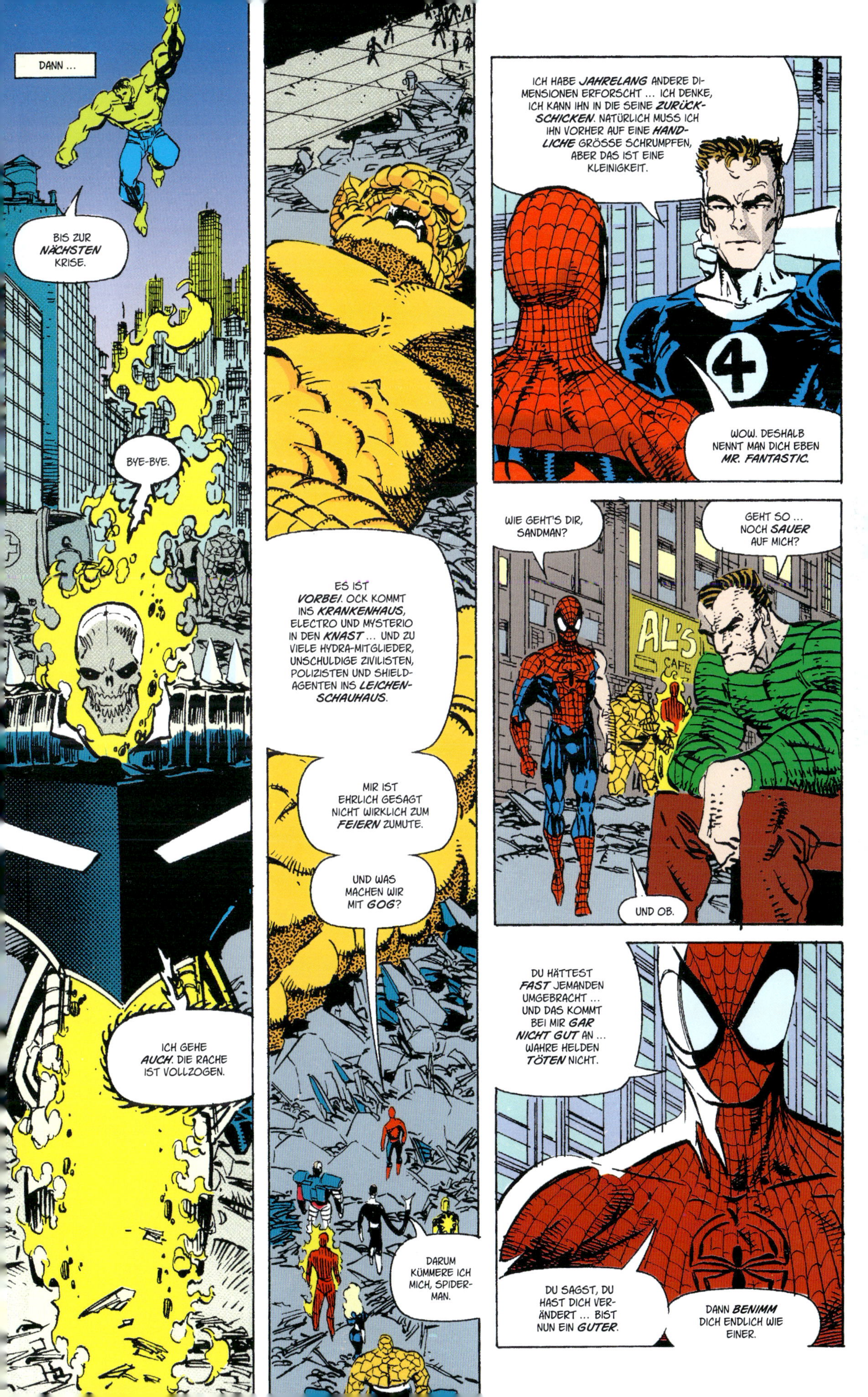

DANN ...
BIS ZUR *NÄCHSTEN* KRISE.
BYE-BYE.
ICH GEHE *AUCH*. DIE RACHE IST VOLLZOGEN.

ES IST *VORBEI*. OCK KOMMT INS *KRANKENHAUS*, ELECTRO UND MYSTERIO IN DEN *KNAST* ... UND ZU VIELE HYDRA-MITGLIEDER, UNSCHULDIGE ZIVILISTEN, POLIZISTEN UND SHIELD-AGENTEN INS *LEICHENSCHAUHAUS*.
MIR IST EHRLICH GESAGT NICHT WIRKLICH ZUM *FEIERN* ZUMUTE.
UND WAS MACHEN WIR MIT *GOG*?
DARUM KÜMMERE ICH MICH, SPIDER-MAN.

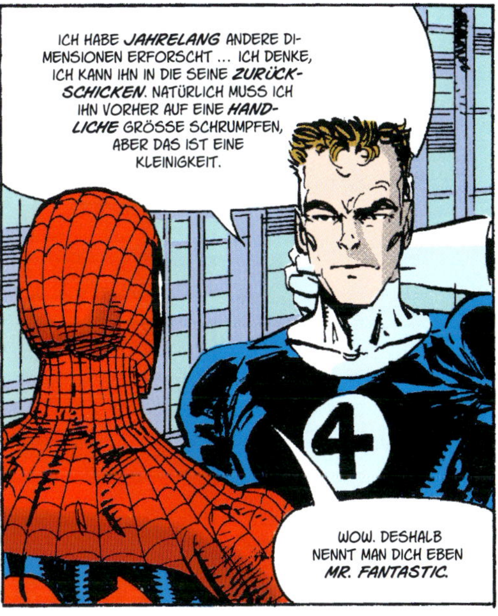
ICH HABE *JAHRELANG* ANDERE DIMENSIONEN ERFORSCHT ... ICH DENKE, ICH KANN IHN IN DIE SEINE *ZURÜCKSCHICKEN*. NATÜRLICH MUSS ICH IHN VORHER AUF EINE *HANDLICHE* GRÖSSE SCHRUMPFEN, ABER DAS IST EINE KLEINIGKEIT.
WOW. DESHALB NENNT MAN DICH EBEN *MR. FANTASTIC*.

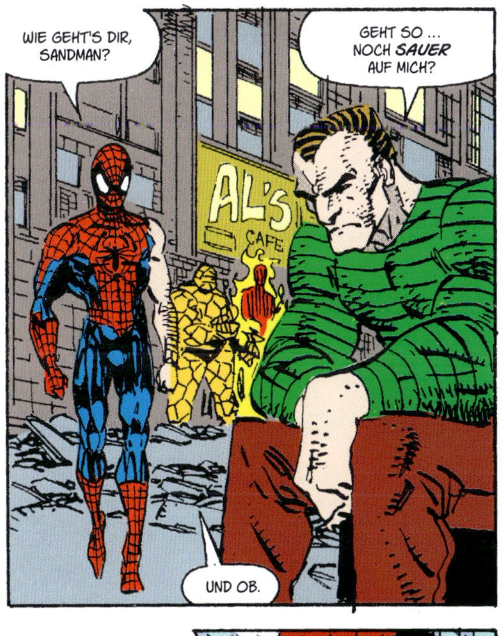
WIE GEHT'S DIR, SANDMAN?
GEHT SO ... NOCH *SAUER* AUF MICH?
AL'S CAFE
UND OB.

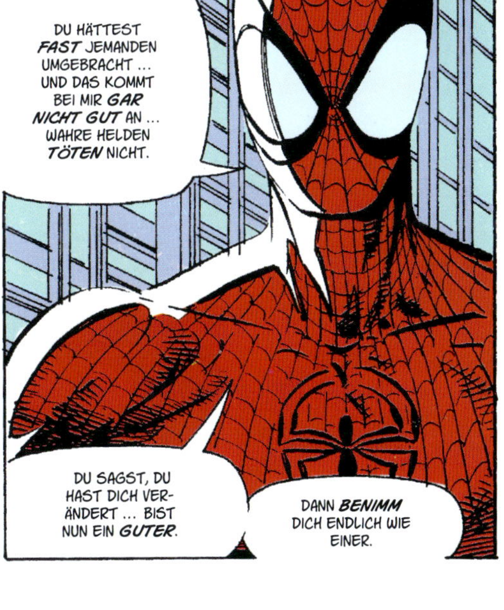
DU HÄTTEST *FAST* JEMANDEN UMGEBRACHT ... UND DAS KOMMT BEI MIR *GAR NICHT GUT* AN ... WAHRE HELDEN *TÖTEN* NICHT.
DU SAGST, DU HAST DICH VERÄNDERT ... BIST NUN EIN *GUTER*.
DANN *BENIMM* DICH ENDLICH WIE EINER.

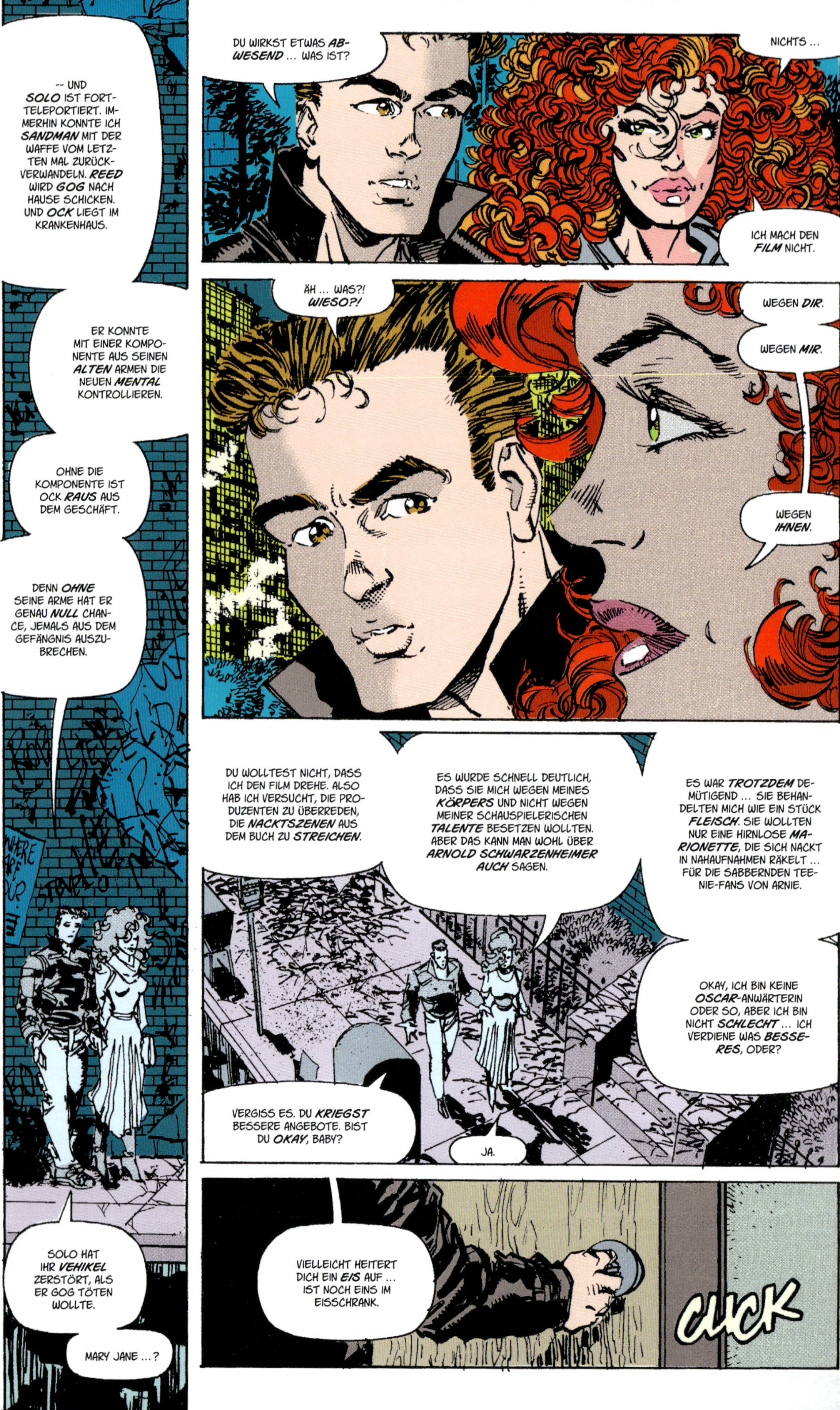
-- UND SOLO IST FORTTELEPORTIERT. IMMERHIN KONNTE ICH SANDMAN MIT DER WAFFE VOM LETZTEN MAL ZURÜCKVERWANDELN. REED WIRD GOG NACH HAUSE SCHICKEN. UND OCK LIEGT IM KRANKENHAUS.
ER KONNTE MIT EINER KOMPONENTE AUS SEINEN ALTEN ARMEN DIE NEUEN MENTAL KONTROLLIEREN.
OHNE DIE KOMPONENTE IST OCK RAUS AUS DEM GESCHÄFT.
DENN OHNE SEINE ARME HAT ER GENAU NULL CHANCE, JEMALS AUS DEM GEFÄNGNIS AUSZUBRECHEN.
SOLO HAT IHR VEHIKEL ZERSTÖRT, ALS ER GOG TÖTEN WOLLTE.
MARY JANE ...?
DU WIRKST ETWAS ABWESEND ... WAS IST?
NICHTS ...
ICH MACH DEN FILM NICHT.
ÄH ... WAS?! WIESO?!
WEGEN DIR.
WEGEN MIR.
WEGEN IHNEN.
DU WOLLTEST NICHT, DASS ICH DEN FILM DREHE. ALSO HAB ICH VERSUCHT, DIE PRODUZENTEN ZU ÜBERREDEN, DIE NACKTSZENEN AUS DEM BUCH ZU STREICHEN.
ES WURDE SCHNELL DEUTLICH, DASS SIE MICH WEGEN MEINES KÖRPERS UND NICHT WEGEN MEINER SCHAUSPIELERISCHEN TALENTE BESETZEN WOLLTEN. ABER DAS KANN MAN WOHL ÜBER ARNOLD SCHWARZENHEIMER AUCH SAGEN.
ES WAR TROTZDEM DEMÜTIGEND ... SIE BEHANDELTEN MICH WIE EIN STÜCK FLEISCH. SIE WOLLTEN NUR EINE HIRNLOSE MARIONETTE, DIE SICH NACKT IN NAHAUFNAHMEN RÄKELT ... FÜR DIE SABBERNDEN TEENIE-FANS VON ARNIE.
OKAY, ICH BIN KEINE OSCAR-ANWÄRTERIN ODER SO, ABER ICH BIN NICHT SCHLECHT ... ICH VERDIENE WAS BESSERES, ODER?
VERGISS ES. DU KRIEGST BESSERE ANGEBOTE. BIST DU OKAY, BABY?
JA.
VIELLEICHT HEITERT DICH EIN EIS AUF ... IST NOCH EINS IM EISSCHRANK.
CLICK

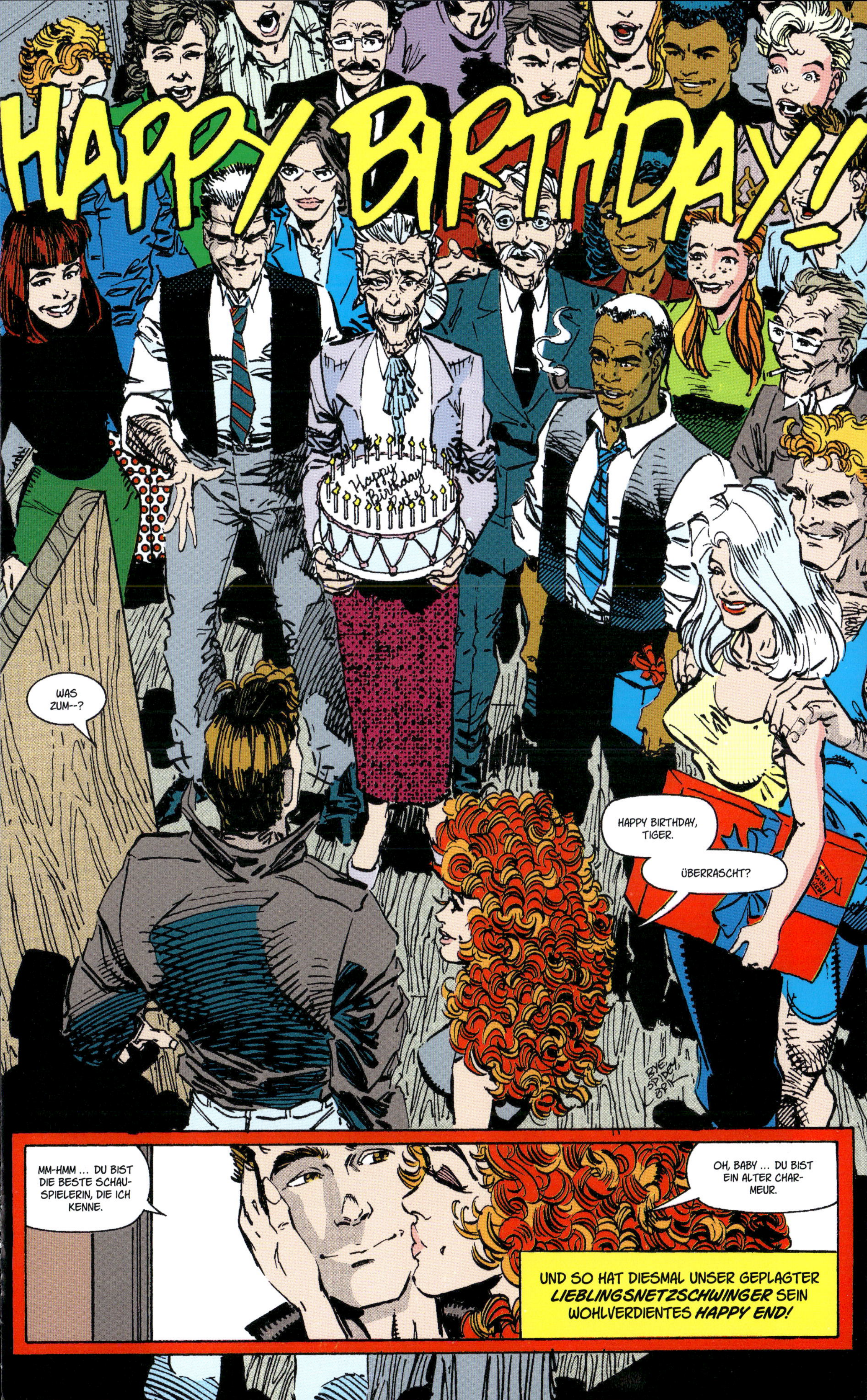
HAPPY BIRTHDAY!
Happy Birthday Peter
WAS ZUM--?
HAPPY BIRTHDAY, TIGER.
ÜBERRASCHT?
MM-HMM ... DU BIST DIE BESTE SCHAU-SPIELERIN, DIE ICH KENNE.
OH, BABY ... DU BIST EIN ALTER CHAR-MEUR.
UND SO HAT DIESMAL UNSER GEPLAGTER *LIEBLINGSNETZSCHWINGER* SEIN WOHLVERDIENTES *HAPPY END!*

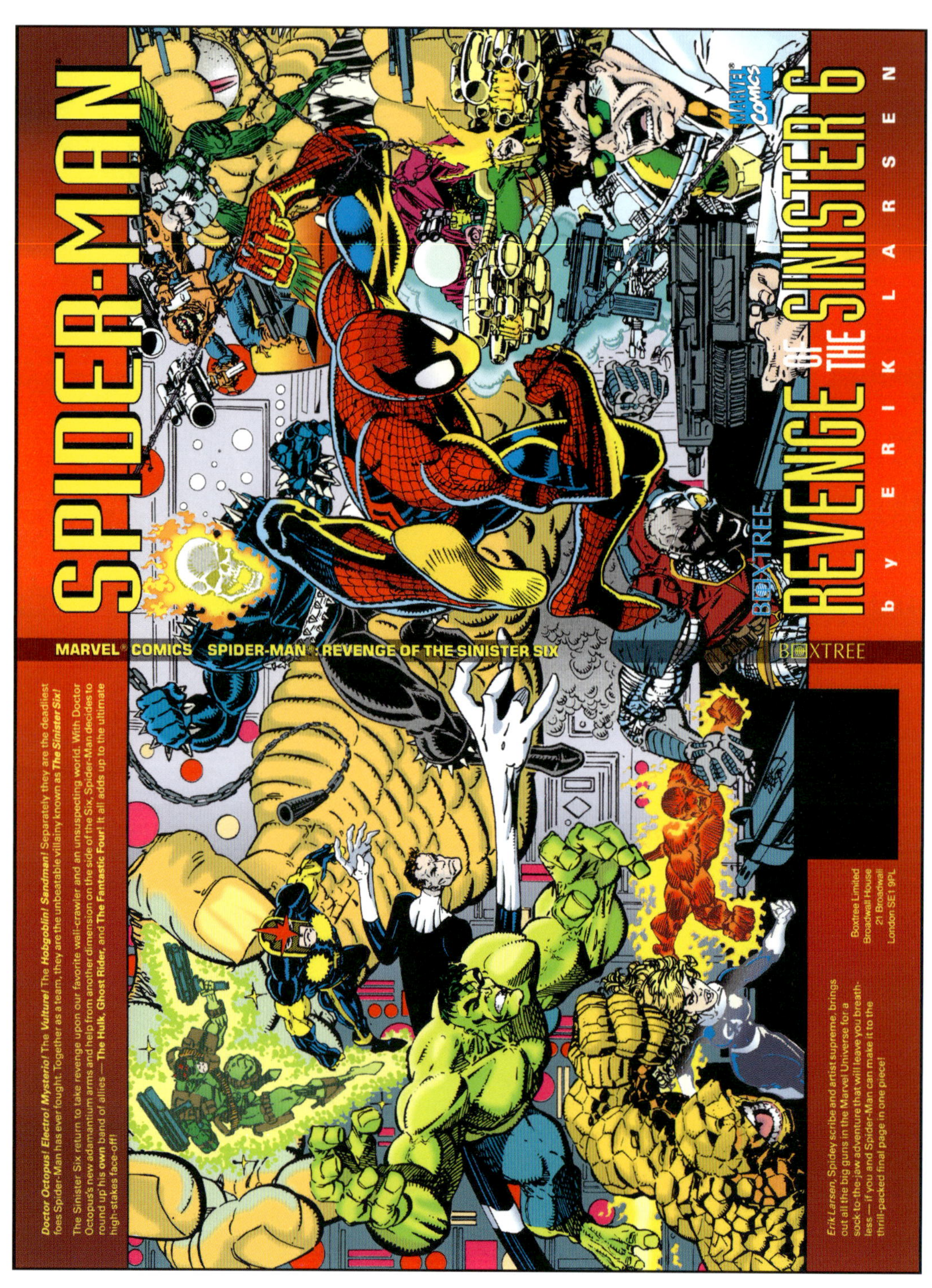

Spider-Man: Revenge of the Sinister Six (1994) TPB
Cover von **ERIK LARSEN**

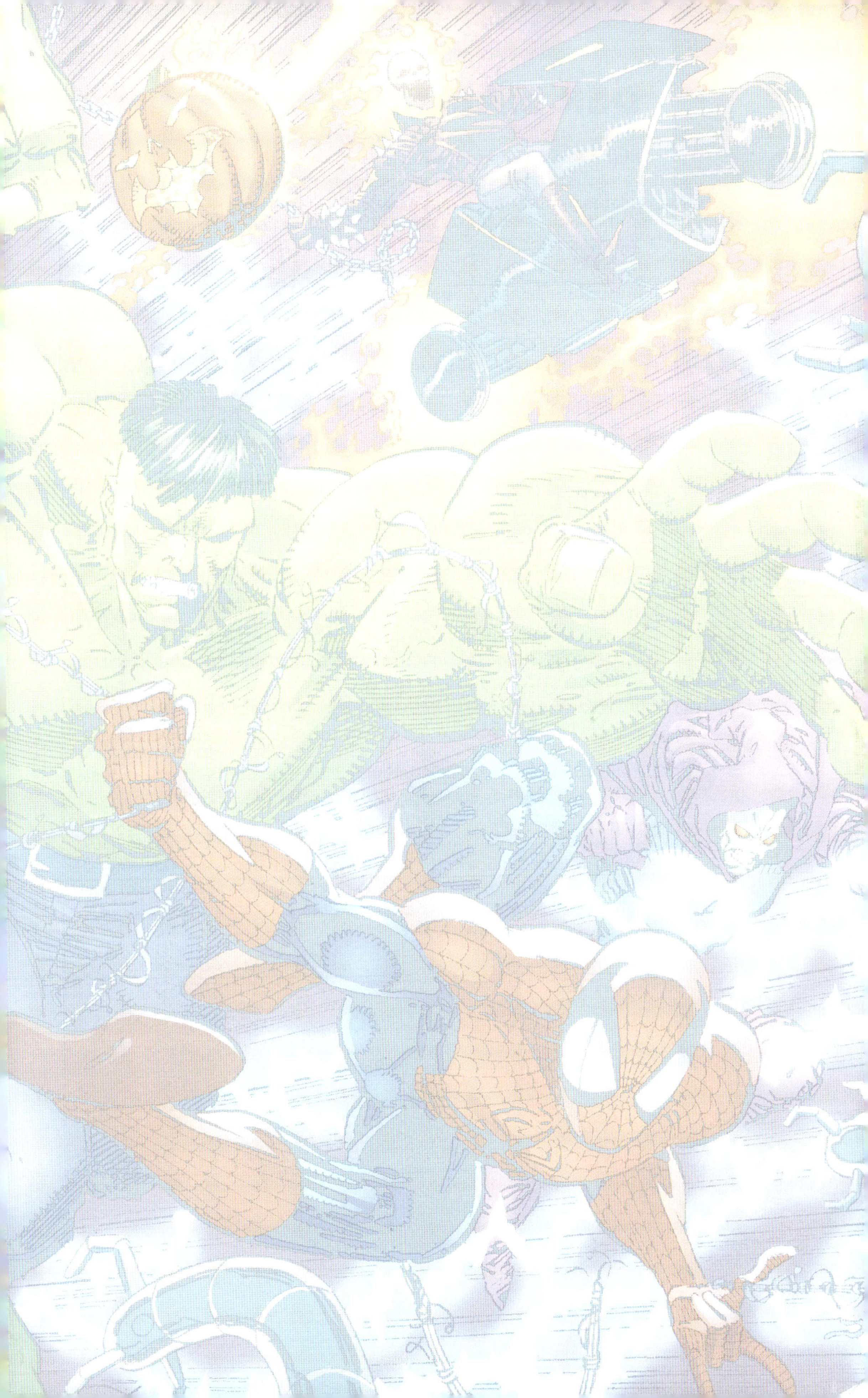

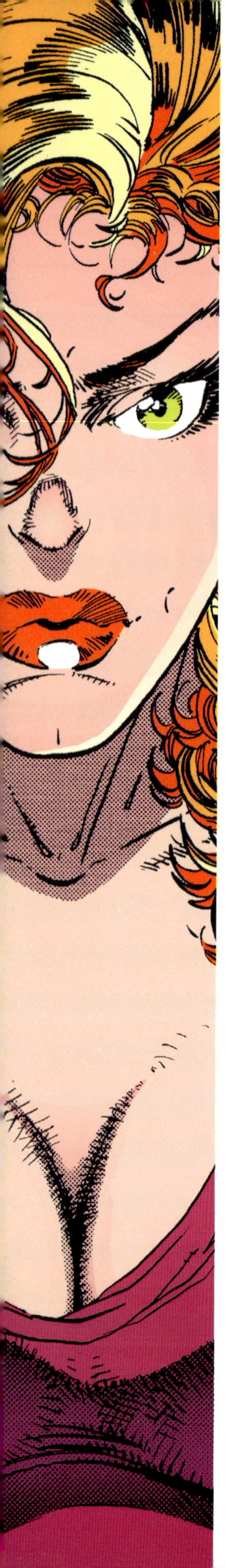

DER MACHER

ERIK LARSEN wurde 1962 in Minneapolis geboren und veröffentlichte zunächst in diversen Fanzines, ehe er Mitte der 1980er erste professionelle Comics zeichnete. Unter anderem arbeitete der Amerikaner an Bildergeschichten mit den Sentinels of Justice, Nightveil und den DNAgents. 1988 übernahm Larsen bei DC Comics Autor Paul Kupperbergs Serie *Doom Patrol* als Zeichner, illustrierte aber auch ein paar Storys mit den Outsiders, Superman oder den Teen Titans. Für Marvel visualisierte er in dieser Ära anfangs Geschichten mit dem Punisher, X-Force und Excalibur. Ende 1989 wurde Larsen neuer Stammzeichner von *Amazing Spider-Man*. 1992 gehörte er dann zu jenen angesagten, erfolgreichen Kreativen um Jim Lee, Rob Liefeld und Todd McFarlane, die ihren eigenen Verlag Image Comics gründeten, um fortan unabhängige Helden zu schaffen und auf eigene Rechnung Comics zu publizieren – zwischen 2004 und 2008 sollte Larsen sogar als Image-Verleger agieren. Lange vorher startete er bei Image als Autor und Zeichner seine legendäre Creator-Owned-Serie *Savage Dragon*, die auf einem überarbeiteten Figurenkonzept aus seinem frühsten Schaffen beruht – bis heute hat Larsen alleine unglaubliche 270 US-Hefte seiner beeindruckenden, beliebten Saga geschrieben und gezeichnet. Überdies verfasste er für Image die von ihm ersonnenen Serien *Freak Force* und *SuperPatriot*. Ende der 1990er schrieb er aber auch Storylines für *Wolverine*, *Nova*, *Fantastic Four: The World's Greatest Comics Magazine* und *Aquaman*. Als Redakteur, Tuscher und Cover-Künstler wirkte er darüber hinaus eine ganze Weile an den Comic-Abenteuern der Teenage Mutant Ninja Turtles mit, die in der zweiten Hälfte der 1990er vorübergehend bei Image herauskamen. Anfang der 2000er zeichnete Larsen indes drei *Amazing Spider-Man*-Hefte von Howard Mackie und eine *Defenders*-Serie von Kurt Busiek. 2012 realisierte er als Autor und Zeichner eine *Supreme*-Storyline, wobei er anfangs das letzte bis dahin unveröffentlichte *Supreme*-Manuskript von Alan Moore umsetzte. Über die Jahre steuerte Larsen noch Artwork zur *Spawn*-Saga von Todd McFarlane bei, war einer der Zeichner von *Image United* und kreierte die Serie *Ant*. Erik Larsen wurde mit dem Inkpot Award und dem Inkwell Awards All-in-One Award ausgezeichnet.

SPIDER-MAN

DIE RACHE DER SINISTER SIX

BONUSTEIL

- HINTER DEN KULISSEN
- TIMELINE
- WEITERE LEKTÜRE
- ANMERKUNGEN
- WEITERE MUST-HAVE-TITEL

In den 1990er-Jahren erlebte **Spider-Man** einen radikalen visuellen Wandel, der zum großen Teil auf **Todd McFarlanes** unverwechselbaren neuen Ansatz für die Figur zurückzuführen ist. Der Autor und Zeichner **Erik Larsen** übernahm nach ihm die *Spider-Man*-Serie und begann mit einer explosiven Story.

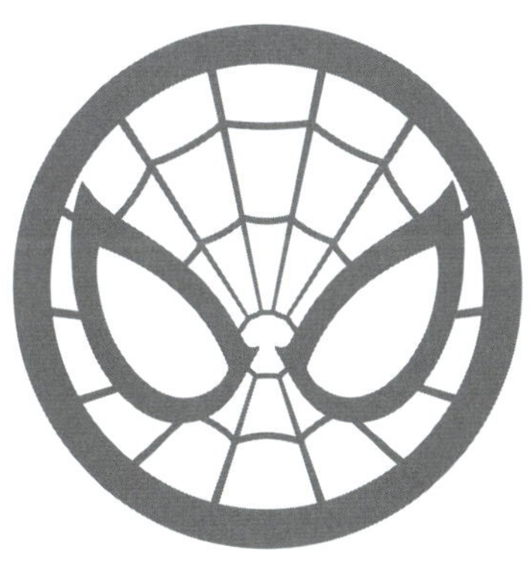

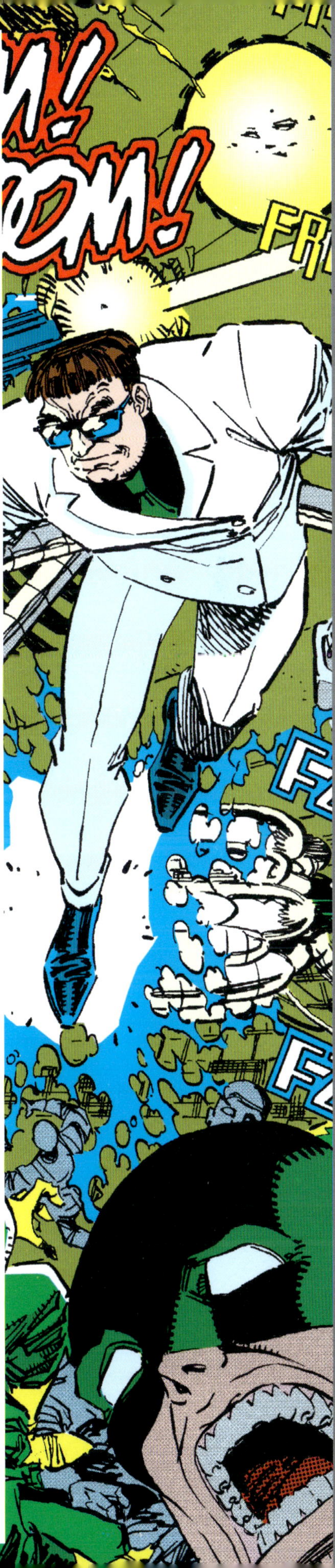

Ein neuer Stil für Doc Ock

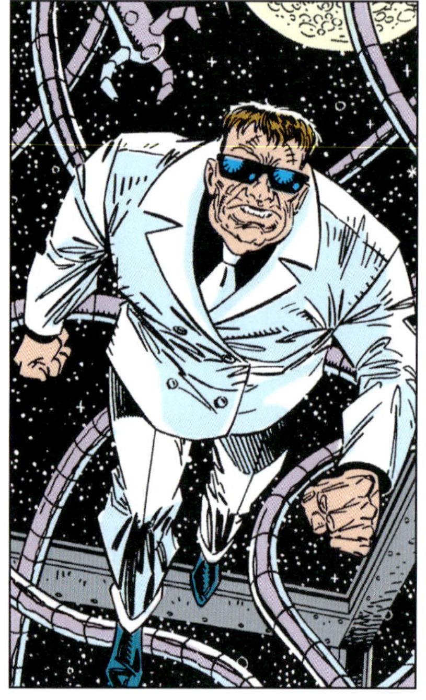

Dr. Octopus wurde von Larsen während seiner Zeit bei *Amazing Spider-Man* neu gestaltet. Zeichnung von Erik Larsen und **Terry Austin**.

Erik Larsens erste **Spidey**-Geschichte war *Amazing Spider-Man* 287: „Meine allererste Geschichte war ein Lückenfüller während der *Gang War*-Story, und es musste sehr schnell gehen. Sie brauchten sie binnen weniger Wochen und kontaktierten mich. Die Handlung war sehr dicht und es gab nicht viel Platz zum Spielen. Im Nachhinein betrachtet war es keine gute Ausgabe."

Larsen kehrte 1990-1991 für eine längere Strecke zu *Amazing Spider-Man* zurück und arbeitete mit dem Autor **David Michelinie** zusammen. Im Jahr 1992 übernahm er dann die Reihe *Spider-Man*. Dies war Larsens erster Versuch, eine lange Geschichte zu schreiben und zu zeichnen. „Ich habe einfach versucht, mich zu amüsieren", erinnert er sich. „Es war großartig, dass ich viele von Spider-Mans großen Gegnern zeichnen konnte. Ich war froh, diese Gelegenheit zu haben. Mein Ziel war es, diese fiktive Welt zu verbessern. Einige dieser Figuren waren nicht gerade mit Respekt behandelt worden, und ich wollte ihnen wieder zu ihrem früheren Glanz verhelfen."

Es hat ihm Spaß gemacht, die Titelfigur zu schreiben: „Ich mag sein Verantwortungsbewusstsein, seine starke Moral und die Liebe zu denen, die ihm wichtig sind. Außerdem ist er eine witzige Figur. Ich mochte es, ihn als einen Typen zu schreiben, der auf Komiker macht.

„Es gefiel mir, **Dr. Octopus** umzugestalten und ihn wieder zu einer Persönlichkeit von Gewicht zu machen. Er war zu einem ineffektiven fetten Kerl in Strumpfhosen geworden, und ich wollte ihn in eine Art Gangster verwandeln. Es gefiel mir, Spider-Man und ihn im Gefecht zu zeichnen. Es gibt eine Szene, in der Spider-Man in Dr. Octopus' Arme gewickelt ist, die ich ziemlich gut gelungen fand. Die Geschichten mit den **Sinistren Sechs** haben allgemein viel Spaß gemacht."

Larsen beabsichtigte, an die ursprüngliche Serie von **Steve Ditko** anzuknüpfen und Ditkos Entwürfe als Ausgangspunkt zu verwenden: „Mein Ziel war es, diese Figuren so

▶ **Gregory Wright** ist Redakteur, Autor und Kolorist. Er hat Marvel-Titel wie *Deathlok, Nick Fury, Agent of S.H.I.E.L.D., Daredevil* und *Silver Sable and the Wild Pack* geschrieben. Er hat viele Comics wie *X-Men: The Hidden Years* und *Punisher* koloriert: „Ich begann meine Karriere als Redaktionsassistent in der Epic Comics-Abteilung von Marvel, wo ich für die großartigen **Archie Goodwin**, **Jo Duffy**, **Margaret Clark** und meinen Freund **D. G. Chichester** arbeitete, der mir den Job besorgt hatte!"

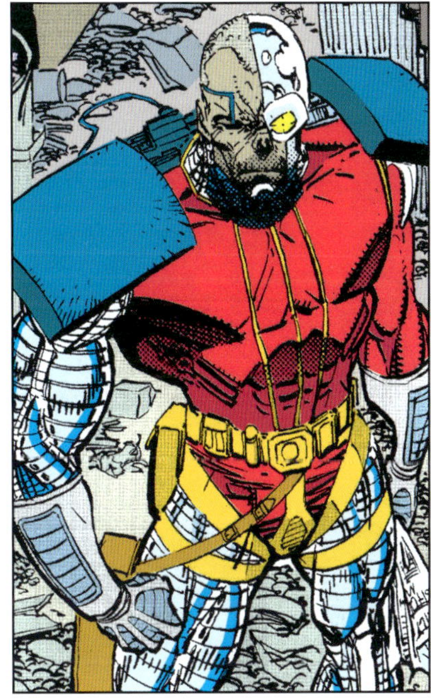
Der neue **Deathlok** war in dem Abenteuer einer von Spider-Mans Verbündeten. Zeichnung von Erik Larsen.

einzigartig und fesselnd wie möglich zu gestalten. **Flash Thompson** hatte während Ditkos Zeit lockiges Haar, und das habe ich wiederhergestellt. Ich habe versucht, jede Figur so zu gestalten, wie man sie sich ursprünglich vorgestellt hat, und darauf aufzubauen. Die meisten Figuren haben bei ihrer Schöpfung ein ziemlich unverwechselbares Aussehen, das aber im Laufe der Zeit verloren gehen kann, wenn die nachfolgenden Zeichner sich an dem Zeichner orientieren, der direkt vor ihnen kam.

„Ich habe mich gefragt: ‚Gut, suchen wir ein Gesicht von Dr. Octopus. Wie sieht er aus? Wie sieht der **Geier** im Vergleich zu anderen Figuren aus, und wie kann ich sie wirklich unverwechselbar machen, ihnen ein wirklich einzigartiges Aussehen geben, das sie eventuell nicht mehr haben?'"

In Larsens Serie gab es viel Interaktion zwischen **Peter** und **Mary Jane**. Das Paar diskutierte darüber, ob es Kinder haben sollte oder nicht, und Peter äußerte sein Unbehagen darüber, dass Mary Jane einer Nacktszene in einem Film zugestimmt hatte: „Oft habe ich mich als Künstler gefragt: ‚Was kann ich zu dieser Figur beitragen?' Ich mag Geschichten, in denen man ein bisschen mehr über die Figuren erfährt. Die Frage, die ich mir bei jeder Geschichte stelle, ist: ‚Warum ist das überhaupt hier? Gibt es noch einen anderen Grund für die Existenz dieser Figur, außer dass sie die Leute unterhält?' Als Autor versuche ich, jedem Heft eine gewisse Wichtigkeit zu geben. So lernt man die Figur ein bisschen besser kennen. Wenn Peter Parker also seinen Kühlschrank aufmacht, was ist dadrin? Hat er einen Lieblingsfilm? Was für Musik hört er? Viele dieser Dinge sind in die Geschichten eingestreut. Ich beantworte diese einfachen kleinen Fragen, die Art von Fragen, auf die man Antworten bekommt, wenn man jemanden kennenlernt. Ich habe versucht, diese Figuren ein wenig abzurunden. Peter und Mary Jane waren schon eine Weile verheiratet, und jedes Paar hat unweigerlich diese Diskussion: ‚Okay, wollen wir Kinder haben?'

„Jede Geschichte sollte etwas sein, das die Leser ein wenig mehr über die Figuren informiert, sodass alles Teil eines größeren Ganzen ist. Es fügt sich alles zusammen und man hat mehr davon. Es muss nicht bahnbrechend sein. Nicht jede Geschichte muss das Ende der Welt bedeuten. Manchmal kann es interessanter sein, einfach ein paar kleinere, persönliche Fragen beantwortet zu bekommen."

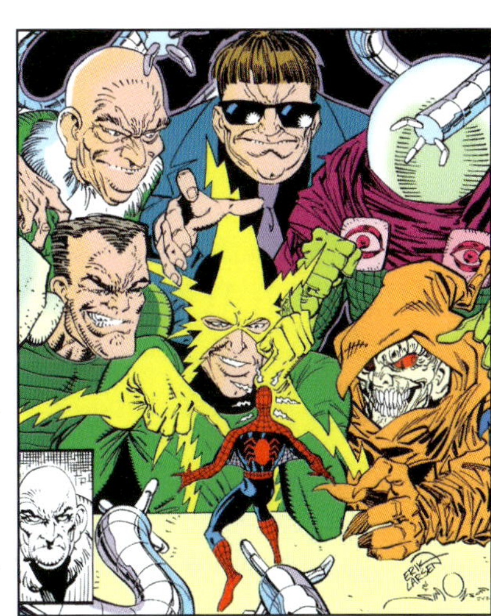
Larsen verlieh jedem der Sinistren Sechs ein unverwechselbares Aussehen. Zeichnung von Erik Larsen und **Walt Simonson**.

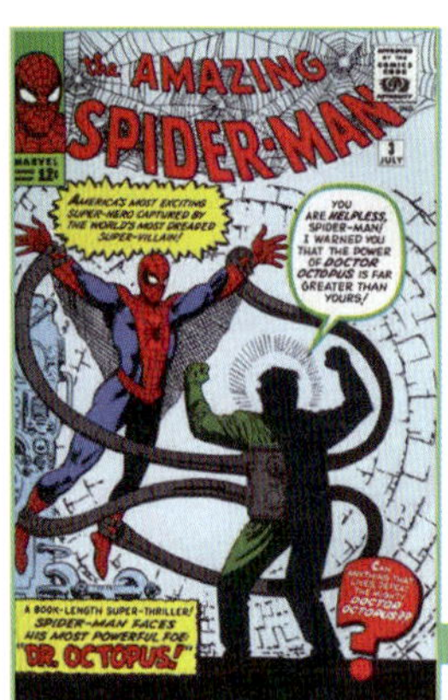

***Amazing Spider-Man* 3 (1963)**
STAN LEE
STEVE DITKO
Spider-Man trifft auf Dr. Octopus. Der Schurke besiegt ihn mit Leichtigkeit, aber Spider-Man kehrt zurück und bezwingt das Verbrechergenie.

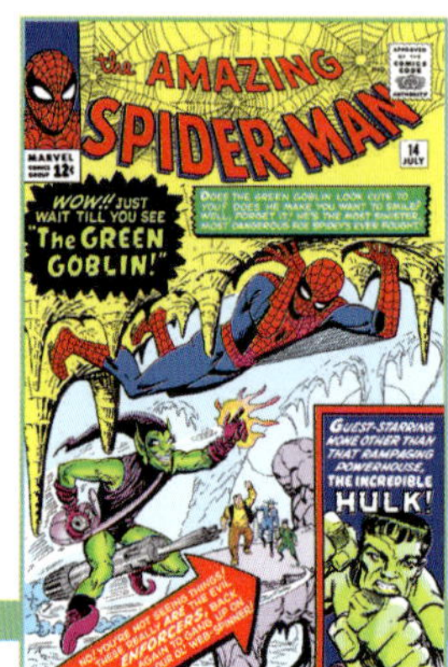

***Amazing Spider-Man* 14 (1964)**
STAN LEE
STEVE DITKO
Spider-Man begegnet dem ***Hulk*** *zum ersten Mal, als der* ***Grüne Kobold*** *ihn in die Wüste von New Mexico lockt.*

SPIDER-MAN
DIE RACHE DER SINISTER SIX

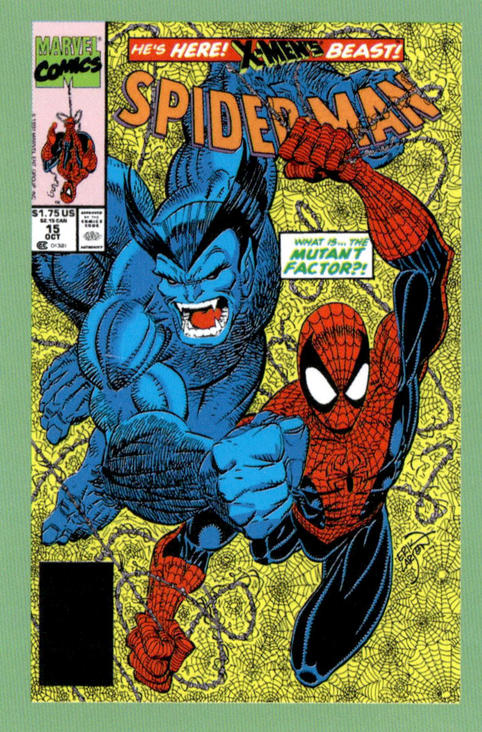

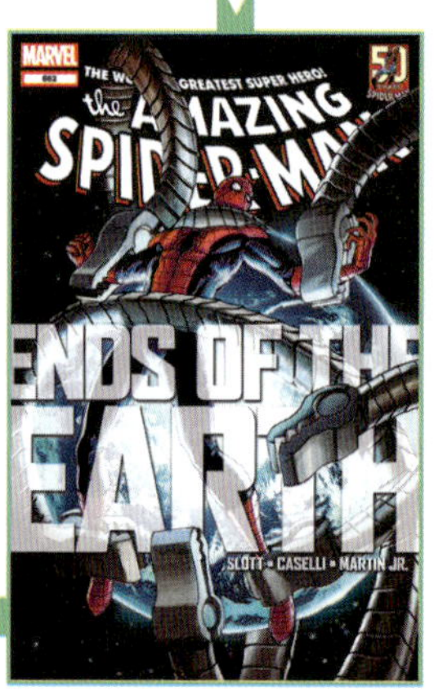

***Amazing Spider-Man* 682 (2012)**
DAN SLOTT
STEFANO CASELLI
Ein sterbender Dr. Octopus trommelt die Sinistren Sechs wieder zusammen und nimmt die Welt als Geisel.

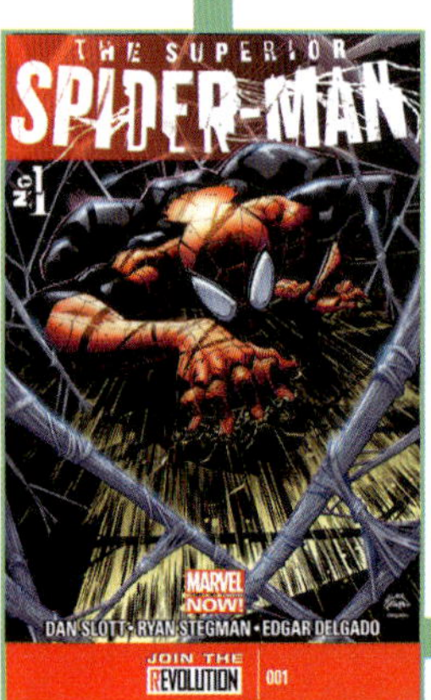

***Superior Spider-Man* 1 (2013)**
DAN SLOTT
RYAN STEGMAN
Dr. Octopus, jetzt im Körper von Spider-Man, kämpft gegen eine neue Version der Sinistren Sechs.

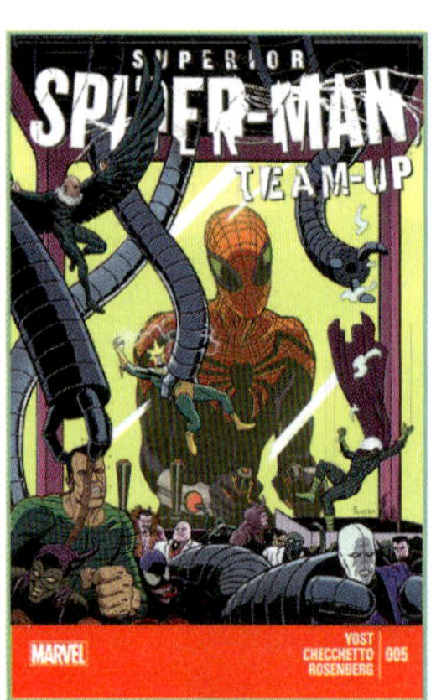

***Superior Spider-Man Team-Up* 5 (2013)**
CHRISTOPHER YOST
MARCO CHECCHETTO
Der „überlegene“ Spider-Man nimmt alle Sinistren Sechs gefangen und benennt sie in Superior Six um.

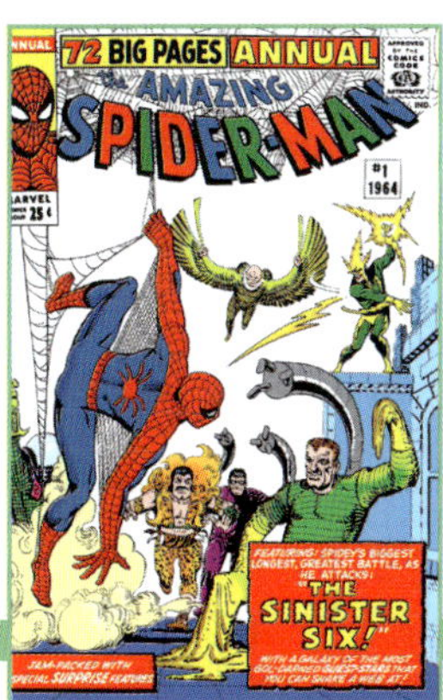

***Amazing Spider-Man* Annual 1**
(1964)
STAN LEE
STEVE DITKO
*Dr. Octopus stellt die **Sinistren Sechs** zusammen. Sie entführen **Betty Brant** und zwingen Spider-Man, sie einen nach dem anderen zu bekämpfen.*

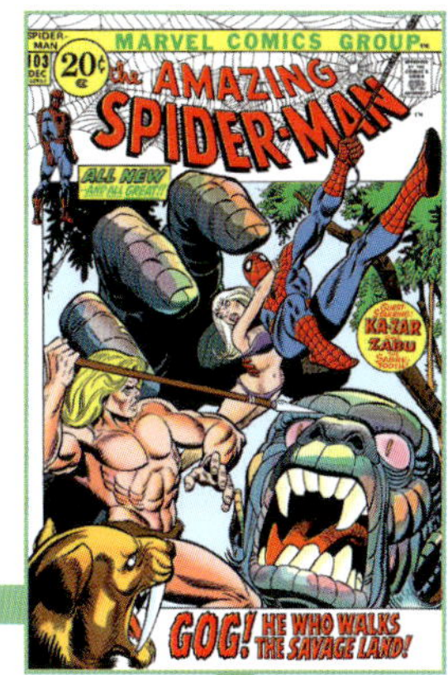

***Amazing Spider-Man* 103**
(1971)
ROY THOMAS
GIL KANE
***J. Jonah Jameson** führt eine Expedition in das Wilde Land. **Gwen Stacy** wird von **Kraven dem Jäger** entführt, und Spider-Man trifft auf das Monster **Gog**.*

Spider-Man verfügt unbestreitbar über eine der besten Schurkengalerien der Comic-Geschichte, und die meisten seiner beliebtesten Widersacher wurden dank der Talente von **Stan Lee** und **Steve Ditko** schon früh in seinem fiktionalen Leben etabliert. **Dr. Octopus**, **Sandman**, der **Geier**, **Mysterio** und **Electro** sind faszinierende Gegner, die gut zusammenarbeiten. **Erik Larsen** teilt mit Ditko die Vorliebe für stilisiertes Charakterdesign und führt in dieser Geschichte diese klassischen Schurken zu ihren visuellen Wurzeln zurück.

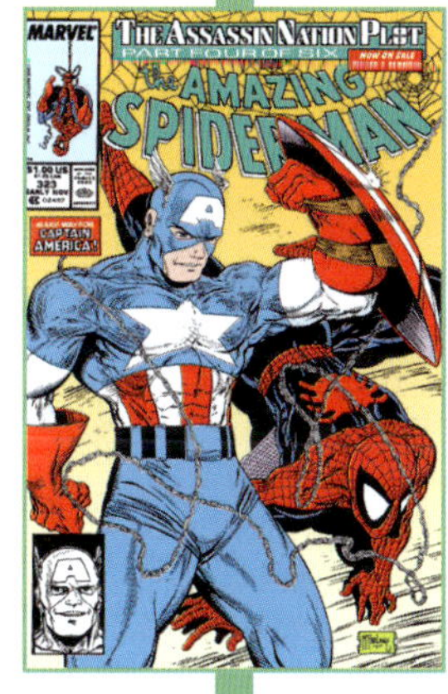

***Amazing Spider-Man* 323**
(1989)
DAVID MICHELINIE
TODD McFARLANE
*Spider-Man und **Captain America** treffen **Solo**, einen selbst ernannten Rächer, der Terroristen tötet.*

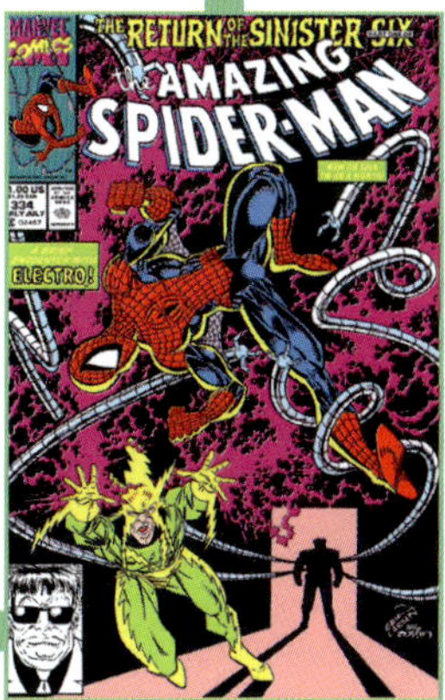

***Amazing Spider-Man* 334**
(1990)
DAVID MICHELINIE
ERIK LARSEN
Dr. Octopus bringt die Sinistren Sechs wieder zusammen und verspricht ihnen die Eroberung der ganzen Welt.

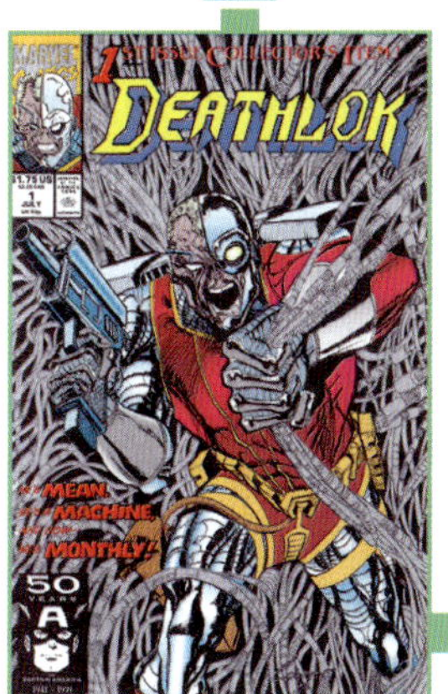

***Deathlok* 1**
(1991)
DWAYNE McDUFFIE
GREGORY WRIGHT
DENYS COWAN
*Der Pazifist **Michael Collins** wird in einen Cyborg-Supersoldaten namens **Deathlok** verwandelt.*

Sinistre Machenschaften

Die **Sinistren Sechs** wurden in *Amazing Spider-Man Annual* 1 (1964) von **Stan Lee** und **Steve Ditko** gegründet. **Dr. Octopus** bricht aus dem Gefängnis aus und rekrutiert **Electro**, **Kraven**, **Mysterio**, **Sandman** und den **Geier**. Sie wollen zusammenarbeiten, um **Spider-Man** zu töten. Anderswo sieht Spider-Man, wie **Tante May** über Fotos ihres verstorbenen Mannes **Ben Parker** weint. Spidey wird deshalb von Trauer und Schuldgefühlen überwältigt. Plötzlich stellt er fest, dass er seine Kräfte gänzlich verloren hat und überlebt nur knapp einen Sturz von einem Gebäude. Später lässt Doc Ock **Betty Brant** und Tante May entführen und in sein Haus bringen. Tante May weiß nicht, dass sie entführt wurde, und findet in Doc Ock einen charmanten Gastgeber. Spider-Man wird in ein Kraftwerk gelockt, wo Electro auf ihn wartet. Spidey erkennt bald, dass der Verlust seiner Kräfte nur psychisch bedingt ist und besiegt Electro. Er findet eine Karte des Schurken, die ihn zu einem anderen Ort führt, wo er gegen Kraven kämpft. Spidey besiegt jedes Mitglied der Sinistren Sechs nacheinander, bis er das Haus von Doc Ock erreicht, wo er ihn in einem riesigen Wassertank bekämpft. Er verheddert Ock in seinen Netzen und rettet Betty und Tante May.

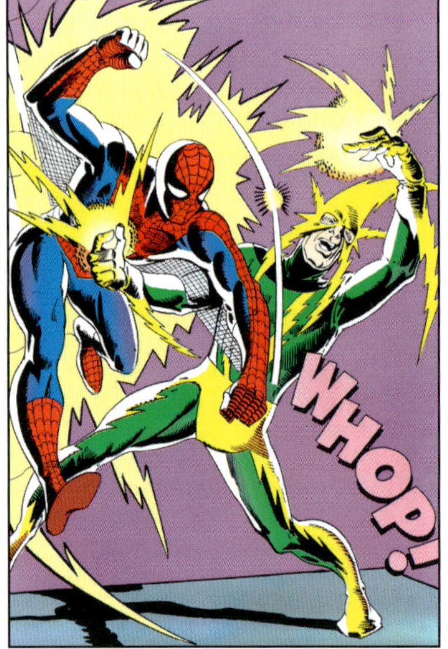

Spider-Man besiegt Electro, ein Gründungsmitglied der Sinistren Sechs. Zeichnung von Steve Ditko.

Die Story dieses Bandes hat ihre Wurzeln in der Geschichte *The Return of the Sinister Six* aus *Amazing Spider-Man* 334-339 (1990) von **David Michelinie** und **Erik Larsen**. Electro wird durch eine von Dr. Octopus platzierte Falschmeldung in ein Labor gelockt. Spider-Man gelingt es nicht, die beiden Schurken aufzuhalten, und sie machen sich gemeinsam aus dem Staub. Später spürt Doc Ock Sandman auf und zwingt ihn, sich seinen neuen Sinistren Sechs anzuschließen, indem er das Leben der **Casadas** bedroht, einer Familie, die sich mit ihm angefreundet hat. Doc Ock rekrutiert **Hobgoblin**, der Kravens Platz einnimmt. Ock kapert einen Satellitenstart und droht damit, ein von ihm selbst geschaffenes Gift über der Erde zu versprühen. Spider-Man stoppt die Sinistren Sechs mit der Hilfe von Sandman.

▶ In *Daredevil* 165 (1980) von **Roger McKenzie** und **Frank Miller** versuchte Dr. Octopus erstmals, Adamantium-Waffen zu erhalten. **Daredevil** untersucht den Diebstahl einer Adamantium-Lieferung und verfolgt die Spur zu einem Labor von Glenn Industries, einem Unternehmen, das seiner Freundin **Heather Glenn** gehört. Heather wird von Dr. Octopus gefangen genommen, der aus der Legierung neue Waffen herstellt. Daredevil bringt Dr. Octopus mit einem Trick dazu, auf einen Stromgenerator zu schlagen, woraufhin er einen Schock erleidet und bewusstlos wird.

Sandman

William Baker wurde in Queens, New York, geboren. Seine Mutter und er wurden von seinem Vater verlassen, als er drei Jahre alt war, und Baker entwickelte sich zu einem wütenden, verbitterten Teenager. Er wurde von der Highschool verwiesen und begann ein Leben als Verbrecher, was zu einer Reihe von Gefängnisstrafen führte.

Er änderte seinen Namen in **Flint Marko**, floh aus dem Gefängnis auf Ryker's Island und versteckte sich auf einem Atomtestgelände an einem Strand in Georgia. Dort kam er mit Sand in Berührung, der in einem Versuchsreaktor verstrahlt worden war. Sein Körper und der radioaktive Sand verbanden sich und verwandelten Markos Molekularstruktur in Sand. Als Marko seine neuen Kräfte entdeckte, ging er als **Sandman** auf Verbrechertour. Er traf auf den jungen **Spider-Man**, der ihn besiegte, indem er ihn in einen Staubsaugerbeutel sperrte.

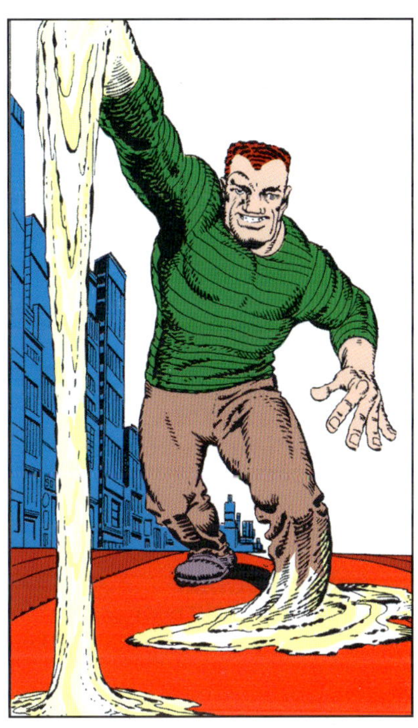

Sandman hat die vollständige Kontrolle über jedes Molekül seines Körpers. Zeichnung von **Steve Ditko**.

Sandman schloss sich den **Frightful Four** an, die von **Wizard** angeführt wurden, und geriet mit den **Fantastischen Vier** aneinander. Mit der Zeit wurde er seines kriminellen Lebensstils überdrüssig. Nach einem Gespräch mit dem **Ding** beschloss er, seine Kräfte für positive Zwecke zu nutzen. Sandman wurde schließlich vom Präsidenten begnadigt und wurde sogar ein Reservemitglied der **Avengers**. Wizard nahm Sandman jedoch gefangen und veränderte mit seiner ID-Maschine sein Gehirn, sodass er erneut zum Verbrecher wurde.

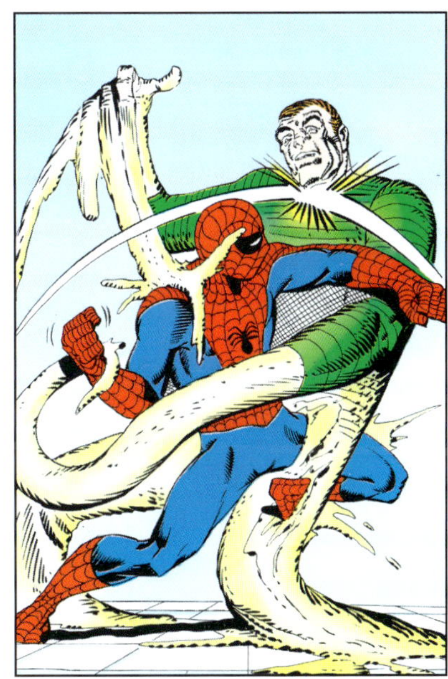

Sandman ist einer der ältesten Feinde von Spider-Man. Zeichnung von Steve Ditko.

Sandman kann seinen Körper in jede erdenkliche Form bringen, von feinen Sandkörnern bis hin zu einer harten, steinähnlichen Substanz. Sein Körper kann die meisten Schläge absorbieren, ohne dass sie ihm etwas anhaben. Sein gestreiftes Hemd und seine Cargohose sind in Wirklichkeit gefärbter Sand, der ihn so aussehen lässt, als würde er Kleidung tragen. Sandmann kann seine Arme und Hände zu Streitkolben oder einem Vorschlaghammer formen. Er kann sich in einen Sandsturm verwandeln, mit dem er über große Entfernungen fliegen oder seine Feinde ersticken kann. Er kann Sand absorbieren und verlieren, muss jedoch darauf achten, das eine Sandpartikel zu behalten, das sein Bewusstsein enthält.

WEITERE MUST-HAVE-TITEL

BEREITS ERHÄLTLICH

CIVIL WAR
AVENGERS: HELDENFALL
SPIDER-MAN: SPIDER-VERSE
WOLVERINE: OLD MAN LOGAN
DEADPOOL KILLT DAS MARVEL-UNIVERSUM
THANOS: DIE GEBURT EINES MONSTERS
DAREDEVIL: DER MANN OHNE FURCHT
MILES MORALES: ULTIMATE SPIDER-MAN
MS. MARVEL: META-MORPHOSE
DER TOD VON WOLVERINE
INFINITY GAUNTLET: DIE EWIGE FEHDE
PLANET HULK
X-MEN: DIE DARK PHOENIX SAGA
VENOM: DARK ORIGIN
IRON MAN: EXTREMIS
FANTASTIC FOUR – 4
PUNISHER: FRANK IST ZURÜCK!
MARVEL KNIGHTS SPIDER-MAN
BLACK PANTHER: WER IST BLACK PANTHER?
X-MEN: EIN NEUER ANFANG
FANTASTIC FOUR: ALLES GELÖST?!
SPIDER-MAN: HEIMKEHR
CAPTAIN AMERICA: WINTER SOLDIER
ASTONISHING X-MEN: BEGABT
SPIDER-MAN: KRAVENS LETZTE JAGD
HOUSE OF M
DEADPOOL: WEIBER, WUMMEN UND WADE WILSON
AVENGERS: AUSBRUCH
ULTIMATE SPIDER-MAN: LEKTIONEN FÜRS LEBEN
DER TOD VON CAPTAIN AMERICA
ANNIHILATION
MARVELS
DAREDEVIL: AUFERSTEHUNG
GUARDIANS OF THE GALAXY: SPACE-AVENGERS
AVENGERS PRIME
WOLVERINE: STAATSFEIND
THE SIEGE – DIE BELAGERUNG
SPIDER-MAN/BLACK CAT
DAREDEVIL: IN DEN ARMEN DES TEUFELS
THOR: DIE RÜCKKEHR DES DONNERS
SECRET INVASION
UNCANNY AVENGERS: DER ROTE SCHATTEN
WOLVERINE: WAFFE X
MARVEL ZOMBIES
DOCTOR STRANGE: DER EID
SILVER SURFER: REQUIEM
X-MEN: BEDROHTE SPEZIES
FEAR ITSELF – NACKTE ANGST
THOR: AUF DER SUCHE NACH GÖTTERN
WORLD WAR HULK
SPIDER-MAN: QUALEN
WOLVERINE
NEW AVENGERS: ILLUMINATI
SECRET WAR
THANOS KEHRT ZURÜCK
GHOST RIDER: STRASSE ZUR VERDAMMNIS
AVENGERS: ULTRONS RACHE
DEADPOOL: DREI GLORREICHE HALUNKEN
SPIDER-MAN: ERSTAUNLICHER NEUSTART
AVENGERS FOREVER
X-MEN: SCHISMA – GETRENNTE WEGE
SUB-MARINER: DIE TIEFE
AGE OF ULTRON
SECRET WARS
HULK: GRAU
NEW MUTANTS: HÖLLENBIEST
X-MEN: MAGNETO – TESTAMENT
SILVER SURFER: PARABEL
IRON MAN: DIE FÜNF ALBTRÄUME
CAPTAIN AMERICA: NEUE GEGNER
THOR: GOTT DES DONNERS – GÖTTERSCHLÄCHTER
MARVEL SUPER HEROES SECRET WARS
GUARDIANS OF THE GALAXY: KRIEGER DES ALLS
HULK: DYSTOPIA
SPIDER-MAN NOIR
DEADPOOL: DIE WETTE
DAREDEVIL & ECHO: TEILE DER LEERE
DOCTOR STRANGE: ANFANG UND ENDE
DAREDEVIL: FATHER
SPIDER-MAN: FAMILIENTRADITION
AVENGERS: ROTE ZONE
X-MEN: ZUKUNFT IST VERGANGENHEIT
SPIDER-MAN: BLUE
PUNISHER: BLUTSPUR
THANOS: HERRSCHER DES UNIVERSUMS
VENOM: NETZ DES TODES
X-FORCE: SEX + GEWALT
MARVEL 1602
MYTHOS
CIVIL WAR II
PUNISHER WAR ZONE
DER TOD VON CAPTAIN MARVEL
SPIDER-MAN: IM KÖRPER DES FEINDES
DEADPOOL: TREIBJAGD
WOLVERINE: NOCH NICHT TOT

JETZT ERHÄLTLICH

SPIDER-MAN: DIE RACHE DER SINISTER SIX
VISION

DEMNÄCHST

IRON MAN: DÄMON AUS DER FLASCHE